香港《中國旬報》研究

Study of A Chinese Periodical in
Hong Kong：Zhongguo Xunbao

李 谷 城 著
LI kwok sing

文 史 哲 學 集 成
文史哲出版社印行

國家圖書館出版品預行編目資料

香港《中國旬報》研究 = Study of A Chinese
Periodical in Hong Kong;:Zhongguo Xunbao / 李
谷城著. -- 初版 -- 臺北市：文史
哲，民 98.01：
　　頁：公分. --（文史哲學集成；562）
參考書目：頁
ISBN 978-957-549-832-0 (平裝)

1.中國報業 2.香港特別行政區

898.38　　　　　　　　　　　　98000235

文史哲學集成　562

香港《中國旬報》研究

著　　者：李　　　谷　　　城
出 版 者：文　史　哲　出　版　社
http://www.lapen.com.tw
e-mail：lapen@ms74.hinet.net
登記證字號：行政院新聞局版臺業字五三三七號
發 行 人：彭　　　正　　　雄
發 行 所：文　史　哲　出　版　社
印 刷 者：文　史　哲　出　版　社
臺北市羅斯福路一段七十二巷四號
郵政劃撥帳號：一六一八〇一七五
電話886-2-23511028・傳真886-2-23965656

實價新臺幣六〇〇元

中 華 民 國 九 十 九 年 （2010） 四 月 初 版

謝俊美教授序

2002年夏，海峽兩岸三地研究生在復旦大學舉行第三屆學術論文交流研討會，我應復旦大學歷史系主任吳景平教授的邀請與會，參加對學生論文的評論。會上有幸結識了香港珠海書院亞洲研究中心研究員李谷城（國成）先生。兩年後的2004年11月，我應邀出席香港珠海書院和香港中國近代史學會、香港歷史博物館等機構聯合舉辦的《亞洲婦女問題的檢視與展望國際學術研討會》，我們又一次相識於香江海濱。

這一來一往，使我對谷城先生有了很好的瞭解。他是一位精力充沛、儀表莊重的學者。從與他的交談中，得知他學力非淺，從事新聞史研究多年。他送給我一本他寫的《香港報業百年滄桑》，厚厚的一本書，不下四十多萬字。這是迄今「最全面探討香港報業發展的一本書，書中新資料、新觀點比比皆是」〔方漢奇序語〕對於研究香港地區乃至中國近現代報業史，具有十分重要的參考價值。翻閱此書，不由得使我對谷城先生的才學油生敬意，深為認識這位才華橫溢的學者感到由衷的高興。

2005年8月，南京大學與中山陵紀念館舉辦《中國同盟會成立100周年暨孫中山逝世80周年》國際學術研討會，會上我們又一次相遇。這次他帶來一部《香港〈中國旬報〉研究》書稿，要我為之作序，我未加任何推託，當即應承下來。

　　《中國日報》和《中國旬報》，是一報一刊，合稱「中國報」。己亥年秋季（一九〇〇年一月）創刊於香港，是孫中山領導中國民族民主革命創辦的第一份報刊，有「革命報之鼻祖」、「革命黨組織言論之元祖」之譽，在中國近現代報刊史上具有極其重要的地位。然而，由於年代久遠和當時革命黨人鬥爭活動處於秘密狀態等原因，《中國日報》創刊號和早期的報紙早已失傳，而《中國旬報》也只辦了一年多的時間，這對了解革命黨人早期的革命活動，特別是興中會早期活動和孫中山的革命思想，不能不說是一件極為遺憾的事。由於缺乏該報的真實資料，以至於對該報創辦的時間，至今學術界還是眾說紛紜，莫衷一是。對於該報的內容更是一團霧水，不得而知。

　　谷城先生帶著這些疑問，歷時多年，在友人幫助下，後奔波於香港、台灣和大陸的有關檔案館、圖書館，進行搜羅查找，不僅發現從未為人所知的該報創刊號完整的版本，而且搜集到該報全部 37 期相當完備的資料。在此基礎上，又歷時數年，集中精力對該報進行深入細緻的研究，最終寫成了二、三十多萬字的《香港〈中國旬報〉研究》一書。

　　全書共分《中國旬報》的解讀和分析、《中國旬報》創刊號原文注釋、《中國旬報》創刊號原件重印三大篇，每一篇各有旨趣和應有的價值。其上篇是著者對該報研究的最新成果，也是全書的重點，它集中反映了著者的學術觀點，顯示了著者深厚的學術功底，既介紹了該報創辦的宗旨、目的、創辦時間、社址的次播遷以及經費的來源；又評析了該報創辦於香港的特殊原因和該報在組織武裝起義以及聯絡海內外革命力量所起的重要作用。

　　尤其值得一提的是，著者還對該報上的重要文章，如憤時子的《民權論》、何啓和胡禮垣的《新政變通》、日本學者浮田和民

的《二十世紀的政治問題》等進行了專門解讀。解讀《民權論》，旨在追溯孫中山「天下爲公」，世界「大同」思想形成的淵源。對《新政變通》的詮釋，則在於闡述何、胡二人的政治理念對孫中山革命思想的影響。而對《二十世紀的政治問題》的介紹，則是從一個側面反映了孫中山爲代表的革命黨人對當時世界政治的關注。

泛覽全書，字里行間，新資料、新見解，時時疊現，令人目不暇接，有美不勝收之感。書稿的第二部分是對該報的注釋，那些詳實的考證、補白、校勘、訂誤、指謬，無不顯示了著者嚴謹的學風和求真求實的治學精神，令人深表敬佩。總之，該書無論對研究中國近代史，還是研究中國近代報刊史，抑或研究香港地方史，以及研究孫中山的革命思想、革命活動，都具有十分重要的學術價值，相信它的出版，必將有助於推動上述領域的研究。

做學問是一件非常辛苦的事情，沒有堅強的毅力和刻苦求實精神，斷難有成。是書的出版傾注了谷城研究員多年的心血和汗水。在商海波湧的香港那樣特殊的環境裡，先生竟能有如此作爲，真是誠非易事，是非常非常的了不起。

澤以長流方稱遠，山因直上自成高。古往今來，天下興衰，根植於學風純正與否。學風純正，則天下治。學風敗壞，則天下病。國正天下順，官清民自安。學者雖非政府官員，但負有指導社會的責任。因此，對學者而言，其學術研究直接關乎天下安危治亂興衰得失，非同一般。

一個學者只有具有遠見卓識，耐得住寂寞，在艱難荊棘中努力行進探索，百折不回，持之以恒，其學術研究方能深廣浩大，澤被社會，綿延後世，谷城先生在中國近現代史和中國近現代報刊史研究中之所以取得如許成就，正是他數十年來辛勤耕耘、努

力探索的結果。

　　我對中國新聞報刊史少有研究，上述評述未必能全面恰當地反映谷城研究員的相關研究。衷心祝願谷城先生在今後的學術研究中取得更多更大的成就！

　　謹以此為序

　　　　　　　　　　　　　　謝 俊 美 識於
　　　　　　　　　　　　上海武定坊北州書屋
　　　　　　　　　　　　2007 年 2 月 22 日

李志剛教授序

　　陳少白在〈香港中國報經過略史〉有謂:「中國報者,唯一創始之公言革命報,亦革命過程中一繼往開來之總樞紐也。」而陳少白所撰的《興中會革命史要》提及:「我在香港,一方面加入三合會和哥老會;另一方面籌備辦報的事。諸事都妥,孫先生代我買的印刷機器和鉛字,也都已運來,只是買來的鉛字,並不照單採辦,缺點甚多,非得親回日本眼同採辦不可,同時又可把聯絡黨會的事,與孫先生詳細說說,我就決定再到日本一次⋯⋯且說我在日本把鉛字配齊,回到香港,在己亥年十二月下旬,就把《中國日報》出版,與那滿清政府公開宣戰,拿報館作為革命的唯一機關。」可見《中國日報》的創辦具有組織黨團、宣傳革命、策動起義的功能。

　　「中國報」的創刊,起初有一報一刊的印行,此即《中國日報》和《中國旬報》的出版。

　　李谷城(國成)教授在本書論及《中國旬報》創刊號封面印有:「本期旬報,原擬於十二月廿五日送閱,嗣因新張諸務紛繁,致遷延多日,希為見諒。」共三十二個小字。而在〈中國報序〉有載:「舉凡道路之傳言、朝野之瑣事、各行之貨價、進出之船期,分刊大小二紙,每晨送閱。其中外之要信,名人之議論,政治、格致、農圃、工藝、商務、方技之學,則採譯群書,搜羅新法,

彙爲旬報，每月逢五兼派。」其中所提「擬於十二月廿五日送閱」、
「每月逢五兼派」，可見《中國旬報》是每月逢五附於《中國日報》
兼派的別冊。

　　《中國日報》之所以附有別冊《中國旬報》，按馮自由有謂「初
以不審英人對華政策所在，一時未敢公然大唱革命挑滿之說。半
載後措辭始漸激烈。從前各地中文報紙排印俱用長行直行，獨《中
國日報》始傚日本報式作橫行短行，令讀者耳目一新。此報除日
報外兼出十日刊一種，定名《中國旬報》，附以鼓吹錄，專以遊戲
文章、歌謠，譏刺時政，是爲吾國報紙設置諧文歌謠之濫觴。」
在此反映《中國旬報》出版，是倡導革命較爲激烈的言論。

　　按本書《中國旬報》三十七期編目所見，一至九期連載何沃
生（何啓）、胡禮垣（翼南）的〈新政變通〉一文。該文倡言滿清
政府從事政治改革，以應世界時勢所趨，並不屬於一種革命主張。
由於何啓在當年香港社會地位崇高，他是一位大律師，獲委定例
局（立法局）議員，與港督卜力私交甚篤，其本人對於孫中山組
織的興中會和革命活動向表支持。陳少白以他和何啓的師生之
誼，創辦《中國日報》自然有所依靠。

　　況且陳少白辦報初期，適逢康有爲和梁啓超在港推動保皇黨
工作，富商何東是其中有力的支持者，所以對革命黨的主張和活
動，正處於保皇黨敵對的狀態，對《中國日報》的發展是一大阻
力。因此，陳少白創辦《中國日報》實在需何啓的支持和保護，
而連載〈新政變通〉，用意亦在於此。

　　中國報學大師戈公振在《中國報學史》有說：「若在我國而尋
求所謂現代化的報紙，則自馬六甲（Malacca）所出之《察世俗每
月統記傳》（原名 Chinese Monthly Magazine）爲最早，時民國前
九十七年（嘉慶二十年）西曆一八一五年八月五日也。」繼而有

《特選撮要》、《天下新聞》、《雜文編》、《東西洋考每月統記傳》等，均由早期來華馬禮遜牧師、米憐牧師、麥都思牧師、郭士立牧師分別在馬六甲、巴達維亞、澳門、廣州等地創刊出版。在鴉片戰爭戰爭後，有《遐邇貫珍》、《中外新報》、《六合叢談》等在香港、寧波、上海各地印行，均屬中國近代報刊之首創。

　　由於本人專治中國基督教會史，尤好早期基督教報刊資料蒐集。回想十一二年前，得蒙好友廣州社科院駱寶善教授惠贈《中國旬報》部份影印資料，俾作探究早期基督教徒從事革命活動的言論，例如何啓、孫中山、陳少白、馮自由等教徒的活動。

　　其後得知學長李谷城教授爲香港報學專家，研究特有深度，故將《中國旬報》資料轉贈參考。幾經李教授多方努力，走訪兩岸大學圖書館，晉謁著名報學權威，用功多年，條分縷析，精究入微，致有《香港〈中國旬報〉研究》專書的出版，此可謂香港報學史重大發現。李教授將《中國旬報》創刊號全文刊登，並加詳釋，實有助中國近代革命史背景和香港史實況的探研。而《中國旬報》內容齊全，更可作爲《中國日報》早期遺失資料的補充。

　　《香港〈中國旬報〉研究》是李谷城教授在報學研究上的一項成就，必能獲得中國報學專家的讚賞和肯定。

李 志 剛 謹識
二〇〇七年八月十五日
於香港基督教文化學會

導言：成書經過及內容簡介

香港一個世紀前出現的《中國日報》及《中國旬報》旬刊，前者簡稱「日報」，後者簡稱「旬報」，一報一刊，合稱「中國報」；為了簡便，往往《中國日報》也簡稱為「中國報」。

「中國報」是孫中山派戰友陳少白到香港創辦的第一份革命報紙，於 1900 年 1 月創刊。該報出現五年後，《民報》才在東京創刊。「中國報」一創辦即為興中會的機關報；1905 年中國同盟會在香港成立分會後，該報又成為它的機關報。1911 年 11 月遷往廣州，翌年 8 月，中國同盟會聯合其他四政團，改組為國民黨，《中國日報》轉為國民黨的機關報。直至 1913 年被軍閥龍濟光查封而停版。

《中國日報》前後共出版了十三年（1900.1～1913.8）；《中國旬報》於 1900 年 1 月 25 日創刊，其後十天出版一期，總共出版了 37 期。「中國報」被譽為「革命報之鼻祖」、「革命黨組織言論之元祖」，它同時兼具「立黨、宣傳、起義」三大功能，在辛亥革命史上以及中國近現代報刊史上，都有極其重要的地位。

研究中國報業史的權威、中國人民大學方漢奇教授指出，「中國報」創下如下七項「第一」的紀錄：

（1）在香港出現的第一份鼓吹辛亥革命報紙。

（2）革命黨人創辦的第一份革命報刊。

（3）興中會的第一份機關報。

（4）第一份刊登宣傳「三民主義」的報紙。

（5）第一份同時擁有黨務、宣傳、起義三大功能的報紙。

（6）連續出版時間最長的革命黨的報紙。

（7）在 1905 年《民報》創辦之前，影響力最大的革命報紙。

　　然而，由於這是發生於百年前的事，而且《中國日報》創辦初期的報紙都已失傳，創刊號至今未找到；《中國旬報》創刊號大多數人未看到過等等原因，對於「中國報」的創刊時間、創辦經過、創辦宗旨與目的、社址變遷、經費來源及經營情況等基本問題，至今學術界乃眾說紛紜，意見不一。

　　二十世紀九十年代中期，本人在廣州中山大學師從陳勝粦、林家有、邱捷、吳義雄等教授攻讀第二個博士學位，從新聞史的角度研究香港報業史。自那時起即經常利用出席學術會議之機會，發表一些有關於孫中山與香港報業史的學術論文。這些文章之中有十餘篇討論到《中國日報》及其旬刊《中國旬報》，形成一個專題，因而覺得具有匯篇成專書的基本條件。

　　本人在研究過程中，得到兩岸三地許多專家學者的幫助，找到了不少珍貴的資料。特別是《中國旬報》，本人獲得從未為人知的創刊號完整的版本，以及搜集到全部三十七期相當完備的資料，它們為研究這份革命報刊提供了難得的第一手資料；也增強了本人將之公諸於世的信心。為了使本人的研究心得可以比較系統地提供給相關的研究者參考，經過十幾年來不斷的充實，遂有本書的誕生。

　　本書系統地研究《中國旬報》的創刊號，還綜合性地討論了該刊三十七期的概況；同時，以《中國旬報》為切入點，評述與《中國日報》相關的內容。本書內容共分為三篇（三大部份）：

　　上篇，共分十二項，全面研究、註釋《中國旬報》創刊號所有文章，評介其基本內容，側重解讀創刊號上五篇重要的文章；同時，討論了「中國報」的創辦經過，包括創辦宗旨、目的、日期、社址變遷，報主人的身份，以及經費來源、經營情況等；還收集了「中國報」創刊時期主要當事人的事蹟，以及他們與該報相關之著述；「辛亥革命」的組織者及領導者孫中山與香港及「中國報」的關係十分密切，但已經有許多研究成果，本篇只用大事紀的方式加以評述，以增強本書的完整性，使得背景更加遠大，內容更加豐富；此外，本篇還附上至今為止，兩岸三地專家學者對「中國報」研究狀況和參考書目。

　　中篇，按照原件順序，把《中國旬報》創刊號所有文章共四萬多字，重新植字、分段、編排，並加上現代標點符號；對一些疑難字句、古體字、生僻字等，加以註釋校勘；對一些史實進行考證、補充、訂誤，以方便現代人閱讀及理解。

　　下篇，把《中國旬報》創刊號全部原件曬版，附於書末，讓它的真面目，重現於世。

　　對「中國報」全面性的研究，是一項龐大的文字工程，並非一本小書可以辦到的。但是，本人系統整理的一些研究成果，具有索引功能，期望可以起到拋磚引玉的作用。

　　本人在研究中國近代史之時，經常參考上海華東師範大學謝俊美教授主編的《醒獅叢書》（中州古籍出版社出版）。這套學術水準很高的叢書共有十二冊，每冊選擇一本在中國近代史上影響深遠的論著為核心，重新加上詳細的標點、註釋，在保持原著面貌的基礎上，讓現代的研究者更容易理解。同時，對作者的背景、成書經過及版本、相關的研究資訊及參考文獻等等，都有詳盡深入的剖析，讓人一目了然，讀完每一本書，可以對一位歷史人物

及其時代背景，有清晰的理解，本人受益匪淺。爲此，本人期望以此套書爲榜樣，來解讀「中國報」，以及編排這本書。十分難得的是，能請到謝俊美教授親自具體指導，並賜大序，對本人的艱辛研究，給了許多鼓勵和肯定，亦使本書生色不少。

擅長於研究早期香港中西文化、宗教交流史的李志剛博士，亦爲本人提供了不少資料，並提出許多中肯的意見，還爲本書作序，十分之感激。

台北中國國民黨黨史館主任邵銘煌教授，爲本人提供了大量珍貴的史料；黨史館爲本人查找資料，提供了許多方便。邵教授在多次學術研討會上擔任評論人，對本人的論文有中肯的評價；還鼓勵本人將相關的內容整理成書，爲其他研究員提供有益的參考。今書已成，十分難得請到邵教授作序，非常感謝。

同時，謹借此機會，向指導、幫助過本書出版的蔣永敬教授、胡春惠教授、陳存恭教授、陳勝粦教授、林家有教授、方漢奇教授、童兵教授、黃瑚教授段雲章教授、駱寶善教授、李吉奎教授、周興樑教授、邱捷教授、桑兵教授、莫世祥教授、吳義雄教授、周佳榮教授、李金強教授、趙立彬教授、劉維開教授、高純淑教授等，致以萬分的謝忱！

本書的出版要感謝文史哲出版社及華夏書局的厚愛，能在以出版學術著作聞世的高尚出版社出版，感到無上的榮幸。

李元哲先生非常專業的編校，熱情的引薦，才有這本書的面世，對於他的無私幫助，難以用二個字「感謝」來完全表達的。

香港《中國旬報》研究

目　　次

✡ 上　篇 ✡

香港《中國旬報》的
創辦及主要內容

壹、《中國旬報》主要內容

一、前　言

　　孫中山於己亥（1899）年秋間，派陳少白到香港創辦第一份革命報紙《中國日報》，在香港辦了 11 年餘，其後遷廣州再辦 2 年多。根據主要負責人在任時間，可分為以下四個時期：其一，陳少白時期（1899 秋～1906.9）（含籌辦時期）：首任社長陳少白，主持社務共 7 年；其二，馮自由時期（1906.9～1910.4）：第二任社長馮自由，主持社務前後共 4 年；其三，謝英伯時期（1910.4～1911.6）：時為同盟會南方支部處理時期，任命謝英伯為社長兼任總編輯；其四，盧信時期（1911.6～1913.8）：1911.6 盧信等人集僑資接辦，自任社長。同年 9 月廣州光復後，隨同盟會遷廣州，獲政府資助。1912.8，轉為國民黨的機關報。1913 年 8 月，龍濟光入粵，《中國日報》被封閉停版。[1]

1　《中國日報》第二任社長馮自由，最早為該報的歷史分時期，他在 1946 年於重慶出版的《華僑革命開國史》中說：「中國報歷史可區別為三期：從己亥至乙巳之七年為陳少白處理時期；從丙午至己酉之四年為馮自由處理時期；從庚戌辛亥之二年為南方支部處理時期。以十三年三期間之大聲疾呼，卒能領導海內外輿論以傾覆清廷，重光漢業，殊非當日參預諸子所及料也。」原文載《華僑革命開國史》，頁 8~9，原題名《中國日報》，1946 年重慶初版；1947 年元月上海初版；另外，同作者於 1948 年元月初版的《中國革命運動二十六年組織史開國史》，頁 40~41，亦收入此文，但改題名為《香港中國日報》，文中個別用詞略有更改。
　　本書主要據此，將該報分為四個時期，其中，增加了「盧信時期」；而且，將陳少白、馮自由、謝英伯、盧信四位主要負責人掌握時間，換算為公元，且精確到月份，以方便現代人閱讀。

　　《中國日報》同時兼具「立黨、宣傳、起義」三大功能。前兩個時期最為重要：報館也是革命黨的總部，社長兼任革命黨組織的負責人。他集報務、黨務於一身，在三條戰線上指揮革命活動。可惜，《中國日報》創辦初期的報紙都已失傳，後人不能從該報獲知當時的情況。黃季陸主編的《中國日報》第一冊編號第 0001 頁的報頭，寫有該報的新聞紙編號為 1201 號，出版日期是 1904 年 3 月 5 日，已是該報出版第五年的事了。[2]

　　《中國日報》創刊之時，亦創辦了《中國旬報》。前者簡稱「日報」，後者簡稱「旬報」，兩者合稱「中國報」。《中國旬報》只辦了一年多，出版了 37 期，屬於陳少白時期之內。《中國日報》創刊號及早期的報紙已失傳，因此，使瞭解革命黨早期的革命及宣傳活動存在一定的困難；某些後來的研究者，因未能掌握準確的資料，而出現一些錯漏。

　　近年來，本人搜集到《中國旬報》共 37 期相當齊全的資料，特別是創刊號完整的原件，它成為瞭解早期「中國報」創辦情況的重要根據。通過評介《中國旬報》創刊號的內容，可以增進瞭解 1900 年前後孫中山與革命黨的活動情況，為孫中山與辛亥革命研究，提供一些原始的資料。

二、《中國旬報》創刊號概況

　　《中國旬報》外觀像一本中國古裝的線裝書，它的高約

2　黃季陸主編，台北黨史會編印的四卷本《中國日報》，第一冊第一頁報頭之下標明出版日期為「甲辰年正月拾玖日禮拜陸」，折算為公元 1904 年 3 月 5 日，距離該報創刊已三年又三個月餘。報頭之下還註明「新聞號第壹仟貳零壹號」，若以一年 365 天除之，則約為 3 年又 29 日有餘。但是，由於期間有週末或假日休刊，故難以據此推算出準確的創刊日期。不過，該報於 1900 年 1 月出版，故到 1904 年 3 月 5 日，距離該報創刊已是第五個年頭了。

21cm，寬約 14cm（即大度 32 開本），用一張紅色紙包裹，但它又不算是封面，或可稱之爲扉頁比較合適（但現代書籍的扉頁一般應在封面之內），上面刊載「報主人告白」（即廣告）、更正啓事等。[3]

　　《中國旬報》創刊號內容十分豐富，極具研究價值。它的封面靠左上起以手寫仿楷體直書刊名《中國旬報》四個特大號的字（約 15mm 正方），刊名正下方用一號宋體字（約 8mm 正方）寫上「第壹期」（其他期類推）。靠右上方亦以一號宋體，分兩行直排寫明出版日期：其中一行是中國的甲子紀年，另一行則是「太陽歷」，即西曆。翻開封面，它的裡頁上半部刊載目錄；隔着一條橫線之下的半頁，刊載「旬報價目」、「告白價目」，以及分兩排寫上那句 24 個字的招牌語言：「香港中環士丹利街二十四號門牌中國報館陳少南承刊」，也是用一號宋體字，寫上報刊的地址及報主人的姓名。這兩個單頁不編頁碼，它原是同一張印製的，線裝時摺爲兩半。

　　內文頁兩側用細線欄住，線框高約 18cm，寬約 10.5cm。框內的內文，用四號字（約 5mm 正方）頂天立地直排，每行 40 個字，每頁排 16 行，所有文章都無加現代標點符號，亦很少分段，但在「中外電音」等需要分段記事的欄目，則用圓圈隔開，作爲分段的記號；小標題用一號、二號字（約 7mm 正方）或三號字（約 6mm 正方）。框線之外，最上端用四號字直排欄目名；最下端則刊載頁碼。由刊載正文的內頁起開始編頁碼，第壹期逐個單

3　《中國旬報》第壹期（即創刊號），己亥年十二月二十五日、太陽歷正月二十五日出版，香港中環士丹利街第二十四號門牌中國報館陳少南承刊。本人在朋友的幫助下，見到了唯一的孤本。本書特將此珍貴的原始資料曬版附於書後，以供有興趣者進一步研究。本書引用原文時儘量保持原貌，如封面記載出版年期用「「歷」字，不改爲「曆」；但在行文時則應「曆」與「歷」有別。

頁編爲同一個頁碼，第貳期起則每兩個單頁編頁碼，因此，後來的研究者只好用第幾頁的上、下頁來區分之。（見上述）

《中國旬報》第壹期（即創刊號）的目錄如下：

中國報序　　　　　　韜晦子

中國報宗旨　　　　　本　館

民權論　　　　　　　憤時子

新政變通　　　　　　南海何啟沃生、三水胡裡垣翼南

二十世紀政治問題　　日本浮田和民撰、中國抱器舊主譯

中外時事

中外電音

奏疏

上諭[4]

由第 22 頁《中外時事》起，其後各篇均爲編輯部弄來的，因此，都無署名或註出處。在《中外時事》與《中外電音》之間（頁 33～40），夾入一份《香港潔淨局新定章程》，總字數達三千多字，無署作者名或註明出處，在目錄中並無列出此文。在《奏疏》及《上諭》之後，還有《要緊上諭》、《上海電謠》和《更正》，但於目錄中都無列出。《奏疏》、《上諭》、《要緊上諭》刊載大臣給皇帝的意見書，很有研究價值。[5]《中國旬報》創刊號逐頁編頁碼，共 60 頁之多，總字數約 38,400 字，是最厚的一期，內容也最豐富。

《中國旬報》逢「旬日刊派一軼」，即每月刊印三期。除創刊號外，每期大約有 18 個雙頁，可載 23,000 餘字。內分「論說」、「譯論」、「國是」、「中外時事」、「電音」、「邦交」、「紀亂」、「存

4 詳見前引《中國旬報》創刊號封面之裡頁。
5 《中國旬報》創刊號所有文章的內容及篇頁情形，詳見本書第二部份。

疑」、「上諭」、「清國官文」等欄目，大多數是把過去十天之中「日報」上發表過的重要文章和新聞，重新編排，收入「旬報」，重印發行。第七期起，增闢了專載國內簡明新聞的「視聽錄」、專載國際簡明新聞的「衡鑒錄」、專載會黨方面消息的「黨局」和專載文學科學小品的「雜俎」等欄。第十一期起，「雜俎」欄改名《鼓吹錄》，刊載「論說」（即時事評論）及其他文學作品，包括有粵謳、南音、曲文、院本、班本等，多數是短小精悍的諷刺小品。1903年3月，《中國旬報》出版第37期後停刊，《鼓吹錄》則移入《中國日報》，成為該報的副刊。

　　《中國旬報》和《中國日報》的頭七年（1900～1906），均由陳少白負總責，其他曾擔任過一報一刊編輯或撰稿者，主要有王質甫、楊肖歐、洪孝充、陸伯周、黃世仲、鄭貫公、陳春生、盧信、廖平子、陳詩仲、黃魯逸、王軍演等

　　《中國旬報》創刊號的五篇長文，都十分重要，現簡介如下：

三、《中國報序》及《中國報宗旨》簡介

　　《中國旬報》的創刊號收入的第一篇文章是署名「敦煌韜晦子稿」所撰的〈中國報序〉，該文無標點符號少分段，短短1,230字，就有34處直接寫出「中國」兩字，該文把孫中山為首的革命黨人為甚麼要創辦中國報，交代得十分清楚。第二篇文章是以「本館」名義發表的〈中國報宗旨〉，該文2,847字，直接提及「中國」兩字者有45處之多。這兩篇文章，十分清楚地表達了孫中山為首的革命黨人對中國興亡原因的看法。[6]

6　〈中國報序〉，刊於《中國旬報》創刊號，頁1~2；〈中國報宗旨〉，刊於《中

　　〈中國報序〉，開篇第一句話，就以反問的口氣寫道:「報胡為以『中國』名也?」接著自問自答曰:「蓋報主人生長中華，心懷君國……故欲借此一報，大聲疾呼，發聾振瞶，俾中國之人盡知中國之可興，而聞雞起舞，奮發有為也。遂以之名其報。」[7]

　　〈中國報宗旨〉前半部分的主要內容是分析中國衰亡的歷史原因，闡述革命黨人對中國之所以興亡的看法;後半部分則猛烈地抨擊「士」的卑劣品格，指責「士」為亡中國的罪魁禍首。該文主要論點列下:(1)歷史上的「中國」從未被滅亡過;(2)滿人統治中國二百餘年，但中國並未被滅亡，「亡者滿洲，非中國也」;(3)洋人蠶食中國，但「失地亦非所以亡中國也」;(4)中國之所以會衰亡，皆因官場腐敗;(5)中國之所以亡，「蓋亡於士。」;(6)「國之興亡，匹夫匹婦有其責」。

四、《民權論》簡介

　　《中國旬報》創刊號的第三篇長文是〈民權論〉，它是研究孫中山為首的革命人，早期的民權思想的重要著作。該文排在版頭為「論說」的版面裡，即將它歸為政論。作者「憤時子」未知何人也，最可能是陳少白或當時負責《中國旬報》附錄「鼓吹錄」編務的楊肖歐或黃魯逸;或是「助理筆政」的洪孝充、陸伯周、楊肖歐、陳春生諸人。全文僅490個字，不分段落，又無標點符

国旬報》創刊號，頁 3~7。有關對這兩篇文章的詳細評介見後文。本書所提及《中國旬報》文章的字數，都是指原件字數，重新植字後由電腦自動計算，不包括空白位及本人加上的標點符號。

7 前揭〈中國報序〉，《中國旬報》創刊號，頁1。

號。[8]

　　孫中山首創的「三民主義」，是中山思想的精髓。1905 年 11 月 28 日《民報》於東京創刊時，孫中山爲該報寫〈發刊詞〉，共 774 個字，首次以書面形式正式提出「三大主義」。[9]

　　1924 年 1 月 27 日至 8 月 24 日，孫中山在廣州每星期作一次演講，系統地闡述「三民主義」理論。其中，民權主義講了六講，共約 73,000 字。此一著名的理論，其後經記錄、整理、出版，流傳至今。[10]

　　在 1905 年同盟會成立之前，孫中山爲代表的革命黨人是如何闡述「民權主義」呢？1900 年 1 月在香港創辦的《中國日報》及《中國旬報》，是興中會及同盟會的機關刊物，亦是革命黨人創辦的第一份革命刊物，以及《民報》創刊之前革命黨人的最主要輿論宣傳陣地。在《中國旬報》的創刊號上發表的「論說文」〈民權論〉，應是革命黨人最早公開討論「民權」問題的專論。

　　詳細研讀這篇短小精悍的高論，並用「以小見大」的方法，與其後孫中山有關民權理論作一比較研究，對瞭解革命黨人早期的民權思想，以及孫中山「三民主義」思想的形成過程，應該有不少的幫助。

8　〈民權論〉全文，原載《中國旬報》第壹期，頁 8。關於該文的詳細評介見後文。

9　《民報》〈發刊詞〉提出「民族、民權、民生」「三大主義」，其後才改稱爲「三民主義」。這篇發刊詞共 774 個字，無標點不分段。作者署名孫文，它是孫中山口述，由胡漢民執筆的。詳見《民報》創刊號頭版，東京出版，1905 年 11 月 28 日。

10　孫中山撰寫和演講「三民主義」及其成書經過，詳見中央文物供應社出版的袖珍本《三民主義》（中國國民黨黨史委員會版本）之〈自序〉，以及頁 123~297 之〈民權主義〉單元，1989 年 1 月出版。亦可參閱秦孝儀總編纂《中國現代史辭典》（史事部份之一），台北：近代中國出版社，1985 年 6 月，頁 29。

五、《新政變通》簡介

在《中國旬報》創刊號上發表的第四篇文章〈新政變通〉，亦是重要的論說文，全文共六千餘字，主要內容是，表達當時的革命黨人對「新政」（即政治體制變革）的看法。[11]

所謂「政變」，意為「變政」，即如何改革現有的政治體制；「通」，即綜合性地論述；「新」之含意是，比康有為議論新政（即「康說」）更加新的論說。這篇政治評論，首先分析當時的國際國內形勢；然後，解釋何為「新政」？為甚麼中國必須實行「新政」？應該向外國學習那一些「新政」；以及實行「新政」的主要方法和應有的態度，充分表達了革命黨人的政治智慧及理念。文章討論的問題，在一個世紀後的今天來看，仍然具有實際的參考價值。

〈新政變通〉的兩位作者是孫中山的老師何啓和胡禮垣。這篇政治評論，表達了何啓和胡禮垣的政治理念，它是與中會時期革命黨人政治理念的典型代表；5 年後成立的同盟會，承襲了這些觀點；這些觀點也直接影響了孫中山，對了解中山思想的形成，有很大的助益。同時，可以透過這篇論文，探討何啓與孫中山的關係。[12]

---

11 〈新政變通〉第一部份原載《中國旬報》第壹期，頁 9~16，其後又在該刊連載了九期，全文共有三萬餘字。
12 孫中山在香港求學的經過及與何啓的師生關係，可參閱《國父年譜》第四次增訂本上冊，1883~1892 年之記述，台北：黨史會，1994 年，頁 34~70。

六、《二十世紀政治問題》簡介

　　《中國旬報》創刊號上發表的第五篇重要文章是譯論《第二十世紀之政治問題》。在目錄中的《二十世紀政治問題》，刊於第17～21頁，但標題變成《第二十世紀之政治問題》，多了「第」及「之」二字，猜想是目錄只佔半頁版位，標題若太長會排不下，故省略。[13]

　　該文分為譯文及譯者的話兩大部份。前半部份的譯文共有2,796個字，主要內容是以西方政治學的理論和觀點，述論十六世紀到二十世紀歐洲主要的政治問題以及預測二十世紀可能出現的世界性政治問題。這些問題在二十一世紀的今天來看，基本上言中，因而具有實際的參考價值。由於它發表於孫中山派戰友陳少白到香港創辦的興中會第一份機關報上，反映了孫中山為首的革命黨人早期（1900年左右）對世界性的政治問題的看法，對於理解中山思想的形成與發展，有啟迪作用。

　　該文寫明是「日本浮田和民撰」。「浮田和民」是日本著名的政論家；但翻譯者「中國抱器舊主」是誰？本人尚未查出。譯者的話只有321個字，主要是說明為何譯此文，以及對中國人要靠翻譯日文來獲知天下事而感到羞恥。這是附合當時情況的實話。

　　本書運用新聞學的方法，通過評介《中國旬報》創刊號的內容，考證《中國日報》及《中國旬報》的創辦日期以及創辦人的背景，並以革命刊物中的政論，與孫中山早期的革命思想作比較，

13　日本浮田和民撰、中國抱器舊主譯，〈第二十世紀之政治問題〉，原載《中國旬報》第壹期，頁17。

發現孫中山的民權思想，以及對當時國內外政形勢的看法，深受何啓、浮田和民等人的影響。

　　《中國旬報》上的論文，有助於進一步了解孫中山與何啓的「師誼」關係。（詳見各篇專論之註釋及解讀）孫中山早期很長時間在日本從事革命活動，當時，中國人主要靠翻譯日文來獲知天下事，[14]《中國旬報》上翻譯日本著名的政論家「浮田和民」的日文政論《第二十世紀之政治問題》，相信對孫中山及革命黨人有直接的影響，透過它可以更多地了解孫中山與日本的關係，以及革命黨人的活動情況等。

---

14 亦有請「英友」翻譯，詳見《中國報序》。

貳、《中國旬報》現存史料

　　1968 年 9 月 1 日，台北的中國國民黨黨史會影印出版了精裝一冊的《中國旬報》。這冊珍貴的原始資料集，共 198 頁，收入《中國旬報》第 21～22 及 25～37 期相當完整的原件，但其中有不少缺頁，而 1～20 期完全沒有。儘管如此，它仍然是三十多年來已出版的最完整《中國旬報》原始資料集。[1]

一、《中國旬報》資料收集

　　李志剛教授[2]是香港研究基督教在華傳教史的專家本人獲得他的幫助，知道許多西方宗教早期在華文字播道的情況。。2000 年 12 月 7 日，他提供給本人以下表格，可知道至今為止收集到的《中國旬報》原件資料情況。

---

1 中國國民黨中央委員會黨史史料編纂委員會藏本，《中國旬報》，台北：中國國民黨中央委員會黨史史料編纂委員會影印初版發行，1968 年 9 月 1 日出版，精裝一冊，全書 498 頁，定價 8 美金（當時價）。
2 李志剛教授，廣東省寶安縣人，台灣中興大學文學士、香港信義宗神學院神學士、香港珠海書院文史研究所文學碩士及博士，歷任香港中華基督教禮賢會牧師、香港信義宗神學院中國教會史講師、香港信義宗書院歷史系副教授、香港珠海書院文史研究所副教授、香港珠海書院亞洲研究中心研究員。主要著作有《容閎與近代中國》、《基督教早期在華傳教史》等。

《中國旬報》各期原始資料

期　　數	頁　　　　碼	類　型
第一期	除 45 下～47 上	照　片
	45 下～47 上	膠　卷
第二期		照　片
第三期	除 10 下 11 上、19 下 20 上	照　片
	10 下 11 上、19 下 20 上	膠　卷
第四期	除 6 下～9 上	照　片
	6 下～9 上	膠　卷
第五期		照　片
第六期	除 8 下～10 上、11 下 12 上、15 下 16 上、20 下 21 上	照　片
	8 下～10 上、11 下 12 上、15 下 16 上、20 上 21 上	膠　卷
第七期	除 2 下 3 上	照　片
	2 下 3 上	膠　卷
第八期	除最後兩面	照　片
	最後兩面	膠　卷
第九期	目錄～2 上、3 下 4 上、5 下 7 下	照　片
	其餘	膠　卷
第十期	除 3 下～8 上、17 下～19 上	照　片
	3 下～8 上、17 下～19 上	膠　卷
第十一期	目錄～2 上、4 下 5 上、8 下 9 上、14 下 15 上	照　片
	其餘	
第十二期	7 下～15 上	照　片
	其餘	膠　卷

第十三期	目錄～1 下、8 下～10 上	照　片
	其餘	膠　卷
第十四期	3 下～5 上、6 下～12 上、15 下～18 上	照　片
	其餘	膠　卷
第十五期	1 上～4 上、5 下～13 上、15 下～17 上	照　片
	其餘	膠　卷
第十六期	3 下 4 上、6 下 7 上、8 下～17 上	照　片
	其餘	膠　卷
第十七期	一～三（缺三下～五上）	照　片
	其餘	膠　卷
第十八期	3 下 4 上、8 下～17 上	照　片
	其餘	膠　卷
第十九期	5 下～17 上	照　片
	其餘	膠　卷
第廿期		照　片
第廿一期	1～3 下	複印件
	6 下～17 下	複印件
	其餘	膠　卷
第廿二期		複印件
第廿二期附刊		複印件
第廿三期	1～15 上（除 10 下 11 上）	照　片
	10 下 11 上	膠　卷
第廿四期		照　片
第廿五期	1 下	照　片
	2 上～17 下	複印件

第廿六期	4 上—17 下		複印件
第廿七期	目錄～2 上		複印件
	三上～17 下		複印件
第廿八期			複印件
第廿九期			複印件
第卅期	1～2 下		照　片
	3 上～17 下		複印件
第卅一期			複印件
第卅二期	1～2 下		照　片
	3 上～17 下		複印件
第卅三期	1～2 下		照　片
	3 上～18 下		複印件
第卅四期			複印件
第卅五期	目錄～2 上		照　片
	3 上～15 下		複印件
第卅六期	2 下		照　片
	3 上～15 下		複印件
第卅七期	3 上～18 下		複印件
	其餘		膠卷

　　細閱《中國旬報》第一期（即創刊號），各個單頁兩側框線之外的下方，都有獨立的頁碼；但從第二期起，才以兩個單頁算一頁，編一個頁碼。由此時起，才出現頁上與頁下之分。

二、《中國旬報》的膠卷資料

　　李志剛教授還借閱《中國旬報》以下膠卷資料給本人參閱：

　　（一）1993 年拍攝《中國旬報》膠卷共十三卷。已編號（模糊不清之處，參閱 1999 年補打拍膠卷）。此 13 卷膠卷所拍期數及底片數量（卷 5、7、8、10、11、13 有多拍最後半張，在此不計），列表記載如下：

膠卷編號	所拍期數	膠卷底片張數
1	1～2	39
2	3	45
3	5	36
4	6	39
5	8	39（最後一張壞）
6	9～11	50
7	12～14	47
8	15～18	45
9	19～25	49
10	26～27	16
11	28～29	共 35 張膠卷，其中二張斷爲二截
12	30～34	45
13	35～36	43

　　（二）1999 年拍攝《中國旬報》膠卷五卷（補充 1993 年膠卷之不足），按〔1〕、〔2〕、〔3〕、〔4〕、〔5〕編號。上述補拍的 5 卷膠卷所拍攝的期數以及底片數量（補 2 及 5 多拍半張，在此不計），列表統計如下：

膠卷編號	補拍期數及頁碼	卷內底片張數
補 1	第 1 期封面（2 張），同期頁 44 下至頁 57 之跳頁共 7.5 底片；第 2 期封面及目錄起至頁 11，以及頁 19 上至頁 20；第 4 期目錄起至頁 10 上；第 6 期目錄起至頁 13 上。	48
補 2	第 6 期頁 14 上至頁 20；第 7 期目錄起至頁 3 上，以及頁 18 下至頁 20；第 9 期目錄起至頁 10 上。	27
補 3	第 9 期頁 9 下至頁 20；第 10 期目錄起至頁 20；及第 11 期封面。	50
補 4	第 12 期目錄起至頁 7 上，以及頁 14 上至頁 16；第 13 期目錄起至頁 16；第 14 期目錄起至頁 8 上；第 15 期目錄起至頁 11 上。	48
補 5	第 15 期頁 11 起至頁 17；第 16 期封面起至頁 7 上；第 17 期目錄起至頁 5 上；第 18 期目錄起至頁 7 上，及頁 9 下至頁 11 上；第 21 期目錄起至頁 6 及頁 9 下至頁 12 上；第 32 期目錄起至頁 2 上；第 33 期目錄起至頁 2 上；第 35 期目錄起至頁 2 上；第 36 期目錄起至頁 5 上。	49

　　（三）　《中國旬報》散頁照片 25 封（以紅色信封裝載），每期所存照片（3R）張數，所拍的《中國旬報》期數及頁碼，列表統計如下：

信封編號	所載照片張數	照片所拍期數及頁碼
1	14	第 1 期（創刊號）封面及第 1 頁《中國報序》。 第 4 期目錄及第 1 頁（重拍 2 張）及頁 11 上至頁 15 上（其中頁 14 下至頁 15 上重洗二張）。 第 9 期封面及目錄至頁 1（重洗 2 張）。
2	10	第 11 期封面及目錄至頁 2 上，和頁 9 下至頁 10 上。 第 12 期頁 8 下至頁 11 上（其中頁 8 下至頁 9 重洗 2 張） 第 13 期頁 8 下至頁 10 上。
3	9	第 14 期頁 8 下至頁 12 上（其中頁 8 下、頁 9 上、頁 10 上各放大重洗 1 張），及頁 15 下至頁 18 上。
4	9	第 15 期頁 10 下至頁 13 上（其中，頁 11 上、頁 12 上下及頁 13 上各放加洗 1 張）；頁 15 下至頁 17 上。
5	10	第 16 期頁 8 下至頁 17 上（其中頁 11 上加洗 1 張）。
6	16	第 17 期目錄起至頁 3 上，頁 5 下至頁 17 上（其中頁 7 下至頁 8 重洗 1 張）。
7	9	第 18 期頁 8 下至頁 17 上。
8	13	第 19 期頁 5 下至頁 17 上（其中頁 13 下至頁 14 上重洗 1 張）。
9	15	第 20 期目錄起至頁 3 上，及頁 5 下至頁 17 上。
10	16	第 21 期目錄起至頁 17 上（其中，目錄至頁 2 上重 1904 年 3 月 5 日，距離該報創刊已三年，共 2 張，而頁 4 下至頁 5 上及頁 10 下至頁 11 上各漏洗 1 張）

11	12	第 22 期頁 4 起至頁 16 上（其中缺頁 10 下至頁 11 上）
12	14	第 23 期目錄起至頁 15 上（其中缺頁 10 下至頁 11 上）
13	16	第 24 期目錄起至頁 15 上（其中頁 12 下至頁 13 上各重洗 1 張）。
14	14	第 25 期頁 1 下起至頁 16 上（其中缺頁 13 下至頁 14 上）
15	13	第 26 期頁 4 上起至頁 17 上（其中缺頁 7 下至頁 8 上）
16	13	第 27 期頁 3 上起至頁 8 上，及頁 11 下至頁 17 上（其中頁 14 下至頁 15 上重洗 1 張）。
17	12	第 28 期頁 4 起至頁 11 上，及頁 13 下至頁 17 上。
18	12	第 29 期頁 3 上起至頁 17 上（其中，缺頁 5 下至頁 7 上及頁 10 上；但頁 4 下至頁 5 上多洗 1 張）。
19	13	第 30 期目錄起至頁 15 上（其中，缺頁 10 下至頁 12 上）
20	11	第 31 期頁 2 上起至頁 8 上；及頁 13 下至頁 18 上。（即缺頁 8 下至頁 13 上）
21	13	第 32 期目錄起至頁 10 上；及頁 14 下至頁 17 上。（即缺頁 10 下至頁 14 上）
22	11	第 33 期目錄起至頁 8 上；及頁 15 下至頁 18 上。（即缺頁 8 下至頁 15 上）
23	8	第 34 期頁 3 上至頁 7 上；及頁 15 下至頁 18 上。（即缺頁 7 下至頁 15 上）
24	7	第 35 期頁 3 上至頁 7 上；及頁 13 下至頁 15 上。（即缺頁 7 下至頁 13 上）
25	5	第 36 期頁 2 下至頁 5 上；及頁 13 下至頁 15 上。

　　以上系統的統計，對本人研究《中國日報》及《中國旬報》，

提供了十分珍貴的原始資料。

三、《中國旬報》全貌管見

　　在李志剛博士提供的資料，以及參照台北黨史會影印出版的《中國旬報》的基礎上；本人又在兩岸三地一些教授及朋友幫助下，進一步收集到《中國旬報》更多原件資料，現綜合整理《中國旬報》三十七期總目錄如下，由此可以管見該刊的概況。其中，出版日期及目錄內文的寫法，力求按照原貌：

《中國旬報》三十七期總目錄

期　　數	出版日期	目　　　　　　　錄	備　　註
第一期	己亥年十二月廿五日太陽歷正月二十五日	《中國報序》韜晦子 《中國報宗旨》本館 《民權論》憤時子 《新政變通》南海何啓沃生、三水胡禮垣翼南 《二十世紀政治問題》日本浮田和民撰、中國抱器舊主譯 中外時事 中外電音 奏疏 上諭	本期正文共60頁。封面註明「本期旬報原擬於十二月廿五日送閱嗣因新張諸務紛繁致遷延多日希爲見諒」。
第二期	庚子年正月十五日太陽歷貳月拾肆號	《論國病》番禺　陸伯周 《遙寄中國》日本福本誠 《新政變通》（續）南海何啓沃生、三水胡禮垣翼南 《王道帝政篇》日本國府犀東種德 《中國與世界安危論》日本添田壽一撰、中國抱器舊主譯	本期正文共21頁。除創刊號之外，其他各期兩頁才編一個頁碼，故都只有20頁左右。

		中外時事 電音 京抄	《新政變通》為第一期之續稿。
第三期	庚子年正月二十五日太陽歷貳月貳拾肆號	論說： 《今日滿洲人宜稱爲中國計說》 《新政變通》（續）南海何啓沃生、三水胡禮垣翼南 《中國與世界安危論》日本添田壽一撰、中國抱器舊主譯（續） 中外時事：賭餉新承、記列國擴張兵備、粵漢鐵路、中國事變之真相、東亞同文會、滿洲馬賊、二十世紀元年辨、日本之哥倫德、查拿局員、德員議論、俄日情形、廣州灣新設船照 中外電音 奏疏	本期正文共21頁。內文在《奏疏》之後增加一項《上諭》。
第四期	庚子年貳月初五日太陽歷叁月五號	論說： 《論大統決非外奪》番禺　陸伯周 《新政變通》（續）南海何啓沃生、三水胡禮垣翼南 《第十九世紀外交之通觀》日本有賀長雄撰、中國抱器舊主譯 中外時事：上海電局總辦經元善被拘案彙記、抽賭章程、主權可畏、檀山與日本、英法之關係、水底雷艇之無效、人身熱度之變更、杜國囚人院、土耳其百達鐵路、日本議院題議康梁被逐事、德報論美非、美國造船業、杜軍惡戲 中外電音 京抄	本期正文共21頁。目錄《京抄》在內文改爲《上諭》及《奏疏》（續第三期）
第五期	庚子年貳月十五日太陽歷叁月十五號	論說： 《英雄與時說》 《新政變通》（續）南海何啓沃生、三水胡禮垣翼南 《第十九世紀外交之通觀》（續）日本有賀長雄撰、中國抱器舊主譯 《日本現今兵制考》（附表） 中外時事：美人新世界、第十九世紀問	本期正文共21頁。

		題、尼加剌卦運河、俄國與北京聯絡、長江航船大公司、日俄齟齬、立嗣後之實況、倡建女大學堂、杜軍中之美人、多助之至、日人輕妄、西國換人、美國煤盛、拿維新黨彙紀 戰電要錄	
第六期	庚子年貳月二十五日 太陽歷叁月二十五號	論說： 《盡忠宜求有濟說》棒道人稿 《新政變通》（續）南海何啓沃生、三水胡禮垣翼南 《於杜國之戰外交上之秘事》日本有賀長雄撰、中國抱器舊主譯 中外時事：清韓條約照錄、義和拳、大刀會、阻撓路工、照錄推廣法租界告示、江南商務總局章程、捉拿新黨續聞、毚起邊防、英兵費繁、蘄州疑案、英兵被辱、擬築商埠、中俄商務 戰電要錄 上諭	本期正文 21頁。
第七期	庚子年叁月初五日 太陽歷肆月肆號	論說： 《法不能變於上即宜變於下》局中人稿 《新政變通》（續）南海何啓沃生、三水胡禮垣翼南 中外時事：清韓條約、照錄革退聯和公司米商告示、照錄廣東准開彩票告示、照錄小呂宋總領事告示、護照登錄、官文、黨局、視聽錄、衡鑒編、雜組、要電 京抄 上諭	本期正文 21頁。
第八期	庚子年叁月拾五日 太陽歷肆月拾肆號	論說： 《西太后》 《新政變通》（續）南海何啓沃生、三水胡禮垣翼南 中外時事：振興蒙學示、照錄禁冒充洋高示、新嘉坡總領事保護華民回籍章程五則、照錄廣東保商局示、商務局招辦煤炭示、清國郵局章程、擬設中國工商會章程、照錄某西人致慶親王	本期正文 21頁。

		書、官文、黨局、視聽錄、衡鑒編、雜俎、要電 京抄 上諭	
第九期	庚子年叁月二十五日太陽歷肆月二十肆號	論說： 《官民相欺由君主使亦由君受禍說》 《新政變通》（續）南海何啓沃生、三水胡禮垣翼南 中外時事：挽救中國本原迂言、官文、黨局、視聽錄、衡鑒編、雜俎、要電 京抄 上諭	本期正文 21頁。
第十期	庚子年肆月初五日太陽歷五月初叁日	論說： 《滿漢不能並治說》 《美國政體》本館譯稿 《俄人論戰》本館譯稿 中外時事：中國財政難、官文、黨局、視聽錄、衡鑒編、雜俎、要電 京抄 上諭	本期正文 21頁。
第11期	庚子年肆月十五日太陽歷五月拾叁號	論說：《開門政策》 譯稿： 《美國政體》本館譯稿 《俄人論戰》本館譯稿 官文：稅厘新議、劉學詢被擊始末記、海防加成、按餉指撥 黨局：經元善案件錄要、籌款助黨、示拿黨魁 視聽錄：義和拳事彙誌、華工被虐、威海近聞、會名孝義、三省興亂 衡鑒編：國不在大、亞洲鐵路、韓事駁聞、日俄交逼 要言：輪船招商局第二十六屆辦理情形節略、論支那與歐美之關係 雜俎：妄議瓜分、德製自動車、巾幗多才、屢蹈危機、軍火難運 電音 上諭 鼓吹錄附刊	第一次附刊鼓吹錄。本期正文共 17頁。但不見目錄所列的「鼓吹錄」。其後各期均如此。

第12期	庚子年肆月念五日太陽歷五月念叁號	論說：《民智篇》麗垣氏稿 譯稿： 《美國政體》（續） 《俄人論戰》（續） 官文：太后閱兵、武衛軍足恃、道台撤差、欽使撤差、查匣有由、大閱餘聞、水軍規復、購運炮子、代繳賭費、築路撥款 黨局：蘄州要案始末記、新黨想望 視聽錄：拳黨叢談、大刀會就撫、貴戚入會、燈教蠢動、私會何多、謠言何多、匣局病商、西粵亂信、鬧教述聞 衡鑒編：日擬添船、移民詳數、杜兵精練、西鄰責言、擬加經費 要言：選錄教育一得 雜組：述萬國公會、觀艦敗興 電音 上諭 鼓吹錄附刊	本期正文 17頁。論說篇在目錄中無署名，只在正文中署名。
第13期	庚子年五月初五日太陽歷六月一號	論說：《說亡》 譯稿： 《美國政體》（續） 《俄人論戰》（續） 官文：復文照錄、包釐開辦、滬設商局、請留未准、簡署緣由 黨局：奉查新黨、英對新黨、領事私販軍火、韓官被拿、經太守案 視聽錄：美艦到沽、剿賊近耗、滇事記要、拳黨彙報、施南民變 衡鑒編：准給金礦、中俄齟齬、俄圖東亞、德艦述聞、俄勢鴟張、俄踞馬山、俄妒日軍、俄又購地、俄皇擬遊、德營膠州、德國鐵路近事、韓阻路工、不准開礦、韓國俄員計數、韓臣忠憤、暹收人稅、暹國近聞、聯合群商、德船裝電、韓示七款 要言：選錄教育一得（續） 雜組：仍准華人工作、電燈漸廣、人言難信、賽會述聞、同此感慨、鋒鏑死數、為妻所累、水喉准辦	本期正文 17頁。

		要電 上諭 鼓吹錄附刊	
第14期	庚子年五月 二十五日 太陽歷六月 二十一號	論說：《說亡》（續） 譯稿： 　《美國政體》（續） 　《俄人論戰》（續） 官文：局示照登、頒發圖說、路款支絀、 　　　密議加稅續述、請查教堂 黨局：毀聞被拿、高麗黨案、陳撫僑寓 　　　確聞 視聽錄：拳黨始末記上 衡鑒編：論俄之可患、日財支絀 要言：選錄教育一得（續） 雜俎：照相被拿、西報訪人謁粵督詳 　　　述、鐵路釀禍 電音 上諭 鼓吹錄附刊	本期正文 20 頁。
第15期	庚子年六月 初五日 太陽歷七月 一號	論說：《保中莫妙於分治說》隻眼人寄 譯稿： 　《美國政體》（續） 　《俄人論戰》（續） 官文：札文照登、禁匪私販軍火詳文、 　　　記粵督去留事 黨局：韓客遺書、韓國黨禍、領事苔言 視聽錄：拳黨始末記二、俄人被戕駭 　　　聞、宋江復出 衡鑒編：不忍率捨、俄報之言、韓地啓 　　　爭、德論加稅、新製炸彈、將次就職、 　　　俄心叵測、擬設雙軌、公使名言、暢 　　　談時務、代抱不平、俄員獻策 電音 上諭 鼓吹錄附刊	本期正文 18 頁。論說篇在 目錄中無署 名，只在正文 中署名。
第16期	庚子年六月 初十五日 太陽歷七月 十一號	論說：《論用智與用力之強弱》陳沂春 　　　生稿 譯稿： 　《美國政體》（續）	本期正文 18 頁。論說篇在 目錄中無署 名，只在正文

		國是：治安新策、准開鴿票、稟稿照錄、開辦包匣、請辦保險、粵城防嚴、鄂督電言、蘇撫電飭、皖撫經濟、江督經猷、勤王迭報、福州消息、蘇州防亂、電局近事彙志、英雄所見、鄂電彙錄 邦交：紀招商局輪船英署注冊事、分隸保護、西報偉論、英領之言、俄日微嫌、英議助華彈壓、媒價暴漲、意望平晧、民黨傾心、公舉各艦總統、婉辭外兵、韓國防邊、意使之言、外兵知照、俄營旅順、 紀亂：逋臣起事、京函照錄、津地再戰、遞信人言、亂勢利害、津事紀實、西兵遇伏情形、德使履歷、拳事緣起、臺灣亂萌、津沽情形 存疑：北京郵簡、慶邸被害、拳事軼聞、京函節錄、人心附和、風傳姑錄 電音 上諭 鼓吹錄附刊	中署名。
第 17 期	庚子年六月初二十五日太陽歷七月二十一號	論說：《人事與運會相乘說》得道人稿 譯稿： 《俄人論戰》（續） 國是：保護長江、閩浙仿照滬約保護專電、榮相電信照錄、大臣互商保護述電、電稟照錄、電召蘇撫、請官代抽、委購軍裝、所重民食、暫止游歷、點交軍火 邦交：華使論教、美報之言、分據雷船、德人電話、日將安葬、擬設電線、無意瓜分、檀商立會、照會日本、美督先見、整頓水師、高麗攻教、示禁私運、勉誠教師、華官助賑、擬設屯所、誓師激昂、日相談華、各國兵艦表、日本兵艦表 紀亂：京友縷述、紀西人言避難事、津沽要聞、日艦軍服、西報之言、高麗思亂、西摩軍報、津事又聞、津沽戰事	本期正文 18頁。論說篇在目錄中無署名，只在正文中署名。

		存疑：京事紀聞、協揆被戕、行刺未成、金陵電話、定計夾攻西兵、京津彙紀 電音 上諭 鼓吹錄附刊	
第18期	庚子年七月初五日 太陽歷七月三十號	論說：《論民權》顧盼十方尊者來稿 譯稿： 《俄人論戰》（續） 國是：羊城行商街眾請抽租設巡警摺、蘇撫電奏原稿、傳聞停戰、兩湖槍課、拯恤水災、巨梟就撫、添辦軍裝、招募成軍、暫停秋試、李氏家書、保護洋人、傳聞聶軍西去、京餉提回、運解軍裝、仍抽行厘、江寧近事、密諭主勦、蘇撫過境、西鄰借械、慶邸接密諭 邦交：英使詳函、美督建言、邦交緒論、來函錄要、粵督過港、紐約報言、各國軍兵表、英立新會、報筒新法、估計兵費、英備軍衣、日艦新添、東京來信、俄由北路進兵、加抽身稅、膠州消息、俄船運兵、禁止買奴、美國秉公、議定條款、專辦交涉、越南路成 紀亂：華俄啟釁詳誌、亂域紀程、回民附和、拳黨毀永定河堤、北省好音、瀋陽失守 存疑：詳報疑刺康有為事、榮祿隱衷、慶邸被困 電音 上諭 鼓吹錄附刊	本期正文 18頁。論說篇在目錄中無署名，只在正文中署名。
第19期	庚子年七月拾五日 太陽歷八月九號	論說：《來書》 譯稿： 《俄人論戰》（續） 國是：奏請護送各使、疆臣碩畫、諭保使臣、慷慨請纓、時事要聞 邦交：洋兵相忌情況、國書照錄、中外訂約、電致俄廷第二次國書、中日邦交、琿春浮動、美統復任	本期正文 18頁。

		紀亂：津沽戰事函述、督辦被拘詳述、探軍委員縷述、拳黨護照、津城紀要、西人論天津戰事、遼陽交戰、家書照錄、津事詳談 存疑：李鴻章答問、西人助戰可疑、要電照譯、諭旨照譯 電音 上諭 鼓吹錄附刊	
第20期	庚子年七月二拾五日太陽歷八月拾九號	論說：《中外關繫說》 譯稿：《俄人論戰》（完） 國是：聯幫稽查、康已離波、黑旗北指、湖北借款、閣議述聞、西關籌防巡警局章程 邦交：請禁軍火、日報紀要、天津各軍動靜、紀英提督與劉坤一問答、記岳州交鬨事、俄軍受制、俄攻牛庄、俄境亂耗、上海防衛、英國籌華章程、法用舊砲、俄艦留中、調兵防滬、馬賊襲俄、遼東亂耗、奉天俄人被逐、牛庄電語　、英軍覆電、京中消息、俄兵入關、東邊戰紀、忍用毒炮、日員獻策、華人勁敵 紀亂：兩教相仇、浙江亂耗、衢州匪平、盛京近事、議和觸罪、清遠鬧教、死傷不顧、皖南警耗 存疑：西報最新消息、電催述聞、姑妄聽之、假傳令箭、俄報談中、傳聞王文詔革職、傳聞西狩 電音 上諭 鼓吹錄附刊	本期正文 18頁。
第21期	庚子年八月初五日太陽歷八月二十九號	論說：《說分》陳沂春生稿 事件：　公啓照錄 國是：防軍改裝、徐屬請兵、直督陣亡、許袁被害詳誌、隸名親軍、保全兩宮往來電文、電波勁旅、緊要電奏 邦交：記西提督告余道台語、英人創立新中國會啓、外交政策、局外公論、	本期正文 18頁。論說篇在目錄中無署名，只在正文中署名。

		旁觀者清、英對中國之政策、請免調兵、責備東鄰、德兵假道、日本電遞國書、土王愛中、定議保全中國 紀亂：大通警耗、機匠鬧事、記營口失陷詳情、記俄兵陷海城事、江山失守緣由、邵武匪警、從軍錄 存疑：團黨獲賞、北京遷都 電音 上諭 鼓吹錄附刊	
第 22 期	庚子年八月拾五日太陽歷九月八號	論說：《原中原》陳沂春生稿 國是：以工代賑、扈從銜名、咨備迎鑾、晉撫迎鑾、奏摺發還、嘉獎重臣、守護內城、聯名速駕紀聞、平糶存米 邦交：扣留軍食、廈門日本教堂起火詳志、各國回文、俄人設官新章、德俄訂約、德皇誓師、不願議和、韓又不靖、俄人加稅、拒日新會、偷運槍枝、德報兩則 紀亂：從軍錄（續）、聯軍入京情形、漢口近事、拳黨尚熾、提督被拿、蕪湖警報、京津近信、梧州消息、膠州消息、日報軍情、英員軍報、皖事情形 存疑：扈蹕西巡、電音杜撰、誰則無罪、死何足惜、條款風傳 電音 上諭 鼓吹錄附刊	本期正文 19頁。論說篇在目錄中無署名，只在正文中署名。
第 23 期	庚子年八月念五日太陽歷九月拾八號	論說：《勤王名義論》大西洋釣徒 國是：廈門電稿 、要電通傳、江督歌詞、勤王兵數 邦交：聯軍所設天津政府章程、鄂電照錄、拒日新會、俄人加稅、運兵甚忙、俄人之心、江鄂二督致沙侯電、退兵覆述、朝鮮亂耗 紀亂：監犯串盜劫獄詳誌、順德教民被難詳志、俄兵佔據、衢州亂事記、廈門日本教堂火起詳志、日人在京日	本期正文 17頁。論說篇在目錄中無署名，只在正文中署名。

		紀、紀海城近事、拒退聯軍、漢事續志 存疑：北事彙錄、北事要電、遷都彙紀、許袁被戮緣由、日員微服 電音 上諭 鼓吹錄附刊	
第24期	庚子年閏八月初五日 太陽歷九月二十八號	論說：《論中國戰禍必俟新舊兩黨釋爭而止》大西洋釣徒 國是：財政支絀、示安民教、浙省勤王軍事彙志 邦交：日報錄要、德皇拜將、朝鮮亂耗、俄借美款、伊犁軍報、退兵覆述 紀亂：電報補錄　、新會鬧教、俄中將示諭華人、德人述聯軍入京詳情、擊敗會黨詳誌、北塘西兵進攻炮臺事、華兵可用、日人在京日記（續） 存疑：停戰約款、代管財政、啓蹕述聞、俄李密約、會黨起事緣由補述、紀晉撫事、德俄密約、老虎得勢 電音 上諭 鼓吹錄附刊	本期正文 17頁。論說篇在目錄中無署名，只在正文中署名。
第25期	庚子年閏八月十五日 太陽歷十月八號	論說：《論震旦爲官權之國》大西洋釣徒 國是：大事拾零記、咨文到粵、袁昶請剿拳黨第一疏、西安案牘 邦交：法人論中、英人歲計、德擬條陳、添設郵局、聯軍被創、地屈誌略、嚴保鐵路志要、記日本憲兵捕獲戕害德使兇手事、俄官文告照錄 紀亂：析津要事彙述、日人在京日記（續）、天津一月記、手書照錄 存疑：會章照錄、傳聞姑誌、捐事異聞、照譯丁教習趲良條陳、 電音 上諭 小說：《奉俄皇命記》（續）	本期正文 18頁。此期不附刊鼓吹錄；但有小說：《奉俄皇命記》，且列明爲續編，可是以上各期並未有此欄目。論說篇在目錄中無署名，只在正文中署名。
第26期	庚子年閏八月二十五日	論說：《廣九通除蔽說》大西洋釣徒 國是：軍務奏議補錄、大事拾零記	本期正文 18頁。論說篇在

	太陽歷拾月拾八號	邦交：日覆國書到京、議和草稿、條陳節略、德廷照覆、各依德議、和議有基、非島定例、黑龍江錄要、俄德北攻紀要、俄不允和、攻地飾辭、法議華事 紀亂：再續天津一月記、廣東新安亂事記 存疑：傳聞照譯、謀刺述聞、仙姑受劫、邪會又起述聞 電音 上諭 小說：《奉俄皇命記》（續）	目錄中無署名，只在正文中署名。
第27期	庚子年九月初五日太陽歷十月二十七號	論說：《強陵弱眾暴寡亦有合於公理論》大西洋釣徒 北省大事記：天津一月記（三續）、大事拾零記、保陽警電、啟秀被拘、李相告示、端邸之言、京員被禍彙志、留京人員名單、軍事叢談、隨扈人員名單、召赴行在名單 南省大事記：漢事餘聞、英查滇礦、釐局新章、廣東惠州亂事記、聯軍赴粵 清國官文：保甲札文、照會照錄、軍務奏議續錄、羅使演說、江督捕盜札文 各國時事：軍械東來、戰馬西來、保皇壽險、日本官階、歐馬東來、俄電興修、英相未退、英兵調回、俄書譯略、美國荅覆俄國退兵原信、英兵大舉、印度水災、回教人冊、德書譯略 電音 上諭 小說：《奉俄皇命記》（續）	本期正文 18頁。今期起欄目細化，「國是」、「邦交」、「紀亂」、「存疑」四項由新的欄名取代。論說篇在目錄中無署名，只在正文中署名。
第28期	庚子年九月拾五日太陽歷十一月六號	論說：《論世界長進之理》大西洋釣徒 北省大事記：東三省失守始末記、京中舊事彙述、天津一月記（四續）、警信彙記、疑團難破 南省大事記：釐務公文、廣東開攤改章告示、城廂罷市、罷市餘聞、炸藥轟發 清國官文：軍務摺片補錄 各國時事：統帥論華、德書譯略、俄韓	本期正文 18頁。論說篇在目錄中無署名，只在正文中署名。

		交涉、法政府議和條款、覆荅國書 電音 上諭 小說：《奉俄皇命記》（續）	
第29期	庚子年九月二十五日太陽歷拾一月十六號	北省大事記：大事拾零記 南省大事記：呈稿照錄、錄送和電、記南京軍火局失事實情、鼇局牌示、吉林退讓原委、藩示包鼇、房捐難辦、風颶為災 清國官文：清辦王公大臣電奏、駐札秘魯利馬嘉里約領事黃中慧太守在日本演說 各國時事：俄人新章、頒發出洋章程、愧煞支那、是曰幽宮、將軍受賞、美增艦隊、銀幣失數、私入內地、煤油致富、韓國增兵、杜統遊歷、功比魚鴻、馬上步隊、美興河工 電音 上諭	本期正文 18頁。本期所列之目錄，引自羅家倫主編的《中國旬報》頁8，但無論說及譯稿欄目。
第30期	庚子年十月初五日太陽歷拾一月二十六號	論說：《中國輕重論》 北省大事記：會議條款續聞、德兵破村詳述、北民近況述聞、章程照錄、統帥欲退、爭營鐵路、記王部郎死事、東三省失守始末記（續）、警信彙記 南省大事記：浙亂又起、鼇務彙錄、賠款續聞、照會浙撫、楚中警耗、嘉應紀聞 清國官文：行在文牘、新寧縣示 各國時事：海若塵寰、英俄不睦、伊侯之論 電音 上諭 小說：《奉俄皇命記》（續）	本期正文 18頁。
第31期	庚子年十月十五日太陽歷拾二月六號	論說：《分合變化說》 北省大事記：手書照錄、述聯軍佔保家事、記鐵嶺失守事、直潘被監緣由、記梅東益剿拳事、各國請治罪魁、回京難望、警信彙記、條款又聞 南省大事記：黃埔船塢合同條約、福建保護條約、廣府牌示、鼇案近聞、南	本期正文 19頁。

		海縣示、安設海電、汕頭交涉 清國官文：張之洞勸戒上海國會及出洋 　學生文、作歌勸誡、陝撫示諭續錄第 　二條 各國時事：俄船彙誌、開化紀數、表記 　功動、美人豪俠、俄人深謀 電音 上諭 小說：《奉俄皇命記》（續）	
第32期	庚子年十月 二十五日 太陽歷拾二 月十六號	論說：《論議和後之中國》 北省大事記：追紀兩宮臨幸懷來事、津 　沽近事、道員被擄、京師要事、高議 　華款、聯軍駐華計數、琿春加稅、條 　款已交、法人保庫 、法擴津界、俄 　佔鐵路、續參禍首、京員貿易、賠款 　擬減、詳述使相議和情形、行軍鐵 　路、約期會議、北事彙紀、行在紀聞、 　北京時政、工程將竣、記廷雍被禍 　事、誤斃華官、詳誌直藩遇害事、銀 　庫被封、保護入京、催辦和議、警言 　彙志 南省大事記：滇督抵鄂、改刻關防、示 　禁謠言、電詢粵款、紛索粵界、鄂督 　照會、志切言和、戰船南下、聯軍南 　下 清國官文：李秉衡絕筆、力辭供張、電 　奏照錄 各國時事：美勸各國、比得利權、日軍 　獻捷、美國新例、協助郵船、俄人大 　欲、統帥不公、公致國書、公司貸款、 　裝船續聞 電音 上諭 小說：《奉俄皇命記》（續）	本期正文 18 頁。
第33期	庚子年十一 月初五日 太陽歷拾二 月二十六號	論說：《主權篇》 北省大事記：山東緝捕紀要、補述西安 　迎鑾記、陵寢震驚、追記思海被擒 　事、文書易主、擬改總理衙門、相府 　接電、國書與德、京師慘禍、求救疆 　臣、清員羈辱類志、日修鐵軌、經營	本期正文 19 頁。

		鐵路、津電兩紀、議和大臣與統帥問答、警信彙志 南省大事記：又是一事、水局又議、官商孕賭、法人赴川、咨商和款 清國官文：補錄袁昶京卿奏稿、陝撫條數 各國時事：奧國弭兵社致駐俄公使書、女皇多財、俄人持平、各國輪胎記數、星使敢言、台督陞遷、日本鐵路、韓國金礦、服色維新、經營海電、擬改埠例 電音 上諭 小說：《奉俄皇命記》（續）	
第34期	庚子年十一月十五日太陽歷正月五號（根據前後兩期推測）	北省大事記：議和大臣與統帥問答（續）、仍索規費、聯軍蹤跡、擴充郵政、冊立創議、聯軍紀事、試驗鐵軌、京師多盜、採訪忠烈述函、辦公有所、遼陽火車已通、京畿要事、徵稅誤傳、預備御用、德人殘暴、北事兩誌、兵費計數、京函照錄、擬遷漕署、警信彙志 南省大事記：嚴拿會黨、紀轉運局、記湖北武備學生事、勘築鐵橋、請免煤釐、記英領事與浙撫電、寧海教案、緣由補誌 清國官文：奏摺補錄（續）、京報補錄、新定籌餉捐例外辦章程 各國時事：膠澳預言、水底多金、俄增新稅、教皇索款、東瀛紀事、高麗團黨、萬國公助中國維新人傳單、蜂能傳信、中俄交涉、炮機新製、中俄有約、俄增派戰艦來華、高麗警耗、和議消息彙記、愧死鬚眉、欲懲訪事、俄整水師 電音 上諭	本期正文 19頁。本期所列之目錄，引自羅家倫主編的《中國旬報》，頁14-15，但無論說及譯稿欄目。
第35期	庚子年十一月二十五日	論說：《論爲國死與爲朝廷之不同》 北省大事記：圍攻使館始末記、內監正	本期正文 16頁。首次出現

	太陽歷正月十五號	法記聞、大官可危、國書照錄、補錄和議十二款譯稿、管理北京民事、京員待救記數、俄兵殘暴確證、全權文憑式照錄、神京要事、使臣會議後聞、回人猖獗電信、連軍向近畿州縣勒交銀數節略、北京訪事專函照錄、主眷稍衰、自懲罪魁、京事兩志、警信彙志 南省大事記：誌縣訊會黨事、鄂粵文書、私祀忠魂、奏請併試、管駕伏誅、漢口自開租界、掘地得棺、寗海警耗四誌、會訊道府、德商條陳、三訊鉅案詳志、寗海賊警續誌、貢獻方物稟稿 清國官文：京報補錄、照錄請查軍械積弊審稿 各國時事：稼穡豐收、種族探原、日營運河、日本度支預算、古跡猶存、論法人意見、韓政紀要、美人獲利、樟腦大用、記俄國財政 電音 上諭 小說：《奉俄皇命記》（續） 附錄：代上海國會及出洋學生覆張之洞書	「附錄」欄目。
第36期	庚子年十二月初五日太陽歷正月二十四號	論說：《各國鐵路開通支那敍論》 北省大事記：連軍紀事、北京訪事專函照錄、和議十二條譯文原稿照錄、涿州被據、鼓鑄華錢、廷臣不協、行在王公大臣各署司員銜名單、一國三公、要事彙志、隨扈珥筆、和事兩紀 南省大事記：記會審龔超案、安撫苗民、武昌商埠章程、請赴賽會、江督奏言、寗海警信五誌、昭文民變記、公司承墾、條款酌議確聞、要賭易人、閩借洋款、 清國官文： 奏報提督力竭陣亡奏片、拿獲假義和團奏、劉坤一跋日本佛教同盟會移世界宗教家書後 各國時事：船廠罷工、俄營高麗、俄購	本期正文 16頁。附錄爲上一期的續篇，但目錄中沒有列明。

		輪船、韓貨日款、中俄交好、棉布起色、日英交際、海電多通、法員私議、議改無稅口岸、美頒嚴諭、欲承路工、大使館設、教皇力索賠款、節譯英人函論俄人在津佔地事、俄官辯正記略、覓地屯煤、設會維新、三韓亂況、俄官示納契稅、俄艦疊談、擬獎戰功、德民輿論、俄軍蹤跡、檀島新例、茶務大增、日查煤業、台島財政、土欲行教、煙捲鉅高、日本交涉、越民不靖 電音 上諭 附錄：代上海國會及出洋學生覆張之洞書（續） 小說：《奉俄皇命記》（續）	
第37期	若按十日出版一期計，則本期出版日期應爲庚子年十二月十五日，太陽歷二月四號。但本期爲終刊號，實際出版日期可能遷證。	北省大事記：諭旨補錄、北京民政新章、奏請建祠、和事詳紀、擬懲罪魁、行在要聞、北京訪事專函照錄、和款子目要聞、增索七款、豫中近狀述聞、和約傳聞、會商條款英法勸亂、京師各國劃界治事情形記、陝函摘要、陝事錄要、罪臣匿跡、陝函彙志、陝電紀要、回京述聞、要事彙志、德英友誼、官俸折領、大臣獨立、大內紀聞、京電記要、行在要聞 南省大事記：鄂督迎鑾、苗頑又起、報律待改、閩督被參續述、調補遺缺記聞、皖撫奏請回鑾、教士鉅劫、電線興修、閩捐蜂起、粵督先聲、鄂督意見、奏阻回鑾、示催投稅、鐵路握要、商衛局批、爲王前驅、教案易結 清國官文：　奏片補錄、照覆條款紀要 各國時事：煤油增稅、煤油計數、美鐵驟增、德人損失、輪車總數、學藝須知、韓路紀聞、日艦紀數、預計償款、荷土交涉、俄皇之言、茜長浩費、軍港壯觀、俄清密約、日獲銀米、聯俄未確、俄人經營朝鮮、英兵死傷計數、俄國度支、記列國艦隊、中俄訂	本期所列之目錄，引自羅家倫主編的《中國旬報》頁20-21，但無論說及譯稿欄目。本人查知本期正文19頁。全部37期正文共733頁。

		約續聞、日船重頓、韓開金礦、日本 商談、紛索鉅款、伊藤作古 電音 上諭 小說	

　　二十世紀九十年代以來，本人專注研究香港報業史，發現其中不少資料，與孫中山及辛亥革命有十分密切的關係。本人認為，報刊原始資料與檔案資料，對研究歷史，具有同樣重要的地位。甚至可以說，它的內容更加豐富、更有時代氣息。

　　本節所列《中國旬報》的原件史料十分珍貴，對於研究考證《中國日報》及《中國旬報》的創辦背景，有很高的參考價值。

　　本書展示的報刊原始資料，希望可以為孫中山與辛亥革命研究，提供新的線索；並且，起拋磚引玉的作用。

叁、「中國報」創辦宗旨及目的

《中國旬報》與《中國日報》合稱「中國報」，它們是作爲興中會的第一份機關報而創辦；在香港同盟會分會成立後，該報又成爲它的機關報。「中國報」被譽爲「革命報之鼻祖」、「革命黨組織言論之元祖」，它們在辛亥革命史上有十分重要的地位，對辛亥革命之貢獻是十分巨大的；《中國日報》創下如下7項「第一」的紀錄：

（1）在香港出現的第一份鼓吹辛亥革命報紙。

（2）革命黨人創辦的第一份革命報刊。

（3）興中會的第一份機關報。

（4）第一份刊登宣傳「三民主義」的報紙。

（5）第一份同時擁有黨務、宣傳、起義三大功能的報紙。

（6）連續出版時間最長的革命黨的報紙。

（7）在1905年《民報》創辦之前，影響力最大的革命報紙。[1]

已見過不少文章討論《中國日報》；但是，與《中國日報》差不多同時出版的《中國旬報》，其重要性及歷史地位與《中國日報》相仿，而討論它的文章至今仍十分稀少，[2]究其主要原因應該是，

---

1 這是研究中國報業史的權威、中國人民大學方漢奇教授的研究結論。詳見方漢奇主編：《中國新聞事業通史》第一卷，頁682~699，北京：中國人民大學出版社，1997年11月第二次印刷。

2 關於《中國日報》的專論，本人已收集到20多篇，但相信仍掛一漏萬。而就

原始資料尚未完全被發掘出來。《中國旬報》創刊號兩篇重要的文章〈中國報序〉與〈中國報宗旨〉，十分清楚地陳述了該報的創辦目的、宗旨，還描寫了創辦人的輪廓。

一、同時創辦《中國日報》與《中國旬報》之原委

《中國日報》創刊之時，亦創辦了《中國旬報》。前者簡稱「日報」，後者簡稱「旬報」兩者合稱「中國報」。《中國旬報》每一期目錄的左下角，都印有「香港中環士丹利街第二十四號門牌中國報館陳少南承刊」的字句。根據港英政府的要求，所有出版物都須向政府註冊，而刊物的最前面（或最後面）必須印出刊物的地址及承刊者名字等基本資料，以便發生事故之時，可以找到人來承擔法律責任。

《中國旬報》打出「陳少南承刊」的招牌，則表示「陳少南」就是東主或曰老闆、發行人，也即是該報內文中一再提及的「報主人」。據《中國日報》的第二任社長馮自由在《香港中國日報》一文中說：

本人所見，以《中國旬報》為題的專論只有兩篇，即：丁守和的〈資產階級革命派最早的報刊之一；中國旬報〉。該文約三千字，原載《新聞研究資料》第三輯，頁 27~129，北京：中國社會科學出版社，1980 年 5 月出版。該文承認「現在能看到的是二十一期、二十二期和二十五期至三十七期」，也即是說：丁守和 1980 年能看到的只限於台北黨史會 1968 年 9 月影印出版的一卷精裝本《中國旬報》而已。此外，李默於同上出處發表的《中國旬報》，只有五百字；兩岸的多冊中國新聞史專著之中，大都略有提及，但最多也只是一小段，語焉不詳。上述文章所引用的資料，多數是馮自由、陳少白等當事人的回憶文章；而原件資料方面，一般只限於台北黨史會影印出版的《中國旬報》；據知有些研究者的文章，仍引用手抄件或部份菲林片上的片言雙語。詳況後述。

　　孫總理於己亥年秋間派陳少白至香港籌辦進行，所有機器、鉛字概由總理在橫濱購運，至是年 12 月下旬乃告出版。[3]

　　已有不少文章肯定：陳少南爲奉派到香港辦中國報的陳少白之化名。研究中國新聞史逾半世紀的方漢奇教授說：

　　　　《日報》和《旬報》均由陳少白化名陳少南任發行人，負全面領導之責。[4]

　　正由於上述關係，所以也可以說：「陳少南」應是模仿「陳少白」而起的假名，但他實際上是革命黨人的代表，也即是孫中山的代表。現代香港註冊創辦報刊之時，東主要填報真名；當時可以用化名，相信是戶籍制度尚未完善。

　　爲甚麼要同時創辦日報、旬報兩種呢？該報最重要的文章《中國報序》有以下的說明：

　　　　因見三十年來，中國沿江濱海，通商各口，日報、旬報之設，雖已數十家，要皆分門別戶，不能兼二者而有之，致體制各殊，閱者未能並蓄兼收而窺全豹，不無餘憾。於是，既逐日刊派一紙，復旬日刊派一帙。[5]

　　《中國日報》與《中國旬報》在內容方面有何不同呢？「日報」與「旬報」如何分工呢？《中國報序》續有以下的說明：

3　馮自由：〈香港中國日報〉，載《中國革命運動二十六年組織史》，頁 45~54，上海商務印書館，一九四八年元月初版。馮自由於一九〇六年接替當了七年社長的陳少白出任第二任社長，直至一九一〇年，前後共五年之久，史稱《中國日報》的「馮自由時期」。

4　詳見前引方漢奇主編：《中國新聞事業通史》（第一卷），頁 689。至於「報主人」的身份，留待後論。

5　〈中國報序〉，原載《中國旬報》，第壹期（即創刊號），頁 1~2，己亥年十二月二十五日、太陽歷正月二十五日、即 1900 年 1 月 25 日出版。此處引文見頁 2。

　　舉凡道路之傳言、朝野之瑣事、各行之貨價、進出之船期，分刊大小二紙，每晨送閱。其中外之要信，名人之議論，政治、格致、農圃、工藝、商務、方技之學，則採譯群書，搜羅新法，彙為旬報，每月逢五兼派。而又欲通中外之情誼也，復倩熟識時務之英友，日撰英文論說一通，附錄報紙，俾供洋人快覩。又慮議論見識囿於主筆數人，未能恢宏也，復懸潤格，徵求通人之雄文鉅筆，錄於旬報，以廣閱者目力。且凡以尺書加遺，苟無干於律例者，皆附錄帙中。而時人之箸述果有益於世道者，亦按帙分錄，庶幾閱者積篇成書，聞資考證。[6]

　《中國旬報》逢「旬日刊派一帙」，即每月刊印三期。除創刊號外，每期大約有 18 個雙頁，可載 23,000 餘字。內分「論說」、「譯論」、「國是」、「中外時事」、「電音」、「邦交」、「紀亂」、「存疑」、「上諭」、「清國官文」等欄目，大多數是把過去十天之中「日報」上發表過的重要文章和新聞，重新編排，收入「旬報」，重印發行。第七期起，增闢了專載國內簡明新聞的「視聽錄」、專載國際簡明新聞的「衡鑒錄」、專載會黨方面消息的「黨局」和專載文學科學小品的「雜俎」等欄。第十一期起，「雜俎」欄改名《鼓吹錄》，內容有論說、粵謳、南音、曲文、院本、班本等。1903 年 3 月，《中國旬報》出版第 37 期後停刊，《鼓吹錄》則移入日報，成為該報的副刊。

　　《中國旬報》和《中國日報》的頭七年（1900～1906），均由陳少白負總責，其他先後擔任過一報一刊編輯或撰稿者主要有王質甫、楊肖歐、洪孝充、陸伯周、黃世仲、鄭貫公、陳春生、盧

6 同前引〈中國報序〉，頁 1。

信、廖平子、陳詩仲、黃魯逸、王軍演等。

二、《中國報序》作者身分之謎

《中國旬報》創刊號最重要的文章是該報的序言〈中國報序〉，已有不少人片言雙語地引用過這篇文章，但都沒有列出作者筆名或姓名，甚至連標題都弄錯。說明這些人未見過原件；或只看過部分抄件，就大發議論。[7]

似乎所有的報刊創辦時都要發表序言或發刊詞之類，以宣示該報創辦宗旨、目的，和說明創辦之經過。《中國報序》也一樣，它刊於《中國旬報》第壹期第 1 至 2 頁，每行 40 個字，全文分為五大段，但不加標點，共有 1,230 字。

《中國報序》作者署名「敦煌韜晦子稿」，最後一字可省去，其餘五個字若從拆字來分析，有以下含意：「敦煌」象徵中華文化傳統；「韜晦」意為「韜光養晦」；「子」乃日本人常用愛用之字，亦是中國春秋戰國時代諸子百家常用及愛用之字。作者為何把上述三層含意揉合在一起呢？他是誰？中國的讀書人選擇的筆名，常常可看到自己的影子，因而有「文如其人」之說。

該文多處提到「報主人」如何如何。從文章的內容看來，可以追尋到「報主人」的影子，如說：

　　蓋報主人生長中華，心懷君國；幼從師而肆業，既熟知

---

7 《中國旬報》創刊號上刊載的〈中國報序〉，題目清清楚楚地寫作「中國報序」四個字；但是，有引用者寫作《中國報》序」，亦有寫作《中國報・序》或「中國日報序」等等，而且，都不列出作者之名。這些不正確的引用方式，在此不便一一舉證。說明引用者如果不是疏忽，就是未見過原件；或是不尊重作者的原意。

中國古今；壯遊學於外洋，復稔識中國利病。目擊自中外通
商以來，交際之道，中國固懵然無知也；公法之理，中國亦
茫然罔覺也。[8]

　　上面提及「報主人」的身世，說的像是陳少白；但是，亦像
是孫中山。此外，文中還有三處，提及「報主人」創辦中國報的
心境：

　　　　報主人見眾人之皆醉而欲醒之，俾四萬萬眾，無老幼、
無男女，心懷中時刻不忘乎中國，群策群力，維持而振興之，
使茫然墜緒得以復存，挺立五洲不為萬國所齒冷。無如草茅
伏處，莫假斧柯，悵望龜山，奈何徒喚。因思風行朝野，感
格人心，莫如報紙。故欲藉此一報，大聲疾呼，發聾振瞶，
俾中國之人，盡知中國之可興，而聞雞起舞，奮發有為也。
遂以之名其報。[9]

　　　　報主人知其所以然，思擇善而從，俾我中國人閱此報紙
而得其益。[10]

　　　　今聞報主人存此心、立此志，以創此報也，深望我中國
人觀此「中國報」，顧名思義而不忘乎中國。[11]

　　《中國報序》所描述的報主人的身世，以及辦報的背景，有
許多孫中山及陳少白的影子，但是，至今為止，乃未找到真憑實
據，證明此文是孫中山或陳少白所撰。

　　據研究中國新聞史的名家方漢奇教授對本人說：「翻查過孫中
山用過的所有筆名，都沒有相同或相似的；當事人陳少白、馮自

8　詳見前引《中國報序》，頁 1。
9　同前引《中國報序》，頁 1。
10　詳見前引《中國報序》，頁 2。
11　詳見前引《中國報序》，頁 2。

由等的遺著，也沒有說過這個人是誰；再說，台灣黨史會編的《國父年譜》、《國父全集》等，也從未收入過此文，也就是，並未確認是孫中山所撰。」[12]

在《中國報序》的最後一段，該文作者以日人常用的「僕」自稱，並說明他寫序的原因：

> 僕為中國人，心本不忘中國，而目覩時事多艱，痛中國人心之將死，神州之將及於陸沉也，時握腕以興嗟，無如襪線短材，萍羈海外，唾壺擊破，何補時艱！今聞報主人存此心、立此志，以創此報也，深望我中國人覩此「中國報」，顧名思義而不忘乎中國。喜不自勝，忘其固陋，爰為之序。[13]

此段話說明，執筆者與報主人並非同一人；但二者則是志同道合的，也正因為欣賞報主人的辦報宗旨，因而，執筆者「喜不自勝，忘其陋，爰為之序。」

陳少白是孫中山青年時代起的密友。他有很好的國學根底，擅長文學及書畫，因而有「才子」之稱，興中會早期的文告「多出自少白手筆」；[14]孫中山二十八歲在家鄉閉門疾書「上李鴻章書」，陳少白參加了草擬及修訂工作；[15]加上當時他是「中國報」的總負責人，因此可以說，這篇重要的發刊詞，也可能是「多出自少白手筆」；假如是由其他人起草，最後亦必須由他定稿。因為，當時孫中山在日本，不能親自過問報館的具體事務。這篇重要的

---

12 北京中國人民大學新聞學院博士導師方漢奇教授，研究中國新聞史逾半個世紀，多年來一直擔任中國新聞史學會會長。本人專注研究孫中山與中國日報之關係時，曾專程上京拜訪，向他請教。
13 詳見前引《中國報序》，頁2。
14 馮自由：《革命逸史》（初集），頁3，中華書局，1981年版。
15 邱捷：《孫中山領導的革命運動與清末民初的廣東》，頁10，廣東人民出版社，1996年10月。邱捷教授是本人博士論文的指導老師之一，對本人幫助甚多，還提供了許多珍貴的資料。

序文，在發表前是否有先送給他批閱，無從稽考；但是，「中國報」是他派陳少白去香港籌辦的，他是「中國報」的靈魂人物，中國報的辦報宗旨由他決定，這篇序文必須體現中山先生的思想，這是可以肯定的。

再說，在當時創辦初期不明港英政府政策的情況下，言論行動均較謹慎，用筆名發表比較安全。當事人在其後的回憶文章中不點明出於何人之手，應含有尊重集體創作精神，不邀功之意。

三、明確宣示辦報宗旨

《中國旬報》的創刊號收入的第一篇文章是署名「敦煌韜晦子稿」所撰的〈中國報序〉，該文主要內容是解釋爲何取「中國」兩字爲報名。這篇重要的文章，把孫中山爲首的革命黨人爲甚麼要創辦中國報，交代得十分清楚。

（一）取名中國、心懷君國

《中國報序》開篇第一句話，就以反問的口氣寫道：「報胡爲以『中國』名也？」接着自問自答曰：　「蓋報主人生長中華，心懷君國……故欲借此一報，大聲疾呼，發聾振瞶，俾中國之人盡知中國之可興，而聞雞起舞，奮發有爲也。遂以之名其報。」文章倒數最後第二段續說：

> 然則，斯報也，將使中國之人明外交之道，不爲鄰邦所撓，致淪於危亡；將使中國之人識內治之理，不爲舊制所牽，致即於貧弱；將使中國之人，知農工商礦之利弊，有所師承而底於興旺。中國人心已攜貳也，而欲有以合之；中國積習

已痼閉也，而欲有以破之；舉凡中國舊染污俗，又將一洗而新之。則其以「中國」名報，匪特如輶軒之採，藉以問俗；且將如木鐸之徇，以警斯世也。其命意不亦深且遠乎？[16]

「報主人」——孫中山爲首的革命黨人，因爲心懷君國，要獻身中國的革命事業，促使中國奮發圖興，所以取名「中國報」。「中國報」包括了《中國日報》以及《中國旬報》，都含有「中國」兩字。可見孫中山爲首的革命黨人，對從「中國」如何之執着。從報名的取用，也已體現了革命黨人辦此報的目的。

（二）辦報宗旨、明確宣示

在《中國報序》中，對於辦報的宗旨，有明確的宣示：

至本報之宗旨，大抵以開中國人之風氣識力，袪中國人之委靡頹庸，增中國人奮興之熱心，破中國人拘泥之舊習，而欲使中國維新之機勃然以興，莫之能禦也。[17]

而在《中國報宗旨》一文中，全面、深刻地論述中國興衰勝敗的因果關係，指出「中國之興亡，匹夫匹婦有責」的大道理。該文的最後一段，以總結的語氣說：

吾則惟恨中國之地，不解其何以獨生亡國之民，而已後之聞麥秀之歌者，其亦有憶及「中國」二字否耶？吾之以「中國」名吾報，蓋取餼羊告朔之微意也。[18]

這就是孫中山派戰友陳少白到香港創辦中國報，取名「中國」之「微意」；其實，這也正好體現了孫中山爲首的革命黨人改造中國的政治理念。

---

16 詳見前引《中國報序》，頁 2。
17 詳見前引《中國報序》，頁 2。
18 《中國報宗旨》，署名「本館」，刊於《中國旬報》創刊號頁 3~7，此段引文見於頁 7。

四、以「中國」為報名關注中國興亡

《中國旬報》的創刊號收入的兩篇重要的文章之中，其一是署名「敦煌韜晦子稿」所撰的〈中國報序〉，該文短短 1,230 字，就有 34 處直接寫出「中國」兩字；第二篇文章是以「本館」名義發表的〈中國報宗旨〉，該文 2,847 字，直接提及「中國」兩字者有 45 處之多。這兩篇文章，十分清楚地表達了孫中山為首的革命黨人對中國興亡原因的看法。

〈中國報宗旨〉前半部分的主要內容是分析中國衰亡的歷史原因，闡述革命黨人對中國之所以興亡的看法；後半部分則猛烈地抨擊「士」的悲劣品格，指責「士」為亡中國的罪魁禍首。現將該文之主要論點列下：

（一）歷史上的「中國」從未被滅亡過

〈中國報宗旨〉說：

> 歷朝邊患，小者不過乘隙入寇，或縻之以和親，或事之以金繒；大者不過盤據大位，百十年間，旋起旋滅。但中國從未被滅亡過；被滅亡往往反而是異族。[19]

（二）滿人統治中國二百餘年，但中國並未被滅亡，「亡者滿洲，非中國也」。

〈中國報宗旨〉說：

---

[19] 詳見前引《中國報宗旨》，頁 3。

滿洲入關，斬明嗣、襲大統，戮開國之三王，窘勤王之義士，奄有中土二百餘年，亦不過攜滿蒙之屬，隸之中國。其條教律令、文字俗尚，雖有增損，而依然中國也。[20]

文章認為：滿人實際上已被中國所同化，滿州變為「中國之一省」。「彼得其名，此得其實，是中國仍無恙也。」

（三）洋人蠶食中國，但「失地亦非所以亡中國也」。

〈中國報宗旨〉說：

數十年來，中國雖屢盟城下，計其所失，中國之大，直區區耳！何亡乎哉？將謂中國之亡於九龍、威海之租；旅順、大連之借；膠州灣之據；廣州灣之奪；黑龍江之賺；大小台灣之割；高麗之畔離；安南、暹羅、緬甸之蠶食歟！

不然也，中國疆土之廣，蒙古一朝不計，漢而外，以今為最。歷來，安南、暹羅、緬甸、高麗等國，畔服無常。即歲一來貢，而中國得不償失。台灣一島，康熙朝以往，圖籍未載其名也。沿岸軍港入於敵手者雖多，而敵之所以佔此區區，實為中國全局計，非甘願縻此鉅款，以築砲壘、養海軍於亘古不相通、日月不同照之地也。如中國內地永能自全，各人既染指無方，亦即所以插腳無所。雖能暫有彈丸黑子之地，終亦何所用之。故失地亦非所以亡中國也。[21]

（四）中國之所以會衰亡，皆因官場腐敗。

〈中國報宗旨〉說：

---

20 詳見前引《中國報序》，頁3。
21 詳見前引《中國報宗旨》，頁3~4。

中國之亡於滿洲，政府之腐敗歟！官方之腥穢歟！[22]

又說：

中國習氣之惡、怨毒之深、人物之猥鄙，莫如官場，固中外之所共知共聞而不容。[23]

（五）中國之所以亡，「蓋亡於士」。

上面說及，中國之所以亡，在於官場的腐敗；而經國大事都掌握在「士」的手上，「以士之愚，闇謬戾慞蒼生，則有餘以之。」

該文先把中國之民分為四等，「曰士、曰農、曰工、曰商。」又說：「士」即「今之所稱讀書人也。」然後，猛烈地抨擊當時的讀書人「奢然以民首自待」、「空論，以驚愚蒙持偏說，以炫學問」、「聚徒樹黨相標榜，以高聲價」、「達則睚眦，必復如當道之狼；窮則昏暮乞憐，如喪家之狗」、「風流自命、佻達城隅、清貴自豪、武斷鄉曲、出入人罪、窩藏賊贓、吞沒蒸嘗、凌逼孤寡」、「尤可哀者，有深知舉業為世上可無之物，詆之為娼妓、比之為鴉片。」「總之，朝廷自立科取士之後，士之精神氣節，從此已蕩然靡存。」最後，得出「中國之亡，蓋亡於士」的結論。

（六）「國之興亡，匹夫匹婦有其責」。

不過，文章又說：「四民之內為士者，百不居一；亡國之罪責，歸一人士，肯盡任其咎乎？」，因而，應該是「國之興亡，匹夫匹婦有其責」。

文章最後概嘆「天也，命也」，以及「惟恨中國之地，不解其何以獨生亡國之民」之後，告戒後人要牢記「中國」之所以興亡

---

22 詳見前引《中國報宗旨》，頁 4。
23 詳見前引《中國報宗旨》，頁 4。

的原因，為中國的振興，拋頭顱、灑熱血、「餼羊告朔」。

五、辦報目的在於改造中國人的思想

〈中國報序〉和〈中國報宗旨〉，是兩篇極其重要的革命宣言。它們透過解釋孫中山為首的革命黨人為甚麼要創辦中國報，以及革命黨人對中國之所以興亡的看法，來表達孫中山為首的革命黨改造中國的政治思想。也可以這樣說，孫中山為首的革命黨人找到中國衰亡原因之後，進一步產生了改造中國之思想。以個人初步拜讀領悟，在上引兩篇文章中，主要有以下三項：

(一)借辦報教育人民，「感格人心」，「知中國之可興」。

如前所述：報主人見眾人之皆醉而欲醒之，俾四萬萬眾，無老幼、無男女，心懷中時刻不忘乎中國，群策群力，維持而振興之，使茫然墜緒得以復存，挺立五洲不為萬國所齒冷。因思風行朝野，感格人心，莫如報紙。故欲借此一報，大聲疾呼，發聾振瞶，俾中國之人盡知中國之可興，而聞雞起舞，奮發有為也。

報主人知其所以然，思擇善而從，俾我中國人閱此報而得其益。今聞報主人存此心、立此志，以創此報也，深望我中國人覩此「中國報」，顧名思義而不忘乎中國。

(二) 必須改變「天朝」心態，實行「開禁之風」，中國才會富強。

〈中國報序〉以「報主人」「目擊」，抨擊當時的中國對西方文明社會「懵然無知」、但卻「趾高氣揚」、「泥於舊習」的「天朝」

心態。文章寫道：

> 自中外通商以來，交際之道，中國固懵然無知也；公法
> 之理，中國亦茫然罔覺也。立和約，則中國盡失自主之權；
> 爭均利，則中國盡喪自有之益。疆土日從剖削，屏藩亦盡叛
> 離，遇事掣肘，積弱難振。而舉凡圓顱方趾，烏髮白眼，本
> 為中國人者，或則趾高氣揚，心迷目眩，詡詡然自稱為「天
> 朝」。睥睨當世，目無餘子，如怡堂之燕雀，而不知中國之淪
> 胥以亡也；或則失其本真，昧厥源流，昏昏然甘居奴隸，聽
> 人驅策，受人牢籠，數典而忘其祖，而不知中國之當思復興
> 也。是以泯泯昧昧，幾不知尚有中國。此無他，泥於舊習，
> 逐於流俗，而不自覺耳！[24]

而在〈中國報宗旨〉一文中，以「日本長門之敗，攘夷之論
一變爲開禁之風，三十年遂領袖亞東，抗衡歐美」，作爲國家迅速
富強的「左證」。希望借鑑日本的歷史經驗，改變中國閉關自守的
舊面貌。

(三) 必須建立「文明之農工商」，才能「保民救國」。

〈中國報宗旨〉比較遼、金、韃靼「野人而據文物之地，其
衰滅可立」與西方「托文明二字，欲瓜中國而分治之」的厲害關
係，它說：

> 昔遼金韃靼之滅中國也，以野人而據文物之地，其衰滅
> 可立；而待今則海疆已開。歐美陵轢，以其人民之學問，製
> 造之精良，且深知中國之民，所賴以存者惟士，而士亦必無
> 保民救國之道。故敢托文明二字，欲瓜中國而分治之，其禍

---

24 詳見前引《中國報序》，頁 1。

較遼金韃靼為烈十倍。[25]

當時的中國「民思休息，亦稱苟安」、「無中國四千載之文明」。孫中山為首的革命黨人由文明與野蠻的對比之中，悟出以下的道理：中國如以「野蠻之農工商自待，而不以文明之農工商自待」、「不以歐美之農工商自待」，則中國「必無保民救國之道」，而西方國家「敢托文明二字」，「瓜中國而分治之」，則「其禍較遼金韃靼為烈十倍」。在《中國旬報》創刊號第四篇論文《新政變通》中，作者猛烈抨擊中國傳統的「重農輕商」觀念，力主興商富國。（詳見後述）

《中國報序》及《中國報宗旨》兩篇文章，交代了創辦《中國報》的宗旨、目的、原因等等想法及做法，同時，還會透露一些鮮為人知的秘密，可供後人追蹤研究。現將一些想法羅列如下：

（一）「中國報」是孫中山派陳少白到香港創辦的。該報所有機器、鉛字都由孫中山在橫濱購運，說明孫十分重視此事。他連機器、鉛字都要親力親為到橫濱購運，因此，不可能不過問辦報的宗旨；當時雖然國際電訊還不發達，還沒有 fax 和 e-mail，但是，從己亥年秋間派陳少白至香港籌辦的，至是年十二月下旬才出版，籌辦時間自「秋間」到年底，陳少白乃有足夠的時間透過書信的形式向孫中山請示；同樣的，孫中山也有充分的時間透過書信或託人帶信等形式過問此事。

但是，到底孫中山與陳少白之間如何聯繫？至今未找到文字記載。據本人推測，不外以下三種可能：一是孫中山寫好稿讓陳少白帶到香港刊發；其二是由孫口述，秘書（包括陳少白）整理；其三，陳少白到香港後，把寫好的稿子，透過書信形式向孫中山

---

25 詳見前引《中國報宗旨》，頁 6。

請示。以上推測，亦有待進一步查證。

　　（二）　本文前半部分，透過評介《中國旬報》之創刊，披露此份重要的革命刊物之真面貌，期望起「拋磚引玉」之功效：引起研究者的關注，作更深入的研究。本文對創刊日期及作者等相關問題之考證，在標題上用上「之迷」、「之疑」字眼，即是表示「尚待研究」之意。

　　（三）　本文後半部分，主要根據創刊號上兩篇重要的文章《中國報序》及《中國報宗旨》，來分析以孫中山為首的革命黨人，對中國興亡的看法；並進一步評價其改造中國之思想，因而得出三項比較明確的結論。由於孫中山是中國報的創辦者，其他人都是他的追隨者，所以，在未弄清楚上引文章的作者之前，權稱這些文章代表了以孫中山為首的革命黨人的思想；而本文將它進一步省略為孫中山之思想，亦應有幾分的道理。

　　（四）中山先生改造中國之思想浩如煙海，當然不是拙文所論及的三項所能涵蓋的；既使在創刊號上，亦還有三篇重要的文章《民權論》、《新政變通》及《二十世紀政治問題》，更進一步表達了革命黨人改造中國的種種政治理念。

六、《中國日報》大事紀及經營期間四種曆法換算表

　　《中國日報》的當事人陳少白、馮自由等人，在記述該報事蹟時均用甲子紀年，往往加註清帝紀年及民國紀元；民國成立後的一些著述，多數用民國紀年，但亦有加註甲子年及清帝紀年；現代研究者的著述，多數採用西曆（公元），亦有加註其他年號。因此，後學者易生混淆，且在折算時往往會出錯。為此，列出以

下對照表。表中，公元年號用阿拉伯數字表示，其他紀年用中國數目字，以示區別。

甲子年	清帝紀年	民國紀年	西曆	大　事　紀　要
己亥年	光緒二十五年	民前十三年	1899	《中國日報》己亥年十二月底（或十二月下旬，具體日期不詳），由孫中山派陳少白到香港創辦。租定中環士丹利街24號爲報館發行所。陳少白任社長。己亥年十二月，折算爲1900年1月，日序相同。從1899秋~1906.9年七年，爲陳少白處理時期（含籌辦工作時期）。《中國旬報》則於己亥年十二月廿五日（太陽曆正月二十五日，即1900年1月25日）創刊，共出版了三十七期，於庚子年十二月十五日（太陽曆二月四號，即1900年2月4日）停刊。
庚子年	光緒二十六年	民前十二年	1900	庚子（1900）年興中會策劃廣州、惠州軍事，中國報社爲指揮起義大本營。黨人出入絡繹不絕。二役相繼失敗後，報社財政不支，賴李紀堂供應，得免歇業。
辛丑年	光緒二十七年	民前十一年	1901	光緒二十七年（辛丑年，1901年）春，《中國日報》遷往上環永樂街近水坑口交界處。此地靠近碼頭，方便搬運貨物，及革命黨人進出。
壬寅年	光緒二十八年	民前十年	1902	光緒二十七年十二月初九至十五日（辛丑年十二月，日序相同，折算爲1902.1.18~1.24），孫中山寓《中國日報》館七天。
癸卯年	光緒二十九年	民前九年	1903	癸卯年（1903）夏，《中國日報》因經濟困難，合併於文裕

				堂文具印刷店，組成有限公司，由李紀堂、容星橋、陳少白分管財務、印務、報務，社址改爲荷里活道 92~94 號。
甲辰年	光緒三十年	民前八年	1904	3 月 31 日孫中山（39 歲）離檀香山赴美，行前致書陳少白、馮自由，促其在香港、日本二地多寄文稿給檀香山《隆記報》，以助革命黨之聲勢。
乙巳年	光緒三十一年	民前七年	1905	乙巳年（民前七年）秋同盟會成立，孫中山派馮自由回港，佐陳少白辦理黨務、報務，同盟分會附設於中國報報館社長室。
丙午年	光緒三十二年	民前六年	1906	丙午年八月（1906.9），社址由荷里活道遷往上環德輔道 301 號。是年秋，文裕堂淪於破產，馮自由、李紀堂、李煜堂等向文裕堂承購《中國日報》全部產權。是歲八月（西曆 9 月），中國報改組，眾舉馮自由爲社長。從丙午至己酉年（1906.9~1909.10.）前後四年，爲馮自由處理時期。
丁未年	光緒三十三年	民前五年	1907	丁未（1907）和戊申（1908）兩年中，中國報社墊支軍費 542 元餘。同志來來往往，多下榻報社。黨人劉思復在報館製炸彈，謀炸李準，未成。
戊申年	光緒三十四年	民前四年	1908	戊申十二月下旬（1909 年 1 月）中國報負債累累，馮自由向親屬挪借，始渡過年關。
己酉年	宣統元年	民前三年	1909	己酉（民前三年，1909 年）秋多間，中國同盟會南方支部成立，胡漢民爲支部長，汪兆銘爲書記，林直勉爲司庫，漸與同盟會香港分會劃清權限：自後西南各省黨務軍事由南方支部主之；香港一方黨務由分會主之。

庚戌年	宣統二年	民前二年	1910	庚戌三月（1910.4，日序不同），馮自由羅掘俱窮，無力再辦。同盟會南方支部撥公款善後。馮自由辭《中國日報》社長職去加拿大，眾推舉謝英伯任會長。是歲冬，中國報為節省用費，遷址荷理活道231號。從1910.4~1911.6，為南方支部處理時期，派李以衡為經理；眾推謝英伯為社長，並兼任總編輯，故又稱為謝英伯時期。
辛亥年	宣統三年	民前一年	1911	辛亥年春，留美黨員李萁歸國，同盟會南方支部任命他為中國報經理。五月（1911.6，日序不同）檀香山黨員盧信等人，集僑資接辦《中國日報》，盧信自任社長。辛亥九月十九日（1911.11.9）廣州光復，同盟會遷粵，其後《中國日報》隨之遷往廣州，獲政府津貼，規模極大。
壬子年	────	民國元年	1912	1912年1月1日（壬子年十一月十三日），中華民國成立，改用民國年號。民國年與西元之年、月、日序均相同。同年8月25日，同盟會聯合其他四政團，改組為國民黨，《中國日報》亦而轉變為國民黨的機關報。
癸丑年	────	民國二年	1913	民國二年八月（1913.8），陳炯明搞粵省獨立失敗，龍濟光入粵。其後，《中國日報》被封禁停版，印刷機器為龍濟光沒收。從辛亥至癸丑（1911.6~1913.8）為盧信時期。

肆、「中國報」創刊日期

　　研究一家報刊的創辦史，必須弄清楚它的創刊日期。但是，十分遺憾的是，關於《中國日報》的創刊日期，有多種不同的說法，至今仍有爭議。

　　己亥年（1899）秋間，孫中山命陳少白創辦《中國日報》於香港，兼出版《中國旬報》。前者簡稱「日報」，後者簡稱「旬報」，一報一刊合稱，兩者合稱「中國報」。《中國日報》在香港辦了 11 年又 9 個月；《中國旬報》只辦了一年多，出版了 37 期，屬於陳少白時期之內。

　　《中國日報》創刊號及早期的報紙已失傳，因此，很難知道它的準確創辦日期；但是，《中國旬報》創刊號顯示了準確的創辦日期，因此，成為間接瞭解《中國日報》創辦日期及早期情況的重要根據。

　　1969 年黨史會根據珍藏品，彙編影印出版四冊精裝本《中國日報》，以及 1968 年，黨史會影印出版之《中國旬報》，亦為不少研究者提供了第一手資料。再是，「中國報」的當事人陳少白、馮自由等人，亦留下珍貴的回憶錄，啓迪了不少人對「中國報」進行研究。[1]

---

1 台北中國國民黨中央黨部黨史會資料庫，珍藏十分豐富的資料，黨史館主任
　邵銘煌教授及劉維開、高純淑等教授，為本人提供了珍貴的四冊精裝本影印

　　本文即以上述三項原始資料，以及當事人的回憶為主要根據，並參考在此之前許多行家的研究成果，從報業史的角度，考證推算中國報的創刊日期。為方便現代人閱讀，多數日期盡量折算為公元年月日，以阿拉伯數字表示；但是，中國傳統的甲子年及清朝皇帝紀年，則仍用中國數目字表示，以示區別。

一、「中國報」創辦日期的種種說法

　　已有不少人對《中國日報》作過研究，發表了數十篇的論文，但是，對《中國日報》的創辦日期，至今仍莫衷一是，各說各話。

　　陳少白稱：「該報由予創辦，在己亥年十二月底出版」。[2]

　　馮自由說：「孫總理於己亥年秋間派陳少白至香港籌辦進行，所有機器、鉛字概由總理在橫濱購運，至是年十二月下旬乃告出版。」[3]

　　兩位當事人，都沒有說出準確的創辦日期。陳說「己亥年十二月底出版」；馮說「己亥年……十二月下旬乃告出版」，「十二月底」與「十二月下旬」本身已有不同，又不明確。兩人說法只是「月底」（接近30號）與「下旬」（20～30號）之差，但都是「己亥年」。不過，當時為兩個年份的接駁點，中國的甲子紀年及皇帝

出版的《中國日報》，以及1968年黨史會影印出版之精裝一冊《中國旬報》等第一手資料。

2　陳少白：〈香港中國報經過略史〉，載中華民國開國五十年文獻第一篇第十冊《革命之倡導與發展（興中會，下）》，頁499，台北：正中書局，1964年2月台初版。

3　馮自由：〈香港中國日報〉，載《中國革命運動二十六年組織史》，頁40-43，上海：商務印書館，1948年元月，初版。

年號，與西曆公元折算麻煩，容易出差錯，故其後的演釋者說法不一。現就本人所見，列舉如下（以論述發表的時間先後爲序）：

1958 年 3 月譚永年主編之《辛亥革命回憶錄》稱：「《中國日報》……第一張報紙面世，是民國紀元前十二年一月一日」。[4]「民國紀元前十二年」，即 1900 年。若照此說，《中國日報》創刊於 1900 年 1 月 1 日。

1966 年 4 月初版的曾虛白主編之《中國新聞史》稱：「《中國日報》於光緒二十五年（1899 年）十二月底在香港出版……」[5]若照此說，《中國日報》創刊於 1899 年 12 月底。

1980 年 2 月初版的賴光臨著《中國近代報人與報業》稱：「《中國日報》……於己亥十二月下旬正式出版。」[6]賴教授引用了馮自由的說法。

1981 年 6 月初版的方漢奇《中國近代報刊史》稱：「《中國日報》……創刊於 1900 年 1 月 25 日。」方教授主編的 3 卷本《中國新聞事業通史》1992 年 9 月第 1 版，重申了上述觀點，但加上了註腳「光緒二十五年十二月二十五日」。[7]「光緒二十五年」，折算爲公元 1899 年，但是，該年「十二月二十五日」，從西曆來算，已爲 1900 年 1 月，且日序相同，故仍爲 25 日。

1981 年 12 月，陳三井發表的《香港「中國日報」的革命宣傳》稱：「該報之發刊日期尚待查考，一說爲光緒二十五年（1899）

4　譚永年主編：《辛亥革命回憶錄》，頁 133，香港：榮僑書店，1958 年 3 月出版。
5　曾虛白主編：《中國新聞史》，頁 206，台北：三民書局，1993 年 9 月第 7 版。
6　賴光臨著：《中國近代報人與報業》（下冊），頁 341，台灣商務印書館發行，1987 年 10 月第二版。
7　方漢奇編著：《中國近代報刊史》，頁 157，太原：山西教育出版社，1981 年 6 月第一版，1991 年 11 月山西第四次印刷；以及方漢奇主編：《中國新聞事業通史》第一卷，頁 688，北京：中國人民大學出版社，1992 年 9 月第一版。

十二月下旬，如果此說屬實，則其正確的創刊日期應是 1900 年 1
月下旬，因爲陰曆十二月適爲陽曆的 1 月，其日序亦相同」。[8]

　　1981 年簡麗冰、朱陳慶蓮合著的《香港之報紙》(*Newspapers
of Hong Kong*：1841~1979) 說：《中國日報》創辦於 1899 年 12
月。[9]

　　1982 年丁守和主編的《辛亥革命時期期刊介紹》稱：「《中國
日報》……1900 年 1 月 25 日（己亥十二月二十五日）創刊。」[10]

　　1998 年 2 月初版的丁淦林等著《中國新聞事業史新編》稱：
「《中國日報》……1900 年 1 月 5 日創刊於香港。」[11]

　　以上多位專家學者的說法不一，但都沒有提出證據或作具體
的說明。加之《中國日報》的創刊號至今未發現，因此，關於它
真正的創刊日期，至今還是個謎。

二、《中國旬報》的創辦日期

　　在本書第二節詳列了《中國旬報》第一至三十七期的創辦日
期，有助於推算《中國日報》的真正創辦日期。

　　《中國旬報》創刊號的右上角，直書兩行字，標明該刊的出

8　陳三井：〈香港「中國日報」的革命宣傳〉，民國史料研究叢書《孫中山先生
　　與辛亥革命》（中冊）頁 527-544，中華民國史料研究中心出版，1981 年 12
　　月初版。

9　Kan Lai-bing and Grace H.L.CHU "*Newspapers of Hong Kong*：
　　1841-1979"，　University Library System, 1981，p21。

10　丁守和主編：《辛亥革命時期期刊介紹》（第二集），〈中國日報〉，頁
　　1，北京：人民出版社，1982 年第 1 版。

11　丁淦林等著：《中國新聞事業史新編》，頁 96，成都：四川人民出版
　　社出版發行，1998 年 2 月第 1 版。

版日期是「己亥年十二月廿五日　太陽曆正月二十五日」。[12]

　　「太陽曆」即「西曆」，或稱「西元」、「公元」。中國甲子紀年之中的「己亥年陰曆十二月」，折算爲陽曆公元 1900 年 1 月，且兩個陰、陽月份的日序相同。因此，若只從字面上看：《中國旬報》確實是於公元 1900 年 1 月 25 日創刊。又由於有創辦《中國日報》之「同時」亦創辦了《中國旬報》之說，因此，某些專家便斷定：該日即「同時」爲《中國日報》之創刊日。本人認爲，上述說法値得重新考證。

　　細閱《中國旬報》創刊號封面，有以下四行宋體四號小字（與內文字相同），即：

　　　　本期旬報原擬於十

　　　　二月廿五日送閱嗣

　　　　因新張諸務紛繁致

　　　　遷延多日希爲見諒[13]

　　這 4 行 24 個字無標點符號的說明啓事，清清楚楚地告訴讀者：「因新張諸務紛繁」，「本期旬報原擬於十二月二十五日送閱」，但卻「遷延多日」，報主人要求讀者「見諒」。也即是說，封面上所書出版日期並非眞正的出版日期，而是「遷延多日」。

　　到底遷延了多少日呢？查閱創刊號的所有文字，都無確實的記載，但是，在頁 22～32 的〈中外時事〉欄目裡，卻輯錄了不少「正月」的新聞。譬如：

　　　　日本某報得正月二號北京來電……[14]

　　　　正月四號日本太晤士報云……[15]

---

12 詳見前揭《中國旬報》創刊號，封面。
13 詳見前揭《中國旬報》創刊號，封面。
14 詳見前揭《中國旬報》創刊號，頁 2。

　　　　巴黎正月六號電云……[16]

　　該刊行文均用中國陰曆，上引新聞所稱的「正月」，即是庚子年（1900）的正月，而不可能是一年前的己亥年（1899）的正月（該報己亥年秋間才開始籌辦）。在第一期封面外的紅色紙扉頁，登載一篇300多字的「中國報主人告白」，所署的日期也是「庚子年正月」，說明該期刊的創刊號只能是在庚子年正月出版，而不是己亥年的十二月。標明出版日期為隔一天的二十五日。

　　創刊號頁41～48的〈中外電音〉欄目裡，輯錄的第一條新聞是正月「十六日孖剌報言倫敦特電」，而最後一條新聞是正月「二十三日德臣西報錄上海特電」。即是說，創刊號裡收錄的新聞內容，截稿時間是正月二十三日。出版日期為隔一天的二十五日。

　　《中國旬報》創刊號上發表該報最重要的文章《中國報序》說：

　　　　因見三十年來，中國沿江濱海，通商各口，日報、旬報之設，雖已數十家，要皆分門別戶，不能兼二者而有之，致體制各殊，閱者未能並蓄兼收而窺全豹，不無餘憾。於是，既逐日刊派一紙，復旬日刊派一帙。[17]

　　上述「逐日刊派一紙」，意指《中國日報》是一張天天出版的日報；而「復旬日刊派一帙」，意指在出版日報的基礎上，每隔十天（旬日），又出版一期旬刊。那麼《中國日報》與《中國旬報》如何分工呢？《中國報序》續有以下的說明：

　　　　舉凡道路之傳言、朝野之瑣事、各行之貨價、進出之船

15　詳見前揭《中國旬報》創刊號頁27。
16　詳見前揭《中國旬報》創刊號頁29。
17　〈中國報序〉，載《中國旬報》第壹期（即創刊號），頁1~2，此處引文見頁2。

期，分刊大小二紙，每晨送閱。其中外之要信，名人之議論，
政治、格致、農圃、工藝、商務、方技之學，則採譯群書，
搜羅新法，彙為旬報，每月逢五兼派。[18]

依上文之意，旬報是將日報中的重要文章彙編而成，並於「每
月逢五兼派」，即每月五號、十五號及二十五號出版。那麼，旬報
的真正出版日期，最快只能是截稿翌日的正月二十四日；或為了
滿足「復旬日刊派一帙」的刊期，以及考慮到當時用一天的時間
彙編出版一本旬刊有技術上的困難，所以，截稿後再隔一天的正
月二十五日的「旬日」刊期出版，最合情理。此日折算為公元 1900
年 2 月 24 日，它比創刊號上標明的時間，遲了整整一個月。

由於編排印刷工序繁複，加之中國文人多有撰日出版之嗜
好，因此，刊物上所印的出版日期，往往與實際的出版日期不同。
這種情況，至今仍然存在。因此，業界的慣例是，承認印出來的
日期而不加深究。

三、《中國日報》創刊日期推算

1969 年，黃季陸根據黨史會珍藏品，彙編影印出版四冊精裝
本《中國日報》。此珍本為不少人研究《中國日報》者提供了第一
手資料；但是，它只收入以下時段的《中國日報》，且其中有不少
缺頁、損頁：第一冊，民前八年（1904）3 月 5 日至 5 月 14 日；
第二冊，民前五年（1907）2 月 16 日至 4 月 11 日；第三冊，民
前五年（1907）9 月 9 日至 11 月 15 日；第四冊，民前五年（1907）

---

18 見前揭〈中國報序〉，頁 2。

11 月 16 日至民前四年（1908）1 月 25 日；創辦最初四年全缺，創刊號至今未問世。

　　按常理來說，《中國日報》創刊號新聞紙編號應是 0001 號，但影印出版的《中國日報》第一冊第一頁新聞紙的編號已是 1201 號，它的出版日期是 1904 年 3 月 5 日（甲辰年正月十九日），距離創刊已有近四年之久。[19]以下據此運用萬年曆對照編排了《中國日報》開辦之初四年的出版日期推算表，但是，得出的創刊日期居然是 1900 年 5 月 14 日，與兩位當事人陳少白所稱：「己亥年十二月底出版」及馮自由說：「己亥年十二月下旬出版」，相差四個多月之久！估計在創刊之初四年中，曾於新年或假期短暫停刊，而非「每逢禮拜停派」。

《中國日報》出版日期用萬年曆推算表

新聞紙編　號	太陽曆	禮拜	民國紀年	清帝紀年	甲子年
1201	1904.3.5	6	民前八年三月五日	光緒三十年正月十九日	甲辰正月十九日
1200	1904.3.4	5	民前八年三月四日	光緒三十年正月十八日	甲辰正月十八日
1199	1904.3.3	4	民前八年三月三日	光緒三十年正月十七日	甲辰正月十七日
1198	1904.3.2	3	民前八年三月二日	光緒三十年正月十六日	甲辰正月十六日
1197	1904.3.1	2	民前八年三月一日	光緒三十年正月十五日	甲辰正月十五日
1196	1904.2.29	1	民前八年二月廿九日	光緒三十年正月十四日	甲辰正月十四日
無出報	1904.2.28	日	民前八年	光緒三十年	甲辰正月十三日

19 黃季陸主編，中華民國史料叢：《中國日報》（影印版）第一冊第 0001 號，台北：黨史會印行，1969 年。

				二月二十八日	正月十三日	
1195	1904.2.27	6	民前八年 二月二十七日	光緒三十年 正月十二日	甲辰正月十二日
1194	1904.2.26	5	民前八年 二月二十六日	光緒三十年 正月十一日	甲辰正月十一日
1193	1904.2.25	4	民前八年 二月二十五日	光緒三十年 正月十日	甲辰正月十日
1192	1904.2.24	3	民前八年 二月二十四日	光緒三十年 正月九日	甲辰正月九日
1191	1904.2.23	2	民前八年 二月二十三日	光緒三十年 正月八日	甲辰正月八日
1190	1904.2.22	1	民前八年 二月二十二日	光緒三十年 正月七日	甲辰正月七日
無出報	1904.2.21	日	民前八年 二月二十一日	光緒三十年 正月六日	甲辰正月六日
1189	1904.2.20	6	民前八年 二月二十日	光緒三十年 正月五日	甲辰正月五日
1188	1904.2.19	5	民前八年 二月十九日	光緒三十年 正月四日	甲辰正月四日
1187	1904.2.18	4	民前八年 二月十八日	光緒三十年 正月三日	甲辰正月三日
1186	1904.2.17	3	民前八年 二月十七日	光緒三十年 正月二日	甲辰正月二日
1185	1904.2.16	2	民前八年 二月十六日	光緒三十年 正月初一	甲辰正月初一
1184	1904.2.15	1	民前八年 二月十五日	光緒二十九年 十二月卅日	癸卯十二月卅日
無出報	1904.2.14	日	民前八年 二月十四日	光緒二十九年 十二月二十九日	癸卯十二月 二十九日
1183	1904.2.13	6	民前八年 二月十三日	光緒二十九年 十二月二十八日	癸卯十二月 二十八日
1182	1904.2.12	5	民前八年 二月十二日	光緒二十九年 十二月二十七日	癸卯十二月 二十七日
1181	1904.2.11	4	民前八年 二月十一日	光緒二十九年 十二月二十六日	癸卯十二月 二十六日

1180	1904.2.10	3	民前八年 二月十日	光緒二十九年 十二月二十五日	癸卯十二月 二十五日
1179	1904.2.9	2	民前八年 二月九日	光緒二十九年 十二月二十四日	癸卯十二月 二十四日
1178	1904.2.8	1	民前八年 二月八日	光緒二十九年 十二月二十三日	癸卯十二月 二十三日
無出報	1904.2.7	日	民前八年 二月七日	光緒二十九年 十二月二十二日	癸卯十二月 二十二日
1177	1904.2.6	6	民前八年 二月六日	光緒二十九年 十二月二十一日	癸卯十二月 二十一日
1176	1904.2.5	5	民前八年 二月五日	光緒二十九年 十二月二十日	癸卯十二月 二十日
1175	1904.2.4	4	民前八年 二月四日	光緒二十九年 十二月十九日	癸卯十二月 十九日
1174	1904.2.3	3	民前八年 二月三日	光緒二十九年 十二月十八日	癸卯十二月 十八日

（1904.2.4~1900.6.5 的推算，因篇幅所限，未能全部印出，有興趣者可按此方法，順序類推。）

21	1900.6.6	3	民前十二年 六月六日	光緒二十六年 五月十日	庚子 五月十日
20	1900.6.5	2	民前十二年 六月五日	光緒二十六年 五月九日	庚子 五月九日
19	1900.6.4	1	民前十二年 六月四日	光緒二十六年 五月八日	庚子 五月八日
無出報	1900.6.3	日	民前十二年 六月三日	光緒二十六年 五月七日	庚子 五月七日
18	1900.6.2	6	民前十二年 六月二日	光緒二十六年 五月六日	庚子 五月六日
17	1900.6.1	5	民前十二年 六月一日	光緒二十六年 五月五日	庚子 五月五日
16	1900.5.31	4	民前十二年 五月卅一日	光緒二十六年 五月四日	庚子 五月四日
15	1900.5.30	3	民前十二年 五月卅日	光緒二十六年 五月三日	庚子 五月三日
14	1900.5.29	2	民前十二年 五月二十九日	光緒二十六年 五月二日	庚子 五月二日

13	1900.5.28	1	民前十二年 五月二十八日	光緒二十六年 五月初一	庚子 五月初一
無出報	1900.5.27	日	民前十二年 五月二十七日	光緒二十六年 四月二十九日	庚子四月 二十九日
12	1900.5.26	6	民前十二年 五月二十六日	光緒二十六年 四月二十八日	庚子四月 二十八日
11	1900.5.25	5	民前十二年 五月二十五日	光緒二十六年 四月二十七日	庚子四月 二十七日
10	1900.5.24	4	民前十二年 五月二十四日	光緒二十六年四月 二十六日	庚子四月 二十六日
9	1900.5.23	3	民前十二年 五月二十三日	光緒二十六年 四月二十五日	庚子四月 二十五日
8	1900.5.22	2	民前十二年 五月二十二日	光緒二十六年 四月二十四日	庚子四月 二十四日
7	1900.5.21	1	民前十二年 五月二十一日	光緒二十六年 四月二十三日	庚子四月 二十三日
無出報	1900.5.20	日	民前十二年 五月二十日	光緒二十六年 四月二十二日	庚子四月 二十二日
6	1900.5.19	6	民前十二年 五月十九日	光緒二十六年 四月二十一日	庚子四月 二十一日
5	1900.5.18	5	民前十二年 五月十八日	光緒二十六年 四月二十日	庚子四月 二十日
4	1900.5.17	4	民前十二年 五月十七日	光緒二十六年 四月十九日	庚子 四月十九日
3	1900.5.16	3	民前十二年 五月十六日	光緒二十六年 四月十八日	庚子 四月十八日
2	1900.5.15	2	民前十二年 五月十五日	光緒二十六年 四月十七日	庚子 四月十七日
1	1900.5.14	1	民前十二年 五月十四日	光緒二十六年 四月十六日	庚子 四月十六日

　　雖然，至今未找到《中國日報》的創刊號，但根據上引資料的分析，對該報的創辦日期，可以有以下三項比較清楚的推論：

　　（一）如果依兩位當事人的說法，不論是陳少白說的「己亥年十二月底」（折算爲 1900 年正月底），或是馮自由說的「己亥

十二月下旬」（折算爲 1900 年正月下旬），《中國日報》的創刊日期，應在 1900 年 1 月 20～30 日之間。

（二）如果遵照業界的慣例，承認印在報刊上的日期，而不追究真正印出來的日期，那麼，《中國日報》的創刊日期，應該早於「復旬日刊派一帙」的《中國旬報》創刊號上所說的「己亥年十二月二十五日」（公元 1900 年 1 月 25 日），也可能日報與旬刊同一日印行發刊。對照（1）之說，則《中國日報》的創刊日期，可縮小爲 1900 年 1 月 20～25 日之間。

（三）《中國旬報》創刊號頁 41～48 刊載《中外電音》，收錄 1900 年 1 月 16 日至 23 日的重要國際、國內新聞。由於旬刊收入的是前十天日報上發表的重要新聞，故可以推算出《中國日報》的出版日期在 1900 年 1 月 16～23 日之間。如果日報正常出版，其創刊日期應爲 1900 年 1 月 17 日。但該報「新張諸務紛繁，致遷延多日」才出版，故不能斷定 17 日即爲創刊之日。

（四）從《中國日報》現存最早一張的原件（新聞紙編號 1201），按照「萬年曆」推算出《中國日報》的創刊日期應爲 1900 年 5 月 14 日，這與陳少白、馮自由等當事人所說，相差甚遠。因此恐有誤，值得再作深入研究。

綜合以上四種情況，可以說《中國日報》的創刊日期，應在 1900 年 1 月中旬，可能是 1 月 17 日。但準確的創刊日期，尚無法斷定。

如果能弄真相，相信可以令人們，更加清楚以孫中山爲首的革命黨人創辦革命報刊的背景，以及進行革命宣傳之勇氣和能力；亦可以把「中國報」的研究，更好地與新聞史的研究，互相結合起來。

伍、「中國報」創辦經過
及社址變遷

　　《中國日報》同時兼具「立黨、宣傳、起義」三大功能。前兩個時期最爲重要：報館也是革命黨的總部，社長兼任革命黨組織的負責人。他集報務、黨務於一身，在三條戰線上指揮革命活動。其後兩個時期，因局勢十分動盪，相關的事蹟，很少流傳下來。

　　《中國日報》及《中國旬報》創辦社址，同在香港中環士丹利街 24 號（No.24 Stanley Street Hong Kong），其後，社址五次搬遷。香港著名的史學家羅香林教授在上世紀六七十年代，曾實地考察過該報多個社址的搬遷經過，爲後來的研究者留下珍貴的史料[1]；但是，由於時間的限制，原社址其後發生的一些變化，羅教授未能觸及。

　　本文在羅教授的基礎上，繼續追蹤及評介在該報原社址之今昔；並進一步論述它們與辛亥革命的關係。

一、《中國日報》選擇香港創辦之原因

　　孫中山領導的革命黨，爲甚麼選舉在香港創辦第一份革命報

---

1 詳見羅香林著：《國父在香港之歷史遺蹟》，頁 30~32，香港：珠海書院出版委員會，1971 年 1 月。

紙《中國日報》呢？從個人原因來說是，由於孫中山與香港關係非常密切，熟悉香港環境及人事關係，有利於工作的順利開展；從地緣政治及當時的形勢來看，在香港辦報亦十分有利。

香港地處華南沿海，有溝通中外的優越地理位置；又有港英的保護網，為清廷力量所不及。因而，它成為革命黨早期活動的重要基地。

自 1895 年興中會創立，到 1911 年辛亥革命這 18 年的非常時期之中，革命黨人在香港直接組織的起義有 10 次之多，在此地辦報兼作革命軍之大本營，可以更有效地開展革命工作。馮自由說：

> 香港為我國革命黨人之策源地，孫中山先生（以下慨稱總理）自甲午（民國前十八年）創立興中會，以迄辛亥中華民國成立之十八年間，中間經過乙未（民前十七年）九月廣州之役，庚子（民前十二年）閏八月惠州三洲田之役，壬寅（民前十年）除夕廣州洪全福之役，丁未（民前五年）四月潮州黃岡之役，又同月惠州七女湖之役，又七月欽州防城之役，又九月惠州汕尾之役，庚戌（民前二年）正月廣州新軍之役，辛亥三月廣州黃花崗之役，又九月廣東光復之役等等，皆利用香港為出發點，是即歷屆我國革命軍之大本營所在地也。在此十八年間，革命黨在香港之各種組織，有報館，有書報社，有學校，有商店，有俱樂部，有農牧場，有招待所諸種名目，不一而足。[2]

在這些義舉之中，香港這個基地，起了多方面的作用：一、它既是策劃和準備工作的中心，又是籌集和分配經費與軍火的中心；二、它既是海外與國內革命同志的聯絡和招募中心，也是起

---

2 馮自由著：《華僑革命開國史》，台灣商務印書館，1946 年重慶初版；1947 年 1 月上海初版；1953 年 8 月台灣初版，頁 1。

義受挫隊伍解散後，革命成員逃避清廷報復的避難所。[3]把報紙辦在這裡，有利於輿論上的鼓吹，激發民情，進行戰爭動員，把「立黨、宣傳、起義」三者緊密配合起來。

另一方面，那時，康、梁在橫濱辦的《清議報》大事宣傳保皇，有不少海外僑胞受到「康氏保皇之妖說」影響後，退出興中會而加入保皇會。這一嚴酷的事實，使孫中山認識到報刊宣傳的巨大作用，因而下決心創辦一張革命報紙，與保皇會抗衡。《中國日報》的實際創辦者、首任社長陳少白說：

> 中國報者，唯一創始之公言革命報，亦革命過程中一繼往開來之總樞紐也。自乙未年廣州事敗，同志星散，團體幾解，中國報出，以懸一線未斷之革命工作，喚醒多少國民昏睡未醒之迷夢，鼓吹「中國乃中國人之中國」之主義，戰敗康氏保皇之妖說，號召中外，蔚為大革命之風。不數年，國內商埠，海外華僑，聞風興起，同主義之報林立，而惠州之役，固亦以中國報館為總機關之地也。[4]

《中國日報》的第二任社長、同盟會香港分會的創會會長馮自由也曾談及孫中山當時的想法：

> 自乙未廣州一役失敗後，孫總理久在日本規畫粵事，重圖大舉，知創設宣傳機關之必要，乃於己亥秋間派陳少白至香港籌辦黨報，兼為黨務軍務之進行機關。[5]

3　霍啓昌著：《香港與近代中國》，香港：商務印書館，1992 年 11 月，第 152 頁。

4　陳少白：〈香港中國報經過略史〉，載中華民國開國五十年文獻第一篇第十冊《革命之倡導與發展（興中會，下）》，頁 499，台北：正中書局，1964 年 2 月台初版。

5　馮自由：〈陳少白時代之中國日報〉，《革命逸史》（初集），頁 66，商務印書館印行，1939 年 6 月重慶初版。

孫中山自己也說過，他派陳少白回香港創辦《中國日報》的原委。他說：

> 由乙未初敗以至於庚子，此五年之問，實為革命進行最艱難困苦之時代也。……當此之時，革命前途，黑暗無似，希望幾絕，而同志尚不盡灰心者，蓋正朝氣初發時代也。隨予乃命陳少白回香港，創辦《中國日報》，以鼓吹革命……[6]

1895 年 2 月，即興中會創辦第二年將總部遷到香港之時，已在修訂的《香港興中會宣言》第三則提出：「設報館以開風氣」。[7] 可見，孫中山在香港創辦第一份革命黨的機關報，並非一時的衝動，而是經過了最少 5 年的醞釀籌備才實現的。

《中國日報》在辛亥革命史上有十分重要的地位，它創下如下 7 項「第一」紀錄。1912 年 4 月 16 日，孫中山視察上海《民立報》館時指出：

> 此次革命事業，數十年間，屢起屢仆，而卒睹成於今日者，實報紙鼓吹之力。[8]

1900 年 1 月，《中國日報》作為興中會的機關報而創辦。1905 年同盟會成立之後，它改為同盟會機關報。《中國日報》不僅是「革命黨組織言論機關之元祖」，而且是孫中山為首的革命黨人進行革命活動的「總樞紐」、「總機關」、「大本營」。它的經營方式，充分體現出孫中山為首的革命黨人的宣傳工作方式，以及政治宣傳理念，因此，對它的研究有重大的意義。

---

6 〈孫文學說〉第八章〈有志竟成〉，《國父全集》第一冊（全 12 冊），頁 413，台北：近代中國出版社，1989 年 11 月 24 日第 4 次修訂版。
7 〈香港興中會宣言〉，載前揭《國父全集》第二冊，頁 3。
8 羅家倫主編，《國父年譜》（第四次增訂本）上冊，臺北：國民黨黨史會，1994 年，頁 621~622。

二、創辦人及創刊社址士丹利街 24 號今昔

　　孫中山早已計劃在香港辦報，但當時他還被港英政府禁止入境。陳少白的建議與他的構想「不謀而合」，因此，孫中山於己亥年（1899）秋間，派當時未被港英「禁腳」的戰友陳少白，到香港籌辦，所有機器、鉛字概由孫中山在橫濱購運，至是年 12 月下旬乃告出版。其地址設於士丹利街二十四號，少白自任社長。取中國者中國人之中國之義，定名《中國日報》。[9]

　　但是，「因所買鉛字並未照單採辦，缺點甚多，少白回日協同採辦，於十二月下旬返回香港，至十二月底出版，初由少白兼任總編輯。」[10]

今天的士丹利街，雖然高樓大廈林立，但仍有百年前的小巷風味。

9　馮自由：〈香港中國日報〉，《中國革命運動二十六年組織史》，頁 40，上海：商務印書館發行，1948 年 1 月。
10　《國父年譜》（增訂本，上冊），頁 148，台北：黨史會編輯出版，1994 年 11 月 24 日第四次增訂。

　　《中國日報》創刊之時,「除日刊外,兼出十日刊一種,定名
《中國旬報》。」[11]前者簡稱「日報」,後者簡稱「旬報」,兩者合
稱「中國報」。《中國旬報》只辦了一年多,出版了 37 期,屬於陳
少白時期之內。《中國日報》創刊號及早期的報紙已失傳,因此,
該報的創刊日期,有多種不同的說法,至今仍有爭議。《中國旬報》
創刊號左下角,都印有「香港中環士丹利街第二十四號門牌中國
報館陳少南承刊」的字句。根據港英政府的要求,所有出版物都
須向政府註冊,而刊物的最前面(或最後面)必須印出刊物的地
址及承刊者名字等基本資料,以便發生事故之時,可以找到人來
承擔法律責任。

　　《中國旬報》打出「中國報館陳少南承刊」的招牌,則表示
「陳少南」就是東主或曰老闆、發行人、督印人,即法律上的代
表,也就是該刊內文中一再提及的「報主人」。那末,「陳少南」
是誰呢?如前所述,陳少白決定要回香港辦報之時,已考慮「惟
有私自改名」,才容易「混跡在香港」,他說:「有一層不能不顧到,
就是此時能否聽我混跡在香港,還不可料,惟有私行改名,回去
試探,如果無礙,然後籌備開辦。」[12]當時,陳少白常用「日本
服部二郎」之化名行走香港及安南河內等地,「登岸時得免苛擾,
亦所以避人耳目也。」[13]

　　已有不少文章肯定:陳少南即是奉派到香港辦中國報的「陳
少白」之化名。研究中國新聞史逾半世紀的方漢奇教授說:

　　　《日報》和《旬報》均由陳少白化名陳少南任發行人,

11　馮自由:〈中國日報〉,原載《華僑革命開國史》,頁 10,1946 年 10 月重慶
　　初版,1953 年 8 月台初版。

12　陳少白口述、許師慎筆記:《興中會革命史紀要》,頁 36,中央文物供應社,
　　1956 年 6 月台版。

13　見前引陳少白口述、許師慎筆記:《興中會革命史紀要》,頁 39 及 60。

負全面領導之責。[14]

「陳少南」是模仿「陳少白」而起的假名，但他實際上是革命黨人的代表，也即是孫中山的代表。現代香港註冊創辦報刊之時，東主、承印者、及總編輯要填報真實姓名及準確的資料；陳少白註冊出版中國報時可以用化名，相信是當時戶籍制度尚未完善所造成的漏洞。然而，東主陳少白為何將「白」字改為「南」？未見陳少白解釋。但他那時回到香港託人找房子，籌備辦報之時，另一件要事是聯絡會黨，召集舊人，準備第二次革命。當時有個興中會會員名叫「陳南」，客家人，是從檀香山回來的。他很熟悉三合會，陳少白託他想辦法，請來一個首領，為自己辦理「開檯」入會手續。在舉行儀式時只有陳南，那位首領及陳少白三人在場，因當時陳南與陳少白過從甚密[15]，故猜想陳少白在向港府填寫「報主人」時借用了「陳南」的一個「南」字。

陳少白奉孫中山之命到香港辦報，租定上址二樓及地下（即地面舖位，按中國的算法，應稱為一樓）作為發行所，而三樓則為興中會香港分會本部。這座三層高的「唐樓」，成為興中會的革命機關和海外革命黨人的聯絡處。孫中山十分關心《中國日報》的運作，但是，當時，孫中山被港英政府禁止入境。他坐船路過香港時，多次嘗試登岸，都被拒絕。如 1900 年 7 月 17 日，孫中山由新加坡乘佐渡丸抵港，「擬率同志登岸集會，為香港政府所拒」。因此，孫中山唯有「於舟山召集會議，決定惠州起兵，直逼廣州，命鄭士良主之。」[16]

---

14 方漢奇主編：《中國新聞事業通史》（第一卷），頁 689，北京：中國人民大學出版社出版發行，1997 年 12 月第一次印刷。
15 見前引陳少白口述、許師慎筆記：《興中會革命史紀要》，頁 39~41。
16 前揭《國父年譜》（上冊），頁 161。

　　孫中山在船上「拍板」，決定發動惠州起義；而在當時，直接指揮惠州起義的大本營，即設於史丹利街 24 號《中國日報》社館三樓。革命黨人在該處出出入入，絡繹不絕，有許多人曾在報館裡留宿，將它當作革命黨人的招待所。據馮自由稱：

> 翌年（一九〇〇年）總理派少白及楊衢雲、鄭士良、史堅如等經營廣州、惠州軍事，報中來客頓形熱鬧。在館下榻者有史古愚、史堅如、蘇卓南、張碩臣等。時到談者有楊衢雲、鄭士良、宋少東、黃福、練達成、鄧蔭南、馮鏡如、馮自由、李自重、梁麒生、楊襄甫、李紀堂、畢永年、鍾榮光、陳典方、王煜初、伍漢持、李竹癡、方毅父、區鳳墀、朱通孺、張智若、日人原口聞一（東亞同盟會員）、宮崎寅藏、平山周、山田良政、福木誠、伊東正基、清藤、末永、英人摩根等，可謂一時之盛。及庚子惠州、廣州二役相繼失敗，義師將士群至機關部狼狽求助。[17]

　　1900 年中的惠州起義，選定香港為後方總部，經費和軍人均在此募集。惠州位於香港東北部，只隔著大鵬，近在咫尺，中間夾著幾十個大大小小的島嶼。從香港派出人員增援起義軍較為容易；而起義軍失敗後，亦可安全由原路退入香港。在此次起義失敗後，起義領袖和被招募的人員，大多循此海路取道回港，未受香港當局任何干擾。

　　《中國日報》及《中國旬報》創辦時的社址都是香港中環史丹利街 24 號，它是英人佔據香港後最早開發的地皮之一。根據香港政府土地註冊處（The Land Registry Hong Kong Government, 俗稱「田土廳」）的註冊資料，這塊地皮於 1843 年 6 月 26 日開發完

17　馮自由，前引文：《陳少白時代之中國日報》，頁 67。

成，列爲香港島第 21 號地段，推出拍賣或出租，使用年期是 999 年。「田土廳」現存有 1883 年 10 月 23 日這塊地皮的首次轉手記錄，時價只是港幣 3,000 元，其後幾次轉手，售價如下：1962 年 2 月 10 日，681,950 元；1987 年 4 月 15 日，3 千萬元；1988 年 6 月 9 日，3,980 萬元；到 1990 年 9 月 26 日最後一次轉手時，價值港幣 7,300 萬元，增值了 2 萬 4 千倍。[18]

據羅香林 1971 年出版的《國父在香港之歷史遺蹟》說：

> 至士丹利街二十四號之《中國日報》館舊址，則以往者鮮人注意，記錄較少。今按該街二十四號，與中環德忌笠街（D' Aguilas Street）相近，其原址坐南向北，與連接之二十六號，今皆已拆去舊樓，僅爲空地一方，以木板攔阻，意將興建高層樓宇也。其右憐二十二號，爲渣打銀行華員公寓，其左憐二十八號，相連二十八號 A、二十八號 B、爲新建之合座高樓，二十八號地下、今爲裕盛印務公同，蓋其左鄰右舍，皆無復昔年形制可窺也。[19]

羅教授只看到二十世紀七十年代以前士丹利街 24 號的狀況。自那以來，該址已再有三次易手。根據上述田土廳的記錄，該地在 80 年代易主時，與 26 號合併改建爲「興隆大廈」。1990 年再易主時，又再重建，易名「陸羽大廈」，且延用至今。其地下鋪位至三樓，爲著名的「陸羽茶室」。它是在中環工作的老闆、經理、高級職員，會友聚餐、品茗早茶的好去處。

2002 年 11 月 30 日早上 9 時，54 歲的香港億萬富豪林漢烈，

---

18 香港政府土地註冊處（The Land Registry Hong Kong Government），俗稱「田土廳」。其隸屬關係及辦事處多次變更，現辦公地址在香港金鐘道政府合署高座 13～15 樓以及 19、29 樓，所有香港、九龍、新界向政府註冊的土地，都有紀錄，可以讓公衆查閱，但要收費及排期等候。

19 見前引羅香林著：《國父在香港之歷史遺蹟》，頁 30~32。

作者夫人楊嵐（黃燕枝，左圖）一起前往尋訪
孫中山先生創辦的《中國日報》遺址。

在陸羽茶室用早點時，遭一名職業殺手開槍擊斃。此宗凶殺案轟動一時，再次勾起人們對這家名店神秘歷史的回憶。[20]

三、1901 年遷上環永樂街
孫中山曾寓報社七天

《中國日報》在士丹利街 24 號經營了一年多之後，遷往中環與上環交界的永樂街，這是中國報首次遷址。據羅香林說：

> 其後至光緒二十七年（1901 年）、《中國日報》館遷於中環永樂街，並由國父加派鄭貫公為記者。而黃世仲小配，旋

20 香港《蘋果日報》，A1 版，2002 年 12 月 1 日。

亦自南洋回港，任撰小說等稿。而此報對政治與社會文化等
方面之影響，乃益鉅焉……而《中國日報》館自士丹利街所
遷移之永樂街館址，則以諸書未言其門牌號數，今街內人士，
亦多不知其原址在何一門牌，此時仍未能引為勘驗也。[21]

「中國報」頻頻搬遷，主要原因之一是：當地斜坡陡峭、台階高懸、出入不便。作者夫人楊嵐女士，也到現場親自體驗一下。

位於永樂街的第二個社址，自羅香林時代，已無從稽考。為
何遷址？沒有文字記載，這是十分遺憾的事。因為據現有文件記
載，孫中山十分關心《中國日報》的運作，多次要親臨該報，但
礙於被港英政府「禁腳」而未能如願以償。然而，最少有三次（1902
年 7 月、1902 年 12 月及 1905 年 10 月）孫中山坐船路過香港時，
都在船上召見報社人員，詢問報社的工作情況。[22]而在《中國日
報》的幾個社址中，孫中山只在永樂街的社址住過。如能確知其
地址，則它便是珍貴的辛亥革命史文物古蹟。

21　見前引羅香林著：《國父在香港之歷史遺蹟》，頁 30~32。
22　詳見前揭方漢奇主編：《中國新聞事業通史》（第一卷），頁 691。

　　1902 年 1 月 18 日（清光緒二十七年十二月初九），孫中山由日本乘日輪八幡丸至香港，曾寓上環永樂街《中國日報》社三樓。其後，於 1 月 24 日（辛丑年十二月十五日）才離港再赴日本，前後共住了七天。當時，香港政府對孫中山的五年禁止入境驅逐令雖已滿期，「惟居港僅數日，即被警廳諷使他適」。待孫中山離港後，港府又重申禁令；至辛亥革命成功（1911 年）後，才撤銷。[23]

　　據一些當事人的依稀回憶：當時的永樂街，有許多買賣中國貨的商店，它是中國商品的貿易中心，因此，推斷社址應在永樂街接近水坑口的交界處。

孫中山先生曾寓上環永樂街《中國日報》三樓七天，如果可以確定具體的地址，將成為孫中山先生與辛亥革命史的重要遺址。

如今的永樂街接近水坑口街交界處，與當年的繁華的街景（左上圖），還有不少相似之處。

　　水坑口是 1941 年英軍登陸的地方，該處向來是來往中國的船

---

23 詳見前揭《國父年譜》上冊，頁 189。

隻上下貨的地方。英人上岸後，也順其自然地將它發展成為來回
中國的商貿口岸。現該處仍有一條水坑口街，正好與永樂街相鄰，
中間只隔一條平行的文咸西街。士丹利街沿山邊而建，早於 1843
年開闢。其後，向山下填海，又造出幾條街來。士丹利街通過皇
后大道中及文咸東街，與永樂街銜接。士丹利街與永樂街相距超
過一公里，而且是一段斜坡路；前者在山邊，後者鄰近水坑口碼
頭。《中國日報》館遷近碼頭旁，相信是考慮到上下貨以及接濟革
命人士比較方便。至今，上環一帶仍為中國大陸貨的貿易中心，
許多大陸土特產，在此靠船御貨，這是香港「開埠」一個多世紀
逐步形成的。

　　壬寅除夕（1903 年初），革命黨策劃的「洪全福之役」，幾乎
是一場清一色由香港人演出的盛舉。這次起義的準備工作，主要
在香港進行；負責策劃這次暴動的領袖，都是香港的知名人士。
革命黨領袖之一謝纘泰，以安排奪取廣州的又一次嘗試為己任，
想以此舉為好朋友楊衢雲被清廷買兇刺殺報仇。這次暴動的經費
是香港富商李紀堂提供的。香港名流何東爵士被清廷指控為密謀
參與者之一，而其後人何啓爵士的親密同事胡禮垣，亦被清廷列
入倡亂嫌疑犯的名單之中。[24]

　　1903 年初，陳少白仍為興中會香港分會會長兼《中國日報》
社長，因此，當時「清一色」由香港人策劃的「洪全福之役」，他
應該有份參予；同時，永樂街的《中國日報》社址，應該像士丹
街 24 號那樣熱鬧。

---

24 詳見 Harold Z Schiffrin , *Sun Yan-sen and Origin of the Chinese Revolution* ,
　California：University of California press,1968.,p306

四、1903 年夏合併於文裕堂，社址
設荷里活道 92～94 號

　　《中國日報》「開辦數月已感困難」，又要接濟軍餉，以及招待大批革命黨人來往吃住，開消鉅大，以致報社難以維持下去。據馮自由說：

　　　　惟報社度支至癸卯年夏竟無法撐持，不得已合併於著名
　　　　文具印刷店之文裕堂有限公司，得以暫維現狀。新公司設總
　　　　理三人，少白與李紀堂、容星橋分任之。[25]

此處原為臨海的碼頭集散地，當年革命党人經常由此乘船進出，搬運物資去廣東，支持革命活動，現已闢為公園。

　　癸卯（1903）年夏，《中國日報》與文裕堂文具印刷店合併，

25　詳見前揭馮自由：〈香港中國日報〉頁 41。

重組爲有限公司，由李紀堂認股 5 萬元。[26]李紀堂於其父李陞逝世之後，分得遺產百萬。他「傾囊」支持革命，於香港上環德忌笠街（D'Agmilar Street）20 號，設立總機關，以「和記棧」名義作掩護，謀舉事於廣州，「由紀堂策劃全局」。[27]

　　《中國日報》與文裕堂合併後，三位「總理」的分工，除由李紀堂「策劃全局」、兼司財務外；容星橋管印務；陳少白則「司報務」。[28]合併之後，在《中國日報》報頭上印的社址是"No. 92&94 , Hollywood Road, Hong Kong"，即香港島的荷里活道 92~94 號。[29]這是中國報的第三個社址。然而，據本人推測，第二次遷址之後，印刷地址及社長兼總編輯室地址，應是另置他處。

　　合併後重組的有限公司，既然已將財政、印務與報務分由三人負責，而新公司大股東文裕堂原又有印刷設備，因此，最大的可能是，承印地址在文武廟直街的文裕堂書店。[30]文裕堂是香港割讓以後，「香港開設最早的一家書店」，該店同時兼售各種文具和經營印刷業務。光緒二十八年（1902）由陳少白接辦，舉容星橋爲司理，至光緒三十二年（1906）才停辦。[31]至今，香港島香港大學附近的上環一帶，還有許多此類小規模的、家庭式書籍文

---

26 史宜楨：〈馮自由與香港中國日報〉之原註 17，載《近代中國》第 27 期，頁 86，台北：近代中國雜誌社，1982 年 2 月。

27 前揭《國父年譜》（增訂本，上冊），頁 202~203。

28 前揭馮自由：《陳少白時代之中國日報》。

29 黃季陸主編、中華民國史料叢編：《中國日報》第一冊編號第 0001 頁的報頭，寫有該報的新聞紙編號爲 1201 號、出版日期（1904.3.5），以及英文地址。

30 澳門基金會和上海社科院聯合影印出版之《知新報》（二）第 113 冊起，在最後的告白頁（如總 1660 頁），都寫明該報在香港的代售處之一爲「香港文武廟直街文裕堂」，故知文裕堂當時的地址。（另一代售處爲「威靈頓街聚珍樓」）

31 文裕堂是「香港開設最早的一家書店」，該店與陳少白的關係，以及經營情況，可參閱〈陳少白先生逸事〉，載《三民主義》半月刊，第七期頁 16，1943 年 10 月 15 日出版。

具店兼做印刷的公司，但主要業務已改爲印名片、請貼，裝訂學士、碩士、博士論文，次要業務是兼售各種文具用品。

　　當時，陳少白不但要「司報務」，而且，在 1906 年馮自由接手之前，他還要兼管黨務。當時上環德忌笠街 20 號爲同盟會香港分會的總部，對外卻掛「和記棧」招牌，既然「同盟分會亦附設報館社長室」，也即是說：當時，陳少白的《中國日報》社長室，亦理應附設於同址。因而，「和記棧」可視爲當時《中國日報》的社長兼總編輯部。

　　同盟會香港分會於 1905 年秋成立之後，開展了活躍的工作。這些活動與《中國日報》有直接的關係。據馮自由說：

> 乙巳年（民前七年）秋同盟會成立，總理派馮自由回港，佐少白辦理黨務、報務，同盟分會亦附設於報館社長室……自後數年，報務、黨務，均具長足之進步，關於西南各省之軍務，如丁未（民國前五年）四月潮州黃崗之役，及同月惠州七女湖之役，五月廣州劉思復之謀炸李準，九月惠州汕尾運械之役等等，皆由同盟分會發動之；此外如欽廉、鎮南關、河口諸役，莫不由中國報報道消息，故此報實不啻爲全國革命黨人之總樞紐……[32]

　　關於李紀堂以「和記棧」爲總機關，策劃一系列起義的事蹟，已有不少論著提及。譬如，1906 年的湖南、江西兩省萍（鄉）、瀏（陽）、醴（陵）起義，革命黨從香港向起義活動地區送出大量的人力和財力的支援。香港的革命黨員，爲黃崗起義捐獻了一萬元，用以購置武器。在這次起義失敗後，參加起義的人員大多數都能逃到香港，在新界李紀堂經營的青山農場裡獲得庇護。[33]這

---

32 前揭馮自由《香港中國日報》，頁 41~42。
33 見前揭 Chan Man-Yue 文。

個地方的青山紅樓，已被香港政府列爲文物古蹟，立例加以保護。

五、1906 年秋遷德輔道中 301 號

1906 年秋，該報經濟的主要支持者李紀堂因「傾家紓難」，對革命活動捐助甚多，資金短絀，導致文裕堂有限公司瀕臨破產。又因《中國日報》在「粵路風潮」事件中，抨擊粵督岑春煊特屬，遭禁止在粵省發行，銷路銳減，無法「以報養報」，自我維持。因此，《中國日報》又再次因經濟困難，而需要重組及遷址。據馮自由說：

> 丙午年（民國前六年）秋，文裕堂營業虧折，淪於破產，中國報以連帶關係，亦遭連同拍賣之厄，幸事前馮自由約同志李紀堂、李煜堂數人，集資預向文裕堂承購報社全部產業，始不致爲保皇黨人所攫奪。是歲八月，中國報改組，同時遷至上環德輔道 301 號，眾舉馮自由繼任社長，兼同盟分會會長。[34]

1906 年，革命黨人挽救《中國日報》不被保皇黨所奪的收購戰之中，馮自由出力最多。當時，馮自由的岳父李煜堂出資五千元，先向文裕堂購得該報發刊權。其後，吳啓東等加入成爲新股東，並推舉被孫中山自東京派回香港的馮自由，出任社長兼總編輯，於是，開始了該報的馮自由時期。[35]

丙午年（1906）八月春，改組後的《中國日報》報館，遷往德輔道中 301 號，這是中國報的第四個社址，也可以說是中國報

---

34 前揭馮自由《香港中國日報》，頁 41。
35 見前揭史宜楨文，頁 84。

第三次遷社址。其時同盟會未有專用會所,「其會所即附設於中國報社社長室內」。[36]此處與永樂街毗鄰,德輔道是一條後建的寬闊長街,貫穿中環到上環,分為東、中、西三段,永樂街口,在德輔道西 10 號附近相接。此地屬英人佔據香港島後最早開發的地區,即在水坑口範圍之內。它旁邊的德輔道中 323 號,現稱為「西港城」。「西港城」始建於 1850 年,當時是一座瀕臨維多利亞港警察局,後改作「街市」。這座 150 年的建築物,幾經改建修繕,歷盡滄桑,但至今保存完好。1990 年香港政府將它列為法定古蹟,加以保護。現「西港城」裡,有許多經營旅遊紀念品的古色古香商店。

　　1965 年 8 月 30 日,羅香林教授親自到當地考察,旦見德輔道中 301 號之樓下(即地面鋪位)為民生餐室,二樓為民生貿易公司。[37]此地其後改路,2000 年 8 月,本人到港府田土廳查冊發現,德輔道中 301 號已無註冊紀錄。原址地契,改為屬於北邊馬路的中環干諾道中 148 號 A(Shop A on Ground floor Guang Dong Investment Tower No 148A Connaught Road Central Hong Kong)。[38]8 月 19 日,本人到當地考察,旦見該處現建為粵海投資大廈,其地下鋪位為中國銀行上環支行的營業所。

　　馮自由主政時期,香港《中國日報》的業務及各種活動更活

36　馮自由:〈香港同盟會史要〉,載《革命逸史》第三集,頁 230,1969 年 3月台一版;1972 年 1 月台二版;又見該文易名〈香港同盟會與南方支部史要〉,載於革命文獻,第六十六輯《中國同盟會革命史料》(2)頁 4,台北:黨史會,1974 年 6 月。

37　見前揭羅香林:《國父在香港之歷史遺蹟》。羅教授為最早及最全面考察孫中山在香港遺蹟的著名學者,但在該文中,羅教授只談到中國報館「三遷館址」而已,並未提及 1903 年遷荷里活道 92~94 號;以及 1909 年遷址荷里活道 231 號之事。

38　見前揭香港政府田土廳註冊檔案。

躍；他領導下的同盟會香港分會策劃的革命活動，更加轟轟烈烈。
譬如，1907 年黃岡起義；同年 6 月的惠州七女湖起義；同年 12
月的鎮南關起義；1908 年 3 月的欽廉州起義；以及同年 4 月的河
口起義等等，都是馮自由主政時期發動的。在丁未（1907）和戊
申（1908）兩年之中，中國報社墊支的軍費，多達 542 元 5 角 2
分；而軍事失利後，逃至香港的革命黨人，也都由報社照應生活；
而在平時，革命黨人來來往往，多下榻報社。報社為東道主，招
待供應，所費不貲。[39]

　　1907 年 6 月 11 日，革命黨人劉思復謀炸清廣東水師提督李
準，未成。劉思復計謀炸李準之前，曾在中國報社四樓，製造銀
炸藥以及水銀炸彈，把報社當作「革命軍之兵工廠」。[40]

　　馮自由主持《中國日報》前後 4 年，到了 1908 年底，因「年
關難渡」而難於支撐下去。據他說：「至戊申年十二月下旬（1909
年 1 月）中國日報結賬時，負債累累，幾於不支。經余向外舅李
煜堂及親屬等多方挪借，始獲渡過年關。」[41]其後，馮自由繼續
支持該報至庚戌年（1910 年），報社經濟更加拮据。為謀另闢財
源，他自薦去加拿大《大漢日報》襄理報務，離開了《中國日報》，
同時，辭去《中國日報》社長及同盟分會會長兩個重要職務，馮
自由時代亦自此宣告結束。

六、1910 年冬遷往荷里活道 231 號

　　馮自由經營《中國日報》4 年期間，包括與文裕堂的分分合

39 見前揭史宜楨文，頁 84。
40 見前揭史宜楨文，頁 85。
41 馮自由：《革命逸史》第三集，頁 242，台灣商務印書館，1959 年 3 月 1 版。

合，以及其後與南方支部、謝英伯的交接，在賬目上及經營成果評估方面，仍有一些不同的看法。當時，退居「監督」之位的第一任社長陳少白說：

> （中國報）初出時大遭時忌，維持絕難，竭蹶經營五六年後，竟得出入相抵，嗣與文裕堂合併營業，由香山容某管理，予仍專理日報。繼因不善經營，三年後，營業部因而拆閱，日報亦為所累，於是復離文裕堂，重募資本將六七千元，交由馮自由舉辦，予監督之，又告訴虧折，不能支。馮自由不俟交代，赴加拿大，復以謝英伯等承其後。[42]

無論如何，在陳少白經營 7 年及馮自由經營 4 年期間，《中國日報》兼具「立黨、起義、宣傳」三大功能，對辛亥革命的貢獻是巨大的。

己酉（民前三年，1909 年）秋冬，同盟會南方支部成立，胡漢民為支部長，汪兆銘為書記，林直勉為司庫，漸與同盟會香港分會劃清權限：自後西南各省黨務軍事由支部主之，香港一方黨務由分會主之。

當時，《中國日報》經營十分困難。加之於庚戌正月初三（1910年 2 月 12 日）發動廣州新軍起義失敗，元氣大傷。「馮自由以羅掘俱窮，無力再辦，及請南方支部特撥公款，維持善後。」[43]

庚戌年三月（1910 年 4 月）以後，由同盟會南方支部派人「經理」《中國日報》，眾推謝英伯任社長，兼任總編輯，李以衡做經理，故開始了謝英伯時期。同年冬，中國報為節省經費，由德輔道遷社址到上環荷李活道 231 號。[44]這是中國報的第五個社址，

---

42 見前揭陳少白：《香港中國報經過略史》，頁 62。
43 見前揭陳少白：《香港中國報經過略史》，頁 62。
44 馮自由：《香港同盟會分會及南方支部史要》，革命文獻第六十六輯，頁 16，台北：黨史會，1974 年 6 月。

也可以說是中國報第四次遷社址。

　　根據田土廳的註冊資料顯示：上環荷里活道 231 號，是香港島編號 1203 地段。1850 年 5 月 11 日首次拍賣，其後多次轉手，但門牌號碼至今仍未變。1960 年 6 月 10 日轉手價 18 萬 5 千元，新業主是 Po Wah Land Investment Company Limited。

　　1986 年 9 月 30 日，該地皮以餽贈形式，轉送給 Chan Sam Mui 和 Luk Kay yuen 兩人（連名）。1991 年 9 月 25 日，轉售給 Chow Su San Company Limited，售價 300 萬元。其後至今，未再有轉手記錄。如今所見，該地已改建爲五層高唐樓，地下爲「龍的文化」古玩店，老闆是印度人。[45]

七、1911 年 9 月「粵省光復」後遷往廣州

　　從庚戌至辛亥年（1910.4～1911.6），爲南方支部處理時期，因當時謝英伯爲社長並兼任總編輯，故又稱爲謝英伯時期。至辛亥（1911）春，南方支部以中國報經理一席給留美歸國黨員李萁；同年五月（新曆 6 月，日序不同），盧信等人集僑資接辦《中國日報》。盧信約華僑同志黃時初將報務重新整理，自任社長。[46]因而，開始了盧信時期。陳少白曾記述盧信接辦《中國日報》，以及其後遷粵之情景，他說：

　　　　及光復時，盧信自檀香山回，以接辦自任，遷諸廣州，
　　　　由政府津貼，規模極大。逮龍濟光入粵，盧等他去，所以機

45　見前揭田土廳註冊檔案。寫本書時，本人曾再次前往查閱及實地考察，並拍照留念。

46　見前揭馮自由：《香港同盟會紀要》，頁 256。

件帳目至今尚在盧信手上，而中國報之命運，亦以告終。[47]

馮自由亦記載，在盧信接辦以及於「粵省光復」後遷往廣州的情況如下：

> 其後南方支部以支應浩繁，不勝其擾，至辛亥（民國前一年）春，適有留美黨員李萁歸國，支部仍以中國報經理一席畀之。是歲五月，檀香山黨員盧信、黃時初等願集僑資負責接辦中國日報，支部許之。及九月粵省光復，報社遷於廣州，至民國二年八月，龍濟光入寇，遂被封禁停版。[48]

從辛亥至癸丑年（1911.6～1913.8）為盧信時期。盧信曾在香港興中會機關報《中國日報》當記者。1907 年被夏威夷《民生日報》聘為主編。該報原名《檀山新報》，盧信接手後，強調辦報自由，故把它改名《自由新報》。1910 年檀香山同盟會成立時，盧信當選為書記。1911 年 6 月，盧信回國接辦《中國日報》。[49]

辛亥九月十九日（1911.11.9）廣州光復，同盟會遷粵，《中國日報》隨之。這是中國報第五次遷社址。遷廣州後，獲政府津貼，規模極大。《中國日報》遷廣州之後，獲「政府津貼，規模極大」；然而，為何事蹟沒有流傳下來？連第六個社址在何處，亦茫然不知，這是值得深思的。

1912 年 1 月 1 日，（壬子年十一月十三日），中華民國成立，改用民國年號。同年 8 月 25 日，同盟會聯合其他四政團，改組為國民黨，時已遷廣州的《中國日報》，亦因而轉變成為國民黨的機關報。[50]

---

47 前揭陳少白：《香港中國報經過略史》。
48 前揭馮自由：《香港中國日報》。
49 馬兌生著：《孫中山在夏威夷：活動和追隨者》，頁 147~148，台北：近代中國出版社，1990 年 8 月 20 日初版。
50 見前揭馮自由：《香港同盟會紀要》，頁 256。

民國二年八月（1913.8），陳炯明以粵省獨立失敗，龍濟光入粵，清除民黨，《中國日報》遂被封禁停版，印刷機器旋爲龍濟光沒收。[51]

八、頻頻遷址的三大原因

在 1895 至 1911 年間，革命黨在香港直接策劃的多次起義活動，都表現出香港參與辛亥革命的共同方式和特點。首先，這些起義的準備工作，主要都在香港進行；接著，起義所需要的軍火，或在香港購買和製造，或從境外偷運入香港，然後在香港收藏起來，最後才秘密送去起義地點，糧食和其他用品亦以類似方式送出；一些香港華人、甚至知名人士的慷慨財政支援，是這些起義能夠舉行的最重要原因之一；最後，也是最重要原因之一是，起義失敗後，革命黨人又忙於安頓逃亡到香港的同志，香港成爲革命失敗後的避難所。

《中國日報》同時兼具「立黨、宣傳、起義」三大功能，所以，這些革命活動，都和它有直接或間接的關係。《中國日報》在辛亥革命史上有重要的地位，但是，至今爲止對它的研究還很不夠；特別是關於它的社址變遷及社內運作，現有論著甚少，這是十分遺憾的。

中國報五次遷址，歸納起來有以下三大原因：

1. 地理原因

1901 年春，從山坡邊的士丹利街 24 號，遷往靠近碼頭的永樂街，仍爲了方便利用船隻搬運貨物及革命黨人進出。

51　見前揭馮自由：《香港同盟會紀要》，頁 256。

當時，香港對外交通主要靠船，而中國報是「立黨、宣傳、起義」的大本營，革命黨人進出十分頻繁。

2．經濟原因

1903 年夏，中國報因經濟困難，合併於文裕堂，組成有限公司，社址相應地搬遷到荷里活道 92～94 號。

1906 年 8 月，文裕堂淪於破產，中國報改組，遂遷往上環德輔道 301 號。

1910 年 4 月，中國報由南方支部撥公款善後，爲縮減開支，再次遷址，新址爲荷里活道 231 號。

3．政治原因

1911 年 11 月，廣州光復後，民國啓元，中國報隨同盟會南方支部由香港遷往廣州。

《中國日報》社的永樂街社址，據史料記載孫中山曾住過，理應成爲珍貴的革命遺址，可惜這個社址的具體地點，至今未能查知；而其他社址孫中山是否有住過？亦有待進一步探討。本文提供了比較完整的線索，供研究者參考。

中環石板街，是孫中山先生與革命党人經常路過的要道。百年來石板依照在，但是，都已經成為古董。

「水坑口」是當年英軍登陸香港島的地方，現在變為水坑口街。為了進出方便，《中國日報》曾遷址於此。作者多次到當地，追尋辛亥革命遺蹟。

陸、「中國報」經費來源

一、百年前銀元與銅錢的折算

本節從報業史的角度，歸納整理中國報的開辦和運營經費來源；銷售量和廣告收入等的基本情況；同時，以附錄形式，系統地統計香港對辛亥革命的義捐，從另一個角度探討以孫中山為首的革命黨人，如何利用報刊鼓吹革命、發展組織、策劃武裝暴動，以及從事各種革命活動。

首先請看當時《中國日報》及《中國旬報》的售價及廣告價目，並與當時的物價作比較：

（一）在《中國日報》報頭同一欄的右側，約佔 1/5 版位，長期刊登以下字句：「日報行情晨派，每逢禮拜停派。週年價銀六員，每月價銀六毫，閏月照加。外埠郵費長年五員，省佛沃無寄費。」[1]

（二）在《中國旬報》每期封面內頁刊有「旬報價目」如下：「每年三圓，每月三毫，每冊一毫」；而「告白價目」是「全版價六圓，半版價四圓，四分一價二圓」。[2]旬刊因版位較少，廣告費

---

1 詳見台北黨史會影印出版的四卷精裝本《中國日報》第一頁（新聞紙編號 1201 號），甲辰年正月拾玖日（禮拜六）出版，可折算為 1904 年 3 月 5 日。因此，此價目為該報創辦第 4 年（1905）之後的數字。再查閱至第四冊最後一頁（1908 年 1 月 25 日），還是這個售價。

2 詳見《中國旬報》第壹期及其他各冊目錄之下半頁。

一般較日報爲高，因此，旬報上的廣告價目，可作爲日報的參考。

　　（三）香港蘇坑街洋樓一所，當時價值僅八千元，這可作爲比較當時物價的重要參考：1895 年 10 月 26 日，孫中山策劃在廣州舉行第一次起義，得自香港興中會會員黃詠商和余育之二人出資數千元支助，以充軍費。其中，黃詠商在此役，曾賣掉其在香港蘇坑街洋樓一所，得資八千元。[3]

　　再比較當時使用的銀元與銅錢兩種基本貨幣的折算率。那時，使用的銀元，亦寫作「銀員」或「銀圓」；銀圓、銀員與銀元，寫法不同而已；圓以下單位爲毫，一圓等於十毫；當時所說的銅錢「一文錢」，往往簡稱爲「一文」或「一錢」。銀元與銅錢的比價是「銀每員找錢一千四百五十文」。[4]

　　又據《高宗實錄》卷三百二十三，乾隆十三年八月辛亥（二十九日）（1748 年 10 月 21 日）條引山東巡撫阿部里袞的覆奏稱：「康熙年間，每銀一兩，易錢一千，少亦九百餘文，今止易七百餘文。」康熙年間，即 1662~1722 年；但從 18 世紀末開始，銀的價格逐步提高到銀一兩超過了銅錢一千文。[5]

　　再據香港第一份中文刊物《遐邇貫珍》1855 年第 1 號至第 12 號刊登的〈本地貨時價〉稱：當時，銀一兩的價值在銅錢一千四百二十文至一千四百六十文之間。[6]

　　有了以上的資料，在下面閱讀經費收支時，就可以比較容易與當時的經濟水平，以及社會現狀聯繫起來了。

3　馮自由《革命逸史》第一集，頁 10，台灣商務印書館，1971 年 4 月台 2 版。

4　詳見松浦章等人編著《遐邇貫珍》，頁 12，上海辭書出版社，2005 年 12 月。

5　陳昭南：《雍正乾隆年間的銀錢比價變動（1723-1795）》，頁 12、18~19，中國學術著作獎助委員會，1966 年 6 月。

6　《遐邇貫珍》縮微膠卷，見藏於香港大學圖書館二樓，縮微膠卷室，編號CMF5245。

二、「中國報」的創辦經費

據陳少白的回憶，孫中山要到香港開辦《中國日報》的具體決定經過如下：

> 我同孫先生商量說，我們死守在日本，也是不對的。我意欲回到香港去辦一間報館，一方面用文字來鼓吹革命，同時還可以做我們的革命總機關，日本方面由他一個人，儘可以對付了。此時相依為命的，只有他和我兩人。我從此離開，他更無共話之人，所以他初意甚為不願，但我心已決，他亦不好十分阻止，祇是有一層不能不顧到，就是此時能否聽我混跡在香港，還不可料，惟有私行改名，回去試探，如果無礙，然後籌備開辦。他又答應將來替我採辦鉛字機器，寄回應用。商量妥貼便別過中外親友，孫先生親送我到船，惻然揮手，隨分東西。[7]

香港「中國報」的開辦及營運經費，「在庚子（1900 年）以前，由總理撥付；庚子以後，由同志僑商李紀堂、李煜堂諸人補助之」。[8]孫中山到菲律賓、美國、日本、加拿大、越南、歐洲等地籌款，支持每次起義活動，其中有一部份籌款成為「中國報」的開辦及營運經費。（詳見第五《香港對辛亥革命的義捐》）

孫中山曾獲得菲律賓獨立黨彭西（Mariano Ponce）餽贈日金

7　陳少白口述，許師慎筆記，《興中會革命史要》，台北：中央文物供應社，1935年 1 月出版，1946 年 6 月台版，頁 36。

8　馮自由，〈開國前海內外革命書報一覽〉，《革命逸史》，第三集，台北：台灣商務印書館，1969 年 3 月台一版；1972 年 1 月台 2 版，頁 140。

十萬元，它成爲「中國報」的主要開辦經費之一。據馮自由說：
己亥（1899）夏秋間，菲獨立黨首領阿坤鴉爲答謝孫中山協助赴
日本購買槍械，以及表示革命黨人有意赴菲支援當地獨立運動，
「乃命彭西饋贈　總理日金十萬元，以表示中菲兩國合作誠意，
總理欣然接受。是秋即派陳少白回香港開創中國日報爲宣傳革命
之喉舌。……其實阿彭二氏首次致送　總理十萬元外，以後尙有
所贈。」[9]

　　孫中山在海外募得的義款不少，譬如，他在越南西貢堤岸就
得到僑商同志的大力支持。據馮自由說：1900 年孫中山初到越南
西貢；1902 年結識僑商黃隆生等人，創立興中會；1905 年改組爲
同盟會；「自後西貢堤岸兩埠同志對於粵桂滇三省革命軍事，均先
後釀助巨款，爲他處僑商所不及。就中以曾錫周、馬培生、李卓
峰所捐爲最巨。　總理到西貢數次，錫周、培生等有求輒應，毫
無吝色。黃景南開設賣豆芽小店，市人稱之曰牙菜祥、每日恆以
所得投入撲滿中，貯爲捐助革命之需，時人聞而義之。丙午年秋
香港中國日報改組，李亦愚、潘子東、顏太恨等合認新股三千餘
元。中國日報大得其助。」[10]

　　西貢堤岸同盟會同志的捐贈，在 1905 年同盟會西貢分會成立
之後，時中國報已運營了五年，故此處之來款，並非用於參加籌
辦；但是，丙午年（1906）秋，文裕堂淪於破產，香港中國日報
改組，馮自由、李紀堂、李煜堂承購該報全部產權；與此同時，
西貢堤岸同盟會同志李亦愚、潘子東、顏太恨等合認新股三千餘

9　馮自由，〈孫總理庚子協助菲律濱獨立及購械失敗始末〉，《革命逸史》，第四
　　集，台北：台灣商務印書館，1969 年 1 月台 1 版；1972 年 1 月台 2 版，頁
　　80。
10　見前揭馮自由著：《華僑革命開國史》，〈西貢堤岸同盟會〉，頁 50。

元，中國日報大得其助。

此外，陳少白在台灣亦募得部分開辦費。據陳少白說：「這次到臺灣約有半載，加入的會員，雖然仍是不多，但是募到的錢，也有二三千塊。」[11]從臺灣回日本後，陳少白向孫中山提出：「我意欲回到香港去辦一間報館，一方面用文字來鼓吹革命，同時還可以做我們的革命機關。」可見，這筆錢亦是用於開辦「中國報」的主要開辦經費之一。

「中國報」的開支始終賴以維持不墜者，主要來自香港富商李紀堂的捐贈或墊支，這已有定論。然而，李紀堂是否參加籌辦？在「庚子以前」是否支付過「中國報」的開辦經費？據陳春生《興中會員李紀堂先生革命事略》記載，李紀堂與「中國報」的關係十分密切，其中詳細列出李紀堂逐年捐贈或墊支「中國報」經費的情況如下：[12]

1898年，由紀堂籌墊中國報之費，月約八百元，年約萬元。

1899年，中國報之費，仍如上年，由紀堂墊出，年約萬元。

1900年二月，預備在惠州舉事。紀堂與英人摩近義士，及陳少白、楊衢雲等，在港接應。而財政上祇紀堂一人獨力支持，由起事供應，至失敗善後逃亡等費，共由個人墊支十餘萬元。另中國報費用，仍如上年。

1901年，中國報經費，仍舊墊支，每月約九百元，年約一萬餘元。

---

11 見前揭陳少白口述，許師慎筆記，《興中會革命史要》，頁36。
12 採訪員陳春生撰《中興會員李紀堂先生事略》，封面題名《興中會員李紀堂先生革命事略》，內容多與香港中國日報及陳少白先生有關係。此文送中國國民黨中央執行委員會黨史史料編纂委員會鈞覽，原件現藏於台北中國國民黨中央黨部黨史館，編號230~1117。在此摘錄李紀堂自1895~1906年對「中國報」逐年資助費用之詳況。

　　1902年，中國報，仍照上年墊出費用壹萬餘元。

　　1903年，因去年底之失敗，並用去許多款項，紀堂私產已盡行抵押，一時又不能賣出。按揭六十萬元之產業，每月須付息銀四千餘元。因見虧累太多，倘不設法補救，不但私資告竭，將來革命事業亦難爲無米之炊。因而從事於炒金錢，不料因此更虧累三十餘萬元。從此諸事進行更不易矣。其時中國報雖異常發達，惟究以鼓吹革命爲目的，而非志在營利；又因同志多人來往供應之故，費用日繁，開銷極大，陳少白兄及容星橋兄商量，將中國報與文裕堂書坊合併爲有限公司，紀堂認股五萬餘元。因中國報關係鼓吹革命之命脈，故合併以省費用，而期補助也。至於屯門種植畜牧場所收容之內地逃亡同志，仍由紀堂供應。是年河內賽會陳少白，向紀堂取款千元，參與其列。紀堂因又以二萬元交陳少白，轉交孫中山，以爲進行革命事業之用。

　　1905孫中山經港時，由中國報及紀堂處招待一切。又許雪秋兄在潮州起義失敗，後余繼誠（即紀成）在港被捕，由紀堂請律師設法營救出獄，後仍由紀堂供應一切（約用去款項五十元）。

　　1906年，文裕堂書坊因營業虧損，已決定收盤。惟中國報仍繼續辦理，亦由紀堂每月資助三百元，年約四千元。

　　陳春生總結道：「中興會員李紀堂（即李北）先生，廣東新會縣人，熱心革命事業，三十年如一日。香港中國日報，爲中國革命報紙之元祖。先生殆爲該報之開山祖，計先後投貲十餘萬，厥功殊偉。」[13]

　　「中國報」是於「己亥（1899）年秋間」才正式創辦，以上陳春生的記錄如果屬實，則李紀堂早於該報創辦之前的三年之

13　見前揭採訪員陳春生撰《中興會員李紀堂先生事略》。

中，即丙申（1896）、丁酉（1897）、戊戌（1898），已經參加籌辦；同時，在戊戌、己亥（1899）兩年各墊支的一萬元，應該屬於籌備及開辦費。

三、「中國報」的運營經費

「中國報」創辦僅數月，即發生經費相當拮据，皆因該報兼爲黨務、軍務之機關，隨時須供應過境同志之所需，以及支援革命起義費用之故。

據馮自由說：「時革命黨財政並不豐裕，開辦數月已感困難。任廚役者爲橫濱同志陳和，報中買菜錢亦時由陳代墊，陳復假諸編輯部中人，其拮据可知矣。」[14]

馮自由還說：「香港同盟會於丁未戊申兩年經營軍務之收支脹目，概由余一手管理，計由丁未一月至戊申九月作一結束。計收入四萬八千六百九十二元一角七分，支出四萬九千二百三十四元六角九分……比對上述收支兩項，不足五百四十二元五角二分，係由中國報墊付。」[15]

馮自由又說：中國報雖號稱革命黨之宣傳機關，而其資本則純出諸同志商人，向未受黨部分文之補。數年來各地來往同志多奉報社爲東道主，招待供應，形繁劇，縱稍巨之支出由黨部擔負，

---

14 馮自由，〈陳少白時代之中國日報〉，《革命逸史》初集，商務印書館，1939年6月初版，頁66-67；又見商務印書館遷台後改名《革命逸史》第一集，頁99；以及革命文獻第六十四輯，《興中會革命史料》，台北：黨史會編輯發行，1973年12月，頁165。

15 馮自由：《革命逸史》第三集，台北：台灣商務印書館，1972年1月台二版，頁240~242。

而直接間接均由同志商人資助。

　　關於「中國報」如何供應過境同志之所需？馮自由亦有明確的記載，他說：1900年，孫中山派陳少白及楊衢雲、鄭士良、史堅如等經營廣州、惠州軍事。當年一月剛創辦的「中國報」社，來客頓形熱鬧。「在報館下榻者有史古愚、史堅如、蘇卓南、張碩臣等。當時到報館聚談者有楊衢雲、鄭士良、宋少東、黃福、練達成、鄧蔭南、馮鏡如、馮自由、李自重、梁麒生、楊襄甫、李紀堂、畢永年、鍾榮光、陳典方、王煜初、伍漢持、李竹癡、方毅父、區鳳墀、朱通孺、張智若，以及日本志士原口聞一（東亞同盟會員）、宮崎寅藏、平山周、山田良政、福本誠、伊東正基、清藤、末永，還有英人摩根 （Rowland J. Mulkern）等，實不下百數十人之多，可謂一時之盛。及是年惠川、廣州兩地起事失敗，義師將士群至機關部狼狽求助。報中經濟能力大受影響，殆有不支之勢。幸有香港富商李紀堂於接濟軍餉外，尚能擔負報館度支。《中國日報》賴以維持不墜者，李紀堂出力最多。」[16]

　　1910年2月12日，廣州新軍之役失敗，「民黨元氣大傷，中國報原屬商辦性質，馮自由以羅掘俱窮，無力再辦，乃請南方支部特撥公款，維持善後。自赴加拿大就溫哥華大漢日報之聘，南方支部於是改派李以衡為經理，謝英伯、張紹軒等為編輯。自癸卯後文裕堂合併時代至丙午後馮自由經理時代之七年間，中國報資本概由同志商人負擔；及庚戌三月以後，始由南方支部派人經理。其後南方支部以支應浩繁，不勝其擾，至辛亥（民國前一年）春，適有留美黨員李其歸國，支部乃以中國報經理一席畀之。是歲五月，檀香山黨員盧信、黃時初等願集僑資負責接辦中國日報，

---

16 見前揭馮自由：《革命逸史》第一集，頁99~100。

支部許之。及九月粵省光復，報社遷於廣州，至民國二年八月，龍濟光入寇，遂被封禁停版。」[17]

四、「中國報」的銷量及廣告收入

　　就台北黨史會影印出版的四冊《中國日報》所見，該報的開本是高 37.5 ㎝，寬 26 ㎝（約為現今香港發行的大報的一半）。一般分為四欄，最上一欄為報頭設計，其正中有「中國日報」四個大字，並在下端（或上端）附上英文"China"報名。在中英文報名之下，是報社的新聞紙出版編號，英文地址，以甲子年記錄的出版日期。[18]

　　在《中國日報》報頭同一欄的右側，約佔 1/5 版位，長期刊登以下字句：「日報行情晨派，每逢禮拜停派。週年價銀六員，每月價銀六毫。外埠郵費長年五員，省佛沃無寄費。」前二句說明，該報每週只有六天出版，星期天休息不出版。第三、四句說明報紙的定價。第五、六兩句講外埠的郵費用，其中，廣東省內及澳門的訂戶，免收郵寄費。有時，在第四句之後會加一句「閏月照加」，那是對全年訂戶而言，與按月訂閱的訂戶無關。

　　在報頭同一欄的左例，也有一個約佔 1/5 版位的方塊，印有該報的銷售點。其中，內地的銷售地點包括：省佛陳龍（筆者按：省指省城廣州，佛指佛山，至於「陳龍」所指何地？不甚瞭解。）

---

17 馮自由，〈興中會的革命機關報 —— 香港中國日報〉，革命文獻，第六十四輯，《興中會革命史料》，頁 163~64。

18 黃季陸主編之中華民國史料叢編《中國日報》（影印版）第 0001 號報頭，台北：黨史會編輯發行，1969 年。

江門、海口、北海、廣州灣、梧州、汕頭、廈門、福州、上海、
南昌、天津、北京、膠州、漢口；而外國的代理銷售地點，包括：
小呂宋（筆者按：即菲律賓）、台灣、星架坡（筆者按：即：新加
坡）、南斐洲訥他、橫濱、神戶、東京、金山、溫哥華、鳥約（筆
者按：即紐約）、新金山、琿春、檀香山。該報並申明以上各地「皆
有代理，依期不悞。」（「悞」同「誤」）

　　版頭橫欄之下，再分爲四至五欄，用來編排內文，每欄 48
行，每行直排 15 字（6 號字）。如果是廣告，則常用跨欄。

　　每天出版六頁（今稱爲「版」），第一頁（即頭版）基本上都
是刊登廣告。（詳待後述）

　　第二頁右上角加上「論說」版頭，每天刊登一篇一千字左右
的「論說文」，相當於今天的「社論」，與王韜創辦《循環日報》
發明的千字文政論方式雷同。

　　論說文之後是新聞，共分爲「京省」、「粵省」、「各國」、「本
港」四大類，還有綜合性的外電消息，欄目名有「電報」、「輯譯」
等；以及其他報刊的摘錄。如果第二頁排不下，會順推編排於第
三至六頁。

　　新聞之後是文藝性的副刊，稱爲「諧部」，主要欄目有諧文、
白話、談叢、燈謎、粵謳、笑林、雜俎、雜聞、龍舟歌、傳奇、
新戲等；此外還有「敬覆來函者」、「來稿」、「訪函」，以及解釋新
聞事件的「事件」欄等等。視廣告多寡而定，如果廣告多，則副
刊的內容就少；反之亦然。總之，要填滿每天出版的六頁。時至
今日，香港的報紙的版面分配，亦與此相仿。

　　前引陳春生《興中會員李紀堂先生革命事略》說：「其時中國
報異常發達，惟究以鼓吹革命爲目的，而非志在營利。」但是，
如今研究報業史者，對於報刊的銷量及廣告收入，卻十分感興趣。

因爲在此經濟時代，辦報刊如果沒有廣告、如果銷量欠佳，勢難生存。

北京中國人民大學方漢奇教授，研究中國新聞史逾半個世紀，他說：「《中國日報》三分之二以上銷往廣州和東南亞。」[19]

馮自由說：「中國日報之銷路多賴於粵省及海外各埠，殆佔三分之二。」丙午（1906）年春，粵督岑春煊下令禁止港報入境，中國日報在粵銷場由是斷絕。此舉對中國日報打擊至重。[20]

中國報雖發刊於香港，而銷場之暢旺，則有賴於廣州；蓋港中商人多缺乏政治思想，於偏重政治之報紙，絕不措意，故中國報出版數年，港人購閱者不滿千數，惟廣州之政、學兩界，則已漸趨改革一途，其所持政見多視中國報爲正鵠，而尤以陶模督粵時代爲特盛。陶雅重新學，任吳敬恒、鈕永建爲幕僚，其黜陟屬吏，恒以中國報之評判爲標準，故中國報在粵銷場，以是時爲最佳，僅督署一處銷售至二百餘份；清季督撫在粵政績，以陶爲差強人意，中國報與有力焉。[21]

如上所說，中國報在港僅銷不足千數，而三分二銷售廣東省及海外，則總銷量最多亦只有三千份。而日報「週年價銀六員」，則一年銷報最多可得一萬八千元。

如上所述，中國日報日銷約三千份，年得一萬八千元左右；而從廣告來看，中國報的收入亦十分可觀。在中國日報上未查到廣告的價目，但《中國旬報》「旬報價目」如下：「每年三圓，每

19　方漢奇、張之華主編：《中國新聞事業簡史》，北京：中國人民大學出版社，1996 年 2 月，頁 114。

20　馮自由著：〈香港陳楊三家與革命黨〉，《革命逸史》第二集，商務印書館，1943 年 2 月重慶初版；1968 年台 2 版，頁 223。

21　馮自由：〈香港中國報及同盟會〉，載《革命文獻》第 66 輯，1974 年 6 月，頁 252~253。

月三毫，每冊一毫」；而「告白價目」是「全版價六圓，半版價四圓，四分一價二圓」。[22]旬刊因版位較少，廣告費一般較日報爲高，但是，旬報上的廣告價目，可作爲日報的參考。

中國報創刊初期四年餘的報紙未見流傳下來，但從黨史會影印出版的四冊《中國日報》上的大量廣告，可見該報經營中期（1904～08）的廣告收入概況。

《中國日報》第一冊（1904.3.5～5.14），第一版約半版都是「屈臣氏大藥房老舖」的廣告，在第四、五、六版，還有不少零星的分類廣告，內容包羅萬有，如學校招生、聘教習廣告，西醫、牙科醫、治療花柳廣告、機器廠賣機器廣告等等。第二冊（1907.2.16～4.11）「屈臣氏大藥房老舖」的廣告仍在第一版，但移到下端；而頭條位置改由「司各脫魚肝油」廣告所取代，約佔1/6版位。在其他版面，同樣地有許多分類小廣告。第三冊（1907.9.9～11.15），「屈臣氏大藥房老舖」仍在第一版下端，正中最顯著的廣告由「慈母可以安心」的嬰兒藥廣告取代，頭版再用分類廣告塞滿，其他版亦有不少零星分類廣告。第四冊（1907.11.16～1908.1.25）與第三冊情況相似。

在上述四冊《中國日報》中，「屈臣氏大藥房老舖」一直是最大的廣告客戶，每天佔用頭版約的版位，相當於《中國旬報》近一個全版，即每天廣告費，多則相當於全版的收費六圓，少則四圓（半版），若以平均每天五圓計，一年的廣告費多達 1,825 元。

《中國旬報》雖標有廣告價目表，但所見廣告極少，唯一常見的廣告是封面內頁的全版「新輯精確鐵路十八省全圖」銷售廣告，註明「未裱每張二員二毛半，已裱每張齗員五毫」。但到第

---

22 詳見《中國旬報》第壹期目錄之下半頁。

23 期尾頁登出同一廣告時，減價爲「零沽已裱每張二員半，未裱每張二員」。該廣告註明「寄賣處荷里活道」，即當時的中國報報社，及位於香港島文武廟直街的文裕堂、威靈頓街聚珍書樓、聚文閣、省雙門底聖教書樓，還說「欲有蕆買代售者，請至本館面議可也」。該份廣告署名「中國報主人啓」，可見是報館自己的廣告，收不到廣告費，但是，賣地圖、賣書籍，代印刷，是中國報另一項重要的收入來源。

中國報早期的經營費用主要來自李紀堂。在該報經營的早幾年，他每年均墊支萬元（計先後投資十餘萬），不過，中國報的廣告收入，應相當於李墊支的一半左右，即每年約 5 千元。而且，中國日報向全球華人社會發行，它可以從賣報中得到不少收益。

1910 年，李紀堂拆資五萬餘元，經營青山農場。這個農場成爲收容在粵省起義失敗後逃港的革命同志，亦成爲製造炸藥，籌備起義的大本營。關於此節，已有不少文章論及。而青山農場與中國日報之關係，鮮有人提及。

在《中國日報》頭版右下角，幾乎天天都有一個廈長的「青山棧各國瓜菜」廣告，如果要算廣告費，亦十分可觀。[23]

在香港中環街市（即農副產品市場）內，開一銷售農產品之商店，名「青山棧」，每日以小輪往來香港青山間，輸運蔬菜瓜果雞鴨等物，至青山棧出售。所產雞蛋大而精美，西人多喜購之。青山棧續維持至民國後十餘年，紀堂家道中落，全賴農場供給，20 年後始讓與人云。[24]

《中國日報》作爲興中會的機關報而創辦，同盟會成立後改爲同盟會機關報，它不僅是「革命黨組織言論機關之元祖」，而且

---

23 見前揭《中國日報》（影印版）第一冊 0001、0007、0013 等第一版右下角。
24 見前揭採訪員陳春生撰《中興會員李紀堂先生事略》。

是孫中山為首的革命黨人進行革命活動的「總樞紐」、「總機關」、「大本營」。它的經營方式，充分體現出孫中山為首的革命黨人的宣傳工作方式，以及政治宣傳理念，因此，對它的研究有重大的意義。

「中國報」創辦初期幾年，異常發達，銷量及廣告收入都相當不錯，但是，「惟究以鼓吹革命為目的，而非志在營利。」所以，連年虧損，最終難以維持。如今研究報業史者，宜從新聞史的角度，對該報刊的經營情況，作專題研究。如果能弄清楚真相，相信可以令人們更加佩服以孫中山為首的革命黨人，進行革命宣傳之勇氣、能力及作為；亦可以把「中國報」的研究，更好地與新聞史研究結合起來。

五、香港對辛亥革命的義捐

（一）前　言

辛亥革命運動的倡導者孫中山先生，1923 年 2 月 20 日在香港大學一次演講中說：「我之革命思想，完全得之於香港。」他還說：「我之思想發源地即為香港。至於如何得之？則 30 年前在香港讀書，暇時輒閒步市街，見其秩序整齊，建築閎美，工作進步不斷，腦海中留有甚深之印象。」「又聞諸長老，英國及歐洲之良政治，並非固有者，乃人經營而改變之耳。從前英國政治亦復腐敗惡劣，顧英人愛自由，僉曰：『吾人不復能忍耐此等事必有以更張之。』有志竟成，卒達目的。我因逐作一想曰：『曷吾人不能改

革中國之惡政耶？』」[25]

從 1895 年到 1911 年 10 月之間，革命黨人策劃的反清起義事件可以分兩個階段：1895～1905 年 7 月以前為興中會時期，計有八次起義事件，即（1）乙未廣州之役；（2）庚子漢口自立軍之役；（3）庚子惠州之役；（4）洪全福廣州之役；（5）周雲祥雲南臨安之役；（6）黃興長沙之役；（7）陸亞發廣西柳州之役；（8）許雲秋潮州之役。1905 年 8 月以後為同盟會時期，至武昌起義前計 24 次起義。[26]

單就革命運動中的起義一項活動來看，從 1895 年到 1911 年 10 月武昌起義以前，中國內地發生反清武裝起義的事件，計為 32 次，其中發生在華南者有 19 次，華中者 12 次，華北者 1 次。此外，還有刺殺清大吏事件 11 次。其中發生在華南者四次，華中者二次，華北者三次，東北及國外者各一次。刺清大吏事件，在興中會時期有三次，即史堅如在廣州炸德壽，黃福華在上海刺王之春，王漢在彰德刺鐵良。同盟會時期八次。[27]

以下按時間的先後次序，簡介以香港為基地的八次起義事件之中，香港哪些人捐助；以及海外的革命黨人如何利用香港，作為籌集和分配經費的中心。

（二）第一次：1895 年 10 月 26 日的乙未廣州之役

此役發生於 1895 年 10 月 26 日，為孫先生實行革命之第一次

25 孫中山：〈革命思想之產生〉，1923 年 2 月 20 日在香港大學演講，見《國父全集》第二冊，頁 515-516，台北：黨史會出版，1989 年 11 月 24 日。
26 從 1895 年到 1911 年 10 月之間國內反清起義事件次數計算，詳見張玉法：《清季革命團體》，頁 427~429，台北：中央研究院近代史研究所，1975 年。
27 見前揭張玉法：《清季革命團體》，頁 427-429。

起義。參加者三百餘人，失敗被捕六十餘人，殉難五人。[28]

香港興中會總會於 1895 年 2 月 21 日成立,其基本成員有「四大寇」(即孫中山、尤列、陳少白、楊鶴齡四人)全部加入,還有孫中山過去的好友如鄭士良、陸皓東、區鳳墀等也都入會。輔仁文社的社員加入者爲楊衢雲、謝纘泰、周昭岳等三人。新的重要會員則有黃詠商、余育之等。這年 10 月,興中會所進行的廣州之役,黃、余兩人在經費上曾提供巨額的支援。黃、余兩人均爲香港名流,現介紹其簡歷如下:

> 興中會會員黃詠商,粵之香山人,世居澳門。父名勝,任香港議政局議員。與大律師何啟有戚誼。興中會成立,總理以何爲香港法律界前輩,關於法律外交事件多就商之。何介紹詠商於總理,詠商由是入黨,大得眾信任。詠商好讀《易》,研究湛深,嘗言物極必反,漢族已有否極泰來之象,清祚覆亡在即,吾人順天應人,此正其時云。[29]

余育之爲香港富商,日昌銀號東主,跑馬地愉園(後改稱養和療養院)的主人,當時的香港富翁之一,由楊衢雲介紹加入興中會。他不怕政治風險、不畏國人視爲「大逆如蛇蠍」,「獨慨助軍餉萬數千元」。余育之的生平事跡如下:

> 凡曾至香港乘坐電車者,莫不知有愉園。然斯園今已改稱養和療養院;故址尚存,而園名已易,僅電車站仍不改舊稱耳。園之舊主人余姓,號育之,為日昌銀號東主,四十年前之富商也。乙未廣州重陽之役,由楊衢雲介紹入興中會。

---

28 蔣永敬:《辛亥革命前十次起義經費之研究》,頁 257,載張玉法主編《中國現代史論集》第三輯「辛亥革命」,台北:聯經出版事業公司,1980 年 7 月初版。

29 馮自由:《革命逸史》第一集,頁 9,台北:台灣商務印書館,1971 年 4 月台二版。

時國人視謀反為大逆如蛇蠍，育之獨概助軍餉萬數千元，密約衢雲、黃詠襄等至紅毛墳場交款，雖同志中亦鮮有知者。[30]

1895 年 2 月 21 日，香港興中會成立。隨後，即籌備起義工作。3 月 16 日，孫中山與陸皓東、陳少白、楊衢雲、謝纘泰等於香港中環士丹順街十三號「乾亨行」舉行興中會幹部會議，決定襲取廣州為革命根據地。議定挑選健兒三千人，由香港乘船至廣州起事。8 月 27 日，「乾亨行」被港政府下令封閉。孫中山與陳少白、黃詠商、楊衢雲、謝纘泰等於 29 日改假西營盤杏花樓酒家開會，何啟及黎德在座。會中釐定臨時政府政策及攻取方略，並由各人認定任務，分途進行。

負責人及其任務為二大部份：香港後防由楊衢雲、陳少白、黃詠商、鄧蔭南擔任；廣州發難由孫中山率鄭士良、陸皓東任之。定於 10 月 26 日發難，唯以風聲洩露，且以香港之人員及軍械延後兩日到達，以致失敗，陸皓東等 40 餘人被捕。孫中山及鄭士良、陳少白脫險渡港轉往日本，楊衢雲逃往南非。[31]

1895 年的第一次起義經費合約港幣三萬港元，得自檀香山華僑捐助的為 13,000 元，其他二萬餘元，則由香港同志黃詠商和余育之捐出。[32]

據孫中山自述，第一次起義所用去的經費得自香港的有一二

---

30 余育之生平事蹟，詳見前揭馮自由：《革命逸史》第一集，頁 68~69。民國後，余育之所經營的貿易相繼歇業，家道中落，仍供職於祺昌洋行，藉資餬口。1932 年去上海冠生園酒家當招待員，依靠薪金數十元為活。凡老友至冠生園品茗者，莫不招待優渥，相與話當年興中會之事，大有不堪今昔之感。

31 乙未廣州之役的詳細經過，可參閱《國父年譜》（第四次增訂本）上冊，頁 83-96，台北：黨史會，1994 年 11 月 24 日。

32 前揭蔣永敬：〈辛亥革命前十次起義經費之研究〉，頁 259。惟據李紀堂自述：第二次起義前孫中山交其二萬元，不足，由其墊去十八、九萬元，辦理善後。

人出資數千；檀香山人出資數千，合計不過萬餘。[33]但實際並不止此萬餘之數。所謂香港一二人出資，當為與中會員黃詠商和余育之二人。黃詠商在此役，曾賣其在香港蘇坑街洋樓一所，以充軍費，得資八千元。[34]余育之曾獨助軍餉萬數千元。[35]如此，則香港黃、余二人所助之款，已達二萬元以上。惟香港之款，顯非由孫中山經手。因籌劃起義時，孫中山被推定駐廣州專任軍事，駐香港負責後方接應及財政事務者，則為楊衢雲。[36]

香港之款，應由楊衢雲經手，且余育之獨助之萬數千元，係秘密交易，雖同志中亦鮮有知者。[37]檀香山人出資者，則為孫中山在檀成立興中會時，共得「會底銀」及「股份銀」計美金一千三百八十八元。[38]孫中山之兄德彰更售其農場之牛牲一部份以助；鄧蔭南亦盡變賣其農場。連同在檀所得，合約港幣一萬三千元。[39]故此役所用之經費，就其來源計算，應為三萬元以上。

（三）第二次：1900 年 10 月 8 日至 22 日的庚子惠州之役

1900 年的第二次起義約用去港幣十餘萬元，其中二萬餘元由香港李紀堂捐助。參加者六百餘人，後擴至二萬餘人。[40]

---

33 〈國父致吳敬恆函〉（1909 年），見《中華民國開國五十年文獻》，第一編第十一冊，頁 420，台北：正中書局，1969 年版。
34 前揭馮自由：《革命逸史》第一集，頁 10。
35 前揭馮自由：《革命逸史》第一集，頁 68，及馮自由：《革命逸史》第三集，頁 20，台北：台灣商務印書館，1972 年 1 月台 2 版。
36 馮自由：《革命逸史》第四集，頁 10-14，台北：台灣商務印書館，1972 年 1 月台 2 版。
37 前揭馮自由：《革命逸史》第一集，頁 68。
38 前揭馮自由：《革命逸史》第四集，頁 8。
39 前揭馮自由：《革命逸史》第四集，頁 26-27。
40 前揭蔣永敬：《辛亥革命前十次起義經費之研究》，頁 257 及 259。

此役爲孫中山親自發動的第二次革命起義。興中會在惠州起義之計劃，在1899年至1900年間已漸告成熟。楊衢雲、鄭士良等在香港佈置既竣，而駐惠州一帶之健兒，急欲發動。適中國北方拳亂，全面震動，孫先生認爲時機可乘，遂於6月17日乘法輪烟打士號（S.S. Indus）抵達香港，未獲登岸，乃在船旁小艇中召開軍事會議，參加者有楊衢雲、陳少白、謝纘泰、鄭士良、史堅如、鄧蔭南，以及日本志士宮崎寅藏、平山周等多人。議定由鄭士良赴惠州準備發動；史堅如、鄧蔭南赴廣州策應；楊衢雲、陳少白、李紀堂在港任接濟；日本諸志士留港協助。會後，孫先生轉往西貢、新加坡。7月17日，再經香港，被港警監視，不得登岸，即於舟中舉行會議，分配各人任務後，即回日本，9月底轉往臺北。鄭即於10月間發動惠州之役，屢敗清軍，聲勢浩大，原擬直趨廈門，突以情況改變，鄭遂奉命結束軍事轉赴香港。[41]

第二次起義的規模較大。事前且曾經營兩湖及廣東的會黨，所用的經費亦較多。孫中山曾提及這次會議的經費籌集：

> 庚子惠州起兵及地方經營，按濟所費，不下十餘萬元。所得助者，祇香港李君出二萬餘元，及一日本義俠出五千元，其餘則我一人之籌獲而來也。[42]

香港李君，應是指李紀堂。據李紀堂自述：孫中山交其二萬元，在港度支。不足，由其墊去十八、九萬元，辦理善後。[43]李紀堂所說的數字如非偏高，可能在此役之後，李支付大批善後經費。[44]

---

41 馮自由：《中華民國開國前革命史》第一冊第十二章〈庚子惠州之役〉，頁90~101，台北：世界書局，1984年8月3版。
42 前揭《中華民國開國五十年文獻》，第一編第十一冊，頁420。
43 前揭《中華民國開國五十年文獻》，第一編第九冊，頁680。
44 前揭前揭蔣永敬：《辛亥革命前十次起義經費之研究》，頁258~259。

　　1900 年，孫中山派陳少白及楊衢雲、鄭士良、史堅如等經營廣州、惠州軍事。當年一月剛創辦的「中國報」社，[45]來客頓形熱鬧。在報館下榻者有史古愚、史堅如、蘇卓南、張碩臣等。當時到報館聚談者有楊衢雲、鄭士良、宋少東、黃福、練達成、鄧蔭南、馮鏡如、馮自由、李自重、梁麒生、楊襄甫、李紀堂、畢永年、鍾榮光、陳典方、王煜初、伍漢持、李竹癡、方毅父、區鳳墀、朱通孺、張智若，以及日本志士原口聞一（東亞同盟會員）、宮崎寅藏、平山周、山田良政、福本誠、伊東正基、清藤、末永，還有英人摩根（Rowland J. Mulkern）等，實不下百數十人之多，可謂一時之盛。及是年惠川、廣州兩地起事失敗，義師將土群至機關部狼狽求助。報中經濟能力大受影響，殆有不支之勢。幸有香港富商李紀堂於接濟軍餉外，尚能擔負報館度支。《中國日報》賴以維持不墜者，李紀堂出力最多。[46]

　　孫中山所說的捐資五千元之「一日本義俠」是誰？至今仍未查清。孫中山籌獲的大額捐款之來源，其中一部份的確來自一日本人之貸款。[47]此外，史堅如曾折價變賣家產一部份，得金萬餘，盡以結交江湖俠士。[48]在響應惠州起義時，又變賣家產一部份，得三千餘金，以暗殺兩廣總督德壽。[49]

---

45 孫中山派陳少白到香港創辦「中國報」的詳況，可參閱拙作《香港報業百年滄桑》第五章〈孫中山、香港「中國報日」與辛亥革命〉，頁 117~152，香港：明報出版社，2000 年 9 月。

46 前揭馮自由：《革命逸史》第一集，頁 99~100。

47 陳固亭：《國父與日本友人》，頁 76，台北：幼獅書店，1965 年。書中說：內田良平與末永節義向炭礦家中野德次郎借日金五萬元，以助廣東惠州起義。當時五萬日幣與港幣數相等。

48 前揭《中華民國開國五十年文獻》，第一編第九冊，頁 623。

49 前揭《國父年譜》（第四次增訂本）上冊，頁 178~179。

（四）第三次：1903 年 1 月 28 日的洪全福廣州之役

　　1903 年洪全福廣州之役是一次流產暴動，香港富商李紀堂獨力負擔活動經費，「家業因之耗費過半，漸呈竭蹶之象」。[50]

　　洪全福原名洪春魁，又名洪和，字梅生，為太平天國天王洪秀全從姪，幼隨秀全起兵廣西，轉戰湘、鄂、皖、浙諸省，以功封左天將、瑛王、三千歲。太平軍敗，逃香港，受僱於洋舶為庖丁，掛名於香港義和堂行船館，附籍於東莞縣塘瀝黃洞洪屋圍村。航船四十載，年老力衰，遂隱居香港，懸壺自贍。[51]

　　謝纘泰之父謝日昌，廣東開平人，在澳門經商數十年，三合會之前輩，素抱種族主義思想。洪全福與謝日昌為舊友，因得與謝纘泰相識，成忘年之交。纘泰為興中會會員，少有奇志。自乙未廣州之役失敗後，蟄居香港，郁郁不樂，久興撫髀之嘆。及己亥十月十七日，偶聞洪全福述太平天國遺事，以及其在洪門會黨之潛在勢力，油然神往。遂與其父商量，擬請洪全福擔任第二次攻取廣州事，有志攻取廣州，作為反清根據地。謝父極為許可，惟以缺乏軍資，無從著手，囑令靜候時機。自是洪全福與謝纘泰父子三人常密商發難計畫。至辛丑八月，得李紀堂允助軍資，始定進行方針。[52]

　　李柏，號紀堂，香港富商李陞之第三子。其父逝世，分得遺產百萬，欲再圖大舉，一雪庚子惠州失敗之恥，適洪全福與謝纘泰父子有所謀，特向李徵求意見。李欣然贊成，願獨力負擔經費，

---

50 前揭馮自由：《革命逸史》第一集，頁 139。
51 洪全福之簡歷，見前揭馮自由：《中華民國開國前革命史》第一冊，頁 118。
52 洪全福與謝纘泰父子之交往，見前揭馮自由：《中華民國開國前革命史》第一冊，頁 118~119。

遂設總機關於香港上環德忌笠街二十號，掛牌「和記棧」，由紀堂策劃全局，謝纘泰聯絡外人，以爭取國際同情。洪全福、李紀堂遣派同志在廣州分設機關，聯絡會黨，定壬寅舊歲除夕發難。然以消息洩露，「和記棧」被港警搜查，同志多人在粵被捕遇害。[53]

（五）第四次：1907 年 5 月 22 日的潮州黃岡之役

廣東潮州黃岡之役發生於 1907 年 5 月 22 日至 27 日，爲孫中山親自發動的第三革命起義。參加者七百餘人，戰死者七十七人，殉難者七十餘人。[54]

當時負責管賬的馮自由說：

> 香港同盟會於丁未戊申兩年經營軍務之收支賬目，概由余一手管理，計由丁未一月至戊申九月作一結束。計收入四萬八千六百九十二元一角七分，支出四萬九千二百三十四元六角九分……比對上述收支兩項，不足五百四十二元五角二分，係由中國報墊付。[55]

那時，孫中山正在河內，經營西南軍事，使欽、廉、潮、惠各州並舉，派胡漢民至香港，協助香港同盟分會指導潮、惠起義事。前者由余既成、陳湧波等進行；後者由鄧子瑜執行。惟以前者被迫先發，未能配合一致，前者失敗，後者自動停止。[56]

從 1907 年 5 月到 1908 年 5 月，其間爲時一年，前後雖有六次戰役，實際則爲連續不斷的行動。這六次戰役總計用去經費約二十萬元。其來源：張靜江獨助五萬元，日人鈴木等助一萬四千

---

53 廣州舉事經過，詳見前揭《國父年譜》（第四次增訂本）上冊，頁 202~205。

54 前揭蔣永敬：《辛亥革命前十次起義經費之研究》，頁 257。

55 前揭馮自由：《革命逸史》第三集，頁 240~242。

56 蔣永敬：《民國胡展堂先生漢民年譜》，頁 72~73，台北：台灣商務印書館出版，1981 年。

元，荷屬南洋華僑捐三萬餘元，英屬南洋一萬餘元，安南及暹羅約六萬元，中山先生自墊及其家人私蓄和首飾計為一萬五千餘元，河內欠債一萬餘元。[57]

（六）第五次：1907 年 6 月 2 日的惠州七女湖之役

惠州七女湖之役發生於 1907 年 6 月 2 日至 13 日，為孫中山親自發動的第四次的革命起義。參加者百餘人。[58]

經營西南欽、廉、潮、惠各州軍事的余既成，事敗後與各將領逃至香港。余既成被香港警方拘留。粵督周馥向港方請求引渡，香港同盟分會馮自由延律師為之抗辯，耗訴訟費九千五百元，率以國事犯獲釋。[59]但另一同志孫穩則被港府引渡，遭粵吏加害。[60]

第三、四次潮州、惠州之役及其善後經費，以及向日本購械、租船和接運等費，係由香港機關經手，其支付在潮惠戰後與善後者，約為一萬八千元；用於購械及租船者為一萬三千元。其他尚有支付河內及同志來往川資、給養、撫卹等費。[61]

第五、六次防城及鎮南關之役經費支出，係由孫中山經手，數字不詳。惟據孫中山自述，屆至第五次防城之役時，所有六萬四千元之款，均以購械而盡。以後戰役，則向南洋籌款。[62]

第七、八次欽廉及河口之役的經費，係由胡漢民經手。據孫中山致南洋同志書，述及欽廉戰役需花紅萬餘元，子彈補充需二

---

57 前揭《中華民國開國五十年文獻》，第一編第十一冊，頁 421。

58 前揭蔣永敬：《辛亥革命前十次起義經費之研究》，頁 257。

59 前揭馮自由：《革命逸史》第三集，頁 267~268。

60 馮自由：《革命逸史》第五集，頁 113，台北：台灣商務印書館，1972 年 1 月台 2 版。

61 前揭馮自由：《革命逸史》第三集，頁 241。

62 前揭《中華民國開國五十年文獻》，第一編第十一冊，頁 420~421。

萬元。另河內「待舉」費萬餘元。[63]河口之役經費支出，估計約為五萬元左右。[64]

（七）第六次：1907 年 10 月 12 日的汕尾運械事件

此事發生於 1907 年 10 月 12 日，但半途流產。

為了進行西南軍事，孫中山在日訂購大批軍械，由日輪幸運丸運至海豐汕尾起卸。胡漢民奉派至港策劃，派許雪秋在汕尾海岸接運。這天，幸運丸至汕尾附近海面，許未能適時接運，幸運丸乃駛香港。胡急於堅尼道機關部約集同志開會，決定在港招募會黨五百人，將原船駛平海，與岸上黨人聯絡大舉。惟幸運丸運械事，為日本駐港領事館所知，乃飭該船回日，事遂無成。[65]

1907 年的兩次起義經費及汕尾運械經費共約 49,000 餘元，雖非出自香港，但多以香港「中國報」或金利源商店為匯收之所。[66]

（八）第七次：1910 年 2 月 12 日的廣州新軍之役

發生於 1910 年 2 月 12 日，此為孫中山親自發動的第九次革命起義。戰死百餘人，被捕十四人。[67]

自香港同盟分會於 1905 年 10 月成立以後，香港即成為西南各省軍事運動之大本營。自 1908 年 5 月河口之役失敗後，軍事停

63　前揭《中華民國開國五十年文獻》，第一編第十三冊，頁 356。

64　前揭《中華民國開國五十年文獻》，第一編第十三冊，頁 398~400。除「待舉」〈籌備〉費萬餘元外，按胡漢民報告，支殺督辦花紅二千元，佔山上砲台花紅二千八百元，交甄吉亭（關仁甫軍）二千二百元，交黃龍生（張德師軍，即王和順）二千二百元，士兵伙食每日約一千元，前從約三十天，合應三萬元。總共約五萬銀元。

65　前揭蔣永敬：《民國胡展堂先生漢民年譜》，頁 77。

66　前揭馮自由：《革命逸史》第一集，頁 241。

67　前揭蔣永敬：《辛亥革命前十次起義經費之研究》，頁 257。

頓將及一年。革命黨乃注重擴充黨務，於香港上環德輔道先施公司對面設新會所，對外掛招牌「民生書報社」，廣收黨員，並在粵設分機關。

1909 年間，在港、粵兩地加盟者達二千餘人，其中以倪映典所招新軍士兵佔大多數。這年 11 月，以書報社地址狹隘，乃遷中環德輔道捷發四樓。另於黃泥涌道設同盟會南方支部，胡漢民為支部長，汪精衛為書記，林直勉為會計，以經營廣東軍事。次年一月，廣東新軍運動成熟，倪映典、黃興、趙聲、譚人鳳均集香港，決定在粵大舉，分遣同志至各處聯絡。然廣州新軍突以細故，與警察發生衝突，制止不及，乃提前在 2 月 12 日發難，卒致失敗，倪殉難。事後，新軍逃匿香港者數百人，多由中國日報及時事畫報臨時供應。[68]

1910 年第九次起義經費約為 29,000 元，其中九千元來自美國華僑，二萬元為香港李海雲，由其經營之文咸街遠同源匯兌業商店之股東存款提用。這次起義經費舊金山之款寄到香港時，起義已失敗。[69]當時以廣州新軍之運動已經成熟，次發動各路民軍響應，需款甚急，黨員李海雲時為香港文咸街遠同源匯兌業商店之經理，毅然將店內之股東存款二萬餘元悉數提出，為民軍購械之需。[70]此役失敗役後，海雲猶攜其餘款三千元繳還香港機關部。[71]

（九）第八次：1911 年 4 月 27 日的廣州黃花岡之役

發生於 1911 年 4 月 27 日，為孫中山親自發動的第十次革命

---

68 前揭馮自由：《革命逸史》第三集，頁 244~245。
69 前揭馮自由：《革命逸史》第一集，頁 331~333。
70 前揭馮自由：《革命逸史》第三集，頁 245。
71 前揭馮自由：《革命逸史》第一集，頁 308。

起義。參加者一百七十人，殉難八十六人。[72]

　　是年一月底，黃興、趙聲、胡漢民設統籌部於香港跑馬地35號，以籌劃廣州軍事。分派同志入粵及長江流域分頭進行，規模至爲龐大。4 月 8 日，開發難會議於統籌部，決定攻廣州的軍事計劃。黃興於發難前三日進入廣州，起事之日，趙聲、胡漢民等亦自港入粵，事敗均回港，此役死難同志 86 人，其中 72 人葬於黃花岡，故又稱廣州黃花岡之役。爲孫先生革命起義以來最壯烈的一次戰役。廣州「三二九」之役失敗，黃興憤甚，欲殺滿清重臣一二以報死友，孫先生及各同志均勸阻，因另派人組織暗殺團。時劉思復等設支那暗殺團於香港，同志林冠慈、陳敬岳久蓄志行刺清吏，乃由暗殺團助其入粵行刺。這天，林擲彈轟李準於廣州，李傷腰，林、陳均殉難。[73]

　　這一次起義經費之來源及支付之項目，最爲清楚。此役支付之款計爲十八萬七千六百三十六元。收入之款有賑可考者爲荷屬南洋華僑捐助三萬二千五百五十元，英屬南洋四萬七千六百六十三元，美洲七萬八千元〈其中加拿大六萬四千元，美國一萬四千元〉，其餘約三萬元來自暹羅及安南華僑的捐助。[74]另此役善後費約二萬餘元。[75]

　　這次起義經費約 21 萬元，雖非出自香港，但多以香港中國日報或金利源商店爲匯收之所。

十、小　　結

　　香港對於辛亥革命運動之所以能夠形成較大的便利條件，實

72　前揭蔣永敬：《辛亥革命前十次起義經費之研究》，頁 257。
73　前揭馮自由：《革命逸史》第四集，頁 213~216。
74　前揭《中華民國開國五十年文獻》，第一編第十二冊，頁 462。
75　《黃克強先生全集》，頁 126，台北：黨史會，1968 年。

與其地理環境和政治情況有關。因香港對中國本土而言，實一「政治孤島」，較之內地的外國租界，更便利於革命黨的活動。因租界內有較多的言論自由，革命黨人可以在租界內發行報刊，從事革命宣傳；在租界內從事革命活動，如涉及妨礙治安，通常只受到取締或懲處，不至直接受到滿清政府的迫害；租界內有集會結社之自由，革命志士集結較為便利。而香港地位如同租界，且有以下的條件：

(1) 它距廣州很近，對於以廣州為中心的革命運動，有指使之便；

(2) 香港以中國居民佔多數，便於革命勢力的擴展；

(3) 香港對外交通便利，更適合作為革命運動的聯絡站。[76]

自 1895 年興中會在香港成立分會後，到 1911 年辛亥革命之前，這 17 年間香港是革命黨人對內地策源革命活動的最重要基地。如上所述，在華南的 19 次起義事件中，以香港為策劃基地者有八次之多；而華南之 19 次起義中，有十次為孫中山親自指揮發動者，其中有六次以香港為基地。華南之刺清吏的四次事件，以香港為策劃基地者則有三次。總計 43 次事件中以香港為基地佔 11 次，佔全面的四分之一強。在一部辛亥革命史上，香港地位之重要，實為全部之第一頁。可見香港在辛亥革命起義活動中，居於非常重要的地位。[77]

香港不僅為革命經費的轉匯地，且有多次的起義經費，得自香港本地同志的捐助。以上八次起義，均係直接以香港為策劃基

---

76 前揭張玉法：《清季革命團體》，頁 134。

77 蔣永敬：〈辛亥革命與香港〉，原載民國史研究叢書之六《孫中山先生與辛亥革命》（中冊），頁 505~526，台北：中華民國史料研究中心出版，1981 年 12 月初版。

地者。至華南其他各次起義，雖非以香港爲策劃地，亦多有賴香港爲其聯絡交通者。

柒、解讀《民權論》

　　孫中山首創的「三民主義」，是中山思想的精髓。1905 年 11 月 28 日《民報》於東京創刊時，孫中山爲該報寫〈發刊詞〉，共 774 個字，首次以書面形式正式提出「三大主義」。1924 年 1 月 27 日至 8 月 24 日，孫中山在廣州每星期作一次演講，系統地闡述「三民主義」理論。其中，民權主義講了六講，共約 73,000 字。此一著名的理論，其後經記錄、整理、出版，流傳至今。

　　在 1905 年之前，孫中山爲代表的革命黨人是如何闡述「民權主義」呢？1900 年 1 月在香港創辦的《中國日報》及《中國旬報》，是興中會及同盟會的機關刊物，亦是革命黨人創辦的第一份革命刊物，以及《民報》創刊之前革命黨人的最主要輿論宣傳陣地。在《中國旬報》的創刊號上，有一篇「論說」，題爲《民權論》，它應是革命黨人最早公開討論「民權」問題的專論。[1]

　　這篇只有 490 個字的罕見高論，與其後孫中山有關民權理論相比較研究，可以更清楚地瞭解革命黨人早期的民權思想，以及孫中山「三民主義」思想的形成過程。

---

1 〈民權論〉全文，原載《中國旬報》第壹期，頁 8，己亥年十二月二十五日，太陽曆正月二十五日，即 1900 年 1 月 25 日出版，香港中環士丹利街第二十四號門牌中國報館李少南承刊。該文版頭爲「論說」，而作者署名「憤時子稿」。原文無標點符號；每行直排 40 字不分段。在本書第一部份，加以詳細註釋。本文引用時不再一一加註出處。

一、憤時子的《民權論》

　　《中國旬報》是將十天來《中國日報》上發表的重要文章以及主要訊息，再加入幾篇重要論文匯編成冊，方便保存及流傳。從目錄所見，編排於第一、二篇的《中國報序》及《中國報宗旨》關係到宣示辦報之動機目的，最爲重要；而排行第三的《民權論》，則是革命黨人首選的政論，它反映了革命黨人早期的民權思想。

　　這篇標題爲《民權論》的文章，排在版頭爲「論說」的版面裡，即將它歸爲政論。[2]作者「憤時子」不知何人，最可能是陳少白或當時負責《中國旬報》附錄「鼓吹錄」編務的楊肖歐或黃魯逸；或是「助理筆政」的洪孝充、陸伯周、楊肖歐、陳春生諸人。[3]

　　憤時子的《民權論》，以中國歷史事例爲根據，運用儒家（孔子、孟子）的思想，來闡述「民權」之來歷，其要點如下：

（一）「君輕民貴」爲民權之義

　　《民權論》引孟子「民爲貴，君爲輕」之名言，認爲此乃透

2　「論說」屬於報刊政論，關於它的由來及特色，可參閱拙作：〈香港近代名人與報刊政論〉，《香港史家與史學》學術研討會論文，香港浸會大學近代史研究中心與香港中國近代史學會聯合舉辦，2004 年 6 月 10 日至 12 日，香港：浸會大學林護國際會議中心。

3　《民權論》的作者是誰呢？當時負責編《中國旬報》「鼓吹錄」，「專以遊戲文章、歌謠雜組，譏刺時政」者，由楊肖歐、黃魯逸任之，而先後助理《中國日報》筆政者有洪孝充、陸伯周、楊肖歐、陳春生諸人，故推測應是其中之一人爲《民權論》之作者。其中，陳春生既負責編務，又助理筆政，他又有許多文章傳世，故以他的可能性爲最高。從內容來看，此文對民權的看法與孫中山的民權思想有許多吻合之處，這正是值得詳細研討的焦點。

闢的「民權之義」。並指出三代以下，秦漢唐宋數千年歷代帝王一直宣揚的「君尊民卑」論，積久而不知其非。人民忘記了自主之權，甘爲奴隸，甘受暴虐而不悔，豈不哀哉！

（二）闡釋君權之起源及痛斥「君權之弊」

《民權論》提出：君權乃起於人類未教化時期的強弱相凌，弱肉強食，強者爲長。「大者帝王，小者諸侯，皆君權也。」

文章說：沿夏及商的遠古時代，諸侯互相吞併，而使君權高度集中。但到了武王周公時代而「大封同姓」，將君權分拆給同姓諸侯，使其互相制約，所不知君權之弊，乃迫於形勢，不能革，不得已而封同姓以相爲鉗制。

文章又引唐代著名文學家、哲學家柳宗元的話，認爲分封諸侯並非聖人及君主之本意，乃聖人及君主不得已而爲之。由於不能根本解決君權問題，導致千百年來爭權奪位，征戰不止。

（三）主張推行「揖讓」制

《民權論》引《堯典》所言，明確提出學習堯舜，主張推行「揖讓」制度，讓賢能人士當政。文章認爲只有這樣，才能消除諸侯因爭「君權」所產生的種種禍害。

（四）稱美「天下爲公」之「大同」世界

文章引孔子（仲尼）對「小康」的說法，期望人民可以過好的生活；但又認爲：「以禮義之紀，正君臣、親父子」只是不得已之「下策」。

文章讚美「文武成康之治」，認爲「以天下之公爲大同」，才是實現「民權」的最高境界。這是中國歷朝歷代許多政治家的抱

負。

二、孫中山「三民主義」思想形成經過

「中國報」是興中會香港分會的機關刊物，其後又是同盟會以及國民黨南方支部的機關刊物，亦是孫中山為首的革命黨人擁有的第一份革命報刊。它在香港前後共經營了 13 年之久（1900年 1 月至 1911 年 8 月），[4]對辛亥革命貢獻巨大。在 1905 年 11 月 28 日《民報》於東京創辦之前，《中國日報》是革命黨人最主要的言論機關。

眾所周知，「三民主義」是孫中山為《民報》寫〈發刊詞〉時首次見諸於文字的。當時稱為「三大主義」。《民報》〈發刊詞〉主要內容是闡述「三大主義」，其中有曰：

> 三大主義，曰民族、曰民權、曰民生。羅馬之亡，民族主義興，而歐洲各國以獨立。洎自帝其國，威行專制，在其下者不堪其苦，則民權主義起。十八世紀之末，十九世紀之初，專制仆而立憲政體殖焉。世界開化，人智益蒸，物質發舒，百年銳於千載。經濟問題繼政治問題之後，則民生主義躍躍然動。二十世紀不得不為民生主義之擅場時代也。是三大主義，皆基本於民，遞嬗變易，而歐美之人種胥冶化焉。[5]

4　關於「中國報」在香港的創辦經過及其對辛亥革命的貢獻，可參見拙作《香港報業百年滄桑》第五章〈孫中山、香港「中國日報」與辛亥革命〉，頁117~152，香港：明報出版社，2000 年 9 月。

5　《民報》〈發刊詞〉提出「民族、民權、民生」「三大主義」，其後才改稱為「三民主義」。這篇發刊詞共 774 個字，無標點不分段。作者署名孫文，它是孫中山口述，由胡漢民執筆整理定稿的。全文刊載於 1905 年 11 月 28 日《民報》頭版，東京出版。

　　這篇發刊詞雖然只有 774 個字，但是，顯示孫中山的「三民主義」思想，此時已經基本上形成。而「三民主義」的最後完善，應是 1924 年 1 月 27 日至 8 月 24 日，孫中山在廣州每星期作一次演講而流傳至今的。

　　1918 年夏，孫中山離開廣州赴上海，專心從事著作，先後完成《民權初步》、《孫文學說》、《實業計劃》等書，並着手撰寫三民主義具體構想。在上海期間，《民族主義》已定稿，《民權主義》及《民生主義》大部份已有草稿。

　　1920 年粵軍收復廣州，孫中山即由上海返廣州，隨身將已完成的《三民主義》草稿一起攜往廣州。

　　1922 年 6 月 16 日，陳炯明叛變，炮轟觀音山行邸。孫中山的《三民主義》草稿，以及數百種西籍參考書，被砲火焚毀，數年心血，為之一空。

　　1924 年 1 月 20 日至 30 日，國民黨第一次全國代表大會在廣州廣東高等師範學校召開。孫中山改組國民黨。為使革命同志瞭解「三民主義之奧義，五權憲法之要旨」，孫中山向與會的黨員代表演講「三民主義」。

　　1924 年 3 月 30 日孫中山在廣州大本營為《民族主義》一書印單行本所作之〈自序〉稱：

> 茲值國民黨改組，同志決心從事攻心之奮鬥，亟需三民主義之奧義，五權憲法之要旨，為宣傳之資。故於每星期演講一次，由黃昌穀君筆記之，由鄒魯君讀校之。[6]

　　演講原訂每周一次，後因公務繁忙，時有間斷，至 8 月 24 日「民生主義」第四講說畢後，因革命軍正積極準備北伐，軍政

6　詳見中央文物供應社出版的袖珍本《三民主義》之〈自序〉，台北：中國國民黨黨史委員會版本，1989 年 1 月出版。

事務異常倥偬，演講無法繼續。9 月 12 日，孫中山離開廣州，前赴詔關督師。其後，民生主義所缺部份，亦因孫中山翌年 3 月 12 日病逝於北京而無法完成。其後，由蔣中正撰寫《民生主義育樂兩篇補述》而補齊。[7]

1924 年 1 月至 11 月，孫中山在廣州分 16 次演講《三民主義》的時間表，詳列如下：[8]

孫中山 1924 年在廣州演講「三民主義」日期及彙集出版日期統計

	第一講	第二講	第三講	第四講	第五講	第六講	出版日期
民族主義	1 月 27 日	2 月 3 日	2 月 10 日	2 月 17 日	2 月 24 日	3 月 2 日	1924 年 4 月
民權主義	3 月 9 日	3 月 16 日	3 月 23 日	4 月 13 日	4 月 20 日	4 月 26 日	1924 年 8 月
民生主義	8 月 3 日	8 月 10 日	8 月 17 日	8 月 24 日	——	——	1924 年 11 月

根據以上演講稿整理出版的《三民主義》，孫中山論述了最完整的「三民主義」思想，廣為流傳至今。

三、憤時子《民權論》與孫中山民權思想比較

孫中山 1905 年 11 月於《民報》〈發刊詞〉提出「三民主義」之前約五年間，以孫中山為首的革命黨人，在報刊上發表一系列文章，不斷地探索三民主義之真諦。譬如，馮自由在「中國報」

---

7 孫中山撰寫和演講「三民主義」及其成書經過，可參閱秦孝儀總編纂《中國現代史辭典》（史事部份之一），頁 29，台北：近代中國出版社，1985 年 6 月。
8 此表格根據前引中央文物供應社出版之《三民主義》每一講之標題，以及前引秦孝儀總編纂《中國現代史辭典》（史事部份之一），頁 29，整理而成。

上撰寫長達二萬餘言的論文《民生主義與中國政治革命之前途》，該文「為我國言論界暢論民生主義之嚆矢」，東京《民報》第四號及舊金山《大同日報》均轉錄之，[9]產生巨大的影響。

上述憤時子的《民權論》論文，發表於 1900 年 1 月 25 日出版的《中國旬報》的創刊號上，它見報日期肯定比馮自由的論文《民生主義與中國政治革命之前途》早。[10]它是孫中山為首的革命黨人公開討論「民權」的第一篇論文，雖然不知出自何人之手，但對於研究孫中山為首的革命黨人早期的民權思想，有劃時代的意義。

在《中國旬報》創刊號上撰寫《民權論》的「憤時子」是何許人也？現在無法加以考證。是否孫中山本人？也只能是猜測。

此文以 1900 年 1 月 25 日見報，時孫中山因策劃乙未廣州暴動失敗，流亡日本。因遭港英政府「禁足」，未能返香港，故派戰友陳少白返香港辦「中國報」。在當時沒有航空及傳真、互聯網等先進傳遞信息設備的情況下，很難設想文章可以及時由日本傳到香港發表；但是，一些沒有時間性的政論，並不能完全排除在日本預先寫好，然後設法帶到香港發表的可能性。

事實上，《中國旬報》副刊號第五編文章〈二十世紀政治問

9　馮自由：〈陳少白時代之中國日報〉，《革命逸史》第一集，頁 104，台北：台灣商務印書館印行，1971 年 4 月台二版。

10　1900 年 1 月陳少白在香港創辦「中國報」之時，馮自由才 18 歲，尚在東京入讀東京專門學校政治科。同年與同學鄭貫一等人創辦《開智錄》，宣傳自由平等之說。《開智錄》在「中國報」之後創辦，馮自由即使向「中國報」投稿，也不可能安排在《中國旬報》的創刊號上。而且，馮自由是 1905 年同盟會在東京成立後才與革命黨人發生組織關係。他於同年奉派來港任同盟會香港分會書記兼「中國報」記者，因此，可推測他的《民生主義與中國政治革命之前途》長篇論文，應是在同年寫，並於同年底才創刊的《民報》第四期載錄。

題〉，作者署名「日本浮田和民」，而譯者是「中國抱器舊主」，[11]
故此文有可能是在日本翻譯之後，才寄往香港發表的。

　　無論如何，該文表達的革命黨人早期的民權思想，與十年後
孫中山於 1924 年定稿的民權主義思想其中一小部分，是吻合的。
現以憤時子《民權論》提出的四個主要論點為基礎，與孫中山演
講定稿的《民權論》，比較分析如下：

（一）對「君輕民貴」的更全面解釋

孫中山在〈民權主義〉第一講中說：

　　　　兩千多年前的孔子、孟子，便主張民權。孔子說：「大道
　　之行也，天下為公。」便是主張民權的大同世界。又「言必
　　稱堯舜」，就是因為堯舜不是家天下。堯舜的政治，名義上雖
　　然是用君權，實際上是行民權，所以孔子總是崇仰他們。孟
　　子說：「民為貴，社稷次之，君之輕。」又說：「天視自我民
　　視，天聽自我民聽。」又說：「聞誅一夫紂矣，未聞弒君也。」
　　他在那個時代，已經知道君主不必一定是要的，已經知道君
　　主一定是不能長久的……[12]

以上一段話，可見孫中山對「民權主義」的解釋，雖然都是
用孔孟原話作依據，但比憤時子《民權論》之說，詳盡得多。

　　同時，憤時子只例舉中國遠古時代裡的例子，來解釋「君輕
民貴」；而孫中山進一步引用秦始皇、太平天國洪秀全等中國近代
歷史人物加以說明；而且，還引用了世界各國的歷史，包括法國
大革命推翻路易專制的歷史，英國民權革命的歷史，美國脫離英

11　《二十世紀政治問題》的作者「日本浮田和民」及翻譯者「中國抱器舊主」
　　的來歷，見另文考證。
12　見前引黨史會版本孫中山《三民主義》，頁 137~138。

國獨立的歷史，說明民權由神權，演變爲君權，最後由人民掌權的歷史，因而，使「君輕民貴」思想更具有世界通性。

（二）引外國事例闡述君權之來源及「君權之弊」

憤時子《民權論》指出，君權源於弱肉強食，爲了維護君權，千百年來征戰不止。

孫中山的「民權主義」在肯定上述論點之後，將視路擴大到整個世界，進一步引用外國的事例，深入闡述。他指出：在外國嘗有爲自由而戰，因宗教而戰，但中國幾千年來，都是爲爭做皇帝而戰，每換一個朝代，都有戰爭。[13]

孫中山在「君權」形成之前加上了「神權」一項，那是人類與天鬥爭時期的產物。孫中山說：

> 世界進化，當第一個時期，是人同獸爭，所用的是氣力，大家同心協力，殺完毒蛇猛獸。第二個時期，是人同天爭。……但是和天爭不比和獸爭，可以用氣力的，於是發生神權。[14]

孫中山再以長江、黃河的流水來比喻世界潮流，雖然會有曲折，但卻不可逆轉，他說：

> 世界潮流，由神權流到君權，由君權流到民權；現在流到了民權，便沒有方法可以反抗。如果反抗潮流，就是有很大的力量像袁世凱，很蠻悍的軍隊像張勳，都是終歸失敗。[15]

「世界潮流，浩浩蕩蕩；順之則昌，逆之則亡。」[16]孫中山由江水潮流，引伸出世界民權革命的潮流。孫中山還進一步推論，

---

13 見前引黨史會版本孫中山《三民主義》，頁 146~152。
14 見前引黨史會版本孫中山《三民主義》，頁 125~132。
15 見前引黨史會版本孫中山《三民主義》，頁 145。
16 此段話見於《國父圖像墨蹟集珍》，頁 144，台北：近代中國出版社出版，1984 年 2 月。

爲了免除歷朝歷代爲爭皇位而戰爭，所以，革命黨人推翻清朝統治之後，要廢除「君權」實行「民權主義」。這是憤時子的《民權論》尚未提出的。因爲 1900 年憤時子寫《民權論》時，還「不審英人對華政策所在，一時未敢高唱革命排滿之說」；但 24 年後的 1924 年，孫中山演講民權主義之時已經可以盡量發揮。因爲其時，辛亥革命已經成功了九年，可以作經驗總結。

（三）由「揖讓」制進步爲分開權與能

憤時子《民權論》大力推崇堯舜的「揖讓」制度，認爲能人治天下可免「家天下之非」。這是中國人傳統的看法，千年來期待的是「好皇帝」治天下。

然而，孫中山在民權論中發明將「權」與「能」分開的理論，認爲這樣才能既保障民權，又維護某些既得利益者的權力，使社會穩定發展。孫中山舉阿斗和諸葛亮的事例作說明：

> 中國要分開權與能是很容易的事，因爲中國有阿斗和諸葛亮的先例可援。如果政府是好的，我們四萬萬人便把他當作諸葛亮，把國家的全權都交到他們。如果政府是不好的，我們四萬萬人可以實行皇帝的職權，罷免他們，收回國家的大權。歐美人民對於政府，不知道分別權與能的界限，所以他們的民權問題，發生了兩三百年，至今還不能解決。[17]

孫中山根據各人的不同天賦，將人類分爲三種人，即「先知先覺」，「後知後覺」與「不知不覺」。不同人享有不同的權力，這才是「真平等」，而不是平均主義的「假平等」。

---

17 見前引黨史會版本孫中山《三民主義》，頁 253。

（四）更全面闡述「大同」之含意

憤時子認為：「以天下之公為大同」，在大同世界之下，人人過其小康生活。這是革命黨人共同的奮鬥目標。

孫中山在《民權主義》第一講，更準確地引述孔子的話：「大道之行也，天下為公。」讚美兩千多年前孔子、孟子主張民權的大同世界。[18]這句話，其後孫中山一再引用，在《民生主義》演講過程中，有更詳盡的描述。孫中山的墨寶「天下為公」四個金光閃閃的大字，在台灣及華埠，成為人們最喜歡用的橫匾。

根據孫中山六次演講「民權主義」整理而成的文字，多達73,500餘字，比憤時子的《民權論》多出150倍！同時，其內容遠比憤時子豐富幾百倍！限於篇幅，本文只能就憤子論文提出的四項要點，與孫中山的民權主義作一簡單的比較，因此，難免掛一漏萬。

孫中山曾說，他的「謀中國革命所持之主義」，來自三個方面：

> 余之謀中國革命，其所持主義，有因襲吾國固有之思想者，有規撫歐洲之學說事蹟者，有吾所獨見創獲者。[19]

中山思想浩如煙海，但其來源有三個方面，即吾國固有之思想、歐洲之學說、以及自己獨創的。從以上比較孫中山的民權主義與憤時子的《民權論》，可得出以下幾項清晰的結論：

（一）革命黨人早期的民權思想，從中國古代史實找理論根據；孫中山曾自稱是孔孟思想的繼承人，他的民權思想，來自中國傳統的「民本思想」，表現了民族的特色，維護了民族的尊嚴。

---

18 見前引黨史會版本孫中山《三民主義》，頁 137。
19 孫中山〈中國革命史〉，《國父全集》第二冊，頁 181~183，台北：黨史會，1994 年 11 月 24 日，第四次增訂。

　　（二）孫中山的民權思想，在更全面闡述中國固有民權思想之後，引入法、英、日等西方的歷史及經驗，特別是美國政治民主化的實例，使之更豐富及更具世界通性，所以，孫中山民權思想，是東西思想文化結合的產物。

　　（三）孫中山最早於 1905 年在《民報》的〈發刊詞〉中提出、而於 1924 年定稿的民權主義思想，雖然比憤時子在 1900 年提出的《民權論》，分別遲了 5 年及 24 年，但從內容來看，已經大大地充實及提高。孫中山的民權思想，除了有中國固有的民權思想，以及外國學說之外，還有自己的獨創，如將「權」與「能」分開。

　　（四）雖然至今未能確定憤時子是否孫中山本人，但憤時子與孫中山的民權思想是一致的。這說明，跟隨孫中山的一批仁人志士，都有推行民權革命的共同思想。

　　（五）憤時子提出《民權論》比孫中山提出的《民權主義》早了 24 年；同時，在同一期還發表了何啓及胡禮垣合著的政論《新政變通》，提出相當完整的政治改革主張，它們對於研究孫中山思想的形成，有很高的參考價值。

捌、解讀《新政變通》

在《中國旬報》創刊號上發表的第二篇重要的論說《新政變通》[1]，作者是何啓和胡禮垣。[2]所謂「政變」，意爲「變政」，即如何改革現有的政治體制；「通」，即綜合性地論述；「新」之含意是，比康有爲議論新政（即「康說」）更加新的論說。全文共六千餘字，主要內容是綜合性地表達當時的革命黨人，對政治體制變革（即推行「新政」）的看法。

這篇政治評論，首先分析當時的國際國內形勢；然後，解釋何爲「新政」？爲甚麼中國必須實行「新政」？應該向外國學習那一些「新政」；以及實行「新政」的主要方法和應有的態度，充分表達了革命黨人的政治智慧及理念。文章討論的問題，在一個世紀後的今天來看，仍然具有實際的參考價值。

這篇政治評論，表達了何啓和胡禮垣的政治理念，它是與中會時期革命黨人政治理念的典型代表；5 年後成立的同盟會，承襲了這些觀點；同時，這些觀點也直接影響了孫中山，對了解中

---

1 《新政變通》原載《中國旬報》第壹期，頁 9~16，香港中環士丹利街二十四號門牌中國報館陳少南承刊，出版日期是：太陽曆正月二十五日，或己亥年十二月廿五日，可折算爲 1900 年 1 月 25 日。詳見本書第二部份之註釋。本文引用時，除了特別的地方之外，不再逐一註明出處，也不再加註釋，但以另一種字體表示，並低二個字位編排，以便與內文區別。

2 此處提及的何啓，即 1900 年 1 月在《中國旬報》創刊號上，發表重要的論說《新政變通》的作者之一—「南海何啓沃生」。他的簡歷及與孫中山的關係爲本文討論的重點之一。何啓的生平簡歷，主要引自秦孝儀主編《中國現代史辭典》（人物部分），頁 169，台北：近代中國出版社，1985 年 6 月。

山思想的形成，有很大的助益。本文也以此爲中心，探討何啓和胡禮垣與孫中山的關係。

一、《新政變通》作者何啓及胡禮垣簡介

《新政變通》的作者，署名「南海何啓沃生」和「三水胡禮垣翼南」。按照中國古代士人的習慣用法，其中，「南海」和「三水」是作者的籍貫；「沃生」和「翼南」是作者的字號；只有「何啓」和「胡禮垣」才是作者的本名。何、胡二人爲香港中央書院（香港大學前身）前後期同學，何啓在港期間，常以英文發表有關革新、救國之主張，由同學胡禮垣譯爲中文。兩人與孫中山的關係十分密切。現簡介兩位作者的履歷如下：

（一）「南海何啓沃生」生平及與孫中山的關係

何啓，字洪生，廣東南海人。清咸豐九年（1859）生於香港。何啓畢業於香港中央書院（後改爲皇仁書院），繼入英國倫敦巴爾美學校，又入雅罷甸大學習醫，獲醫科及外科兩學士學位，後入英國林肯法律學院，考取高級法律學士學位，獲大律師資格。

1881 年（光緒七年）學成返港行醫。翌年，改操律師業務；同年，奉委爲香港第二位華人太平紳士（第一位爲律師伍廷芳博士）。何啓爲紀念亡妻雅麗氏（Alice Walkden），將其遺產在香港上環荷里活道建雅麗氏紀念醫院。

1887 年〈光緒十三年二月〉正月，何啓將另兩家教會醫院合併，在香港建雅麗氏何妙齡那打素醫院，其後自任醫院財務委員會主席達 27 年之久。同年，院內附設五年制醫科香港西醫書院，

創辦人何啟親自講授法醫學與生理學，時何啟 28 歲。同年 10 月，22 歲的孫中山入該校就讀學，[3]兩人建立師生之誼。

　　孫中山原就學於廣州博濟醫院，但僅一年，即轉到香港雅麗氏醫院附設的，西醫書院。孫中山曾自述轉校的原因如下：

> 予在廣州學醫甫一年，聞香港有英文醫校開設，予以其學課較優，而地較自由，可以鼓吹革命，故投香港學校肄業。……數年之間，每年學課餘暇，皆致力於革命之鼓吹，常往來於香港、澳門之間，大放厥辭，無所忌諱。[4]

　　孫中山在西醫書院讀了五年，於 1892 年 7 月 23 日以優秀的成績第一名畢業，時孫僅 27 歲。[5]在學期間，英人老師康德黎博士（Dr. James Cantlie）對他的影響最大；同時，何啟爲該校創辦人，亦是孫中山的老師，所以對孫中山也有重大的影響。何啟只比孫中山長 6 歲，同爲廣東人，都喜歡「大放厥辭，無所忌諱」，可謂志趣相投。但是，後來孫中山的名氣超過了何啟。

　　何啟在香港期間，常以發表有關革新、救國之主張，由同學胡禮垣譯爲中文。1887 年發表《中國先睡後醒論書後》，以辯曾紀澤《中國先睡後醒論》之誤。其他重要論述有《中國宜改革新政論議》、《勸學篇書後》、《呈請代奏變法自強當求本原大計條陳三策疏》、《中國之評論》、《睡與醒》、《新政真詮》、《中國基礎與改革》、《張之洞之批評》、《勵學論》、《改良中國之負責人論》、《談廣州稅務司喀博士之中國地稅及陸海軍計劃書書後》、《中國改革之進步論》、《革命新論》、《康有爲君政見之評論》、《新政安衡》、

---

3 《國父年譜》第四次增訂本上冊，頁 48，台北：黨史會出版，1994 年。
4 〈孫文學說〉第八章「有志竟成篇」，《國父全集》第一冊，頁 410，台北：黨史會出版，1989 年 11 月 24 日。
5 前揭《國父年譜》第四次增訂本，上冊，頁 66~68。

《新政論議》、《與英國巴公爵討論門戶開放》、《與約翰先生討論拳匪之公開信》等。[6]

何啓後來雖非直接參與革命，但他卻是一位愛國憂時以國家興亡爲己任的熱心改革家。就在孫先生進入香港西醫書院這年（1887）的 5 月，曾在香港發表一篇長達 17,000 餘字的政論，題名爲「書曾襲侯『中國先睡後醒論』後」，以駁論曾紀澤當年所發表的「中國先睡後醒論」。其中所提出的觀點更引起孫先生內心的共鳴。[7]何文所提出的觀點，與孫先生後來所發佈的「香港興中會宣言」，頗有一些異曲同工之妙。

例如何文中有：「數十年來，中國之所以見欺於強敵，受侮於鄰邦，而低首下心，甘作孱王，而屈爲軟國者，實坐內政之不修也。」又云：「今者中國政則有私而無公也，令則有偏而無平也。庶民如子，而君上薄之，不啻如奴賤也。官吏如虎，而君上縱之，不啻如鷹也。」[8]而 1895 年 1 月的「香港興中會宣言」指斥清廷有云：「政治不修，綱紀敗壞，朝廷則鬻爵賣官，公行賄賂；官府則剝民刮地，暴過虎狼！」[9]

1890 年（光緒十六年），何啓任香港立法局華人議員。

1895 年（光緒二十一年）2 月 21 日，興中會租用香港中環士丹頓街十三號爲總會所，設立興中會總機關，對外則託名「乾亨行」，藉以避警探耳目，但會名仍稱「興中會」。同月 27 日開成立大會，凡入會者須一律舉右手向天宣誓：「驅逐韃虜，恢復中華，創立合眾政府。倘有貳心，神明鑒察。」本次會議還將 1894 年

6　見前揭《中國現代史辭典》（人物部分），頁 169 何啓的生平簡介。
7　吳相湘：《孫逸仙先生》，第一冊，頁 70，台北：文星書店出版，1965 年。
8　見前揭吳相湘：《孫逸仙先生》第一冊，頁 70。
9　見前揭《國父全集》，第一冊，頁 756。

11 月 24 日在檀白香山創立的興中會的章程，修正爲十條。[10]香港
興中會總機關成立時，何啓對該會宗旨極表同情，常參與大計，
暗中幫助，但不願列名黨籍。時何啓任香港立法局華人議員，常
在中西各報發表改革中國的政論，名重一時。比如，3 月 12 日，
何啓在英文《德臣報》（*The China Mail*）發表《改造》一文，鼓
吹改革清朝體制。[11]8 月 29 日，香港興中會同志孫中山、陳少白、
黃詠商、楊衢雲、謝纘泰等，在西營盤杏花樓酒樓開會（因總部
「乾亨行」在兩天前被香港政府查封），何啓亦在座。會上商討攻
取廣州方略，眾推何爲發言人，並與德臣西報記者英人黎德起草
英文宣言[12]。此役因事洩而失敗。

　　香港興中會初開，並無固定的宣傳機構，多是利用當地同情
於革命的報紙或有名望的人士爲之宣傳，尤以香港議政局議員何
啓、香港德臣西報（*China Mail*）主筆黎德（Thomas H. Reid）、
士蔑西報（*Hong Kong Telegraph*）主筆鄧肯（Chesney Duncan）
諸人的支持爲重要。當時的宣傳活動，謝纘泰在其《中華民國革
命秘史》中有幾項記載如下：[13]

　　1895 年 3 月 12 日，何啓的「改革論」發表於「德臣西報」。
　　3 月 18 日，「德臣西報」著文支持革命。

　　3 月 21 日，孫中山、楊衢雲、黃詠商、謝纘泰與鄧肯會
於「乾亨行」，鄧肯答應支持革命。「士蔑西報」表示支持革
命運動。

10　馮自由：《革命逸史》第四集，頁 9，台北：台灣商務印書館，1965 年 10
　　台一版。
11　謝纘泰：《中華民國革命秘史》（*Tse Tsan Tai, The Chinese Republic, Secret
　　History of the Revolution*），頁 9，台北：世界書局印行，1971 年 4 月再版。
12　見前揭謝纘泰：《中華民國革命秘史》，頁 9。
13　見前揭據謝纘泰：《中國革命秘史》，頁 9。

5 月 30 日，謝纘泰於「德臣西報」、「士蔑西報」等發表致光緒皇帝公開信。

10 月 9 日，對外宣言由黎德、高恩（T. Cowen）起草，由何啓、謝纘泰修正。

1896 年（光緒二十二年），何啓奉委爲東華醫院調查委員會委員。

1899 年（光緒二十五年），何啓與區鳳墀等助陳少白在港創刊《中國日報》。

1900 年（光緒二十六年），發生義和團事件，何啓得孫中山贊成，擬由港督英人卜力爵士向兩廣總督李鴻章接洽，由李宣告兩廣獨立，由孫中山率興中會會員助李推行新政。後因北京陷落，此議乃罷。

1903 年（光緒二十九年），何啓創辦聖士提反男校（中學）。

1909 年（宣統元年），何啓任香港大學勸捐董事會主席。翌年，獲英廷頒授爵士勳位。

1911 年辛亥武昌革命爆發；同年十一月，胡漢民任廣東都督，聘何啓爲都督總顧問官。

1912 年香港大學正式成立。次年，何啓所主持之香港西醫書院併入香港大學。1918 年逝世，享年五十九，葬於香港。

（二）「三水胡禮垣翼南」的生平事蹟

胡禮垣〈1855～1916〉，字榮懋，號翼南，晚號逍遙遊客，原籍廣東三水。父獻祥，經商香港，即寄籍於當地。[14]

---

14 胡禮垣的生平簡歷，主要採自前引《中國現代史辭典》（人物部分），頁 224。亦參考李金強著：《書生報國 —— 中國近代變革思想之源起》，福州：福建教育出版社，2001 年 10 月。

　　胡禮垣生於清咸豐五年（1855）。十歲已通四書五經。在鄉應童子試，輒冠於群曹，惟參加院試，則屢不售，遂棄絕於舉業仕途，專研經史之學，對詩及古文辭尤為勤力。1862 年 14 歲時入香港中央書院（香港大學前身，與何啓為校友）。卒業後，留任該院教習二年，英文造詣益工，乃創辦粵報，並譯《英例全書》。

　　1878 年（光緒四年）及 1880 年（光緒六年），陳蘭彬、鄭藻如先後出使美洲，胡禮垣獲聘為參贊使節，均辭不就。嗣與英某巨商赴南洋，開闢北婆羅州、北般與蘇祿島等地為商埠。至則按荊斬棘，定經界、設官署、治道路、營居宅、建市廛，招募我國沿海居民前往，數年之間，閩粵同胞紛紛移殖，商賈輻輳，市廛鼎盛，浸成巨埠。旋返香港，閉戶研究，料理家務，遂不復往。

　　1894（光緒二十年）春，東遊日本。時值中日失和，欽差大臣李經方率領參隨領事人員返國，胡禮垣為我國留住神戶僑民及各國領事盡推為權攝領事職務，經固辭不獲，乃勉力任職，調和撫戢，僑民賴安。

　　翌年，馬關和議成，始返香港，被推為香港文學會會員。三年後，退職家居，閉戶著書，與皇仁書院同學何啓考究中外政治法律，咸認中國欲國強，必先變法行新政，因合著《新政通詮》一書，由何啓用英文起稿，由其譯成中文，主張取法英國，開設議院，民選議員。

　　1901 年（光緒二十七年）該書出版，風動一時，爭相購閱。嗣後復增著《新政始基》、《新政安行》、《新政變通》三書，補《新政通詮》之未備。讀者皆服其廣聞卓識。

　　1916 年卒，享年 61。胡禮垣生平治學，博學強記，過目不忘，間好為詩，有：《梨園娛老集》12 卷、《詩集輯覽》11 卷、《伊藤歎》、《滿洲歎》、《民國樂府》等問世。其他論中外政教，所著書

亦不下十餘種。由其子恆升輯成《胡翼南先生全集》行世。

二、《新政變通》論當時的國際形勢

《新政變通》一文所說的「政變」，意爲「變政」，即如何改革現有的政治體制；「通」，即綜合性地論述；「新」之含意是，比康有爲議論新政（即「康說」）更加新的論說。

這篇政治評論最前面加了按語，曰：

> 曩所著，曾論書後新政。論議新政，始基康說。書後新政安行，以及《勸學篇》書後，前後凡六種，謬爲同人所許，擬彙印爲一部，而名之曰：《新政真詮》。緣字粒略小，欲別購大者故，刊印之工，仍有所待。因以其間，復爲此篇附之於後，以明新政之終於，必行而勿慮其不行；使閱之者，得以興起爲之者，毋託空言，則中國之幸乎！然非徒中國之幸也。時光緒二十五年己亥孟冬之月。[15]

這篇政治評論全文共有六千餘字，原無標點，亦甚少分段。爲方便閱讀，試加上標點，多分段落，並作了一些註解。（詳見中篇之伍）這篇政治評論首先分析當時的國際國內形勢，然後，解釋何爲「新政」？爲甚麼中國必須實行「新政」？以及實行「新政」的主要方法和應有的態度，充分表達了革命黨人的政治智慧及理念，對政治體制變革（即「新政」）的看法。文章討論的問題，在一個世紀後的今天來看，仍然具有實際的參考價值。

現以原文爲根據，歸納其主要論點如下：

15　見前揭《新政變通》，頁 9。

（一）今天下列國爭衡，如同「春秋十五國」時代

今天下，蓋列國爭衡之世也！自輪船鐵路之製興，五洲雖遙，月日可至，無異合宇內數十邦，為春秋之十五國焉！而強者崛起，智者驟興，更無異於戰國之七雄焉！

夫，其崛起驟興者，彼固自謂文明之邦也。然而，強陵弱、眾暴寡、勇威怯、智欺愚；或逆取而順守，或遠交而近攻、或聲東而擊西、或欲擒而先縱；或預謀於二、三十年之前，或決計於事機偶值之日，或欲戰而先作弭兵之說，或要索而猶為勿奪之名迹，其所為，仍不外於爭地、爭城、殘民，以逞者耳。

（二）敵強我弱，不可輕言啟戰，惟有先靖內亂防家賊

外人之攘，奪我地。其揆原有同情中國，若與之戰，雖曰主客位異，眾寡形殊；實無異於以一敵八。且器之堅瑕、兵之整散、人心之向背、軍費之絀贏，度其德、量其力、按其勢、切其情，在我則勝少而敗多，在敵裡則勝多而敗少。烏可以戰，惟有練吾甲兵、添吾拱衛，以防家賊、以靖內亂而已。

（三）割地租地，伺機索還

至於外人割地之事，則其可者與之、其不可者拒之。紆徐而與之，委蛇欹曲，善其調處。勿輕絕，亦勿輕許。毋過舉，亦毋過情。不卑不抗，惟蔓惟支，務在躭延其歲月，消息其雄心。待其事過情遷，索地之國或內有非常，或外遇謬轕，則所索之地，其事必乖，其謀或阻，而吾得乘其間，而保全之。否則，即以地價贖還，或僅作為收租賃出，如澳門、上海，以及各通商口岸。故，事是吾仍不失守土之利，不受剖地之名也！此一說也，而凡

托於坐鎮雅俗者，無不取此。

三、《新政變通》提出向外國學習新政

（一）何為「新政」？

撥亂反治之計、起衰振敝之謀、扶中拒外之方、濟世安民之法，皆所謂新政也。

新政之於中國也，如濟川之舟楫，如大旱之雲霓，如飢渴之壺飧，如倒懸之解結。固人人所共期，而必欲得之者也。

新政之云者，非徒變之謂，乃變而之於善之謂也；非徒變而之於善之謂，乃變於善而求其更善之謂也。善之事，無窮期，而新即興之為，無窮期；善之量，無止境，而新即與之為，無止境。本自強不息之心，為日進無疆之益夫。然後，能自立不敗，並駕齊驅，乃今之欲行新政者，祇知逐未，未解探源夫。

（二）向外國學習甚麼新政

僅以外國之外交為法，迨吾既得真法焉？而外國之外交又變矣新矣，吾又瞠乎其後，而吾外交之法，猶然其舊矣！鑄炮、造艦、兵法陣圖、格物製械、興農通商，無一不然。

（三）內政外交等方面的改革

凡諸改革，實在無難。蓋治國之經，不外乎內政、外交、理財、經武、格致、考工各節而已。內政，則方興險要等事是也；外交，則條約公法等事是也；理財，則稅則礦產等事也；經武，

則佈陣管駕等事是也；格致，則聲光化電等事物是也；考工，則名物象數等事是也。

（四）法律不公正，導致國勢不振

今中國之不能自振……非國民之鄙塞，實由政府之頑囂耳。一刑罰之施也，洋人則從其輕，華人則從其重，是決獄之不平也。

入口則從其少，出口又從其多，是困商之拙計也。而弱肉強食，有非禮教之所忍出者。……外國則必取其公，中國則必取其私，是邪正之不分也。而非賄不行，非親不與，有非平情之所忍者。此非國法之委由，而何一政令之立也。

外國則聽諸國人，中國則聽諸近習，是好惡之拂人也，而害理害事，病國病民，有非直道所忍容者。此非體制之乖方而何？

忠諫則誹謗也，深計則妖言也，通商則漢奸也，睦鄰則賣國也。見善而不肯為，知惡而不肯法，此皆官府之媢嫉、行欺、奸貪、保位，志在誣民智、屈民心者也。

不直則道不見。今之欲直之者，折獄必求其允，而刑法從寬也；厘稅必期其平，而商賈必恤也；用人必當其才，而偏私悉化也；聽政必以其理，而措辦咸宜也。

（五）中國重農輕商，陋規遺害千年

商務之行，水曰輪船，陸曰鐵路；商務之實，生物者農，製物者工。農無所生，足以困工；工無所作，亦以困農；農工不講，此外國之商所以興，中國之商所以廢耳。

吾欲興商，拾農工其奚事？吾但聚精會神於農工可矣！官祿不稱，非所慮也；理財非法，非所慮也；體制乖力，非所慮也；用人失實，非所慮也；訟獄不平，非所慮也；捕務廢弛，非所慮

也；即使賄賂、乾沒、陋規三者並行，仍非所慮，則以似此之弊，中國行之，蓋千百年矣！習與性成，牢不可破；一旦除之，反而招怨。

（六）借鑑外國，興商致富

外國之所以強者，由於富；外國之所以富者，由於商。葡萄牙、西班牙是二國者，昔以興商，聞國勢頗振；既而失其繼，國勢漸衰。荷蘭國、瑞典國、那威國、瑞士國，雖亦興商，然其強不足數者。則以國小民寡，其出商於外者，非避碩鼠之貪，即懷蟋蟀之儉，鮮卓犖大志、超群絕倫之才出於其間，能顯作長城，隱若敵國，如百年前之印度公司者。

以故商旅雖頗可，而國勢不能勃然。若夫，貿遷之宏、貨殖之廣、括六合、併吞八荒，統古及今，無與為匹者，惟英國矣！

四、《新政變通》提出「變政」的方法與態度

（一）對朝廷的批評

今之朝廷，欲撥亂反治而無自；欲起衰振敝而無從；欲扶中拒外而無由；欲濟世安民而不可。豈衰衰諸公，紛紛甲第者，竟無有善知識、王心計、具血性、愛國家之人。人乎其中，居乎其列哉！耳目鼻口未之，或異心思智慮，莫不同然。

天下非一人之天下；兆民非一家之奴才。湯武革命，順乎天而應乎人，惟以道處之可矣！

（二）變政維新，首在人事改革

　　中國之不能自致維新，而其勢岌岌於群雄聳峙之間者，由居高位握權要之人，頑固鮮恥、老髦無能。視其民，如己之家奴；視其國，如己之私業，欺君罔上，乘便營私，以至君民相違，上下隔絕也。故中國之執政，一日不變其人，則中國之新機，一日不可得而冀。

　　今我中國，情事不同。蓋主上英明，實邁前古。無如庸臣巨蠹，充斥朝端，盤踞津要；馮道胡廣，比比皆然。一陽居上，群陰翳之；雖有智者，無能為力。故，欲撥雲霧而睹青天；戢貪狼而除陰霾，必須汰除老物，引用新人。

（三）重視教育：讀書人治國不誤國

　　中國之衰頹披靡，斷難望其振興者，非君上之咎，亦非官司之咎，其咎獨在於民耳！咎在於民者，何不明理之故也；不明理者，何不識字之故也；不識字者，何不讀書之故也；不讀書者，何其書難讀之故也。

　　鄉曲之子，目不識丁，見有不平之事，心雖不服，然若其事為鄉紳定議者，亦必降心以從。

　　百人之鄉，識字者一人，則百人聽命於一人矣；千人之鄉，識字者十人，則千人聽命於十人矣；萬人之鄉，識字者百人，則萬人聽命於百人矣！而此一人、十人、百人者[16]，將問以地球之大，則茫然無以對也；問以君民之理，則茫然無以對也！問以經國、體野、便程、服物之事，則茫然無以對也。下而至於身理、

---

16 孫中山於 1924 年在廣州演講「民權主義」時，引用了何啟這一大段發表於24 年前（1900 年）的話，由此可見，他深受老師何啟的影響。

至於物質、至於算數，為人生尋常日用切要之端者，則時文之士，經策之儒，不惟不答，而反詡詡然，自命其真立志之高，以謂大人不親細事，君子不可小知。

學有高卑上下之不同：德成而高；藝成而卑；道成而上；器成而下，非君子小人，亦因茲而別矣！

由此觀之，則中國之不能變，由民智之未能開；而民智之不能開，反由所讀之書之誤也。

（四）翻譯西書、開啓民智

英文則有譯本，法文、德文亦有譯本。日本之文本，實出中國，譯本尤多。窺其文，則得其意；得其意，則能其事。化裁盡善，存乎其人，一覽而知，可勿深究。但使諭旨風馳，詔書雨下。則，一日而弛張百度；一時而批發萬幾。新法之行，沛然可知，其莫禦夫。上致君，下澤民，吾儒之責也。

是故，心乎中國、志在新民者，惟有將外國新理，譯以華文；授徒教習，以濬民智。民智既濬，則雖欲壓之，亦不能止其變矣！

（五）重視民意：天下非一人之天下

設非皇一身之聽不聰，而視不明，亦斷不至此。此不過舉其大略而言，若其顛倒黑白，播弄是非，使民性日漓而日薄，民業日削而日朘，國俗日趨而日靡，國運日漸而日頹，遂令四萬萬黃種之民、神明之冑，為暫顧一人一姓之朝綱，聽其肆然民上，擅作威福之故，終不免臣僕於強鄰、奴隸於異國也者。則是，視伊古以來，環球萬國民之愚拙，無過吾人也。雖然，今中國之民，豈果甘為四千年來之至愚者哉？果甘為天下各國之至拙者哉？

天下非一人之天下。兆民非一家之奴才。湯武革命，順乎天

而應乎人，惟以道處之可矣！

（六）「韜光養晦」埋頭苦幹，「窮則變、變則通」的革新精神

寧我薄人，無人薄我。而狡然思啟，環伺而來者，爭勝於無勢可乘之中；乞憐於爐火沸湯之下，不戛戛乎？其難哉，摹其跡，而略其神，其效必至於此。故必體認入微，思及究竟。不惟其法，惟其意；不惟其意，惟其心；不惟其心，惟其性；不惟其性，惟其量。

有越王嘗蓼之志，而其志祇思伸之於己；不思伸之於人也。有衛文興國之願，而其願但求愜洽於中，不求表暴於外也。窺其為，則韜光而養晦；考其實，則堅忍以圖功。凡一切變所應變、新所應新者，不徒視其所當然，而必察其所以然。蓋視所當然者，得當即止；察所以然者，其知無涯也。時時有進取之功，事事有未足之慮，然後足以行新政。

窮則變、變則通。仲尼之所以繫《易》，孟子之所以觀時也！

五、同盟會政治理念與孫中山早期思想的變化

《新政變通》在創刊號上只發表了六千多字，全文共 2.3 萬字分九期連載，本文只引用了不到三千字，因此，難免掛一漏萬。[17]但是，本文歸納出以上的十五項主要論點，一百年後的今天看來，還是很有指導意義的。

---

17 詳見第八節：解讀《新政變通》。

　　特別值得注意的是，如前所述，與孫中山有「師誼」關係的何啓，早期發表的文章，對孫中山有直接的影響。

　　孫中山到香港求學，始於 1883 年冬，初入英國聖公會主辦的拔萃書室（Diocesn Home），次年 4 月，轉學香港中央書院（Central School），後改稱皇仁書院（Queen's College）。這年冬，一度離開香港去檀香山。1885 年 4 月回國。次年入廣州博濟醫院（Canton hospital）的附設醫科學校習醫。1887 年 1 月轉入香港新創之西醫書院（College of Medicine for Chinese, Hong Kong），至 1892 年 7 月畢業。[18]總計孫中山早年來往香港及在港求學的時間前後達九年之久。

　　根據孫先生的自述，他是在 1885 年的「中法戰敗之年，始決傾覆清廷、創建民國之志」的。[19]據孫先生一位美國朋友林百克（Paul Linebarger）記述孫先生的回憶，更有進一步的詳細說明，他指出「中法戰爭開始時，他（孫先生）並不在中國，因爲他在香港學校裡，所以有機會知道戰爭經過⋯⋯，在戰爭的昏暗中有一樁事件發生，可以證明中國人雖在外族專制統治之下，也不是沒有愛國心。這個意外的事發生於一隻法國兵輪，從臺灣來因大受損傷，到香港修理。中國工人因爲這是敵艦，修好之後，要去打自己國裡的，於是拒絕工作。這個熱誠的舉動，給孫先生希望革新的勇氣。這個抵制修理兵船的事實證明中國人已經有相當覺悟；雖然是微小而被動的，但見此事可以證明轉移到自動的動作將要來了。」此時孫先生也開始考察滿清的兵備，論其人數和軍

18　孫中山先生在香港求學的經過，參閱《國父年譜》第四次增訂本上冊，頁34~70，1883~1892 年之記述，台北：黨史會，1994 年。

19　孫中山：〈孫文學說第八章 —— 有志竟成〉，見《國父全集》第一冊，頁 491，台北：黨史會，1973 年版本。

器，他得到完滿的報告，他們並不用外國式的槍砲和機關槍。他知道滿清的軍法規例，他秘密進行推翻滿清的心愈加厲害了。[20]

　　孫先生決志推翻清廷、創建民國，雖起因於中法戰爭，而其思想的發源地，實來自香港。在孫先生腦海中，「革命」與「維新」（改革），是一體兩面、相輔爲用的。所謂「改革之思想乃革命之起點也。」世界各國歷史的演進大多是如此的。[21]當孫先生 1887 年進入香港西醫書院求學後，當時一些倡導改革運動人士的言論，對於孫先生的思想有很多影響的。其中最值得注意的，要算是何啓和鄭觀應等人了。

　　所以，深入探討何啓、胡禮垣的《新政變通》的義理，以及詳細比較它與孫中山的相關論述，對於瞭解孫中山早期思想的變化，是很有意義的。

20 林百克著、徐植仁譯：《孫逸仙傳記》，1926 年上海三民公司印行。英文原
　　著爲：Paul M. W. Linebarger, *Sun Yatsen: and the Chinese Republic*, New York,
　　1925。本文引自前揭吳相湘：《孫逸仙先生》，第一冊，頁 51~52。
21 見前揭吳相湘：《孫逸仙先生》，第一冊，頁 98。

玖、解讀《二十世紀政治問題》

1900 年 1 月，革命黨在香港創辦的第一份機關刊物《中國旬報》創刊號上，發表第三篇重要的譯論《二十世紀政治問題》。該文寫明是「日本浮田和民撰」，而為「中國抱器舊主譯」，全文僅約三千字。[1]

該文分為譯文及譯者的話兩大部份。前半部份的譯文共有2,796 個字，主要內容是以西方政治學的理論和觀點，述論十六世紀到二十世紀歐洲主要的政治問題；譯者的話共 321 個字，主要是說明為何譯此文，並且，對中國人要靠翻譯日文而知天下事感到羞恥。

這篇重要文章的原作者「浮田和民」，是日本著名的政論家；但翻譯者是誰？本人尚未查出。由於它發表於孫中山派戰友至香港創辦的興中會第一份機關報上，反映了孫中山為首的革命黨人早期（1900 年左右） 對世界性的政治問題的看法，對於理解中山思想的形成與發展，有啟迪作用。

---

1 《二十世紀政治問題》刊於《中國旬報》第壹期第 17~21 頁，但標題變成《第二十世紀之政治問題》，多了「第」及「之」二字，猜想是目錄只佔半頁版位，標題若太長會排不下，故省略。本人將之加上標點、分段、改字體，重新編排，以方便閱讀。文中之國名、地名與今之通常譯法不同者，以及行文中有與今不同之用字者，照錄以保留原貌，但加以解釋；同時，文中的一些錯漏，亦加上註釋。全文詳細註釋見本書第二部份，本文引用時所標頁碼，為原件上之頁碼。

　　以下就該文討論的範圍，對以二十世紀爲中心的世界性政治問題，作一番評論；進而，思考以孫中山爲首的革命黨人的政治理念；以及東西方冷戰結束後，人類邁進二十一世紀所面對的重大政治問題。

一、十六至十九世紀之政治問題

　　這篇譯文一開始就解釋何爲「家政」？何爲「國政」？何爲「獨裁政治」？何爲「寡頭政治」？何爲「人民政治」？並舉歐洲各國十六至十九世紀的革命史爲例，加以說明。而這些例証及理論，在孫中山的著作及演說中，經常出現，給人有「耳熟能詳」的感覺。

　　1923 年 1 月 29 日，孫中山在革命辛亥革命成功 11 年後的一篇專論中，總結他從事中國革命「所持主義」之來源，共有三個方面，他說：

　　　　余之謀中國革命，其所持主義，有因襲吾國固有之思想者，有規撫歐洲之學說事蹟者，有吾所獨見而創獲者。[2]

　　孫中山爲首的革命黨人對民主政治的基本認識，以及中山理論學說之中，有不少來內容自西方民主思想。

　　這篇第一份革命刊物創刊號精選的譯論認爲，十九世紀歐美所面對的重大政治問題是憲政問題，它說：

　　　　是故第十九世紀之政治問題，多關政權之分配，卒至人

2　孫中山：〈中國革命史〉，載秦孝儀主編《國父全集》，第二冊，頁 355，國父全集編輯委員會編訂，1989 年 11 月 24 日出版。

民以憲法、及授之以普通選舉之權，其問題而後解釋。[3]

　　概而言之，於十九世紀文明諸國之政治問題，所謂憲法也、參政之自由也、選舉權之擴張也、及統一國民之獨立也。[4]

該譯文高度讚揚拿破侖第一（一世）是歐洲憲政革命之開路先鋒、「革命之子」、「革命之代表」，他認清歐洲憲政革命之大勢，於 1789 年發動「兵馬蹂躪」的流血革命（中國大陸稱之為「法國資產階級大革命」），1793 年把路易十六皇帝推上斷頭台，消滅了封建制度，「乘此氣運、以大成其偉業」。拿破侖一世「施行法國民法於其世」，宣告「於法律之前、謂人民者平等也」。其後，法國革命浪潮風起雲湧，先後建立過五次共和國和二次帝國。1871 年 3 月 18 日法國工人暴動建立的「巴黎公社」，被稱為世界上第一個無產階級政權。在中國大陸二十世紀六、七十年代爆發的「文化大革命」中，巴黎公社被紅衛兵視為革命造反的榜樣。

法國的大革命「震動歐洲列國」。繼法國之後，1832 年英國之議會通過改革案；1850 年普國（普魯士）發布憲法、開設議會；1861 年奧國亦效此例，等等。自從十八世紀晚年法國大革命起，歐洲列國人民始覺自己之權力，而要求分割政權。自此，「憲法政治，一式實行於西歐。同時，國民獨立之精神勃興。」

該譯文還讚揚拿破侖所立「廢長男世襲之封建制度而分割其財產於諸子」之新制，其後得以推而行之，所以，「法國人民至今日得有平等之財產、較他國人民為慶幸者」。

該譯文認為：實施自由憲法以及國家獨立和統一，是十九世紀列國人民的二大要求。而 1890 年（明治二十三年）日本結束孤立於東西方之間二百餘年，實行明治維新，廢除封建制度，設立

---

3 見前引〈第二十世紀之政治問題〉，頁 17。
4 見前引〈第二十世紀之政治問題〉一文，頁 18。

中央集權的憲政體制，「正可謂第十九世紀之氣運、告一大完結者
也。」

二、二十世紀之政治問題

　　該譯文發表於 1900 年，正好是十九世紀與二十世紀的「世紀
之交」。也許，當時並沒有「世紀之交」、「千禧年」之類說法，但
是，總會有總結過去、展望未來的一些想法。該譯文認為：

　　　　然則，於二十世紀列國發生之問題，必非憲法之問題，
　　而為行政之問題可知也。何為政府之所當為耶？何所不當為
　　耶？此殆為將來之重大問題矣！[5]

　　該譯文具體地列出，踏入二十世紀人類所面對的重大政治問
題主要有以下四項：

（一）政黨與政黨內閣問題

　　該譯文認為：由於憲政問題，「因而生出主張保守主義及進步
主義之二大政黨：一則欲維持從來之政體；一則欲變更從來之政
體。各人之主義，無非務以成就國家正當之目的而已。」[6]該譯文
還認為，政黨內閣制到了二十世紀必然會變，它說：

　　　　凡國家之政黨，其實以維持主義政策之故，因而常維持
　　其感情、友誼、傳統、習慣，及接將來社會問題。黨員之投
　　票，其問題或每致分裂而不能投合一致之事，亦不少也。為
　　斯之故，政黨內閣之制度，或亦於二十世紀之中，不免來一

5　見前引〈第二十世紀之政治問題〉一文，頁 18~19。
6　見前引〈第二十世紀之政治問題〉一文，頁 18。

變幻歟。[7]

該文並預言，保皇黨與自由黨到了二十世紀會「易其位」：

> 政黨之主義及綱領，或不得不一變，十九世紀之二大政黨，或於二十世紀中易其位置亦未可知。如十九世紀之主張自由主義者，雖不失為列國之進步黨，而於二十世紀中，其唱自由主義而陷於保守黨之位置未可保也。[8]

（二）政體與政府職掌問題

十九世紀文明諸國所爆發的憲政革命，涉及自由選舉權等具體的問題。該譯文又認為：「今列國若皆行普通選舉之法，則將來問題之起，必非政體之問題，而專為關於政府職掌之問題可知也。」具體地說是，西歐諸國既然已建立起立憲政體制，但是，有關國民統一之目的、政體之問題、憲法之疑義、新設政府之組織，政府之構造等等問題，將成為二十世紀要面對的主要問題。

而政體與政府職掌之問題，關鍵在於二黨政治問題，即今日所說的「政黨政治問題」。按譯文的說法是：「政黨內閣之制度，或亦於二十世紀之中，不免來一變幻歟」。該文對於反對黨與政府職掌之關係，提出責疑，認為：

> 夫關政體之問題，有速欲其變更者，有不欲其變更者。雖樹反對之二大政黨，至於將來關政府職掌之問題，而果能如前樹反對之二大政黨與否，則猶有疑焉。[9]

---

7 見前引〈第二十世紀之政治問題〉一文，頁19。
8 見前引〈第二十世紀之政治問題〉一文，頁19。
9 見前引〈第二十世紀之政治問題〉一文，頁19。

（三）自由主義與干預主義問題

在憲政框框之下實行政黨政治，亦並非最完美的制度。在當時，首先出現的是干涉主義與自由放任主義之爭。該譯文認為：凡是國家之政黨，為了堅持主義政策之故，須維持黨員之間的感情友誼以及傳統習慣，以爭取黨員的支持；但黨員對社會問題看法不同，所以，於投票之時，每致分裂而不能投合一致之事，亦不少也。

固然，「獨裁政治」以及「寡頭政治」這類落後的封建制度已為人類社會的發展、時代的進步所拋棄，但是，實行政黨政治的政府，往往是缺乏統一力量的消極的政府，容忍自由放任主義（或謂個人主義），而對於危及國家、民族、社會利益之事，不能斷然地採用保護為主義（或稱為「干涉主義」）措施。

關於自由主義與干預主義互相拆台的問題，該譯文是這樣說的：

> 以政府成消極之職掌為宗旨，而反對保護干涉之政策者；以自由放任為主義，或謂個人主義是也。不限以政府為消極之職掌，亦無間言於積極之職掌。因社會之要求，無論何事，皆適用國家之勢力者，以從來保護為主義，或稱干涉主義是也。反對之二大政黨，果能凡事適用其個人主義，或社會主義與否，亦同一疑義。[10]

政黨之主義及綱領，隨着社會的發展，而不得不一變；十九世紀之主張自由主義者，於二十世紀中，可能會陷於保守黨之位置。

（四）社會革命問題

10　見前引〈第二十世紀之政治問題〉一文，頁19。

　　如果說，十九世紀所遇到的重大問題是憲政問題；那麼，二十世紀要面對的必非憲法之問題，而為行政之問題、社會之問題，也即社會革命之大事。該文預計：「第二十世紀之問題，比之十九世紀之問題實際者多，其為社會問題，斷斷然矣。」

　　該文例舉羅索氏於 1763 年所著之《社會契約說》主張人民主權之說；以及羅索氏又於 1753 年所著之《人間不平等之源》一書，認為此二本書「開社會問題之端緒」。並說：

> 法國革命之政治之結果，雖於十九世紀似已達其極點；而法國革命之社會之結果，其存於裡面者，未到十分之發達，不過為將來之問題露其端緒而已。

> 故社會之問題（包婦人問題），實地之問題也，於二十世紀要求列國政府之解答，為必然之結果，不可不知。[11]

　　二十世紀將遇到那些社會問題呢？這篇發表於百年前的政論，預測二十世紀列國政府需要認真處理解決的社會問題，包括商業工業上之問題、勞工及婦女孩子問題等等。該文說：

> 何則，十九世紀之問題，不過在盡力以破壞封建制度之桎梏，使人民於政治上及商業上得有自由。二十世紀之問題，似當專為工業上之問題，而自由放任之主義，或不適於時矣。其有關於勞工，雖婦人孩子之勞工，無論君主制及共和制之國家，所不能袖手旁觀也。[12]

三、世界性政治問題之回顧與展望

11　見前引〈第二十世紀之政治問題〉一文，頁 20。
12　見前引〈第二十世紀之政治問題〉一文，頁 19。

綜合該文之觀點，若按順序排列，歐美在最近幾個世紀所遇到的首要政治問題，分列如下：

（一）十六世紀主要之政治問題 —— 宗教改革。

（二）十七世紀主要之政治問題 —— 英國之革命。

（三）十八世紀主要之政治問題 —— 法國之革命。

（四）十九世紀主要之政治問題 —— 憲政革命。

（五）二十世紀主要之政治問題 —— 社會革命。

關於被列爲十六世紀主要之政治問題的宗教改革，又稱爲宗教上之革命。該文認爲：

> 宗教改革者，即宗教上之革命也。當時宗教與國家之政治大有關係，故其時雖有政治上之革命，而於社會上之組織毫無影響。[13]

關於被列爲十七世紀主要政治問題的英國之革命，該文認爲其結果變爲「武斷政治」，也即是權力掌握在少數貴族手裡的「寡頭政治」，它說：

> 十七世紀英國之革命，一時弒王廢國，上議院爲一局之議院，遂成哥林威路之武斷政治，其巔末雖與法國之革命相去不遠，而於社會之構造毫無變更。上議院雖廢，而貴族依然保其位置。[14]

法國大革命被列爲十八世紀最重要的政治大事，它專指拿破侖領導的推翻路易王朝的法國大革命。如前所述，該文給予高度的評價。該文還認爲：

> 至法國之革命，則政治上之革命、宗教上之革命、社會上之革命，同時並舉，其結果則如今日之所見無王室、無僧

---

13 見前引〈第二十世紀之政治問題〉一文，頁 19。
14 見前引〈第二十世紀之政治問題〉一文，頁 19~20。

侶、無諸侯之階級，舉其從前所有之土地財產，散而分諸民間。[15]

　　法國大革命「震動歐洲列國」，繼法國之後，歐洲列國在十九世紀一個接住一個進行了轟轟烈烈的憲政革命，憲法政治即成爲十九世紀主要之世界性政治問題。到了二十世紀，主要之政治問題是甚麼呢？這篇政論預測必非憲政問題，而爲一場轟轟烈烈而又實際得多的社會革命，需要政府認真處理解決；同時，政黨亦有責任。

　　以上觀念，正好與孫中山發明的三民主義的排列順序相吻合，即：爭取國家獨立者，首先要解決的是民族主義問題；當國家有了獨立和主權後，遇到的是憲政革命問題，即實行政黨政治、把國家權力交給人民的「民權主義」問題；而當人民當家作主之後，任何政黨的首務是，必須解決各種各樣的社會問題，發展經濟，提高人民的生活，即「民生主義」問題。

　　這些理念在今天看來平常之至，但是，在一百年前還是高深的政治理論呢！當年才35歲的孫中山，因乙未廣州起義失敗，流亡日本，深思革命真理。在他指派戰友到香港創辦的第一份革命刊物的創刊號上選用這篇評論，顯示革命黨人認同此論；而孫中山本人受此理論影響，應該也是理所當然的。革命成功建立民國後，孫中山在一篇「自傳」中解釋他發明三民主義的過程，坦承是於倫敦脫險後，留在歐洲考察政治風俗，因而完成其三民主義構想，他說：

　　倫敦脫險後，則暫留歐洲，以實行考察其政治風俗，並結交其朝野賢豪，兩年之中，所見所聞，殊多心得，始知徒

15　見前引〈第二十世紀之政治問題〉一文，頁20。

致國家富強，民權發達，如歐洲列強者猶未能登斯民於極樂之鄉也，是以歐洲志士，猶有社會革命之運動也。予欲為一勞永逸之計，乃採取民生主義，以與民族、民權問題同時解決，此三民主義之主張所由完成也。[16]

回顧人類社會的發展史：在十五世紀之前，歐洲還是黑暗的宗教統治時代；東方古國中國則是皇帝獨裁的封建時代。由於交通工具落後，世界各國之間甚少來往，因而，東西方各國基本上處於閉塞自封、各自發展狀態。

在此階段，中國這個千年的東方古國，比西方諸國文明昌盛得多。在歐洲，十五、十六世紀是西班牙、葡萄牙等老牌殖民主義者向外擴張的時代。十七世紀歐陸文藝復興，思想大解放，社會面貌大改觀。

此時的英國發生政治革命，建立貴族掌權的「寡頭政治」，而英國又發生工業革命，促使經濟大發展，因此，十八世紀的英國成為新興的殖民主義者，稱霸全球，號稱「日不落的帝國」。到了十九世紀，歐洲各國進行轟轟烈烈的憲政革命，進入人民爭權的「民權主義」時代，然而，亞非各國還處在為爭取民族獨立而奮鬥的「民族主義」時代。

步入二十世紀，歐美各國已在大力進行社會革命，發展科技教育、知識經濟、金融外貿，提高生產力，改善人民的生活；而亞洲國家還停留在為民族獨立而抗爭的「民族主義」時代，有的國家即使贏得了民族獨立，也陷入爭權奪利的憲政之爭，搞到山河破碎、民不聊生。

1911年辛亥革命成功建立亞洲第一個民主共和國後，千年帝

---

16 孫文：〈自傳〉，載《三民主義》，頁8，台北：中國國民黨黨史委員會版本，1989年1月。

制被推翻了，半封建半殖民地（或稱「次殖民地」）變為人民當家作主的憲政新時代。民族主義問題基本上解決了，但是，跟著而來的憲政革命卻一直未解決，那還有精力搞社會革命？

　　東西方的社會發展進程雖然各有自己的特色，但共性是存在的，否則，發源於歐洲的馬列主義，又怎會在亞洲的多個國家取得革命的政權？著名歷史學家湯恩比（Toynbee）曾指出：十九世紀是英國人的世紀；二十世紀美國人的世紀；而二十一世紀就是中國人的世紀。此話當真？

　　西歐各國的社會革命進程比中國早了一、二百年，美國於十九世紀靠牛仔雙槍打天下，其後全力發展經濟，立國至今才 225 年，已成為世界上唯一的超級強國。人類社會已進入二十一世紀，中國如果不想永遠落後於歐美，應該奮起直追，大搞社會革命，不要再在民族主義、民權主義的問題上持迂腐保守態度，兜圈子、鑽牛角尖，而應該切實解決民生問題，大力發展經濟建設，提高國力，改善人民的生活，只有解決了民生問題，達到國強民富，才能如孫中山所說的「一勞永逸」地將「民族、民權問題同時解決」。

拾、孫中山與香港

一、前　言

　　《中國日報》是孫中山指派陳少白到香港創辦的。有關孫中山與香港《中國日報》，以及與香港報業相關，本書多個章節，已有詳細的介紹。本《紀要》主要目的是，系統地摘錄孫中山與香港「中國報」，以及與香港報業相關的重要事件（原則上發生於香港）；同時，記錄孫中山與香港關係的主要大事，以便對照瞭解當時的背景，強化本文的連貫性。

　　孫中山之生平，主要根據台北中國國民黨黨史會編輯出版的《國父年譜》（全二冊），1994 年 11 月 24 日第四次增訂版本。其他附加的資料，引自本書的其他章節。所有資料，不再註明出處。

　　全文以事件發生之時間先後順序，用「編年體」方式排列；但結合「紀事本末」體例，對某些重要的事件略加評述，以增加可讀性。傳主孫中山先生，作爲主語之時，一般不再列出姓名。所有年、月、日，盡量化爲公元，並以阿拉伯數字表示，方便與當代其他資料對照；但在某些必要的地方，使用清朝皇帝紀年、中國傳統的農曆甲子年以及民國紀年之時，則以中國數目字表示，以示區別。

　　本《紀要》的第三部份，有本人經常查閱的研究孫中山的幾

冊工具書，以及現代人研究孫中山的專著專論之書目。有關孫中山的研究，已十分深入及全面，成果纍纍；此處所列的，相信只是滄海一粟。

二、孫中山與香港關係紀要（1866～1925）

＊　1866 年（清同治五年，歲次丙寅）

　　11 月 12 日（農曆十月初六日），孫中山誕生於廣東省香山縣（今中山市）翠亨村。時距香港割讓已有 24 年。（1842 年 8 月 29 日，《南京條約》簽訂，共十三款，主要內容包括割讓香港、賠款 2,100 萬銀元、開放五口通商、廢除公行制度、准許英商與華商自由貿易等。）

＊　1872 年（同治十一年，歲次壬申）

　　始入私塾，讀「三字經」、「千字文」，接受中國傳統教育。

＊　1875 年（光緒元年，歲次乙亥）

　　入鄉塾，讀「四書五經」，打下古文知識基礎。

＊　1879 年（光緒五年，歲次己卯）

　　侍楊太夫人赴檀香山，首次經澳門等地，感慨不已，自稱：「始見輪舟之奇，滄海之闊，自是有慕西學之心，窮天地之想。」至檀後入讀香山英國聖公會所辦之意奧蘭尼書院（Iolani School）。入學時，以孫帝象（Sun Tai Tseung）學名註冊。

＊　1882 年（光緒八年，歲次壬午）

　　卒業於意奧蘭尼書院。在校三年，成績優秀，獲頒英文文法第二獎，對英語已能運用自如。卒業後在其兄德彰的商店暫住半年，佐理商務。

✽　1883 年（光緒九年，歲次癸未）

是年春，入檀島最高學府阿厚學院（Oahu College）；6 月，其兄深恐孫中山受洗爲基督教徒，命其返國，再治國學。11 月，孫中山在家鄉爲破除迷信，把廟裡神像的手臂折斷，由於觸犯眾怒，而避居香港，進入拔萃書院（Diocesan Home）讀書。

是年冬，與同鄉好友陸皓東一起，受洗於基督教美國綱紀慎會（公理會）。孫中山署名「日新」，蓋取自《大學‧盤銘》：「苟日新，日日新，又日新」之義。孫中山課餘從倫敦傳道會長老區鳳墀習國學，區鳳墀據「日新」二字，爲孫中山改號「逸仙」。

✽　1884 年（光緒十年，歲次甲申）

4 月 15 日，轉學香港中央書院（Central School），以「孫帝象」名註冊。該校係官立，創建於 1862 年，以溝通中西文化爲宗旨，校址設於歌賦街（Gough Street）78 號。1889 年改稱爲「維多利亞書院」（Victoria College）。1894 年改稱爲「皇仁書院」（Queen's College），此名其後延用至今，但校址則有搬遷。5 月 26 日，孫中山返鄉娶盧慕貞爲妻。11 月，應其兄德彰之召，再赴檀香山。

✽　1885 年（光緒十一年，歲次乙酉）

4 月，自檀香山歸國。8 月，重返香港中央書院復學。是年 4 月，清廷在中法戰爭獲勝，但卻與法簽訂「天津條約」，使安南（今越南）淪爲法國的保護國。孫中山說：「予自乙酉中法戰敗之年，始決定傾覆清廷，創立民國之志，由是以學堂爲鼓吹之地，借醫術爲入世之媒。」

✽　1886 年（光緒十二年，歲次丙戌）

春夏間，由香港中央書院畢業。不久，經喜嘉理牧師介紹，到廣州進入博濟醫院附設醫科學校學醫。在學期間與同學鄭士良

過從甚密。鄭與三合會（天地會）關係密切，孫中山自此開始聯繫會黨，其後在多次武力暴動之中，甚得會黨的幫助。

＊　1887 年（光緒十三年，歲次丁亥）

　　10 月，轉入香港西醫書院（The College of Medicine for Chinese , HongKong）。

　　該院創辦人何啓，早歲留學英國，娶英女雅麗氏（Alice Walkden）爲妻。歸國後，任香港議政局（今立法會之前身）議員，兼執業律師。1880 年雅麗氏病歿，何啓爲紀念亡妻，於荷李活道創辦醫院，並以其妻之名命名爲雅麗氏醫院，還在院內創辦的西醫書院。孫中山爲該院首屆學生。該書院於 1907 年改名香港西醫學院。1912 年香港大學成立，1913 年香港西醫學院併入港大，成爲該校醫學院之前身。

　　何啓兼授法醫學及生理學，直接教導孫中山，兩人有師誼關係。何啓支持孫中山的革命活動，還經常在報刊上發表文章（如《中國旬報》創刊號至第九期連載的長篇政論《新政變通》，便是何啓與其好友胡禮垣合著，詳見另文。）對孫中山有直接的影響。

＊　1890 年（光緒十六年，歲次庚寅）

　　孫中山與西醫書院的同學陳少白、尤列、楊鶴齡，在香港中環歌賦街二十四號「楊耀記」（楊父經營的商店）高談革命，意氣激昂，時人稱之爲「四大寇」。同年，致書鄭藻如，主張重農業、禁鴉片、興文教，先在家鄉香山實驗，再推行全國。

＊　1891 年（光緒十七年，歲次辛卯）

　　參加創辦教友少年會，會所取名「培道書室」，作爲教友談道論文之所。同年，上海廣學會出版的《中西教會報》第五冊刊載孫中山以「後學孫日新稿」署名的文章〈教友少年會紀事〉，詳述該會創辦宗旨及理想。

＊　1892 年（清光緒十八年，歲次壬辰）

7 月 23 日，孫中山以第一名十科「優秀」的成績畢業於香港西醫書院，並由教務長康德黎博士（Dr. James Cantlie）等教授簽發畢業執照。12 月 18 日，在澳門設立中西藥局，懸壺濟世。

＊　1893 年（光緒十九年，歲次癸巳）

春，遷中西藥局去廣州，改名東西藥局，施藥贈醫。其後在粵、港、澳一邊行醫、一邊從事革命活動。

冬，康有爲（36 歲）考中舉人（第八名），著《孟子爲公羊學考》等專著，名氣大振；此時，孫中山（27 歲）與陸皓東、鄭士良等八人，提議創設興中會，以「驅除韃虜，恢復華夏」爲宗旨，但尙無具體組織。孫託友人轉告康有爲想與其結交，康提出要孫中山具「門生帖」，結交未成。

＊　1894 年（光緒二十年，歲次甲午）

元月底，孫中山歸翠亨村，草擬上清直隸總督李鴻章書稿，十餘天後回廣州。

春，孫中山偕陸皓東赴上海，走訪鄭觀應，並由鄭介紹，結識當時已返滬定居、並任上海格致書院院長的王韜，請爲上李鴻章書稿潤色。鄭觀應、王韜還分別寫信給盛宣懷、羅豐祿，爲孫中山疏通投見李鴻章的門徑。

6 月，孫中山抵天津，通過李鴻章的幕僚羅豐祿、徐秋畦投書。上李鴻章書全文達八千餘字，提出「人盡其才，地盡其利，物盡其用，貨暢其流」四綱，主張以西方國家爲楷模，改革教育制度和培養人才，採用先進科學技術以發展農工商業，達到國家獨立富強的目的。但是，未獲李鴻章接見，主張亦未獲採納。然而，給孫中山一張農桑會籌款護照。其後，孫中山憑此護照赴檀香山。

8月1日，中日宣戰，甲午戰爭爆發。

11月24日，孫中山在檀香山建立中國第一個革命團體「興中會」，會員誓詞：「驅除韃虜，恢復中華，創立合眾政府；倘有貳心，神明鑒察。」

✳ **1895年（光緒二十一年，歲次乙未）**

1月，孫中山自檀香山返香港。

2月21日，興中會總部移至香港，租用中環士丹頓街十三號為總會所，託名「乾亨行」。27日開成立會，會名仍為「興中會」，將檀香山所定章程修正為十條。

3月12日，何啓在香港英文《德臣報》（*China Mail*）發表〈改造〉一文，公開鼓吹革命。何為孫之老師，對興中會宗旨極表同情，常參與大計，暗中幫助，但不願列名黨籍。

4月17日，因「甲午戰爭」失敗，李鴻章代表清政府，在日本簽訂喪權辱國的《馬關條約》，其主要內容包括：割讓台澎列島，賠償鉅款，承認朝鮮獨立等。

5月2日，康有為、梁啓超在京發動「公車上書」，請求「拒和」、「遷都」、「練兵」、「變法」。史家認為，此為戊戌維新運動的起點。上書次日，康中進士，且被任命為工部主事，但未就職。其後，康有為繼續多次上書，四處奔走，表達政見；9月，康有為在北京組織強學會，推動維新運動。

8月17日，康有為於北京創辦第一份維新刊物《萬國公報》。同月27日，香港政府下令封閉「乾亨行」。

10月10日，興中會選總辦（即會長），孫中山當選，但因意見不會，將此職讓給楊衢雲，自己於翌日偕鄭士良去廣州，部署武裝起義。

同月25日晚（翌日是重陽節），孫中山在廣州策劃「乙未廣

州之役」起義，這是孫中山實行革命之第一次起義，參加者三百餘人。惜尚未正式發動，便遭鎮壓，六十餘人被捕，五人殉難，陸皓東等人被捕。孫中山於 29 日經澳門脫險到香港。清廷探知其行蹤，要求港英當局引渡。港督羅便臣（Robinson）頒令把孫中山、楊衢雲、陳少白三人驅逐出境，五年內不准踏足香港。清廷懸紅一千兩銀元通緝孫中山。31 日，孫中山借陳少白、鄭士良逃往日本。

11 月 15 日，至橫濱，組織興中會分會。幾天後，斷髮改裝，隻身赴檀香山，擴組「中西擴論會」及「練兵會」。

* 1896 年（光緒二十二年，歲次丙申）

3 月 4 日，港英政府依據 1882 年第八號條例第三條規定，以孫中山及其革命黨人在香港從事的反清活動，妨害香港社會治安及秩序，頒令放逐孫中山，自即日起，以五年為期，禁止孫中山在香港居留；但是，孫中山已於 1895 年冬離港東渡日本，再轉往檀香山。

4 月，孫中山在檀島巧遇在香港西醫書院就讀時的教務長、英人康德黎。孫中山告知，不日將赴美轉英。

6 月 26 日，孫中山自檀香山抵美國舊金山，聯絡洪門致公黨；其後赴紐約等地，演講籌款。

9 月 23 日，乘輪船由紐約到英國利物浦。10 月 1 日，到倫敦。同月 11 日，孫中山在倫敦被清吏綁架誘禁於大使館內。後經康德黎設法營救，才獲釋。孫中山將事件經過，用英文寫成"*Kidnapped in London*"（《倫敦被難記》）一文；1915 年 5 月，甘作霖將之譯為中文，由上海商務印書館首次印行，影響巨大，孫中山的聲名大盛。

* 1897 年（光緒二十三年，歲次丁酉）

上半年，孫中山繼續留在英國，潛心研究西方民主政制；並到歐洲考察各國政治體制，在其後兩年間，構思完成三民主義體系。

2 月 22 日，維新派的重要刊物《知新報》在澳門創刊。初為五日刊，第五冊改為旬刊，第 114 冊起改為半月判。1901 年 1 月 20 日出版第 133 冊後停刊。

3 月 1 日，在倫敦《雙週論壇》以英文發表〈中國的現在和未來 —— 革命黨籲英國善持中立〉一文，揭發清朝政治腐敗，主張改變行政體制。

8 月 16 日，經美加到日本橫濱。會晤陳少白及日人宮崎寅藏、平山周等人。在橫濱曾致書香港當局，要求取消逐客令，准予返香港居留，但遭拒絕。其後赴東京，訪犬養毅，結交日本朝野豪賢。

10 月 12 日，東京府正式為孫中山簽發僑居證。

秋，在橫濱創設「中西學校」，作為宣傳革命之所。但其後該校被康有為的門生徐勤控制，改名「大同學校」，排斥孫中山。

11 月中旬，陳少白到台北成立興中會分會；同月 20 日返回日本。

＊　**1898 年（光緒二十四年，歲次戊戌）**

春，陳少白再到台北，留台約半年，籌得經費約三千元，這筆錢成為翌年底到香港創辦《中國日報》的經費之一；同年秋，陳少白返回日本。

6 月 9 日，中英《展拓香港界址專條》在北京正式簽字，清政府將香港九龍半島以北及附近二百多個島嶼，租借給英國 99 年，定名「新界」，到 1997 年 6 月 30 日期滿。

6 月 13 日（農曆四月二十三日），光緒皇帝頒「明定國是」

詔書，宣告「百日維新」運動開始。9 月 20 日，慈禧太后重新訓政，光緒則自即日起被軟禁於瀛台，「百日維新」宣布流產。

10 月 26 日，經宮崎寅藏及平山周介紹，在橫濱犬養毅寓所與梁啓超會晤，商討合作，但因康有為反對而未能實現。

* 1899 年（清光緒二十五年，歲次己亥）

2 月 21 日，維新派在香港創辦《香港通報》，主持人張菽郁。

秋，孫中山派陳少白返香港，創辦第一份革命報刊「中國報」。

* 1900 年（光緒二十六年，歲次庚子）

1 月中旬，孫中山領導籌辦的興中會第一家機關報《中國日報》（China）在香港創刊。它被譽為「唯一創始之公言革命報」、「中國革命提倡者之元祖」、「革命報之鼻祖」、「革命黨組織言論機關之元祖」。孫中山的戰友陳少白任第一任社長兼總編輯。1905 年 10 月轉為同盟會香港分會機關報。1906 年轉為同盟會南方支部機關報，馮自由、謝英伯先後接任第二、三任社長（總編輯）。1911 年 6 月，盧信（又名盧信公）接辦《中國日報》。同年 11 月 9 日（辛亥九月十九日）廣東光復，同盟會遷粵，《中國日報》隨之遷至廣州，獲政府津貼，規模極大。1912 年 8 月 25 日，同盟會聯合四個政團，改組為國民黨，《中國日報》轉為國民黨的機關報。1913 年 8 月，陳炯明搞粵省獨立失敗，軍閥龍濟光入粵，清除國民黨，《中國日報》被龍濟光查封。

陳少白同時於己亥年十二月廿五日（1900 年 1 月 25 日）創辦旬刊《中國旬報》。該刊共出版了三十七期，於庚子年十二月十五日（太陽曆二月四號，即 1900 年 2 月 4 日）停刊。

6 月 17 日，孫中山偕鄭士良等自日本搭輪船去新加坡，途經香港，未獲准上岸，仍在船上接見革命黨人，策劃粵事。時李鴻章派兵艦來迎，邀孫中山等過艦開會。因懷疑李鴻章有設陷阱誘

捕之意，故未成行，只派宮崎爲代表參加。

7 月 17 日，離新加坡乘船去日本，途經香港，未得登岸，於船中召集會議，決定惠州舉兵。

9 月 28 日，自神戶抵台灣。

10 月 8 日至 22 日，孫中山親自發動第二次革命起義「庚子惠州之役」。這次起義約用去港幣十餘萬元，其中二萬餘元由香港李紀堂捐助。參加者六百餘人，後擴至二萬餘人。同年，興中會策劃廣州、惠州軍事，「中國報」社爲指揮起義大本營。黨人出入絡繹不絕。二役相繼失敗後，報社財政不支，賴李紀堂供應，得免歇業。

＊ 1901 年（光緒二十七年，歲次辛丑）

春，《中國日報》首次由士丹利街遷往上環永樂街近水坑口交界處。此地靠近碼頭，方便搬運貨物，及革命黨人進出。

＊ 1902 年（光緒二十八年，歲次壬寅）

1 月 18 日至 24 日，孫中山由日本乘船抵香港，寓於上環永樂街中國日報社三樓七天。當時，香港政府自 1895 年 9 月禁止孫中山入境的五年禁令已滿期，故得順利上岸。但孫中山居港僅數日，即被警廳諷使他適。孫中山於 24 日離港再赴日本，港府重申禁令，直至辛亥革命成功後才撤銷。

6 月 17 日，英華（斂之）在天津創辦《大公報》。創辦人受康、梁變法維新思想影響，主張建立君主立憲政體，以敢於議論朝政、反對袁世凱而贏得讀者。該報的宗旨是「開風氣、啓民智」。1916 年，報館賣給王郅隆。王是安福系理財人，報紙成爲皖系宣傳工具，發行到 1925 年底停刊。1926 年 9 月 1 日《大公報》復刊，由天津鹽業銀行總經理吳鼎昌任社長，胡政之任經理兼副總編輯，張季鸞任總編輯兼副經理。三人合作組成「大公報社新紀

公司」，以股份公司方式經營《大公報》。胡政之自稱是「文人辦報」，不同於向來的「黨人辦報」及「商人辦報」。張季鸞提出，「不黨、不賣、不私、不盲」的「四不主義」，做為辦報方針，又稱「社訓」，影響深遠。張季鸞的新聞思想，與康有為的「官報思想」及孫中山的「黨報思想」，迥然不同。

12 月 13 日，孫中山由日本乘船赴安南（今越南）途經香港，未上岸，在船上接見革命黨人。

＊ **1903 年（光緒二十九年，歲次癸卯）**

1 月 28 日，李紀堂、洪全福等人謀舉事於廣州，未成。「廣州之役」是一次流產暴動，香港富商李紀堂獨力負擔活動經費，「家業因之耗費過半，漸呈竭蹶之象」。

3 月 18 日，英國人克寧漢（Alfred Cunningham）和興中會會員謝纘泰（Tse Tsan Tai），以 25 元一股，發行六千股，共籌資 15 萬元，組成有限公司；同年 11 月 7 日，出版香港第一張以普通市民為對象的英文報紙 "*South China Morning Post*"（《南華早報》）。該報每天出紙一張，僅售一角，較其他西報便宜，日銷六百份。謝纘泰經常在報上著文，鼓吹改革。1924 年他將這些文章整理，加上其他革命見聞，匯編為一英文書，定名 "*The Chinese Republic Secret History of the Revolution*"（《中華民國革命秘史》），由香港《南華早報》社出版。

5 月，上海大同書局出版鄒容《革命軍》一書，章炳麟（又名「太炎」）作序。6 月 30 日，章炳麟被捕，爆發「蘇報案」。7 月 7 日《蘇報》被查封。

6 同年，《世界公益報》在香港創刊，鄭貫公（又名「貫一」）任總編輯，黃魯逸佐之。繼鄭貫公任總編輯者有李大醒、黃世仲、黃耀公等。每天出紙兩大張，宗旨與孫中山、陳少白創辦的《中

國日報》相同。至 1917 年「因營業折閱停辦」。有人購得其印刷機，節取「公益」二字作報名續辦，但經營不逾年，亦告歇業。

是年夏，《中國日報》因經濟困難，合併於文裕堂文具印刷店，組成有限公司，由李紀堂、容星橋、陳少白分管財務、印務、報務，社址改為荷里活道 92～94 號。

同年，鄭貫公還創辦婦女啟蒙刊物《女子世界》。

同年，《實報》在香港創刊，潘飛聲任總編輯。潘喜好近體詩，風花月露之作往往充斥副刊；而評論事則多出婉約之詞，不流於偏激。有人譽之「提倡風雅」；但亦有人毀之「無關美刺」，因而，經營狀況欠佳。1908 年易主，改名《真報》。新主人陳自覺傾向革命持論轉趨偏激，讀者增多，銷量回升，經營到 1915 年停辦。

＊　1904 年（光緒三十年，歲次甲辰）

1 月 11 日，孫中山在檀香山加入洪門致公堂，並被封為「洪棍」（洪門稱元帥為「洪棍」）。同月，孫中山在檀香山火奴奴創立「中華革命軍」，參加者必須宣讀的誓詞曰：「聯盟人某省某縣某人某某，驅逐韃虜，恢復中華，建立民國，平均地權，如有反悔，任眾處罰！」

同年春，《廣東日報》出版，初任總編輯是鄭貫公，李大醒、勞緯孟繼之。其宗旨與《中國日報》大致相同，主張推行民主政體以振朝氣而挽積弱，力駁君主立憲之說。後來，在收回粵漢鐵路風潮中，該報最以直言而為粵史所忌，而該報股東多為內地縉紳，他們均畏懼會以此惹禍，故該報延至 1916 年 3 月因失去支持而輟版。

是年秋，孫中山在紐約首次發表對外宣言，題為《中國問題之真解決》（*The True Solution of the Chinese Question*），第一次表達對中外關係及中國未來的見解。

同年，保皇黨黨魁康有爲以香港同情民黨、鼓吹革滿清命的報紙日多，聲勢浩大，在這個中國南方最重要的口岸不可無自己的宣傳機關，於是，派學生徐勤等人到香港創辦《商報》，宣傳君主立憲。主筆政者有徐勤、伍憲子、伍權公等。1912 年民國成立後，該報易名《共和報》，伍權公任總編輯，宗旨改變，副刊論修身處世之道，政治鋒芒盡失。1921 年易主，未幾輟刊。

＊　1905 年（光緒三十一年，歲次乙巳）

6 月，《唯一趣報有所謂》報創刊。時值港粵滬掀起轟轟烈烈的反對美帝國主義禁約華工的運動，該報篇幅雖小，但一出版即大量刊登反美報道及反美爲主題的通俗文藝作品，鬥爭態度堅決，因而，出版不久，「義聲震於一時」，銷量甚於大報，所以，被稱爲「清末反美小報」。該報創辦人兼總編輯鄭貫公，曾在《廣東日報》創設過附刊《無所謂》，其取意是：面對「浮生夢夢，大局塵塵」的亂局持消極態度；而《唯一趣報有所謂》宗旨是要「抒救時之策，鳴警世之鐘。」該報出版一年餘（1906 年夏，鄭貫公病故，時年僅 26 歲），因「乏人主持」而停辦。其後，該報的其他主要成員另辦《東方報》，《香港少年報》等。

8 月 20 日，中國同盟會在東京正式成立，加盟者三百餘人，孫中山被推舉爲總理。

9 月 8 日，孫中山派馮自由、李自重到香港，於《中國日報》社成立同盟會分會。同月 18 日成立，眾舉陳少白爲會長，鄭貫公爲庶務，馮自由爲書記。首批入會者包括李紀堂、黃世仲等人。

10 月 7 日，孫中山流亡後第六次途經香港，未上岸，在船上接見革命黨人。

11 月 26 日，《民報》在東京發刊，孫中山撰〈發刊詞〉，主要內容是闡述「民族、民權、民生」「三大主義」，其後改稱「三

民主義」。

* 1906 年（光緒三十二年，歲次丙午）

4 月 16 日，孫中山流亡後第七次途經香港。據兩廣總督致外務部電稱：「孫文改洋裝住香港公益報館」。是日晚，孫中山約陳少白、馮自由、鄭貫一、黃世仲四人見面，調跱《中國日報》與《唯一趣味有所謂報》的轇轕。

5 月 28 日，革命報紙《香港少年報》創刊，創辦人黃世仲，原是追隨鄭貫公辦報的革命派報人。同年，還有一份革命報紙《日日新報》在港創刊；而廣州的革命報紙《珠江鏡報》亦出香港版，因而，香港的革命報刊呈一時之盛。

9 月（丙午年八月），《中國日報》社址由荷里活道遷往上環德輔道 301 號。是年秋，文裕堂淪於破產，馮自由、李紀堂、李煜堂等向文裕堂承購《中國日報》全部產權。同月，《中國日報》改組，眾舉馮自由為社長。從丙午至己酉年（1906.9～1909.10.）前後四年，為馮自由處理時期。

* 1907 年（光緒三十三年，歲次丁未）

4 月 16 日，孫中山流亡後第九次途經香港。

5 月 22 日至 27 日「潮州黃岡之役」，為孫中山親自發動的第三革命起義。參加者七百餘人，戰死者七十七人，殉難者七十餘人。

6 月 2 日至 13 日「惠州七女湖之役」，為孫中山親自發動的第四次的革命起義。參加者百餘人。

9 月 17 日，欽州革命軍起事失敗。

10 月 12 日「汕尾運械事件」，半途流產。為了進行西南軍事，孫中山在日本訂購大批軍械，由日輪幸運丸運至海豐汕尾起卸。胡漢民奉派至港策劃，派許雪秋在汕尾海岸接運。這天，幸運丸

至汕尾附近海面，許未能適時接運，幸運丸乃駛香港。胡急於堅尼道機關部約集同志開會，決定在港招募會黨五百人，將原船駛平海，與岸上黨人聯絡大舉。惟幸運丸運械事，為日本駐港領事館所知，乃飭該船回日，事遂無成。1907 年的兩次起義經費及汕尾運械經費共約 49,000 餘元，雖非出自香港，但多以香港《中國日報》或金利源商店為匯收之所。在丁未（1907 年）和戊申（1908）兩年中，《中國日報》社墊支軍費 542 元餘。同志來來往往，多下榻報社。黨人劉思復在報館製炸彈，謀炸李準，未成。

同年，兩份傾向於革命的報紙《社會公報》（主持人黃伯耀）與《小說世界》在香港創刊。

＊　1908 年（光緒三十四年，歲次戊申）

3 月中旬，孫中山流亡後第九次途經香港。

12 月下旬（1909 年 1 月）中國報負債累累，馮自由向親屬挪借，始渡過年關。

同年，力主革命的報紙《人道日報》在港創刊，主持人李孟哲。

＊　1909 年（宣統元年，歲次己酉）

光緒除名，宣統繼位，清王室權力鬥爭加劇，統治基礎更加不穩，各地保皇報刊紛紛改變宗旨。創刊於 1879 年的著名改良報《維新日報》易主劉少云，改名《國民新報》，續出版到 1912 年停刊，前後共出版了 34 年之久。

秋冬間，中國同盟會南方支部成立，胡漢民為支部長，汪兆銘為書記，林直勉為司庫，漸與中國同盟會香港分會劃清權限：自後西南各省黨務軍事由南方支部主之；香港一方黨務由分會主之。

＊　1910 年（宣統二年，歲次庚戌）

　　2 月 12 日「廣州新軍之役」，爲孫中山親自發動的第九次革命起義。戰死百餘人，被捕十四人。

　　4 月，馮自由羅掘俱窮，無力再辦《中國日報》，辭社長職去加拿大。中國同盟會南方支部特撥公款善後。

　　是歲冬，中國報爲節省用費，遷址荷理活道 231 號。從 1910.4～1911.6，爲南方支部處理時期，派李以衡爲經理；眾推謝英伯爲社長，並兼任總編輯，故又稱爲謝英伯時期。

＊　**1911 年（宣統三年，歲次辛亥）**

　　春，留美黨員李其歸國，中國同盟會南方支部任命他爲《中國日報》經理。

　　4 月 27 日「廣州黃花岡之役」，爲孫中山親自發動的第十次革命起義。參加者一百七十人，殉難八十六人。這次起義經費約 21 萬元，雖非出自香港，但多以香港《中國日報》或金利源商店爲匯收之所。

　　6 月，檀香山黨員盧信（又名盧信公）等人，集僑資接辦《中國日報》，盧信自任社長，開始了《中國日報》的盧信時代。

　　9 月，《新漢報》創刊。主持人黃世仲等，主筆政者盧博郎、李孟哲在內地因「天民報之獄」而避居香港。該報大力宣揚民族主義及排滿，是一份出名的革命報紙。

　　10 月 10 日，武昌首義成功。

　　11 月 9 日，廣州光復。其後，中國同盟會遷粵，《中國日報》隨之遷往廣州，獲政府津貼，規模極大。

　　12 月 21 日至 22 日，孫中山流亡後第十次抵香港，當時，港英政府的逐客令尚未過期，但破例准許孫中山在港島公開上岸，並在碼頭即場發表演說。

　　同月 25 日，孫中山抵上海。

＊　1912 年（民國元年，歲次壬子）

1 月 1 日（壬子年十一月十三日），中華民國臨時政府在南京正式成立，改用民國年號。民國紀年與公元之年、月、日序均相同。是日，孫中山宣誓就任第一任臨時大總統。

2 月 12 日，清帝溥儀退位，宣告清朝滅亡。同月 14 日，參議院接受孫中山辭去臨時大總統職；但是，到 4 月 1 日才正式解卸。

4 月 16 日，孫中山參觀上海《民立報》，並致詞曰：「此次革命事業，數十年間，屢起屢仆，而卒覩成於今日者，實報紙鼓吹之力。」同月 25 日至廣州。

5 月 15 日，孫中山在廣州祭黃花岡七十二烈士，並弔以文。同月 27 日，返香山故鄉，至 31 日復至廣州。同月，孫中山自廣州香港。他在接受《南華早報》訪問時說：中國必將裁去通商口岸的租界。

8 月 13 日，中國同盟會發表改組為國民黨宣言：中國同盟會要聯合其他四政團，改組為國民黨。同月 25 日，正式宣告國民黨成立，孫中山被推為理事長。與此同時，《中國日報》轉為國民黨的機關報。

＊　1913 年（民國二年，歲次癸丑）

8 月，陳炯明搞粵省獨立失敗，龍濟光入粵。其後，《中國日報》被封禁停版，印刷機器被龍濟光沒收。從辛亥至癸丑（1911.6～1913.8）為《中國日報》的盧信時期。

11 月 4 日，袁世凱解散國民黨，撤銷國會之中國民黨籍議員之職銜。

＊　1914 年（民國三年，歲次甲寅）

1 月 10 日，袁世凱明令解散國會。各地革命黨人進行「討袁」

活動。

7 月 8 日，中華革命黨在日本召開成立大會，到會者三百餘人，孫中山就任總理，宣誓再舉革命。同月 28 日，第一次世界大戰爆發。

＊　1915 年（民國四年，歲次乙卯）

10 月 25 日，孫中山在東京與宋慶齡結婚。同月 31 日，袁世凱佈告改明年爲「洪憲」，宣示稱帝。

＊　1916 年（民國五年，歲次丙辰）

1 月 6 日，廣東革命軍在惠州舉事。各省相繼發起「討袁」活動。

3 月 22 日，袁世凱被迫撤銷帝制。

4 月 6 日，廣東宣佈獨立，軍閥龍濟光當權。

6 月 6 日，袁世凱鬱鬱而終。

＊　1917 年（民國六年，歲次丁巳）

2 月 21 日，孫中山完成《民權初步》著作。

9 月 1 日，國會非常會議選舉孫中山爲中華民國軍政府海陸軍大元帥。

＊　1918 年（民國七年，歲次戊午）

6 月 26 日，孫中山抵上海，決心從事著述。

12 月 30 日，撰《孫文學說》序。

＊　1919 年（民國八年，歲次己未）

1 月 21 日，廣州國會召開兩院聯席會議，議決軍政府改名「護法政府」。

5 月 4 日，北京大學等院校學生爲爭山東問題，反對巴黎和會決定，舉行示威運動。各地熱烈響應，掀起全國規模的反日愛國運動，史稱「五四運動」。

5 月 20 日，《孫文學說》出版。

10 月 10 日，中華革命黨改組爲中國國民黨。同月 21 日，廣州國會議決改組軍政府，彈劾岑春煊。

✳　**1920 年（民國九年，歲次庚申）**

8 月 5 日，孫中山在上海歡迎美國議員團會上發表演說，主張廢除二十一條。

11 月 1 日，孫中山任命陳炯明爲廣東省長兼粵軍總司令。

✳　**1921 年（民國十年，歲次辛酉）**

1 月 1 日，孫中山在軍政府演說，主張建立正式政府。

4 月 7 日，孫中山當選爲非常大總統。

✳　**1922 年（民國十一年，歲次壬戌）**

6 月 22 日，陳炯明叛變，圍攻總統府，孫中山登上永豐艦指揮討逆。

8 月 10 日上午 6 時，孫中山抵香港。留港革命黨員汪精衛（又名「兆銘」）等人，登輪晉見。正午 12 時，孫中山乘輪赴上海。

10 月 10 日，孫中山爲蔣中正著《孫大總統廣州蒙難記》撰序。

✳　**1923 年（民國十二年，歲次癸亥）**

1 月 22 日，蘇俄代表越飛在上海晉見孫中山。其後，兩人數度會見，並於 26 日發表聯合聲明，申明中俄關係及國民黨對共產主義的立場。

2 月 17 日，孫中山由上海抵香港。20 日，應邀在香港大學演講，講述自己「革命思想之產生」經過，其中有云：「*香港及香港大學，仍我智慧之誕生地也……我之思想發源地即為香港……我之革命思想，完全得之香港也。*」21 日，自香港抵廣州，續履行大元帥職權。

11 月，中國國民黨發表改組宣言。

12 月 21 日，孫中山在廣州嶺南大學（今中山大學）演講，其中有名言「學生要立志做大事不可做大官」。

＊　1924 年（民國十三年，歲次甲子）

1 月 20 日，中國國民黨在廣州召開第一次全國代表大會，決定改組中國國民黨，實行「聯俄、聯共、扶助農工」三大政策，中國共產黨員可以個人名義加入中國國民黨。在這次會議上，多名著名共產黨員（如毛澤東）以雙重黨籍身份，當選為中國國民黨中央要職。

同月 27 日至 8 月 24 日，孫中山在廣州高等師範學校禮堂，每星期一次系統演講「三民主義」。演講原訂每周一次，後因公務繁忙，時有間斷，共講完「民族主義」和「民權主義」各六講，至 8 月 24 日「民生主義」第四講說畢後，因革命軍正積極準備北伐，軍政事務異常倥偬，演講無法繼續。9 月 12 日，孫中山離開廣州，前赴韶關督師。其後，民生主義所缺部份，亦因孫中山翌年 3 月 12 日病逝於北京而無法完成。其後，由蔣中正撰寫《民生主義育樂兩篇補述》而補齊。

同月 28 日，孫中山指定黃埔為陸軍軍官學校校址。2 月 8 日，召開首次校務籌備會議。蔣中正為籌備會議主席，後任校長；廖仲愷為黨代表；周恩來為政治部主任。

4 月 12 日，公布國民政府建國大綱。

9 月 5 日，孫中山在大本營召開軍事會議，決定督師北伐。

11 月 4 日，決定北上，令胡漢民代行大元師職權，留守廣州；譚廷闓辦理大本營事，主持北伐軍事。同月 10 日，孫中山發表北上宣言，主張速開國民會議。同月 13 日，，孫中山離粵，乘輪北上。14 日途經香港。17 日抵上海。21 日離上海，取道日本赴天

津。

　　12 月 4 日抵天津，身體漸感不適。同月 31 日，自天津扶病至北京。

＊　1925 年（民國十四年，歲次乙丑）

　　1 月，在北京飯店請德國醫生克利診療。同月 26 日，入北京協和醫院接受手術。

　　2 月 18 日，自協和醫院移居北京鐵獅子胡同行轅。同月 24 日遺囑定稿。

　　3 月 11 日，孫中山在遺囑簽字。12 日上午 9 時 30 分，孫中山在北京逝世，享年 60 歲。

三、孫中山研究工具書

　　（此處所列研究孫中山的幾冊工具書，是本人經常查閱與本書內容相關資料的。相信乃屬冰山之一角。所有資料按作者姓氏筆劃順序排列；如無作者姓名，則以資料名稱第一個字的筆劃順序排列。）

1、孫中山著：《三民主義》（袖珍本），台北：中央文物供應社出版的中國國民黨黨史委員會版本。

2、《孫中山全集》，北京：中華書局，1981 年版。

3、《孫中山年譜長編》（上、下冊），陳錫祺主編，北京：中華書局，1991 年 8 月第一版第一次印刷。

4、《國父全集》（全六冊），台北：中國國民黨中央委員會黨史委員會（簡稱：黨史會）編訂出版，1973 年 6 月初版，1981 年 8 月 1 日再版。1989 年 11 月 24 日出版了秦孝儀主編的十二冊

最新版本，補充了大量新資料。

5、《國父年譜》，（全二冊），台北：黨史會編輯出版，1958 年 10
月 10 日初版；1965 年 11 月 24 日第一次增訂；1969 年 11 月
24 日第二次增訂；1985 年 11 月 12 日第三次增訂；1994 年 11
月 24 日第四次增訂。

6、《中華民國開國五十年文獻》（多卷本），台北：正中書局出版。

7、《革命文獻》（多卷本），台北：黨史會編輯出版。

8、《研究中山先生的史料與史學》，民國史研究叢書，台北：中華
民國史料研究中心出版，1975 年 11 月 12 日初版。

9、《孫中山先生與辛亥革命》（上、中、下全三冊），民國史研究
叢書，台北：中華民國史料研究中心出版。

四、孫中山研究的專書專著

（現代人研究孫中山的專著專論如汗牛充棟，此處
所列乃本人所見的與本書內容相關之專書專著，當然是
掛一漏萬。所有書目，按作者姓氏筆劃順序排列。）

1、王雲五等著：《我怎樣認識國父孫先生》，台北：傳記文學叢刊
之三，1967 年 2 月 1 日再版。

2、吳相湘：《孫逸仙先生》，台北：文星書店出版，1965 年。

3、李進軒著：《孫中山先生革命與香港》，台北：文史哲出版社印
行，1989 年 1 月初版。

4、李文光：《孫中山的名號稱謂獵趣》，《孫中山研究文集》頁
517~522，廣東中山市孫中山研究會編，廣東人民出版社，1996

年 9 月第一版第一次印刷。

5、林家有：《孫中山振興中華思想研究》（論集），孫中山基金會叢書，廣州：廣東人民出版社，1996 年 10 月第一版第一次印刷。

6、林家有著：《孫中山與中國近代化道路研究》，廣州：廣東教育出版社，1999 年 11 月第一版。

7、林百克著、徐植仁譯：《孫逸仙傳記》，上海三民公司印行，1926 年。英文原著爲：Paul M. W. Linebarger, *Sun Yatsen: and the Chinese Republic*, New York, 1925。

8、林子勛編著：《國父學說與西方文化》，台北：中華文化出版事業委員會出版發行，1953 年 3 月初版。

9、尙明軒主編：《一代天驕孫中山的歷程 ── 一個偉人和他的未竟事業》（上、下冊），北京：解放軍文藝出版社出版發行，1998 年元月第一版第一次印刷。

10、邱捷著：《孫中山領導的革命運動與清末民初的廣東》，廣州：廣東人民出版社，1996 年 10 月第一版第一次印刷。

11、段雲章：《放眼世界的孫中山》，廣州：中山大學出版社，1996 年 9 月第一版第一次印刷。

12、段雲章編著：《孫文與日本史事編年》，廣州：廣東人民出版社，1996 年 10 月第 1 版。

13、馬兗生：《孫中山在夏威夷活動和追隨者》，台北：近代中國出版社，2000 年 8 月 25 日。

14、陳固亭：《國父與日本友人》，台北：幼獅書店，1965 年。

15、陳錫祺著：《同盟會成立前的孫中山》（修訂本），廣東人民出版社，1984 年 5 月第二版第二次印刷。

16、陳錫祺、吳倫霓霞、陳勝粦、郭景榮、羅立新：《孫中山在港

澳與海外活動史蹟》，紀念孫中山，紀念孫中山先生誕 120 週年、廣州中山大學創校 62 週年、香港中文大學聯合書院創校 30 週年特刊，廣州中山大學中山研究所、香港中文大學聯合書院出版，1986 年。

17、陳志先著：《國父的學生時代》，台北：正中書局，1955 年 5 月。

18、陳建明：《孫中山早期的一篇佚文 ── 〈教友少年會紀事〉》，載中國社科院近史所 6 主辦的《近代史研究》，1987 年第三期。

19、張磊著：《孫中山：愈挫愈奮的偉大先行者》，廣州：廣東人民出版社，1996 年 10 月第一版第一次印刷。

20、莊政著：《孫中山的大學生涯 ── 擁抱祖國、愛情和書的偉人》，台北：中央日報出版部，1995 年 11 月初版一刷。

21、莫世祥：〈孫中山香港之行 ── 近代香港英文報刊中的孫中山史料研究〉，載《歷史研究》1997 年第三期（總 247 期），頁 19-31，北京：中國社會科學雜誌社主辦及出版，1997 年 6 月 15 日出版。

22、習賢德著：《孫中山先生與基督教》，台北：浸宣出版社，1991 年 12 月。

23、無涯：〈孫中山在澳門所創辦的報紙〉，香港《大公報》，1965 年元月 29 日。

24、黃宇和：《孫逸仙倫敦蒙難真相》，台北：聯經出版社，1998 年 10 月。

25、湯承業：《國父革命宣傳志略》，（上、下）台北：黎明文化事業有限公司，197910、馮自由著：〈孫總理信奉耶穌教之經過〉，載中華民國開國五十年文獻第一編第九冊《革命之倡導

與發展‧興中會上》，頁 173~190，台北：正中書局，1964 年
2 月台初版。

26、閭小坡：〈論孫中山先生的輿論意識〉載張磊主編：紀念孫中
山誕辰 130 國際學術討論會文集：《孫中山與中國近代化》，
頁 279~291，北京：人民出版社，1999 年 1 月第一版。

27、鄧麗蘭：〈孫中山、飛南第與「鏡海叢報」〉，載張磊主編：紀
念孫中山誕辰 130 國際學術討論會文集：《孫中山與中國近代
化》，頁 719~727，北京：人民出版社，1999 年 1 月第一版。

28、羅香林著：《國父之大學時代》，台灣商務印書館，1954 年 10
月初版。

29、羅香林著：《國父在香港之歷史遺蹟》，珠海書院叢書之一，
香港珠海書院委員會，1971 年元月出版。2002 年，香港大學
出版社重印，加入李君毅《國父孫中山在香港十大歷史遺蹟
甲乙篇》，及香港歷史博物館中山史蹟徑近影壹輯。

30、羅香林著：《國父之家世與學養》，台灣商務印書館，1972 年
7 月初版。

拾壹、主要當事人事蹟及著作

一、前　言

　　《中國日報》在香港辦了 11 年餘，其後遷廣州再辦 2 年多。根據主要負責人在任時間，可分爲以下四個時期：其一，陳少白時期（ 1899 秋～1906.9)（含籌辦時期）；其二，馮自由時期（ 1906.9 ～1910.4)；其三，謝英伯時期 (1910.4～1911.6)；其四，盧信時期 (1911.6～1913.8)。1911.9 月廣州光後，《中國日報》隨同盟會遷廣州，獲政府資助。1912.8，同盟會改組爲國民黨後，轉爲國民黨的機關報。1913 年 8 月，龍濟光入粵，《中國日報》被封閉停版。

　　《中國日報》是孫中山指派他的戰友陳少白到香港經辦的，上一節已經用大事紀的方式，詳列孫中山與香港的關係。該報一部份創辦費由當時香港富商李紀堂支助；同時，該報早期維持不墜亦主要依靠李紀堂的支持。而第一任社長陳少白及第二任社長馮自由兩個時期最爲重要，兩人負責具體運作，功不可沒。當時，報館也是革命黨的總部，社長兼任革命黨組織的負責人。他們集報務、黨務於一身，在三條戰線上指揮革命活動。第三、四時期的負責人謝英伯及盧信的履歷雖然不突出，但亦值得介紹，以保持完整性。本節簡介以上五位主要當事人的生平事蹟。

　　早在二十世紀三十年代,《中國日報》的第一任社長陳少白,第二任社長馮自由,以及主筆陳春生等當事人,已經開始撰述回憶《中國日報》的文章。這些珍貴的紀錄,其後至今,一直被研究者大量引用。但是,不少人未能查閱原出處,而是轉引他人的文章,因此,難免以訛傳訛。

　　為此,本節選錄《中國日報》首任社長陳少白及第二任社長馮自由,和主筆陳春生等當事人所撰與該報相關的回憶文章,並列明出處及版本,按照作品成文的先後順序排列,以方便有興趣者進一步探討。當事人的回憶錄,可視為第一手資料,有很高的參考價值。原著大都用民國紀元,為方便香港及內地讀者,本文將之轉換為公元。

二、李紀堂事蹟

　　《中國日報》的一部份創辦經費,由當時香港富商李紀堂支助;同時,該報早期維持不墜,亦主要依靠李紀堂的支持。現將李紀堂的事蹟及相關之研究資料列下:

(一) 李紀堂簡歷

　　李紀堂(1873～1943),名柏,又名寶倫,號紀堂,廣東新會人。生於清同治十二年(1873),父李陞,善理財,以富著稱香港。排行第三,自幼活潑好動,喜愛騎馬、練鎗、擊球、操舟、射獵等運動。弱冠即任日本郵船公司港分行華經理。光緒二十一年(1895),興中會在廣州舉義失敗,孫中山先生由港赴日,曾親自登輪造訪,即欽仰其人,乃亦傾心革命。逾年,其父去世,分配

遺產，得益隆銀號，而所得百數十萬，日後襄助革命，拋擲皆盡。

　　1900 年 4 月 22 日，在謝纘泰介紹下，於港加盟興中會。時孫中山正策劃惠州之役，過港，楊衢雲、陳少白等引見，中山先生立予軍費二萬元，並委以駐港會計主任一職。後惠州之役雖敗，然經手撥墊款項爲數至鉅。又收容逃港志士二百餘人於所經營之新界屯門青山種植場。此外，自光緒 1900 年至 1906 年之間，香港中國日報之投資創辦、經費維持，也端賴之。

　　1902 年，洪全福等在廣州發難，除籌費 50 萬元外，並慨然獨任軍餉全額。所有購械、運輸工作，全由其在港負責佈置。事敗之後，復出資撫邮死難家屬。因此役耗費過鉅，家業漸衰，加上往後數年生意失敗，益隆銀號負債累累，終致破產，唯賴青山農產品，勉強贍養家人。然於革命熱誠依然不減。如 1904~05 年，程子儀改良粵劇社，用以鼓吹革命。慨捐二萬元，成立采南歌劇社，由陳少白編劇，開革命戲劇之先河。

　　此外，1905 年，潮州黃岡起義失敗，首領余丑兵敗逃港，被清廷誣爲強盜而遭逮捕入獄。代爲延聘律師，四處奔走，終得獲釋。1907 年，汪精衛等在屯門購買材料、試爆炸彈，乃至宣統三年（1911），清提督李準之輸誠反正，無不得力於其之鼎力相助。迨粵省光復，都督胡漢民任爲交通司長，迄南北統一軍政府改組爲止，此乃一生較順遂得意之時期。

　　民國後，雖曾任職縣長，然對政治欠缺經驗，均以用人不當而去職，鬱鬱不得志，而家境亦日困一日。1940 年多，應蔣介石命至重慶，任僑務委員會委員。1942 年，擔任僑光汽車木炭爐製造公司董事長，然籌備數月，又以用人失當、經費耗盡而停辦。

翌年冬，以心臟病逝世，年 71。[1]

（二）李紀堂事略

《中國日報》創辦初期的主筆之一陳春生，曾以「採訪員」名義撰寫《中興會員李紀堂先生事略》一文，以編年體格式，詳列李紀堂的生平如下：[2]

中興會員李紀堂（即李北）先生，廣東新會縣人，熱心革命事業，三十年如一日。香港中國日報，為中國革命報紙之元祖。先生殆為該報之開山祖，計先後投貲十餘萬，厥功殊偉。

丙申年光緒二十二年陽曆 1896 年 23 歲：本年常與 先總理通訊，討論改革政局，並在港認識楊衢雲兄，商量如何方可推翻滿清，改良政治，免再受外國凌辱。即組織中國日報，在香港鼓吹一切革命事業，並由楊衢雲兄介紹，為興中會會員。

丁酉年光緒二十三年陽曆 1897 年 24 歲：是年，常與陳少白兄、楊衢雲兄來往，商量改革政治，並從中國日報極力鼓吹，以便將來之收效。當時蔡應幹適從台灣回，改名黃若山，由區鳳墀先生介紹，認識紀堂。即將蔡薦與先父之寶記置業公司，為辦事員，從中商勸先父出歎辦報，並為政治革命工作。

戊戌年光緒二十四年陽曆 1898 年 25 歲：是年，適值保皇政變，機會難逢，遂在中國報力斥保皇之非，而鼓吹革命運動。並

---

1 上述李紀堂的簡歷，主要秦孝儀總編纂：《中國近代史辭典》（人物部分）頁 133，台北：近代中國出版社印行，1985 年 6 月。

2 採訪員陳春生撰《中興會員李紀堂先生事略》，封面題名《興中會員李紀堂先生革命事略》，內容多與香港中國日報及陳少白先生有關係。此文送中國國民黨中央執行委員會黨史史料編纂委員會鈞覽，原件現藏於台北中國國民黨中央黨部黨史館，編號 230~1117。以上為原文之摘錄，為方便今人閱讀，另加上標點符號，及作了一些格式上的調整。

由紀堂籌墊中國報之費，月約八百元，年約萬元。

　　己亥年光緒二十五年陽曆 1899 年 26：是年，已因保皇政變及中國報之鼓吹，人民稍有感覺。中國報亦非常發達，表同情於我等之趨向者，日見其多。故常報告情形於　先總理，請他回港，急速起事，以期適應潮流。中國報之費，仍如上年，由紀堂墊出，年約萬元。

　　庚子年光緒二十六年陽曆 1900 年 27 歲：是年二月，　先總理已由日本回國，到港不能上岸，即約紀堂與楊衢雲、陳少白、史堅如、鄭士良等會商於舟中，預備在惠州舉事。紀堂與英人摩近義士，及陳少白、楊衢雲等，則在港接應。而財政上祇紀堂一人獨力支持，由起事供應，至失敗善後逃亡等費，共由個人墊支十餘萬元。另中國報費用，仍如上年。

　　辛丑年光緒二十七年陽曆 1901 年 28 歲：是年，因失敗之後，心有不甘。五月回港，即在九龍租界屯門青山地方（即杯渡山附近）組織一種植畜牧場所，以便內地逃亡及海外歸來諸同志之集合。鄧三伯等，並在該處實地試驗各種兵器，俾將來舉事，得以應用。此場所開辦初年，約用去五萬餘元。是年中國報經費，仍舊墊支，每月約九百元，年約一萬餘元。

　　壬寅年光緒二十八年陽曆 1902 年 29 歲：是年，洪全福已聯絡內地及北江一帶之洪門弟兄，並分遣梁慕光兄、梁慕義兄、李植生兄、蘇卓南兄，在廣州花埭組織信義公司，以為機關。又遣宋居仁兄、馮通明兄，於北江一帶，以資響應。並向沙面陶德洋行，定下鎗枝，經交去大批定銀，約二十萬元。詎該洋行到時不交貨，反密報於防營李家焯，於十二月二十九晨早，遂被捕去十餘人，並起出許多鎗彈檄文等件。兩年組織一旦消滅，計籌劃起事以至善後逃亡等費，紀堂用去五十餘萬元。　先總理面商，惟

究係秉承革命方略而行，又因係大貲財，祇因紀堂個人私出，無求於人，則不必多所就商，以免消息洩漏。故陳少白等，亦未與謀。是年中國報，仍照上年墊出費用壹萬餘元。

　　癸卯年光緒二十九年陽曆 1903 年 30 歲：因去年底之失敗，並用去許多款項，紀堂私產已盡行抵押，一時又不能賣出。按揭六十萬元之產業，每月須付息銀四千餘元。因見虧累太多，倘不設法補救，不但私資告竭，將來革命事業亦難為無米之炊。因而從事於炒金錢，不料因此更虧累三十餘萬元。從此諸事進行更不易矣。其時中國報雖異常發達，惟究以鼓吹革命為目的，而非志在營利；又因同志多人來往供應之故，費用日繁，開銷極大，陳少白兄及容星橋兄商量，將中國報與文裕堂書坊合併為有限公司，紀堂認股五萬餘元。因中國報關係鼓吹革命之命脈，故合併以省費用，而期補助也。至於屯門種植畜牧場所收容之內地逃亡同志，仍由紀堂供應。是年河內賽會陳少白，向紀堂取款千元，參與其列。紀堂因又以二萬元交陳少白，轉交　先總理，以為進行革命事業之用。

　　甲辰年光緒三十年陽曆 1904 年 31 歲：因前二年革命事業及營利事業兩皆失敗，再後進行，苦難得貲。適值日俄開戰，遂冒險走私，供給俄艦隊糧食，以圖取得革命之資，又被日本軍艦捕獲，損失二十餘萬元，革命事業遂因之停頓。當時，清吏暗出花紅十萬元，捕紀堂也。是年，內地逃亡來港之同志，仍在屯門居住，並由紀堂供應一切。

　　乙巳年光緒三十一年陽曆 1905 年 32 歲：是年　先總理經港時，由中國報及紀堂處招待一切。又許雪秋兄在潮州起義失敗，後余繼誠（即紀成）在港被捕，由紀堂請律師設法營救出獄，後仍由紀堂供應一切（約用去款項五十元）。

丙午年光緒三十二年陽曆 1906 年 33 歲：是年，文裕堂書坊因營業虧損，已決定收盤。惟中國報仍繼續辦理，亦由紀堂每月資助三百元，年約四千元。

丁未年光緒三十三年陽曆 1907 年 34 歲：是年，因以前洪全福舉義失敗虧空，之後產業價值跌落，銀主頻催還款，無法張羅。至八月間，遂被大銀主、香港永樂街昌盛金舖之台山奸商余和行余道生，致紀堂於監獄焉。因革命而致虧空，因虧空而冒險營業，愈益虧空，遂以入獄。前因後果，固如是也。入獄後，中國報則由馮自由兄維持。

（三）李紀堂訃告

李紀堂病逝後，李委員紀堂治喪委員會發了一份訃告《李委員紀堂事略》，對他的一生作總結，很有參考價值。全文共 491 字，原件現存台北中國國民黨中央黨部黨史館，編號 230～2143。

現將全文列下：

李委員紀堂（原名柏），廣東新會人，香港富商李陞之第三子也。其父卒，淨遺產百餘萬。秉性俠義，遇人急難，常解囊相助。民國前十二年庚子三月，由楊衢雲、謝讚泰，介紹入興中會。時　總理方策動惠州革命軍務，受委為駐香港財政主任。是役需款孔急，先生捐資甚鉅。香港中國日報為本黨宣傳機關，亦多賴其力。民國前十年壬寅冬，與謝讚泰等，在廣州發難，獨出資五十萬元，以充義舉。不幸於是年除夕，事洩失敗。其所經營之青山農場，常供黨人逋逃之所。每次革命失敗之同志，多德之。辛亥革命清將李準，謀輸誠革命，以駐粵水師反正，因先生與港紳韋寶珊之紹介，廣州淨以和平光復。民國成立，選任交通司長，及大本營參議、

民產保證局長、瓊崖公路局長。各職以賦性耿介，均鬱鬱不
得志而去。家況雖困乏，抗戰軍興，仍致力海外工作。三十
年春來渝，任僑務委員會委員，策劃僑務，良多貢獻，忠黨
愛國，老而彌堅。三十二年十月六日，病逝於重慶武漢療養
分院，享壽七十歲，遺子一女六，身後蕭條。按清季革命黨
員前後捐助義餉，以先生為特鉅。而老年艱苦，若斯益足，
令人景仰也。[3]

三、陳少白事蹟及著作

　　《中國日報》是孫中山指派他的戰友陳少白到香港經辦的。
當時，孫中山遭港英政府「禁足」；而陳少白則無此限，故由他返
回香港，具體負責籌辦，並擔任第一任社長，直至 1906 年 9 月，
改由馮自由接手。現將陳少白的事蹟及兩篇與該報相關之著述，
詳列如下：

（一）陳少白生平事蹟

　　陳少白（1859～1934）[4]，原名聞韶，又名白，字夔石，廣東

3　李委員紀堂治喪委員會印發的訃告，題名《李委員紀堂事略》，原件現存台北
　　中國國民黨中央黨部黨史館，編號 230~2143。

4　陳少白之生平簡歷，主要引自陳春生撰：《革命先進陳少白先生事略》，該文
　　係陳春生以採訪員身份所撰檔案紀錄，在其封面註明此文送中國國民黨中央
　　執行委員會黨史史料編纂委員會鈞覽。現原件現藏於台北中國國民黨中央黨
　　部黨史館，編號 230~1474；以及國民黨中央黨部黨史館編號 230~2156 的五
　　篇「陳少白傳記資料」，計為：陸丹林《四大寇中之陳少白》；鍾榮光《陳少
　　白先生傳》；張鏡影《陳少白傳》；《陳少白先生遺詩》；《陳少白先生逸事》。
　　還有秦孝儀總編纂：《中國現代史辭典》（人物部分），頁 376，台北：近代中
　　國出版社印行，1985 年 6 月。

新會人。清同治八年七月二十日（1869 年 8 月 27 日）生。

1888 年，美國教會哈巴牧師設廣州格致書院（即以後之嶺南大學），以其父子橋之促，爲投考之第一人。識牧師區鳳墀。區爲孫中山所師事，爲書介紹於孫中山，相晤於香港西醫書院，一見如故。陳少白身長玉立、豐姿俊美、性極聰穎、才思敏捷、詩詞歌賦、琴棋書畫、無不精通。

1890 年（光緒十六年）一月，因孫中山之介紹，陳少白入香港西醫書院就讀，昌言革命，兩人朝夕往還者，曾拜盟爲兄弟。陳少白比孫中山少四歲，孫以「吾弟」稱之，在對同志的稱呼上，只此一人。陳少白中文水平優於孫中山，且通英文及日語，加之爲孫中山「青梅竹馬」的朋友，所以，甚得孫中山重用。孫中山、陳少白，還有好友尤列、楊鶴齡，在香港中環歌賦街二十四號「楊耀記」（楊父經營的商店）高談革命，意氣激昂，時人稱之爲「四大寇」。

1892 年孫中山自西醫書院畢業後，一面行醫，一面從事革命運動，陳少白乃輟學隨之參與革命。

1895 年初，孫中山自檀香山成立興中會後回國，建立香港興中會總會並籌劃廣州起義，始終參與機要。10 月起義失敗，陳與孫中山及鄭士良三人亡命日本橫濱。旋中山去檀香山轉歐美，鄭回香港，陳獨留橫濱。

1897 年 8 月赴臺灣。年底成立興中會臺北分會。

1899 年由日本回香港，加入三合會，獲封爲「白肩」，擔任會中設計和指揮諸事。[5]陳少白惟秉性剛烈，嫉惡過嚴。往往因語言激烈，爲同志所反對，粗豪之同志每欲毆殺之。陳少白性聰慧、

---

5 《黨義研究》，第七期，頁 16，台北：黨史會檔案，編號 230~2156。

美姿容，又喜修飾，故少時不少風流韻事。他一生之中不止與一婦結緣，但均未經正式結婚。陳少白居官不貪而多財；其生財也，不以官而以商。[6]

己亥（1899）秋，奉孫中山之命籌辦《中國日報》於香港，是為革命報之最早者，亦為革命運動在香港之重要機關，庚子年（1900）惠州起義，即以此為策動聯絡機關。至 1906 年由馮自由接辦，主持中國日報前後達七年之久。陳少白通英文及日語。他主持《中國日報》期間，曾譯《幾道山恩仇記》小說，頗膾炙人口，亦算多才多藝者。

1905 年 9 月，同盟會香港分會成立，陳少白任會長。

1911 年 9 月辛亥廣東光復後，任廣東軍政府外交司長。數月後辭卸政治任務，組織粵航公司。

1912 年民國以後，未曾從事政治活動，且不喜作官。晚年以吟詩作字為消遣，書法秀麗，畫亦足觀。

1922 年，擔任故鄉廣東省新會縣外海鄉民團保甲局局長，達兩年之久。

1930 年中國國民黨黨史史料編纂委員會成立，任委員。述有《興中會革命史要》等，為早期革命重要文獻之一。同年，擔任新會縣第四區外海鄉鄉事委員會主席。

1931 年，兼任新會縣第四區區長。

1932 年，改任新會縣第四區外海鄉正鄉長。

1933 年，北上北平（今北京）養病。

1934 年 12 月 23 日，卒於北平。

---

6 見前引陳春生撰：《革命先進陳少白先生事略》。

（二）陳少白著作

　　陳少白古文根基不錯，又通英文及日語，所以，孫中山早期的一些文稿，「多出於少白之手」。以下兩篇與「中國報」相關之回憶錄，都是由他口述，而由許師慎筆錄的。此兩份當事人的回憶錄是珍貴的第一手材料，篇幅又不長，故全文照錄如下：

1.《香港中國報經過略史》[7]

　　中國報者，唯一創始之公言革命報，亦革命過程中一繼往開來之總樞紐也。自乙未年廣州事敗，同志星散，團體幾解，中國報出，以懸一線未斷之革命工作，喚醒多少國民昏睡未醒之迷夢，鼓吹中國乃中國人之中國之主義，戰敗康氏保皇之妖說，號召中外，蔚為大革命之風，不數年，國內商埠，海外華僑，聞風興起，同主義之報林立，而惠州之役，固亦以中國報館為總機關之地也。該報由予創辦，在己亥年十二月底出版，初出時大遭時忌，維持絕難，竭蹶經營五六年後，竟得出入相抵，嗣與文裕堂合併營業，由香山容某管理，予仍專理日報。繼因不善經營，三年後，營業部因而拆閱，日報亦為所累，於是復離文裕堂，重募資本將六七千元，交由馮自由舉辦，予監督之，又告虧折，不能支，馮自由不俟交代，赴加拿大，後以謝英伯等承其後。時風氣日開，黨員日多，頗有抱注之助得以不倒。及光復時，盧信自檀香山回，以接辦自任，遷諸廣州，由政府津貼，規模極大。逮龍濟光入粵，

7　本文原載於陳少白口述、許師慎筆記：《興中會革命史要》頁 62~63，中央文物供應社印行，1935 年 1 月出版，1956 年 6 月台版。又見載於中華民國開國五十年文獻第一篇第十冊《革命之倡導與發展》（興中會，下）頁 499，台北：正中書局，1964 年 2 月台初版。全文共 700 字。

盧等他去，所有機件帳目至今尚在盧信手上，而中國報之命運，亦以告終。中國報創業艱難之時，其敢就主筆之職者，予而外，有楊少歐、陳春生、馮自由、鄭貫一、廖平庵、盧信公、陳詩頌、黃世仲、洪考衷、陸伯周等，社外撰述，則有章炳麟、胡展堂等，英文翻譯，則有郭雲衢、馮扶等，皆難能可貴者也。代理則有天津大公報英斂之，上海中外日報汪康年等。

2.《余之再赴台灣及返香港》[8]

　　我同孫先生在東京住了幾個月，臺灣方面的朋友，常有信來請我再去，我想在東京無所事事，不妨再到臺灣去活動，因此又告辭了孫先生，自到臺灣去。這次到臺灣約有半載，加入的會員，雖然仍是不多，但是募到的錢，也有二三千塊。我還記得當時聞得康有為在北京失敗，六人殉難，我就在臺灣聯同幾個有心人開了一個追悼會。在臺大約六個月，重復回到日本來。我同孫先生商量說，我們死守在日本，也是不對的，我意欲回到香港去辦一間報館，一方面用文字來鼓吹革命，同時還可以做我們的革命總機關，日本方面由他一個人，儘可以對付了。此時相依為命的，只有他和我倆人，我從此離開，他更無共話之人，所以他初意甚為不願，但我心已決，他亦不好十分阻止，祇是有一層不能不顧到，就是此時能否聽我混跡在香港，還不可料，惟有私行改名，回去試探，如果無礙，然後籌備開辦，他又答應將來替我採辦鉛字機器，寄回應用。商量妥貼便別過中外親友，孫先生親送我到船，惻然揮手，隨分東西。

---

8 本文原載陳少白口述、許師慎筆記：《興中會革命史要》頁 36，中央文物供應社印行，1935 年 1 月出版；1956 年 6 月台版。全文共 484 字。

四、馮自由事蹟及著作

馮自由是《中國日報》的第二任社長，任期從 1906 年 9 月至 1910 年 4 月。1905 年 9 月，孫中山派他到香港，在《中國日報》社成立中國同盟會香港分會，由他出任書記兼香港中國日報記者。他雖然在《中國日報》創辦五年後才到香港參與該報具體事務，但在此之前，他在日本經常為《中國日報》供稿，所以，對該報亦十分熟悉。更難得的是，他以記者的敏銳筆觸，留下大量與該報直接相關的文章，成為後人瞭解該報的重要根據。

（一）馮自由生平事蹟

馮自由（1882～1958），原名懋龍，字建華，原籍廣東南海，清光緒八年十一月十三日（1882 年 12 月 22 日）生於日本橫濱，父馮鏡如，在橫濱經商。幼年曾回國就學，14 歲返日。時孫中山在粵首次起義失敗，偕陳少白、鄭士良至橫濱，成立興中會橫濱分會，馮鏡如被舉為會長，由識　國父而加入興中會。翌年，入東京曉星學校，憤歐美同學之欺凌，退學。1897 年入橫濱大同學校，次年轉東京高等大同學校，兩校均為康、梁保皇派所主持，而康尤干涉師生自由，即因此易名「自由」以示抗議。

橫濱興中會為保皇會所奪，馮父鏡如及叔紫珊亦加入保皇，獨其不以為然，與同學鄭貫一、馮斯欒等於 1900 年春間合力創刊開智錄半月刊，倡自由、平等之說。是年入東京專門學校（後改名早稻田大學）習政治科。辛丑以後，東京留學界革命風潮漸盛，每多積極參與其間。21 歲時回粵與香港殷商之女李自平結婚，以

後多年，夫婦同為革命努力。

　　1905 年 8 月，中國同盟會在東京成立，馮為發起人之一。受命派往香港組織港澳同盟會分會，任書記兼香港中國日報記者。次年中國日報改組，任社長兼總編輯。並為同盟會香港分會會長。嗣後西南起義諸役，多以中國日報為發動或聯絡機關。

　　宣統二年（1910）夏，赴加拿大域多利主持大漢報，與保皇派之日新報筆戰，加僑逐漸多棄保皇而同清革命。辛亥三二九之役華僑助餉，以加僑居首位，自由之為力最多。

　　1912 年辛亥光復後返國，至南京任總統府秘書。臨時政府北遷，任稽勳局長，注意革命史蹟之調查與保存，其後撰著多種革命史多取材於此。二次革命發生，被袁世凱逮捕入獄，五日後釋出。1914 年 7 月，孫中山在東京組織中華革命黨，任黨務部副部長，派往美國活動，任美洲支部長，主持民口雜誌，鼓吹討袁。袁死，國會恢復，以華僑代表當選參議員。護法期間，居粵或留港。

　　1924 年國民黨改組，馮反對容共，離粵居滬。利用民初運滬之稽勳局檔案，埋首著作，撰「中華民國國前革命史」上下二編，30 餘萬言。1928 年，任上海新新公司總經理。1933 年任立法委員。1936 年 3 月起，在上海逸經雜誌連續撰寫「革命逸史」；1938 年又在香港大風旬刊連續發表。1942 年由香港遷居重慶，次年任國民政府委員。抗戰勝利後回上海，續撰「革命逸史」數十萬言，陸續出版六集。1948 年遷往香港。1951 年偕妻到臺灣，任國策顧問。1958 年 4 月 6 日病卒。

　　自由早年參加革命，注意文獻保存，對革命史貢獻特多，除上述兩書外，尚著有「華僑革命開國史」、「華僑革命史話」、「華僑革命組織史話」、「辛亥貴州革命黨列傳」、「中國革命運動二十

六年組織史」等。[9]

（二）馮自由著作

　　馮自由 12 篇與《中國日報》直接相關的文章，按照出版的先後順序，抄錄如下：

1.《香港中國報及同盟會》[10]

　　革命報之元祖　鄭貫一與新聞界　陶模與洪全福　兩黨報之筆戰　粵路風潮與禁報　同盟會之組織　黃克強與吳崑　康同璧之涉訟　三民主義之來源　同盟會之活動　丁戊兩年之軍務　天討案與二辰丸案　民生書報社之發展　南方支部與新軍之役　時事畫報之復活　馮自由之遊美　辛亥一年之活動　革命之三時期

　　　革命報之元祖：　香港中國日報為革命黨機關報之元祖，自己亥（清光緒二十五年）以迄辛亥，此十三年中，凡興中會及同盟會所經歷之黨務、軍務皆藉此報為惟一之喉舌；中間遭遇無數之風潮及重大之阻力，均能獨立不撓，奮鬥不懈；清、英二國政府終無如之何。考興中會最初宣傳品，祇有「揚州十日記」一種，己亥間嘗用中國合眾政府社會名義，頒發傳單，分寄美洲及南洋各屬華僑，請其協助革命，

9　上述馮自由之簡歷，主要引自秦孝儀總編纂：《中國現代史辭典》（人物部分）頁 406-407，台北：近代中國出版社印行，1985 年 6 月。

10　本文最早見於 1928 年及 1930 年由陳少白主持之上海革命史編輯社印行之《中華民國開國前革命史》上編頁 171-185；1944 年春，上述上編及中編，分為三冊交重慶中國文化服務社再版；1954 年 2 月，由台灣世界書局影印出版，上中編改為（一）（二）冊。1974 年 6 月，此文收入台北黨史會編印之革命文獻第六十六輯《中國同盟會革命史料》（二），頁 251-265。全文共 7,333 字。

此外見諸文字者，殊不多覯。自乙未廣州一役失敗後，孫總理久在日本規畫粵事，重圖大舉，知創設宣傳機關之必要，始於己亥秋間派陳少白至香港籌辦黨報，兼為一切黨務、軍務之進行機關，是年冬，此報遂發刊於香港士丹利街門牌 27號（按：應為 24 號），即中國日報是也。出版後，陳自任總編輯，楊少歐、洪孝充、陸伯周等輔之；除日刊外，另發中國旬報，卷末附以諷刺時事之歌謠諧文等類，曰鼓吹錄；其後海內外報章多增設諧部一欄，蓋濫觴於此。是報出版之初，所有經費皆仰給於總理，己亥、庚子間，黨人及日、英志士奔走香港、惠州、日本、南洋之間，至為忙碌，大都由中國報招待供應。嗣惠州義師瓦解，報館之經濟能力亦受影響，殆有不支之勢，其賴以維持不墜者，則同志富商李紀堂之力為多。

鄭貫一與新聞界：　香山人鄭貫一向任橫濱清議報編輯，因與馮自由、馮斯欒等創辦開智錄，鼓吹革命，遂為梁啟超所逐，總理乃函薦鄭於中國報。辛丑（光緒二十七年）鄭歸自日本，發揮其新穎思想於陳舊之文字堆中，極受社會歡迎，實為粵中報界放一異彩。鄭為人豪邁不羈，任中國報筆政數月，即辭職另創世界公益報，繼又棄公益報而另創廣東報，均無所憑藉而以獨力成之。兩報皆鼓吹革命，而投資者皆非革命黨人，特表同情於革命而已。是年中國報移於上環永樂街，總理於十二月初九由日本乘日輪八幡九至香港，寓報館三樓，旋於十五日赴越南參觀河內博覽會。自乙未廣州一役後，港政府即有禁止總理五年入境之令，期滿後，總理嘗於庚子年過港，仍禁止登陸，此次到港，雖未受港吏干涉，然離港未久，港政府又復重申禁令，至辛亥反正，始行

撤消。

陶模與洪全福：　中國報雖發刊於香港，而消場之暢旺，則有賴於廣州；蓋港中商人多缺乏政治思想，於偏重政治之報紙，絕不措意，故中國報出版數年，港人購閱者不滿千數，惟廣州之政、學兩界，則已漸趨改革一途，其所持政見多視中國為正鵠，而尤以陶模督粵時代為特盛。陶雅重新學，任吳敬恒、鈕永建為幕僚，其黜陟屬吏，恒以中國報之評判為標準，故中國報在粵消場，以是時為最佳，僅督署一處消售至二百餘份；清季督撫在粵政績，以陶為差強人意，中國報與有力焉。陶去粵數月，即有黨人洪全福、李紀堂、謝纘泰、梁慕光、李植生等謀於壬寅（光緒二十八年）除夕在廣州發難，是役出資者為李紀堂一人，總理及少白均未預聞。事後廣州嶺海報記者胡衍鶚大放厥辭，痛斥排滿革命為大逆不道，中國報記者陳詩仲、黃世仲乃嚴詞闢之，雙方筆戰逾月，於民族主義之間發，收效非鮮。

兩黨報之筆戰：　壬寅夏間，中國報以留日學界之革命思潮異常蓬勃，特聘馮自由為駐東通信員，故留學界消息，以中國報記載為最詳；甲辰年（清光緒三十年），康有為命徐勤發刊商報於香港，大倡保皇扶滿主義，中國報乃向之痛下攻擊，康徒氣為之懾。是時世界公益報、廣東報、有所謂報、東方報、少年報等先後出版，民黨在言論界遂漸佔勢力，惟中國報以維持困難，乃由容星橋介紹與文裕堂印務公司合併，遷於荷里活道，公司設總理三人，以李紀堂、陳少白、容星橋三人分任之。及乙巳抵制美約事起，廣州香港等處總商會各舉派代表磋商與美商會參訂修約問題，各代表乃公聘何啟、陳少白二人為顧問，遇事輒就報館請益焉。是為革命

黨與商界機關接近之嚆矢。

　　粵路風潮與禁報：　　乙巳冬，中國報復由荷里活道遷至上環德輔道。翌年春，粵督岑春煊決將粵漢鐵路收歸官辦，為粵路股東黎國廉等所反對，遂捕黎繫獄，並禁止粵中各報登載反對言論。於是大股東陳席儒、陳賡虞、楊西岩等乃在香港組織粵路股東維護權會；函電各方極力抗爭。中國報及港中各報均力助股東，攻擊岑春煊之違法佔權，異常激烈。岑於蒞粵之初，頗重視中國報，對於行政用人之批評，間有採納，及為港報反對，遂下令禁止各報入境，中國報在粵之銷場，遂為之大受打擊焉。雖其後多方設法，有時或可秘密運粵，然直至辛亥反正以前，終未公然取消禁令，其關於主義上之損失，殊非淺鮮。陳、楊等設會爭路數年，為之謀主者即為中國報總理陳少白，粵路經此次風潮後，因官商衝突，爭端不息，路事卒無所成，岑春煊實尸其咎。

　　同盟會之組織：　　乙巳七月，同盟會東京本部成立，總理以庚子後內外黨務久已停頓不振，據於八月初十日特派馮自由、李自重二人至香港，組織香港、廣州、澳門等處同盟分會。馮至港，即與陳少白等籌備成立，雖興中會員亦須一律填寫誓書，眾舉陳少白為會長、鄭貫一為庶務，馮自由為書記。是年先後加盟者有陳少白、李紀堂、容星橋、鄭貫一、李自重、李樹芬、黃世仲、梁擴凡、溫少雄、盧信、廖平庵、陳樹人、李孟哲、鄧警亞、李伯海諸人。時李自重與史古愚、伍漢持、陳典方、崔通約等設光漢學校於九龍，提倡軍事教育，屢招港吏干涉。是年冬，總理偕黎仲實、胡毅生、鄧慕韓赴西貢，舟過香港，假法郵船，約諸同志開會討論黨務，適是時中國報與有所報因抵制美約事意見不合，互相攻擊，

馮自由調處無效；總理乃約陳少白、鄭貫一至法輪，勸令和解，陳、鄭從之。未幾鄭死於疫，香港各界人士開追悼會於杏花樓，涖會者千數百人，鄭之深得人望。可見一斑。

黃克強與吳崑：　乙巳十一月，黃克強自日本至港，寓中國報，旋取道赴桂林，易名張守正，號愚臣，時郭人漳方任桂林巡防營統領，黃與彼為舊盟，故欲說其舉兵反正，郭頗有意，以與陸軍小學監督蔡鍔不睦，盧為所乘，卒不敢動。黃於蔡亦屬故交，嘗居昌調處，令其合作，均不見聽，遂快快歸香港；尋赴新加坡，與總理籌商進行方法。及丙午夏間，鄂同志吳崑奉日知會劉貞一、馮特民命至港，欲訪黃協議鄂省軍事，因黃未返，乃在中國報守候兩月。黃回，以餉項不足，令吳返鄂，傳語各同志靜候；復有同志梅霓仙自桂林來，謂郭人漳部待款而動，請黃接濟。黃亦遣其返桂，囑令聽候時機。

康同璧之涉訟：　丙午七月，文裕堂以營業不佳，宣告破產。先是保皇會員葉惠伯代表康有為之女同璧，在香港法院控中國報以譭謗名譽之罪，要求償賠損失五千元。此案涉訟經年，迄未解決；中國報搜羅康有為師徒棍騙證據，極為充足，頗有勝訴之望。惟英律凡被告無能力延律師抗辯，即等於敗訴，訟費須由被告負擔。故文裕堂如破產，則所附屬之中國報亦須拍賣，以供訟費之需。馮自由以此舉於民黨名譽關係至巨，乃求助於其岳翁李煜堂，得其助力，事前以五千元向文裕購取中國報，始得免於拍賣。新股東為李紀堂、李煜堂、李亦愚、潘子東、伍耀廷、吳東啟、伍于簪、麥禮廷諸人。八月中國報遷於上環德輔道三〇一號，馮自由任社長兼總編輯。時總理對於康同璧訟案，主張繼續抗訴，特由

南洋匯款三千元於陳少白，使延律師力爭；陳以訟事牽纏，費時失事，不欲再事與訟，故此案結果遂為無形之失敗。

  三民主義之來源： 民族、民權、民生三大主義始見於總理所撰之民報發刊詞，惟從來未有簡稱為三民主義者，有之，自馮自由始。丙午春，香港各界人士以陳天華為反抗日本取締學生規則，憤而投海自殺，特開追悼會於杏花樓，馮自由撰聯輓之曰：「生平得愛友二人，星臺（天華字）殉國，近午（克強字）何之，可嘆吾黨英才，又弱一個。靈爽馮健兒五百，公武（南洋同志通函向諱稱孫文二字曰公武）鳴鐘，自由不死，誓覆虜酋政府，實踐三民。」聯為陳少白手書。自是三民主義四字遂常見於中國報論說及代理民報之廣告，海內外各報亦漸有採用之者；惟乙巳冬馮自由有論文曰：「民生主義與中國政治革命之前途」，文長二萬餘言，其時尚未有三民二字出世也。胡漢民至己酉冬，尚語馮自由，譏三民二字之名詞為不通，然今日已為舉世所沿用矣。

  同盟會之活動： 丙午冬，同盟會改選幹事，馮自由當選會長，黨務日漸發達，至丁未年而尤盛，是年為同盟會在粵、桂、閩三省最活動時期。由香港派出代理主盟員多名，分赴各府縣收攬黨員，推廣勢力、許雪秋、詹承波、郭公接等赴潮、汕，設通信處於汕頭至安街鐵路公司；鄧子瑜、陳佐平、溫子純、周毅軍等赴惠州，設通信處於歸善水東街廣榮號；姚雨平、張伯喬、朱執信、趙聲等赴廣州，設通信處於制臺前張大夫第；張谷山、蕭惠長等赴嘉應，設通信處於興寧城興民學堂；黃旭昇、何克夫、莫偉軍等赴北江，設通信處於連州三江墟兩等小學；劉古香、張鐵巨、韋立權、劉培嶽等赴廣西，設通信處於潯州大黃江埠廣亨號及柳州弓箭

街富陞旅館，梧州大南門外文明閣等處；此外赴澳門者為劉樾杭，赴福建者為黃乃裳、林菊秋，就中尤以姚雨平、張谷山之運動附城軍隊，及許雪秋、鄧予瑜之運動惠、潮會黨，為成效最著。是時會所尚未設置，一切黨務偕在中國報處理之；及戊申正月改選幹事，馮自由仍任會長，黃世仲庶務，謝心準書記，乃新設會所於皇后大道馬伯良藥肆四樓。河口失敗一役，黨員黎仲實、梁恩、高德亮、麥香泉、饒章甫、陳義華、關人甫等先後被越南政府遞解至港，均由會所招待一切。計丁、戊兩年在香港加盟者，有張靜江、黃伯淑、倪映典、方紫栯、謝英伯、林伍、余丑、余通、盧岳生、李是男、李海雲、周覺、葛謙、譚馥、嚴國豐等二百餘人。獨張靜江宣誓時，要求減去誓約內「當天」二字，謂其篤信無政府主義，不信有天，因破格准之。

丁、戊兩年之軍務：　總理至庚子惠州一役失敗，從辛丑至丙午之六年間，革命軍務殆完全停頓，至同盟會成立，始復著手進行。丙午間，黃克強親入廣西，郭人漳反正；劉道一、孫毓筠、楊卓林、胡瑛等先赴湘、鄂、蘇、揚各地，有所活動，均無所成。至丁未春，各地同志受萍、瀏革命軍之感應，皆躍躍思動，適郭人漳奉粵督命，從桂林調駐廣東羅定，總理、克強得馮自由電，認為絕好時機，即偕胡漢民、汪精衛，日人萱野長知、池亨吉等南遊；二月初一日抵香港，克強、精衛、萱野留港，擬入肇慶，促郭人漳率兵反正；池亨吉則偕留學生方瑞麟、方漢成、喬義生等赴潮、汕助許雪秋起事；克強居松原旅館數日，張伯喬自廣州來，謂郭又調駐欽州，粵吏深悉克強由日抵港，已備文向港督要求引渡等語。而松原旅館亦忽有粵吏派來偵探窺伺其間，克強以郭已

他調，留港無用，乃命胡毅生隨郭赴欽相機行事，自返日本。精衛則移居普慶坊機關部，與劉師復、廖平子同寓，於是許雪秋、鄧子瑜、劉師復、王和順諸人，先後分赴廣州、汕頭、歸善、欽州各地極力進行。計丁未一年，許雪秋、陳芸生等所經營者有三月潮州城之役，四月黃岡之役，九月汕尾之役；鄧子瑜所經營者，有五月七女湖之役；王和順所經營者，有八月防城之役；而劉師復則以謀炸李準牽制清軍之故，於五月初一日因製彈失慎，炸去一臂，被逮繫獄。此外大事之可紀者，則有黃岡義師首領余紀成被清吏以強盜罪名控之香港法院一事，此案涉訟七月之久，至戊申正月始獲勝訴出獄；又十月田桐、何克夫等自香港攜帶革命軍債券一箱赴越南，在海防被法人扣留，後由總理向越南總督交涉，始獲發還。時克強方計畫在欽州發動，其彈藥多由香港密購，運赴海防供應之。故自香港同盟會成立以來，是年實為軍事上最活動之時期。及戊申四月河口義師失敗，黨人被逐至新加坡、香港者至眾，新加坡、河內、香港等三處機關部收容撫養之不暇，更無餘力為再整旗鼓之計劃。故河口一役以後，黨中元氣大傷，對內軍務幾於完全停頓焉。

天討案與二辰丸案：　丁未六月，香港華民政務司以中國報經營民報特刊天討，附有清帝破頭插畫，謂為煽動暗殺，欲提出控訴；馮自由力抗，卒以沒收所存天討了事。至8月，香港議政局通過禁止報章登載煽惑友邦作亂文字專律，然中國報言論不為少屈，蓋英人祇禁談排滿革命，若易以民族主義及光復等名詞，非彼等所能了解也。戊申二月，澳門華商柯某租借日輪二辰丸私運軍械圖利，船至澳門海面卸械，被清軍艦捕獲，日、葡二政府以清艦越界捕艦，各提出嚴重抗

議，卒由粵督向日領謝罪釋船了結。粵中各界以外交失敗，大憤；群主抵制日貨以懲之；獨中國報力排眾議，謂對於日本可以抵制之理由極多，不當借運械助黨一事為口實，並詳舉國際公法以相質證，由是輿論漸為轉移。蓋中國報認軍械能否入境為革命黨之生死問題，凡有妨礙革命黨進行者，不得不悉力以排除之也。

民生書報之發展：　戊申以前，香港同盟會忙於軍事，不欲在港內大張旗鼓，招收黨員，以避偵探耳目，自河口失敗，軍事停頓一年有餘，遂得專心黨務，改取開放主義，以廣收同志為務。至己酉（清宣統元年）二月，乃遷會所於德輔道先施公司對門，仍因避免偵伺起見。榜其名曰民生書報社；黨員日常開會討論進行，不復如前之秘密。在粵分機關，則由高劍父、徐忠漢、梁煥真、潘達微等籌備成立，會務亦頗發達。是年省港兩地加盟者，有劉一偉、黃軒冑、關非一、陳元花、胡津林、巴澤憲、馬達臣、譚民三、何劍士、陳逸川、何輯民、陳自覺、陸覺生，梁藻如、莫紀彭、劉守初、李文甫、林直勉、梁煥真、潘達微、羅道膺、杜菊漢、陳瑞雲、朱述唐、黃俠毅、張志林、陳哲梅、李以衡、馬小進、黎德榮、廖俠、李昌漢、陳俊朋、李少穆、洪承點、陳炯明、孫武等二千餘人；就中以倪映典所招致新軍兵士居大多數，惟無冊籍可考。至十一月書報社以會所過狹，復易名少年書報社，遷於中環德輔道捷發四樓。

南方支部與新軍之役：　己亥九月，香港同志以各地黨勢日盛，建議於香港分會外，添設南方支部以擴大組織；遂推舉胡漢民為支部長，汪精衛書記，林直勉會計，會所設於黃泥涌道。未幾，倪映典自廣州來，報告運動新軍成績，約

期反正；支部乃電邀黃克強、譚人鳳、趙聲等來港，共圖大舉，總理亦自美匯款接濟。籌備既竣，而新軍忽因口角小故，與警察鬧事，竟釀大變。倪映典以制止不及，遂臨時舉旗發難，事敗，死之。港同志乃開追悼會於黃泥涌道，以表哀思。是役同志傷亡頗眾，犧牲至巨，敗後七、八月始復從事軍事上之活動。此一年中，各省同志來往香港者，陸續不絕，洪承點安慶失敗後逃港，寓書報社。孫武自鄂赴汕頭，有所經營，過港時，馮自由宴之於陶陶仙館，始加盟於同盟會。河南人程克在日本謀殺滿清偵探，王金發在上海手誅勾結清吏陷害同志之變節黨員汪公權，均避匿至港，同寓灣仔東海旁機關部。

時事畫報之復活：　廣州時事畫報為鼓吹民族主義雜誌之一，創於乙巳年，出版一年而停刊。己酉秋間，謝英伯、潘達微等以林直勉之助，重組該報於香港。林，東莞人，與莫紀彭、李文甫等於己酉三、四月入黨，因與其叔父爭產興訟，即以所得資助時事畫報復活，並於中國日報股金及南方支部開辦費均有所資助，時事畫報刊至十餘號而止。

馮自由之遊美：　中國報自丙午以後，純屬商人資本，從未受黨部津貼，而於同志之接待供應，尤形繁劇，大有竭厥之勢。馮自由乃遷報館於荷里河道231號，以圖節省；繼以支持不易，於庚戌春提出辭職。旋接受北美雲高華埠大漢日報之聘，自後中國報遂由南方支部以公款接辦，另派李以衡為司理。香港分會亦改選謝英伯為會長，馮於離港前、始將歷年所藏入黨盟書千數百紙繳存南方支部；然已破裂不全。蓋馮為避免港探搜查，密將各盟書藏於睡枕之內，枕為綠豆殼製，幾經磨擦，遂成片段。此項盟書於辛亥反正後尚

存貯廣東國民黨民黨支部，至民二年八月，龍濟光入粵，始付一炬；今馮自由尚有副本存也。又馮於丁戊二年料理軍務收支賬目，計收入 48,692.17 元，支出 49234.69 元，除付萱野軍械費旅費 12,000 元，許雪秋兩次起事費約 7,000 元，余既成案訟費約 6,000 元，余紹卿起事費 1,500 元，黃耀廷起事費 1,200 元，鄧子瑜起事費 3,100 元，曾儀興等起事費 600 元，鄧耀南 500 元，電匯黃克強 1,000 元，匯宮崎寅藏 300 元，池亨吉取 950 元、電匯總理 4,300 元，代購運赴海防毛瑟槍彈及製彈機 950 元等項之外，其餘皆屬諸同志舟車、旅館、租金、給養、撫卹、郵電、購物各種費用之需。比對收支兩項，不足 542.52 元，係由中國報墊付，此項總賬細目，亦於馮離港前列表向總理呈報。

辛亥一年之活動：　庚戌新軍一役敗後，黃克強、趙伯先等頗形懊喪，南方軍務停頓者幾及一年。黃、趙同赴南洋，擬棄粵而圖滇，總理及謝逸橋、良牧兄弟乃約黃、趙會於檳榔嶼，決議再集巨款，經營粵事，黃、趙乃先後返香港，重圖大舉，即辛亥三月二十九日之役是也。是役耗款十七、八萬元，革命軍統籌部迭接華僑匯款，畢常活動，海外各埠及內地各省同志來港效力者，絡繹於道，港中設招待機關數十處，投效人之充斥，及運械事件之忙迫，自有革命史以來所未有也！及義師失敗，人心振奮，香港居民心理對於革命黨向不重視，至是亦為大義所感，同情於革命黨者，比比皆是；而中國報銷場亦大為增加。時保皇黨之商報復乘機排斥革命，鼓吹立憲，中國報乃根據法理事實嚴詞闢之；文多出朱執信手筆。是年五月，盧信歸自檀島，南方支部以管理報務諸形棘手，乃委中國報於盧，令集資接辦；及九月廣州光復，

盧始移報館於廣州。

革命之三時期： 按香港革命黨及中國報之歷史，可類別為三時間：從己亥至乙巳之七年，興中會及中國報事務由陳少白主持之，是為第一期；在此期間，中國報經費多由李紀堂擔任。從丙午至己酉之四年，同盟會及中國報事務由馮自由主持之，是為第二期；中國報經費則多由李煜堂補充。從庚戌至辛亥之二年，為第三期，時同盟會已分為南方支部及香港分會之二機關，支部專理軍務，由黃克強、趙百先、胡漢民管理，分會專辦地方黨務，由謝英伯、陳逸川等先後主持，中國報則自馮自由退後，即由南方支部以公款維持，然仍有賴於李煜堂之貲助也。至辛亥五月，復由盧信、黃時初等措資接辦，九月移於廣州。及癸卯八月，陳炯明以粵省立失敗，中國報遂被龍濟光封禁出版。

2.馮自由《陳少白時代之中國日報》[11]

自乙未廣州一役失敗後，孫總理久在日本規畫粵事，重圖大舉，知創設宣傳機關之必要，乃於己亥（1899 年）秋間派陳少白至香港籌辦黨報，兼為黨務軍務之進行機關。少白蒞港後，先向老友何啟、區鳳墀，查探地方官吏對於我國革命黨人之態度。時區方任華民政務司總文案，何則任議政局議員，在香港政界均有

---

11 本文原載馮自由著：《革命逸史》初集，頁 66~72 商務印書館印行，1939 年 6 月重慶初版；1945 年 2 月重慶第二版；1945 年 12 月上海初版；1946 年 5 月上海再版。商務印書館遷台後，重印馮自由《革命逸史》，本文則改載於頁 98~106，初集改名第一集，於 1969 年 3 月印第一版，1975 年印第二版，篇幅由原 80 篇增加了 1 篇〈梁任公之情史〉，載頁 117~121。本文又見載於革命文獻第六十四輯《興中會史料》頁 164~170，台北：黨史會編輯印行，1973 年 12 月出版。全文共 3,874 字。

相當之信用，因悉禁止總理五年入境之期仍未滿限，而少白則可不受拘束。於是租定中環士丹利街 24 號門牌為報館發行所。取「中國者中國人之中國」之義，定名「中國日報」。所有機器鉛字，概由總理在橫濱購辦。初出版時，少白自兼任總編輯。先後助理筆政者，有洪孝充、陸伯周、楊肖歐、陳春生諸人。英文繙譯則為郭鴻逵、周靈生等。經營數月，至是年十二月下旬始告出版。初以不審英人對華政策所在，一時未敢公然高唱革命排滿之說。半載後措辭始漸激烈，乃惹起中外人士之注意。從前各地中文報紙排印俱用直行長行，不獨香港一地為然。獨中國日報始倣日本報式作橫行短行。初時人多異議，中國日報毅然不屈。未幾，香港、廣州、上海各報陸續改用橫行短行，是亦報式之革命也。此報除日報外，兼出十日刊一種，定名「中國旬報」。篇後附以鼓吹錄，專以遊戲文章歌謠雜俎譏刺時政，由楊肖歐、黃魯逸任之。是為吾國報紙設置諸文歌謠之濫觴。時革黨財政並不豐裕，開辦數月已感困難。任廚役者為橫濱同志陳和，報中買菜錢亦時由陳代墊。陳復假諸編輯部中人，其拮据可知矣。翌年（1900 年）總理派少白及楊衢雲、鄭士良、史堅如等經營廣州、惠州軍事，報中來客頓形熱鬧。在館下榻者有史古愚、史堅如、蘇卓南、張碩臣等。時到談者有楊衢雲、鄭士良、宋少東、黃福、練達成、鄧蔭南、馮鏡如、馮自由、李自重、梁麒生、楊襄甫、李紀堂、畢永年、鍾榮光、陳典方、王煜初、伍漢持、李竹癡、方毅父、區鳳墀、朱通孺、張智若、日人原口聞一（東亞同盟會員）、宮崎寅藏、平山周、山田良政、福本誠、伊東正基、清藤、末永、英人摩根等，可謂一時之盛。及庚子惠州廣州二役相繼失敗，義師將士群至機關部狼狽求助。報中經濟能力大受影響，殆有不支之勢。幸是時富商李紀堂早由楊衢雲介紹入黨，於接濟軍餉外，尚能擔負報館

度支。中國日報賴以維持不墜者，李之力為多焉。

　　辛丑（1901 年）春，報社遷移至永樂街。時鄭貫公適因發刊開智錄，為橫濱清議報所擯，總理特介紹至中國報充任記者。鄭歸自日本，紹介歐美自由平等天賦人權之學說於讀者，持論新穎，極受社會歡迎。時距庚子漢口失敗一役未久，留日志士沈雲翔、朱菱溪、秦力山、蘇子毅（曼殊）及余等次第至港，多在報社下榻。沈與粵督陶模之子拙存（葆廉）友善。陶督篤信新學，葆滕更以新黨自居，延吳敬恒、鈕永建為幕僚，大興教育。沈每至廣州，陶父子禮之甚優。父子均喜聞中國報，其黜陟屬吏，恒以中國報之評判為標準。故中國報在粵銷場以是時為最佳；僅督署一處，銷售至 200 餘份。清季督撫在粵政績，以陶為差強人意，中國報與有力焉。有一次，陶因閱中國報而將縣官二人撤職，其後乃知此二人實為好官，不過中國報誤載外界投稿而受人所愚耳。又有廣西志士余化龍者，因事繫南海監獄，屢寄稿中國報，揭示監獄黑暗，獄吏畏之如虎，事事恒遷就之。化龍竟藉勢強姦獄吏之婦，尤屬罕聞。及為中國報所知，因據實加以糾正，化龍卒不免伏法。是年十二月初九日，總理由日本乘日輪八幡丸至港，挈眷寓報館三樓。自乙未廣州失敗以後，港政府即不許總理入境。此次適禁限期滿，故總理得暫寄居。不數日，警長亨臣奉命諷使總理出境，總理遂於是月 15 日赴越南參觀河內博覽會，前後居港僅一星期耳。

　　鄭貫公為人豪邁不羈，交遊日廣，與少白意見頗不相投。是年 7 月，因與鄭士良、陳和等飲於水坑口瓊林宴酒樓，士良卒然暴斃，深為少白所不滿。故鄭任筆政不及一載，即辭職另創公益報，繼之者為陳詩仲及黃世仲。

　　壬寅（1902 年）陶模解職離粵。十二月，洪全福、李紀堂、

梁慕光、謝讚泰等，謀於除夕日在廣州舉義，不幸事洩失敗，梁慕義等八人殉焉。是役，李紀堂獨任軍餉數十萬元。總理、少白均不與謀。事後，廣州嶺海報主筆胡衍鶚竟大放厥辭，痛詆革命排滿為大逆不道。中國報陳詩仲、黃世仲等乃嚴辭闢之。雙方筆戰逾月，粵坦志士紛紛投稿為中國日報聲援，而革命書報在粵銷路為之大增。中國日報因擁護革命與他報筆戰，此為第一次。

　癸卯（1903 年）春間，中國日報以留日學界之革命思潮異常蓬勃，特聘余為駐東記者，故國內各報留學界消息以中國日報為最詳。是年閏五月，上海蘇報案起。蘇報主人衡山陳範（夢坡）亡命至港，少白款之於中國報。陳嗜酒如命，一夕夜起覓酒不得。乃取案頭醫生給予少白之藥酒作鯨飲盡之，一時傳為笑談。章炳麟入獄後，時作政論寄登中國報，讀者視同拱璧。甲辰（1904）康有為命徐勤發刊商報於香港，大倡扶清保皇主義，中國報乃向之痛下攻擊。是時鄭貫公主辦之世界公益報及廣東報先後出版，民黨在言論界漸佔勢力。惟中國報以維持困難，乃由容星橋介紹與文裕堂印務公司合併，遷於荷理活道。公司設總理三人，以李紀堂、容星橋、陳少白三人分任之。李司財務，容司印務，陳司報務，報社組織為之一變。此三年間陳詩仲已赴南洋就星洲圖南日報之聘；黃世仲亦改任公益報記者。在中國報先後承乏筆政者，自王君演、盧少岐、丁雨宸、梁襄武、何冰甫、何雅選、盧信、廖平菴諸人。時有伍憲子者，藉盧信介紹，將入中國報為主筆，後乃致書盧信，謂因康黨商報多出每月筆資五元，故已改就商報之聘云。可見當日新學志士對於革命、保皇二說，尚多未能劃分界線也。

　乙巳（1905 年）七月，中國同盟會東京本部成立。總理以庚子後內外黨務久已停頓不振，而少白興港、粵諸同志復不能融洽

一致，遂於八月初十日特派余至香港組織同盟會，兼任中國日報記者。時任筆政者為盧信、廖平菴、陳春生三人，翻譯為馮扶。余有長篇論文曰：「民生主義與中國政治革命之前途」凡二萬餘言，為我國言論界暢論民生主義之嚆矢。東京「民報」第四號及舊金山大同日報均轉錄之。香港同盟分會即於此時成立，眾推少白為會長，鄭貫公為庶務，余為書記。是年下半期港、粵革命派報紙異常發達，香港中國日報之外，有公益報、廣東報、及鄭貫公新創之有所謂報、黃世仲新創之少年報、廣州有群報、亞洲報、時事畫報。適是時美國新頒禁制華工苛例，馮夏威自殺於上海美領事署前，以警國人。於是港粵人士大憤，商工學報各界同組拒約會，以抵制美貨相號召。美國商會乃舉派代表與港、粵各界會商修約問題，經何啟、陳少白二人從中斡旋，略具端倪，即世稱十二條款是也。十月，總理偕黎仲實、胡毅生、鄧慕韓等赴越南西貢，船過香港，假法郵船，約諸同志開會討論黨務。其時，中國日報與有所謂報因抵制美約事意見不合，互相攻擊。余多方調處無效，總理乃約少白、貫公至法輪，勸令和解，二人從之。十一月，黃克強自日本來，下榻中國日報，旋赴廣西桂林，訪巡防營統領郭人漳有所活動。十二月，中國日報復由荷理活道遷至上環德輔道。

　　丙午（1906年）春，粵督岑春煊宣佈將粵漢鐵路收歸官辦，為粵路股東黎國廉等反對，遂捕黎下獄，並禁止粵中各報登載反對言論。香港股東陳席儒、陳賡虞、楊西岩，乃在香港組織粵路股東維護路權會，函電清廷及各方極力抗爭。香港各報均力助股東，攻擊岑春煊之違法佔權，尤以中國報最為激烈。蓋陳、楊等深佩少白才識，特聘充保路會顧問，故陳、楊等一切策畫皆少白為之謀主也。岑於蒞粵之初，頗重視中國報，對於行政用人之批

評，間有採納。及為港報反對，遂下令禁止各報入境，中國報在粵之銷場由是斷絕。識者以中國報被禁之原因，不在於高談革命，而在於維護路權，咸引為絕大憾事。陳、楊等初語少白，謂中國報續有困難，當以萬金助少白向文裕堂承購該報，以酬該報協助之力。其後竟食言而肥，民黨中人咸不直之。未幾，黃克強在桂林以郭人漳與陸軍小學監督蔡鍔不睦，屢勸二人合力反正，均不見聽，遂怏怏歸香港，仍寓中國報，旋赴南洋。鄂同志吳崑時奉日知會劉家運、馮特民命至港，欲訪黃協議鄂省軍事。因黃未返乃在中國報守候兩月。黃回，以餉項不足，令吳返鄂傳語各同志靜候。黃此次赴星洲，僅籌得千數百元，中國報時在窘鄉，竟向黃借資購買紙料，其困狀可見一斑。

丙午七月，文裕堂以營業不佳，宣告破產。余於事前向文裕堂以五千元購取中國報，故得免於此厄。先是，中國報嘗於乙巳冬紀載康有為之女同璧在美洲行騙華僑事。康乃委託保皇會員葉恩在香港法院控中國報以誹謗名譽之罪，迭求賠償損失五千元。此案涉訟經年，迄未解決。中國報搜羅康有為師徒棍騙證據，極為充足，頗有勝訴之望。惟英律凡被告無能力延律師抗辯，即等於敗訴，訟費例由被告負擔。中國報原屬文裕堂印務公司產業之一部，文裕堂如破產，則中國報亦須拍賣，以供訟費賠償之需。少白初以陳賡虞、吳西岩等曾有斥資萬元協助中國報之約，至是重申前議，竟為陳、楊所拒。一說謂陳楊前允協助之萬元，乃以之酬報少白兩年來策劃爭取路線之勞，並非以之協助中國報。故少白是不便向陳、楊進言，以免損及個人權利。後一年，陳、楊三人合酬少白九千元，即是此款云。余以中國報勢瀕危殆，於民黨名譽關係至巨，乃商諸外舅李煜堂，得其助力。事前以五千元向文裕堂購得之，始得免於拍賣。新股東李煜堂、李紀堂、伍耀

廷、伍子簪、吳東啟、麥禮廷、李亦愚、潘子東諸人。眾舉余任
社長兼總編輯，新報社於 8 月遷於上環德輔道 301 號。時總理在
南洋，對於康同璧訟案主張繼續抗訴，特匯款三千元於少白，使
延律師力爭。少白以訟事牽纏費時失事為辭，不欲再事興訟，故
此案結果遂為無形之失敗。

3.馮自由《中國日報徵聯之大觀》[12]

　　戊申（1908 年）十月清帝載湉（光緒）逝世，溥儀以冲齡繼
位，改年號曰宣統。香港中國日報所刊己酉（1909 年）之月份牌
附聯曰：「漢家何日重頒曆？滿族於今又改元。」為記者陳春生手
筆。是年春清攝政王載灃重用滿宗室良弼、舒清、阿鳳山等，屬
行排漢政策，時中國日報特向閱者徵聯求教。聯首為：「未離乳臭
先排漢」，乃朱執信所擬。蓋謂溥儀尚未脫離乳臭年齡，即已實行
排斥漢人也。中國日報於本報讀者徵求之外，更同時委託海外各
黨報，如新加坡中興日報，檳榔嶼光華日報，緬甸仰光光華日報，
檀香山自由新報，舊金山大同日報等，代為募集，故海內外應徵
者極形踴躍，統計所收對聯在十萬以上。余與朱執信為初選鑒定
人，再四審閱，第一次入選者約二千名，最後由xxx胡漢民二人評
定甲乙，僅取錄二百名。首名為「將到毛長又剪清」，乃香港劉一
偉所投，次名為「橫掃羶腥獨立旗」，乃南洋掛拿比勝埠鄧澤如所
投，殿軍聯為「一洗辮污大革新」，第五名為「纔近脂香已醉人」，
第十名為「自出心裁不讓人」，此外更有「寧便身靡不帝秦」，「甚

---

12 原載馮自由著：《革命逸史》初集，頁 273~274，商務印書館印行，1939 年
　　6 月重慶初版；1945 年 2 月重慶第二版；1945 年 12 月上海初版；1946 年 5
　　月上海再版。商務印書館遷台後，重印馮自由《革命逸史》，初集改名第一
　　集，本文則改載於頁 98~106，於 1969 年 3 月印第一版，1975 年印第二版。
　　全文共 773 字。

至牙科亦舉人」，「最惹魂消一轉波」，「巧畫眉纖善媚妻」，「飽載腰纏尚剝民」，「鮮聽訏喧竟擾鄰」，「倍覺神傷獨倚樓」，「欲博頭銜遠出洋」，「力斬顏良不仕曹」，「既扯皮條又捉姦」，「不學頭尖莫作官」，「擅棄膏腴曰媚夷」，「大築頤和苦病民」，「永矢心誠共復明」，「漸減容光總為郎」，「厚斂脂肥假振華」等句。餘多不復記憶。又緬甸仰光光華日報亦徵聯曰：「攝政王興，攝政王亡，建虜興亡兩攝政。」係記者呂志伊（天民）所擬。其冠軍聯為「驅胡者豪，驅胡者傑，漢家豪傑再驅胡。」亞軍聯為「出師表前，出師表後，武侯前後六出師。」殿軍聯為「兼祧子成，兼祧子敗，清朝成敗二兼祧。」以上聯對仗不易，故鮮佳構。

4.馮自由《中國日報與清領事涉訟記》[13]

清季旅菲律賓華僑與革命黨發生關係最早者，為鄭漢淇、楊豪侶、歐陽鴻鈞、何寶珩、林日安等數人，除歐陽及何外，餘均閩籍。鄭漢淇與孫總理在香港雅利士醫學院同硯，在小呂宋以行醫致富。辛亥間（1910年）創刊公理報於小呂宋卡路根打拿街409號，為菲島革命黨機關報之嚆矢。楊豪侶生長廣東，其父名匯溪，經商菲島數十載，弱冠留學日本，與余同肄業早稻田大學。夙有志革命，癸卯（1903年）以參加拒俄義勇隊，橫遭日政府及清公使干涉，憤而棄學，乃之菲島，改營商業。丙午（1906年）康有為使其徒徐勤至小呂宋開設保皇會，楊乃號召閩、粵二省同志謀破壞其事。某日徐勤召集其黨徒假座廣東會館開會，楊與歐陽鴻

---

13 原載馮自由著：《革命逸史》初集，頁 191~192，商務印書館印行，1939 年 6 月重慶初版；1945 年 2 月重慶第二版；1945 年 12 月上海初版；1946 年 5 月上海再版。商務印書館遷台後，重印馮自由《革命逸史》，初集改名第一集，本文則改載於頁 275~276，於 1969 年 3 月印第一版，1975 年印第二版。全文共 811 字。

鈞、何寶珩、黃漢傑、鄭傑等十數人登壇演說，痛言君主立憲之
不足恃，及康黨歷來藉名行騙之罪狀。聽者大為鼓掌。此會遂不
歡而散。楊知是時香港中國日報由余主持，介紹廣泰昌商店東主
香山人歐陽鴻鈞及日安布店東主林日安為駐菲報務代理，復興歐
同擔任中國日義務採訪員，於啟迪僑胞知識，及倡導民族主義，
深資得力。時清政府新派楊士鈞任駐菲總領事，士鈞人極腐敗，
毫無新學思想。當其由香港乘船至曼尼剌（小呂宋），食餐時侍役
以牛酪（即支士）捧進，士鈞誤以為香鹼，竟取而塗諸手上，就
盥手之水盃中抹擦，舉座人士為之大笑。有同舟之僑商王華彬目
擊其事。及抵任後，其妻妾每日臨窗梳頭，大開牖戶，一任遊人
縱觀。士鈞則坐妝臺前飽餐姿色，雖中外人士聚觀如蟻勿顧也。
中國日報遂據駐菲訪員通信從實揭載，士鈞讀之老羞成怒，乃託
港商吳理卿延律師要求中國日報更正，否則須在法院控告賠償名
譽損失。中國日報即以目擊此事之華僑王華彬數人為證，依法答
覆之。士鈞卒不敢逞。楊豪侶於辛亥革命前歸國，參加福建革命
運動後，供職閩省政府，不數月以病去世。歐陽鴻鈞以營業失敗，
回粵賦閑已有多載，近年始至南京依其子以居云。

5.馮自由《開國前廣東革命報刊》[14]

中國革命論始祖，當推香港之中國日報。香港雖已變為英國
殖民地，但其俗則猶是廣東之俗也，民猶是廣東之民也。且此時
滿清官吏，尚未曉檢查及禁止反動報紙入口之法，故此時中國日
報大可指揮自如，雖設在香港，實與在內地無異，以故普通人士，

---

14 本文原為台北黨史會藏〈開國前廣東革命宣傳工作檔案〉；轉引自革命文獻
　　第 66 輯《中國同盟會革命史料》（二）頁 251~265，台北：黨史會，1974
　　年 6 月出版。全文共 2,557 字。

藉其灌輸革命宗旨者，實在非少。尤奇者，普通人士閱之可耳，而一切官吏，亦胥閱之。當時城中大小衙門，十居八九，皆有一張中國日報，於是論者竊謂以忠於滿清自命之人，而愛閱排斥滿清之報紙，其離奇滑稽之處，真堪發噱。要而論之，則官吏亦同具人心，為滿清效力不得已耳，其喜讀革命報，亦人情之常。是故歷次首義，恆多政界人從中主動，若徐錫麟、許雪秋等之類，真不能一一屈指數。

中國日報一方面居革命論老前輩地位，一方面且為各方革命報之宣習所，故海內外凡創設革命報，多向中國日報徵求人材，中國日報則調本報記者充之，或訪求忠實同志應命，故當時實有指臂相使之勢。茲將當日海外最有價值之革命報列左：

報紙名稱	地　　址	開設時期
民王日報	檀香山	甲　辰
大　同　報	舊金山	甲　辰
中　興　報	新加坡	丁　未
自由新報	檀香山	丁　未
華　英　報	雲高華	戊　申
大　漢　報	雲高華	戊　申
少　年　報	舊金山	庚　戌
星洲晨報	新加坡	庚　戌

以上各報記者，若大同報之陳詩仲，自由新報之盧信公，大漢報之馮自由，星洲晨報之謝心準等，皆從中國日報現任聘來。其餘如大同報之劉成禹，中興報之張紹軒，華英報之崔通約，則由中國日報介紹而得者也。

　　中國日報幫助各埠發展且如此，其對於本埠，則為何如。是時香港有一報界怪傑出，一時風起雲湧之勢，其人為誰，則鄭貫公是，貫公原名貫一，香山人，幼居橫濱，在梁啟超等所創之大同學校肄業，性穎悟，極為梁所鍾愛，遂賜名曰貫一，大有一以貫之之意。詎貫公雖曰從梁啟超讀，心實鄙之，時適中山先生旅橫濱，日發揮民族主義，貫公大感動，暇輒背其師友，從中山先生遊，且言欲脫離大同學校，而無適處，先生曰：是殊易之，余所設之中國日報，現正需人主撰述，汝肯歸香港，善莫甚焉。貫公喜，遂脫保皇黨學校，而為革命黨人。梁啟超聞貫公返，怫然曰：為彼添羽翼矣，歎息久三。然貫公雖歸中國日報，居恆頗鬱鬱，會有友組織世界公益報，聘貫公主編輯，貫公曰：使香港多一民族報，吾之願也。遂去中國日報。既而世界公益報，不浹於願，則另創廣東報。期年，廣東報仍不浹，乃歎曰：宗旨複雜者，終不能久處耶。是時世界公益報、廣東報，皆主持革命者也，貫公何出此言，蓋言外之意，謂革命之中，亦含許多雜質，故有不慊之意，再組織有所謂報。然斯時集款已成強弩之末，助者殊少，貫公曰：資本小何妨，在人才集中耳。果也，投資者皆純粹革命份子，言論無人掣肘，於是得肆言無忌，報業大發達，啟迪人心愈透澈，於是社會人士，交口贊有所謂不置，因並極力崇拜鄭貫公。詎有所謂開辦祇二年，而貫公染疫死。貫公死，與報館事者殊碌碌，不數月，而有所謂停業。此前清光緒三十一年至三十四年事也。於斯時也，香港有革命報四，曰中國日報、曰世界公益報、曰廣東報、曰有所謂報。有掛名之革命報曰少年報，主持者皆為黃世仲。然黃雖時主革命言論，且曾為中國日報記者，但一面主張革命論，一面為保皇黨所設之商報充當撰述，人多鄙之。

　　廣東省城之有日報，當自廣報始。其時為清光緒十年甲申，

距今殆近五十年矣。廣報雖以維新自命，但猶不識民族主義為何物，所記皆社會細微事，與夫官吏之進退，間或指摘二三小吏不法行動而止，初不問國家大勢也。然雖不問國家大勢，竟不期然而賈禍。主報事者，為鄺蓉階，候補道員，一日以遊戲性質，草一長隨論，論中頗描寫盡致因大觸督署閽人之怒，強迫南海縣，使封禁之，是時南海縣為著名猾吏裴景福，素以逢迎督轅親信為事，乃勒令廣報停版，鄺大怒，乃將一切器具，遷入沙面外國租界，易文為外國文陶復 Go booh，而以陶復為發行人。陶復者，徐圖報復也，大向當道抨擊。自外交內政，以至官人行動，皆詆譏不遺餘力，裴憤怒愈甚，但陶復報，開設在外國人勢力範圍下，不能如前之為所欲為，乃派幹弁偵賣報之小童，執而毆之，然卒不能損陶復報之毫末。裴乃別生一計，間接使人交歡該報，許為津貼，但須遷入城內，且不得復用陶復二字，幾番交接，該報竟為所感，遷往城內之廟天街，易名中西日報。此數年間，廣東報紙，日漸發達，安雅、時敏、羊城、嶺海等報，接踵而起，然率皆以開通民智之套語相號召，於革命事實，直不敢贊一辭。

廣東內地之有革命言論機關，當自時事畫報始，其時蓋前清光緒二十九年也。該報每月發刊一次，內容分圖畫、言論、謳歌等，雅俗具備，最適合當時民眾心理，主辦人為潘達微、陳樹人、胡予晉，言論撰述，為陳援菴，廖平子，謝英伯等。中間陳援菴立言最為得體，恆引用東華錄，歷朝清帝遺訓、以證最近政治之謬妄，使當局敢怒而不敢言，識者韙之。三月二十九日焚攻督署後，時事畫報極為當道所注視，同人不遑安處，遂遷香港，由林直勉、謝英伯主持，已而解散。

同時在省城有一日報出現，揭櫫民族主義，不惜在險惡之環境奮鬥，其報何名，則國民日報是。該報中堅人物，為黃軒胄、

李梓朋、馮伯礪，雖出資者尚有多輩，然神氣與革命不屬，故不具。

平民報，創始於清宣統二年，庚戌革命言論，較國民日報為露骨，主其事者為鄧慕韓、潘達微、何劍士、廖平子。何劍士之繪事，富理想，此作諧畫，諷刺時事，趣味濃厚。其明年 3 月 29 之役，清吏以為過事鼓吹，勒令停版，旋改為齊民報，光復後，仍稱原名。

可報，創於庚戌年，主其其者為陳炯明、鄒海濱、凌子雲，亦民族報之先鋒也。先是廣東省諮議局倡議禁賭，特宗旨未能一致，於是投票取決，主禁者眾謂之可議員，主緩禁者眾謂之否議員，時陳炯明主禁最烈，儼然為可議員首領，可報之名，實取於此。惜陳炯明斯時鋒鋩太露，居然揭革命議論，大遭當局注意，發刊月餘，即停版。

平民畫報，亦潘達微所辦，其性質略與時事畫報等，蓋開辦時，時事畫報已停刊矣。附設平民報內，同事者為鄧警亞，梁永絃、廖平子等，辛亥春，為當局解散。

軍國民報，旬刊也，提倡民族主義最顯著，創於戊申年，為盧諤生獨力主持，每期銷唐萬餘份，可見歡迎者之眾，開辦數月，當局以妄談革命，捕盧下獄，報遂停刊。餘外向民族主義表同情者，尚有震旦、人權兩報，然不過強效時髦，茲不具錄。

6.馮自由《廣東報紙與革命運動》[15]

---

15 本文原載馮自由著：《革命逸史》初集，頁 112~115，商務印書館，1939 年 6 月重慶初版；1945 年 2 月重慶第二版；1945 年 12 月上海初版；1946 年 5 月上海再版；商務印書館遷台後，重印馮自由《革命逸史》，初集改名第一集，本文則改載於頁 166~169，於 1969 年 3 月印第一版，1975 年印第二版。又見載於革命文獻第六十四輯《興中會史料》，頁 174~176，台北：黨史會編輯發行，1973 年 12 月出版。全文共 1,934 字。

在清同治初年太平天國盛時，香港已有報紙之出版，初為中外新報，乃英文孖喇報一種副刊，故又名孖喇報。次為循環報，刊於同治十二年（1873年）法人佔奪安南東京即在此時。再次為華字日報，乃英文德臣報之副刊。此三報僅循環日報一家純屬吾國人資本耳。甲申（1884年）中法戰役前後，廣州有一報館產生，名曰「廣報」，其方式略同港報，均作直行長行。首載上諭宮門抄等類，新聞記者各以四字題目冠其端，紀載至為簡陋。出版數年，因刊刻某大員被參一摺，為粵吏封禁，報中職員以先期遁走，僅乃得免。廣報被封後，官紳士子仍流行一種京鈔，以傳達政治消息。無何復有一報繼續產生，名曰「中西報」，其始以沙面為發行所，蓋鑒於廣報之覆轍，乃托庇沙面租界外人勢力下，欲以避免官吏魚肉。後乃遷至朝天街，該報主持筆政者，有勞亦漁、武子韜、陶權菴諸人，皆當時知名之士，亦頗暢銷。乙未（1859年）孫總理、楊衢雲等謀在廣州起義，即中西報最風行時代也。其後復有「博聞」、「嶺海」各報繼起，博聞報最初編輯為鍾榮光，後改名「安雅」，而嶺海則純由著名賭商蘇星衢（綽號蘇大闊）者出資，有副刊曰「天趣報」，專談花事，為粵省花界小報之嚆矢。是時廣州、香港各報祇記載瑣碎新聞及轉錄滬報消息，絕不知新學為何物。嗣丁酉（1897年）上海時務報、澳門知新報相繼出版，競言新學，香港各報稍稍和之，廣州報紙始敢略談時事。己亥（1899年）冬，革命宣傳機關之中國日報，初刊於香港，抨擊滿清惡政，不遺餘力，粵人紛紛購讀，尤以政界銷路為多。廣州各報以相形見絀，遂亦漸以提倡新學為言。庚子（1900年）拳亂後，粵中滿吏亦稍知新學之必要，頗以振興教育設立學校為務，時任安雅報編輯者為詹憲慈（菊隱）任，嶺海報編輯者為胡衍鴻（漢民），均以鼓吹新學聞於社會。壬寅（1902年）粵督陶模派吳敬恆率學生

數十人渡日本習速成師範，詹、胡二人同在被派之列。癸卯（1903年）正月，洪全福、梁慕光等在廣州發難之計劃失敗，嶺海報著論排斥革命排滿，指為大逆不道，香港中國日報駁之，雙方筆戰逾月。嶺海報操筆政者為胡衍鶚（清瑞），即漢民長兄。中國報操筆政者，為陳詩仲、黃世仲，是為革命扶滿兩派報紙筆戰之第一次。同時粵坦有時敏報發刊，乃倡辦時敏學堂諸人所設，因出版適在洪全福失敗後數日，故記載黨事極詳，頗受世人歡迎。癸卯後香港有世界公益報、廣東報、商報、有所謂報等先後出版，除商報屬保皇黨機關外，餘三報均為黨人鄭貫公所組織，闡揚民族主義，不亞於中國報，一時革命派報紙之聲勢為之大張。甲辰、乙巳（1904～1905）間，粵中風氣頓開，學校報館繽紛並起，如羊城報、七十二行商報、國是報、亞洲報、群報、時事畫報、二十世紀報等相繼出版。適有華僑夏威為美國新頒華工禁例，自刎於上海美領事館門外，舉國大慎，各省志士紛紛組織拒約會以保國權，粵港各報莫不極力提倡，以伸正義。香港公益報因載所繪龜扛美人圖，為英政府逐其主筆出境。丙午（1906年）粵督岑春煊以官方強收粵漢鐵路於商人之手，粵紳黎國廉率各界人士奮起抗爭，岑乃派兵置黎於獄，廣州各報處於積威之下，噤若寒蟬，獨香港各報齊聲反對，極論岑督攘奪路權之非。新出版之維新報、東方報、少年報、日新報等同一論調，岑督乃下令禁止港報入口以洩憤。丁未、戊申（1907～1908）間，湘、皖、滇、贛、粵、桂各省革命軍陸續舉事，排滿怒潮，震撼全國，粵中各亦漸仰首揚眉批評時政得失。庚戌（1910年）前後出版各報，廣州有鄧悲觀之國民報，潘達微、鄧慕韓等之平民報，陳耿夫、李孟哲等之人權報，盧諤生等之軍國民報，陳炯明等之可報，楊計白等之中原報，鄧警亞等之齊民報。汕頭有謝逸僑、葉楚傖、陳去病、林

伯杞等之中華新報、嶺東報，新寧有劉少雲等之新寧雜誌，□□
等之四邑旬報。香港有潘飛聲、陳自覺等之實報，洪舜英之婦女
星期錄。就中如國民報、人權報、可報、平民報、軍國民報、齊
民報、中原報、中華新報、實報等，多與革命黨人有關。以是對
於辛亥三月二十九黃花崗之役，及孚琦、李準、鳳山之被刺咸紀
載周詳，贊揚備致。及武昌革命軍興，清吏張鳴歧、龍濟光、李
準等初欲負嵎自固，詎滬電謠傳「京陷帝崩」四字，港、粵各報
相率登載，全城人士歡聲雷動，張督知人心已去，無可挽救，始
倉皇出走，龍、李遂亦卑辭乞降。使廣東省城，得以不流血而獲
光復者，報紙之力為多焉。

7.馮自由《香港陳楊三家與革命黨》[16]

　　陳楊三家之名辭：陳楊三家者，香港富商陳席儒、陳賡虞、
楊西巖三人之簡單稱謂也。二陳為檀香山華僑大種植家陳芳之
子，香山縣人，各得其父資產鉅萬，歸國後歷任香港德忌利士輪
船公司買辦，在港商界中素以財雄見稱。楊西巖原名蔚彬，新會
縣舉人，嘗任檀香山領事，少受乃祖遺下多量地產，有輪船碼頭
曰楊泰興，月獲租值甚豐，時人僉以大地主名之。丙午（1906年）
春粵督岑春煊以武力收粵漢鐵路為官有。陳氏昆仲及楊西巖三人
以大股東資格，領導粵省及香港澳門各地股東開會反抗，陳楊三
家之名辭，即陳楊三家與粵漢鐵路：丙午某月粵督岑春煊召集粵
漢鐵路全體股東開大會於鐵路公司，派幕府洋務委員溫宗堯代表
出席，宣布決將鐵路收歸官辦理由。各股東聞之大嘩。粵紳黎國
廉（挂裝）遂代表多數股東起而反對，力言強收官辦之違法佔權。

---

16 本文原載馮自由，《革命逸史》（第二集），頁 222-226，1943 年 2 月重慶初
　　版，1968 年台二版。全文共 2,886 字。

溫宗堯憤然大燒檯礮（粵語謂拍桌子為燒檯礮），拂袖而去。岑督旋下令將聚眾抗官之股東代表黎國廉拘禁繫獄，粵人大為反對。粵港及海外各報咸力助股東，措辭異常激昂。岑督復嚴禁粵中各報登載反對言論，違者封禁，港商陳席儒、陳賡虞、楊西巖均屬該路大股東，至是遂號召在港股東組織粵路股東維持路權會，函電向清政府極力抗爭，並派代表北上謁同鄉京官戴鴻慈、唐紹儀、伍廷芳等請求協助。是會爭訟數年，所費不貲，僅電報及廣告等項已耗十數萬元，多由陳楊三家解囊相助。而為三家之謀主者，即為同盟會香港分會長兼中國日報社長陳少白。陳楊三家之與革命黨人發生關繫，亦在此時。

陳楊三家與革命黨：二陳之父陳芳與檀島希爐埠大畜牧家孫眉（德彰）素有交誼，孫眉即孫總理長兄，故孫總理在香港澳門間業醫時，以世誼鄉誼之關係，與二陳頗有往還。陳少白於己亥（1898 年）冬奉孫總理命返港發刊中國日報，由律師何啟富商李紀堂等介紹，漸與二陳結識。楊西巖與陳少白相交始於乙巳（1905 年）冬，蓋是時港商有拒止美國禁制華工苛約會之組織，西巖為發起人之一，何啟與少白同任該會顧問，少白每事指導得宜，西巖極信任之。及爭路事起，陳楊等以少白雄才博學，尊為導師，凡會中一切計畫莫不言聽計從，所有文電咸出少白手筆。時中國日報已由荷理活道遷至德輔道，該報四樓社長室，無形中成為爭路會辦事處。每次發出致清政府及各省疆吏電報動輒千數百言，亦由少白紹介香港中國電報局譯員之同盟會同志梅縣人梁擴凡任之。中國報雖在香港發行，而銷路之暢達，則有賴於廣州。蓋其時港中商民多缺乏政治思想，於偏重政治之報紙，絕不措意。故中國報出版四年，銷於粵省及海外各埠者殆佔三分之二。迨粵路風潮發生，中國報及各港報均仗義執言，一致抨擊岑督之非理。

岑督涖粵之初，頗能勵精圖治，尤重視中國報，對於該報用人行政之批評，間有採納。及為港報同聲反對，遂下令禁止港入口，中國報亦不免焉。其於宣傳主義上之損失，殊非淺鮮。

陳楊三家與中國報：先是癸卯（1903 年）某月中國報以維持困難，嘗與香港文裕堂印務公司合併，成為文裕堂印務公司資產之一部。乙巳（1905 年）冬因攻擊保皇黨在美洲行騙事，被康有為之女同璧在香港法院控文裕堂以毀謗名譽之罪，雙方涉訟多月，迄未解決。及丙午夏，文裕堂以營業不佳，有牽累中國報之虞，陳少白深以為憂，陳楊等以中國報為爭路事犧牲絕鉅，嘗語少白，謂倘報館為訟事不能支持，彼等當合力斥資萬元以助，藉酬黨人協助彼等之勞等語。少白及馮自由等咸信之。及是年 8 月文裕堂果宣告破產，陳楊等雖於事前知之，而默無一言，少白竟束手無策。馮自由時任該報記者，以此舉關於民黨信譽絕鉅，乃求援於外舅李煜堂，賴其助力。事前以五千元向文裕堂購出中國報，始得免於拍賣。中國報既改組，同時遷於德輔道 301 號，馮自由繼任社長。同盟會同志以陳楊等食言而肥，多懷不滿，至丁未（1907 年）春革命黨謀在惠潮兩屬發動軍事，孫總理以經費缺乏，乃親書一函致陳楊三人，請合籌軍餉十萬元。該函乃由越南河內寄馮自由，令交少白相機辦理。詎少白得書後，謂陳楊等原非有心革命，向之籌款，徒傷感情，竟退回原函，不允代交。是年 4 月 11 日潮州黃岡革命軍起，馮自由以義師需餉至急，遂將該函直接送交德忌利士輪船公司陳賡虞手收，並遣同志李紀堂訪陳探詢意見。賡虞竟對李聲言，革命黨起事為妨害商務，殊屬不智。如此次黃岡作亂，彼之輪船公司營業大受影響，即為明證等語。李以賡虞如此措辭，逾據以報告中國報。同盟會諸同志以陳楊前既不踐協助中國報之約，已屬負義，此次既不助款，尤復公然反

對，咸為憤激。次日中國報即著有「民族與鐵路」一文，痛論「今日救國須以實行民族主義為根本問題，根本既解決，則其他枝節可以迎刃而解。爭路事件不過枝節一端，有志救國者應從根本設想」云云。孫總理初意陳楊三人必能輸財助餉，以濟義軍，至是始，失所望。

陳楊三家與陳少白：陳楊等抗爭粵路股權兩載，至岑春煊調任離粵，風潮始息。少白至戊申（1908 年）某月，以計劃爭路之實從此息肩，乃向三家求踐前諾。首商諸陳賡虞，賡虞曰，吾兄弟對此絕無問題，君可先問西巖，西巖能助若干，吾兄弟即可照數相助。少白乃轉商西巖，西巖僅允助資一千元，少白慮賡虞以西巖為例，私告賡虞，謂西巖允助二千元。賡虞曰，吾人前允酬君等萬元，以答歷年相助之勞，今西巖既允助資二千元，則餘數則由吾兄弟二人湊足此數。於是少白遂得陳楊等酬金實數九千元，即以此款購置九龍牛池灣田產若干畝，闢建農場，並移家居焉。未幾，孫總理之兄眉以營業失敗，自檀島挈眷歸香港，少白乃假以農場一部，使自種植為活。己酉（1909 年）冬革命黨謀使廣州新軍反正事機漸熟，孫眉擔任在其農場密縫製青天白日旗，備起義之需，事為少白所知，慮招當地警吏干涉，於彼不利，遂強制孫眉，不許在其農場區域行險。孫眉不得已乃遷灣仔東海旁街七十六號四樓馮宅繼續縫製。是即庚戌（1910 年）新正廣州新軍反正所用之青天白日旗也。越年孫眉以招收黨員事被放逐至廣州灣，其所借農場仍歸少白所有。

民國後之陳楊三家：陳氏昆仲席儒嘗留學美國，知識遠較乃弟為開通，戊申冬清帝后逝世，港僑多不遵守所謂國喪，賡虞獨鬢髮不薙，白衣白冠以過市。民元後少白辭廣東外交司長歸職香港，與賡虞及李煜堂等創立粵航輪船公司，並充任該公司協理，

即陳李等所薦用。少白所建九龍牛池灣樓宇及農場亦以善價售諸賡虞，即賡虞歷年大興土本之九龍別墅是也。席儒於民國後與陳炯明私交頗篤。民十一年（原文缺「年」字）六月陳炯明、葉舉（原文缺「舉」字）等據粵叛變，私委席儒為廣東省長，在職數月，即隨炯明出走。席儒之子永善嘗由炯明委充粵兵工廠總辦，某年在港被人狙擊，彈留腰部數載乃亡。楊西巖於辛亥粵省反正一役，嘗聯合港商多人籌金附義。民十一年孫總理出兵北伐及民十二年對陳復粵二役，更將其在港地產陸續變賣悉充餉糈，毀家紓難，尤其難能可貴。要而言之，陳楊等三人在辛亥以前，祇於陳少白私人有相當關係，實未予革命黨以何種之助力。迨民國成立，二陳亦僅向當局權要，虛與委蛇，未立寸功。獨西巖於民九始正式加入國民黨，自粵軍從漳州返旆，以迄民十二孫總理重開府廣州，均踴躍輸誠（原缺「誠」字），始終不懈，以視二陳之缺乏國家觀念相去遠矣。

8.馮自由《香港同盟會分會及南方支部史要》[17]

（1）同盟會成立前之香港革命黨

香港為革命黨對內活動之策源地。興中會於乙未（民國前十八年）九月廣州之役及庚子（民國前十二年）閏八月惠州之役，均以此地為軍事之出發點。且其唯一之宣傳機關中國日報亦設於此。故在一部革命史上，香港地位之重要，實

---

17 此文原載馮自由著《革命逸史》第三集，頁 227-257，1969 年 3 月臺灣商務印書館一版，1972 年 1 月二版，原題名《香港同盟會史要》；又見易現名載於革命文獻第六十六輯《中國同盟會革命史料》（二）頁 1-28，台北：黨史會，1974 年 6 月出版。二個版本基本一致，但有個別字句更改。全文共 16,868字。原著者按：此文原擬將多年珍藏之香港同盟會員名冊副本附錄於後，因此副本現密存香港戚友寓所，暫時無法取用，容俟日後補述。

佔全部之第一頁。此凡讀建國方略總理自傳者無不知也。及
庚子惠州三洲田一役失敗之後，興中會之元氣為之大傷，急
切間實無餘力可以再舉。於是　孫總理乃變更計劃，暫時中
止國內各之軍事活動，而專從聯絡留學界及海外華僑入手。
蓋留學界可以培植建設及軍事之人材，而華僑則可以募集發
動之資金，二者均為革命進行必經之途徑也。故自庚子以迄
丙午（民國前六年）之七月間，革命軍務殆完全停頓。香港
之黨務報務向由陳少白一人負責主持，而所需經費則多取給
於當地富商李紀堂。在此期間，興中會等於取消，從未收納
黨員一人。惟中國報則推銷於粵省各縣及海外各埠，異常發
達，因之革命思潮駸駸乎有一日千里之勢。就中壬寅（民國
前十一年）冬謝讚泰、洪全福、李紀堂、梁慕光等曾企圖在
廣州起義失敗，其主事人除洪全福外，皆屬興中會員。然是
役興中會幹部並不預聞。

在同盟會成立前之數年，香港革命黨可略分為二派，即
陳少白派與鄭貫公派是也。貫公粵之香山縣人，早歲在日留
學。庚子秋冬間與馮斯樂及余三人發刊開智錄雜誌於橫濱，
專發揮自由平等天賦人權之學說，思想新穎，以能文稱。辛
丑（民國前十一年）春由　總理介紹至香港主中國報筆政，
崇論宏議，深為讀者所歡迎。惟其人賦性不羈，漸為少白所
不喜，在職未及一載，即出而另組《世界公益報》，復先後開
設《廣東報》及《有所謂報》。均以革命排滿為宗旨。以一人
而陸續創辦三報，其號召之能力可以概見。時港人約可區別
紳士及商工學之二種社會。紳士方面以少白為接近，而商工
學各團體範圍較闊，貫公廣事交遊，尤得人望。徒以二人意
見甚深，不能合作，遂使香港黨務不能充份發展，而發生種

種障礙。　總理於癸卯（民國前九年）夏及乙巳（民國前七年）夏兩度舟過香港，體察情形，深以為憂。及是歲六月下旬中國同盟會本部成立於東京，以余方任中國日報駐日記者，且與貫公有同學舊誼。乃於八月初十日特派余及李自重至香港聯絡少白貫公二人組織香港廣州澳門等處同盟分會。其委任狀照錄如左：（原狀今尚保存）

中國革命同盟會　總理孫文特委托本會會員馮君自由李君自重二人在香港粵城澳門等地聯絡同志二君熱心愛國誠實待人足堪本會委托之任凡有志入盟者可由二君主盟收接特此通知仰祈察照是荷

中國革命同盟會總理孫文押（印）

天運歲乙巳年八月十日發

(2) 乙巳同盟分會之成立

余於是歲九月初旬抵香港，即與李自重陳少白鄭貫公等籌備組織同盟分會。正進行間，而　總理適於十月偕黎仲實、謝良牧、胡毅生、鄧慕韓等乘法郵船赴越南西貢，舟過香港。余遂偕陳少白、李自重、鄭貫公、李柏（紀堂）、容開（星橋）、黃世仲、陳樹人等登輪晉謁。即由　總理親主持同盟會宣誓式，令少白等一一舉手加盟，雖舊興中會員亦須填寫誓約。後數日開同盟會成立會於中國報社，眾舉陳少白為會長，鄭貫公為庶務，馮自由為書記。是年繼續入會者，有李樹芬、李自平、鄧蔭南、鄧警亞、梁擴凡、溫少雄、廖平子、盧信、李孟哲、李伯海、王斧諸人。時李自重與史古愚、伍漢持、陳典方、崔通約設光漢學校於九龍，提倡軍事教育。香港各學校紛紛舉行兵式體操，均延自重為體操教員。

蓋自重早年曾肄業於　總理所設東京革命軍事學校,以教授
軍事訓練蜚聲於時也。事為港政府所忌,乃禁止各校設體操
一科,並擬驅逐自重出境。自重不得已他適避之。十一月黃
克強至香港,寓中國報社,旋易名張守正,號愚臣,赴桂林
訪巡防營統領郭人漳,陸軍小學監督蔡鍔等策動反正。以郭
蔡二人意見不合,有礙軍事進行而止。於是取道龍州,訪鈕
永建、秦毓鎏等於邊防督辦公署,有所計劃,亦不得要領。
旋經越南返香港。

　　是年美政府頒布取締華工禁約,華僑馮夏威自殺於上海
美領事門前,以警同胞,因而各省抵制美貨之怒潮風起雲湧。
香港及廣州商工學報各界亦組織拒約會以響應之。是冬駐美
國商會特歷代表向港粵各代表磋商轉圜方法,港代表為何
啟、曹善允、李煜堂、吳東啟、陳少白諸人,雙方議定解決
條件九款,鄭貫公代表報界一部份,指為未經眾議通過,認
為無效,因是中國報與有所謂報為此大開筆戰。經余多方調
處無效,會　總理自南洋赴日,過港時乃召少白、貫公二人
至法輪,勸令和解,二人從之。然中美雙方代表議決之九條
件遂爾擱淺,誠屬憾事。是時粵港人士之對美外交,竟為革
命黨兩報言論所左右,是亦可見革命黨勢力之一斑矣。後數
月貫公以染疫逝世。港中各界人士開追悼會於杏花樓,蒞會
者千數百人。各地同志咸為惋惜不置。

(3) 中國報改組前之黨務

　　中國報自癸卯(民國前九年)夏秋間已合併於文裕堂文
具有限公司,成為文裕堂公司產業之一部。丙午年春從荷里
活道遷至德輔道,同盟會未設會所,其會所即附設於中國報

社長室內。是年黨務無顯著之進步，對外仍守極端秘密主義，故新進會員寥寥可數。由是年一月至七月之七個月期間，有二事件於黨務報務有極大之關係，一為粵督岑春煊違法強將粵漢鐵路收為官辦案。港商陳席儒、陳賡虞、楊西岩等均屬該路大股東，遂召集全體股東組織粵路股東維持路權會，函電向清政府極力抗爭。而為之謀主者，即為中國報社長陳少白。凡會中一切計畫，莫不言聽從計從，所有文電咸出少白手筆。中國報之社長室無形中成為爭路會之秘書處。中國報銷場向以售於粵省為多數，及粵路風潮發生，中國報及各港報均仗義執言，一致抨擊岑督之非理。岑督蒞粵之初，頗能勵精圖治，尤重視中國報，對於該報用人行政之批評，間有採納。嗣為港報同聲反對，遂下令禁止港報入口，中國報亦不免焉。此舉實於宣傳主義之損失，可謂絕巨。時中國報方受文裕堂營業虧折之牽累，岌岌可危。陳楊等事前嘗語少白，謂中國報如不能支持，彼等當斥資萬金解其窘厄。藉以報酬爭路直言之勞等語。是秋中國報果瀕於難。而陳楊等乃食言而肥。苟非余及李紀堂、李煜堂等另集資本，事前向文裕堂預承購中國報。則此革命元組之宣傳機關落於保皇黨徒之手。其關係一黨之名譽，豈淺顯哉。

　　次為康有為之女同璧控告中國報賠償名譽損失案。先是中國報搜羅康梁師徒藉保皇黨名目棍騙華僑巨款種種證據，揭諸報端，涉及康同璧名字。同璧乃委托保皇會員葉惠伯為代表，在香港法院控中國報誣謗名譽，要求賠償損失五千元，此案涉訟經年，迄未解決。中國報所舉證據極為充足，大有勝訴之望。惟英律凡被告無能力延律師抗議，即等於敗訴，訟費須由被告負擔。時中國報屬文裕堂有限公司資產之一

部。故文裕堂如因營業虧折，宣告破產，則所附屬之中國報亦須付諸拍賣，以供訟費之需。時陳少白束手無策，余以此舉關係全黨名譽至巨，乃求助於外舅李煜堂，得其助力，於事前以五千元向文裕堂購取中國報，始得免於拍賣。　總理在南洋聞之，以文裕堂雖無力供給此案之訟費，然為民黨名譽計，仍當繼續抗訴，以竟全功。特匯款三千元於少白。使延律師力爭。少白以訟事牽刪，費時失事，主張不再興訟。故此案結果遂為無形之失敗。

余等於是歲八月接中國報後，遂遷報社於上環德輔道201 號（按：應為 301 號之誤）。新股東為李煜堂、李紀堂、李亦愚、潘子東、伍耀廷、吳東啟、伍于簪、麥禮廷等，眾舉余任社長兼總編輯，於是全局改組。璧壘為之一新。同時陳少白亦辭退同盟會長一職，眾舉余承之。是歲各方同志來往港粵滬桂日本南洋歐美各地，極形勾繁。其在報社暫駐者，有黃克強、吳崐（奉天）梅霓仙、胡毅生、朱執信、古應芬、張樹枏（伯喬）、李文範、鄧子瑜、許雪秋、陳和、張繼、曹亞伯、謝寅杰、夏重民、馬達臣、潘信明、謝杞原、劉樾杭、劉思復、周毅軍、謝良收、易本義諸人，以八月間中國報改組後為尤盛。當十月萍鄉醴陵黨軍舉事時，港人之有志者，日至報社探候捷音，其門如市。革命黨多年停頓之局勢，至是生機勃勃，大有山雨欲來風滿樓之狀矣。

（4）丁未年之黨務報務

丁未（民國前五年），一年為香港革命黨復興時期，自丙午秋中國報易主後，同盟會會務隨而發達。時會務仍守秘密性質，一切措施咸由會長主持之。同盟會規例，祇會長一人

有權收納會員，派往粵桂閩各地擴張會務者皆稱代理主盟人。凡經手人之盟書均須密寄會長，仍由會長負責。是年會務以在粵桂閩三省最為活動，嘗先後派出代理主盟員及軍事聯絡員分赴各地，收攬會員，擴張勢力。在香港及廣州入黨者，有李是男、張如川（谷山）、姚漢強（雨平）、何克夫、譚劍英、莫偉軍、劉古香、葛謙、曾傳範、譚馥、何秉鈞、溫貴（子純）、陳佐平、張鐵臣、韋立權、劉培崁、詹承波、吳金標、李子偉、許佛童、曾捷夫、林海山、馮坤、嚴用卿、楊寶山、吳進、金葆、曾儀卿、周毅軍、李濟民、蕭惠長、黃旭昇、林菊秋、張人傑（靜江）、周覺（伯年）、趙聲（伯先）、方紫柟（楚僑）、林五、余丑（既成）、余通、陳湧波、陳純、林旺、孫穩、林震、張醁村、鄭添、陳穩、陳二九、林鶴松、李經之、盧鴻、李少穆、張宋軍、林希俠、康蔭田、李蘅皋、羅夢覺、李天麟、楊希說、陳元英、陳春生、向子耀、巴澤憲、謝明星、陸蘭清、李煜堂等數百人。各方同志過港登記者，有黃克強、胡漢民、汪兼士（精衛改名）方瑞麟、郭公接、周杜鵑、鄧子瑜、陳芸生、黃乃裳、喬義生、廖仲愷、方漢城、張夢庚、謝逸橋、林時爽、何天炯、謝心準、金章、池亨吉、萱野長知、柳楊谷（聘儂）、孫眉、楊錫初、羅錞、李福林、譚義、黎廣、李菱、李亦如、潘子東、李燮和（柱中）、李天麟、胡秉柯、賀之才、李思唐、黃耀廷、余紹卿、張煊、方次石、李次溫、譚人鳳、陳湘南、周仲良、陳方度、時功璧、田桐、黎量餘、彭俊生、居正等百數十人。茲將是年香港同盟會所派出各地代理主盟人及軍事聯絡員姓名地點錄載如下：

張谷山、姚雨平	廣州舊倉巷鳳翔書院，長樂留學公所
朱執信	廣州豪賢街朱宅
趙聲、方紫柟、葛謙	廣州黃埔陸軍小學
張樹柟	廣州制台前張大夫第
陸蘭清	南海佛山北勝橫街黃照普書館
李福林、譚義、黎廣	廣州河南大塘鄉萬馨茶樓
曾傳範、譚馥	虎門陸軍速成學堂
羅錞	廣州秀水五眼僑聯昌坭水店
劉樾航、劉思復	澳門荷蘭園和隆街 21 號樂群書室
劉樾航、劉思後	香山石岐西門外武峯里書報社
許雪秋、方瑞麟	汕頭至安街鐵路公司
蕭惠長、謝逸喬	興寧城興民學堂
余既成、陳湧波、余通	潮州鏡平縣黃岡城
周毅軍、李濟民	惠州歸善水東街廣榮號
莫偉軍、何克夫	連州三江墟兩等小學堂邢斌
胡毅生、巴澤憲	廉州小學堂新軍糧台毛執官張焜
黃旭昇	連州三江香攤公司轉王神父
劉古香、張鐵城	柳州府弓箭街富貴陞旅館
劉培嶽、王和順	潯州大王江埠廣亨號
王和順	南寧城內中街法人書院林百中
韋立權、譚劍英	梧州大南門外文明閣
謝明星、吳金彪	汕頭浮洋市長春堂
許雪秋、喬義生、池亨吉	汕頭幸阪旅館
許佛童	惠州汕尾
黃乃裳、林菊秋	廈門

　　上述各員之成績，以許雪秋、鄧子瑜等之運動惠潮會黨，及張谷山、姚雨平等之運動廣州軍學兩界為最著。是時會所附設於中國報四樓社長室，另先後分設招待所於寶慶坊、堅道、蘭桂坊、灣仔進教圍、摩禮臣山道各處。胡漢民夫婦及汪精衛、黃耀廷、劉思復、黃克強、廖平子、池亨吉、萱野長知、譚人鳳、許雪秋、方瑞麟、林時塽、柳揚谷（聘儂）、何克夫、譚劍英、田桐、莫偉軍、何天炯、張谷山、黎仲實、陳湘南（硯樵）、胡毅生、李文範、古應芬、朱執信、林希俠、李燮和、張樹柟、孫眉、楊德初諸人蒞港時均下榻於報社或招待所。

　　是年報務亦有相當之發展，蓋各地革命軍之舉事，中國報皆有詳細記載，且時發號外，以廣宣傳，國內及海外皆恃為耳目焉。六月間香港華民政務司以中國報經售東京民報特刊天討，附有清光緒帝破頭插畫，謂為煽動暗殺，經余依法力抗，卒以沒收存天討了事。同時駐菲律賓清領事楊士鈞以中國報駐小呂宋訪員通信揭載其玷辱國體情事，特延請律師控告中國報賠償名譽損失，余乃提出人證，按律拒之，士鈞卒知難而退。至八月。香港議政局徇清政府請，通過禁止報紙登載煽惑友邦作亂文字專律，殆為中國報而發。然中國報不為少屈，蓋英人祇禁談排滿革命，若易以民族主義及光復等名詞，非彼等所能瞭解也。

(5) 丁未年之軍事活動

　　丁未一年亦為同盟會軍事最活動之時期。先是黃克強於乙巳年冬十一月繞道香港，親入廣西桂林，說防營統領郭人漳反正。郭以受他部牽制，不敢輕舉。丙午冬郭奉粵督令率

所部來粵，駐軍肇慶，許雪秋、鄧子瑜亦報告惠潮各屬軍事經營就緒，　孫總理、黃克強在日得余電告，認為絕好機會，遂偕胡漢民、汪精衛、日人萱野長知、池亨吉等南遊。丁未二月初二日抵港，　總理原船赴越南西貢，克強、精衛、萱野留港，擬赴肇慶促郭人漳起兵襲取廣州。池亨吉則偕留學生方瑞麟、方漢成、喬義生等往潮汕助許雪秋舉義。克強、精衛居松原旅館數日，張樹枏自廣州來，謂郭人漳又調欽州勦匪，粵吏探悉克強由日本來港，已備文向港政府要求引渡等語。而松原旅館亦忽有粵吏派偵探窺伺其間，克強以郭已他調，留港無用，乃命胡毅生隨郭赴欽，相機行事。精衛則移居普慶坊招待所，與劉思復、廖平子同寓。於是許雪秋、陳芸生、余紹卿、鄧子瑜、劉思復、張谷山、胡毅生、何克夫、姚雨平、王和順、李福林、譚劍英、黎仲實、譚人鳳、柳揚谷諸人先後赴廣州、汕頭、汕尾歸善博羅、欽州、廉州各地，極力進行。計是年許雪秋、陳芸生等所經營者，有正月十二日潮州城之役，四月十一日饒平、黃岡之役，九月初六日惠州汕尾之役。鄧子瑜所經營者，有四月二十二日惠州七女湖之役，王和順所經營者，有七月二十七日欽州防城之役。而劉思復則以謀炸清提督李準之故，於五月初一日在廣州因製彈失慎炸去一臂，被逮繫獄。此外大事之可紀者，則有黃岡義師首領余既成及汕尾黨首許佛童，先後被清吏以強盜罪名控之香港法院等事。兩案曾延律師抗辯，涉訟多月，卒獲勝訴出獄。又十月譚人鳳、田桐、何克夫、陳湘南、譚劍英等奉　總理召赴越南，順攜帶英法文革命軍債券二箱，在海防被法人扣留。後由　總理向越南總督交涉，始獲發還，然譚等竟因此被逐回港。是冬黃克強計劃在欽州發難，

其彈藥多由余在港密購，交法船買辦同志黎量餘、彭俊生等運赴海防供應之，故自香港同盟會成立以來，是年所發難諸役，除防城義師是由　總理在河內親自策動外，其餘諸役皆由港同盟會直接指揮。余初以一人精力不遑總管報務、黨務、軍務三項，嘗力請　總理派員助理軍務，　總理乃於是年二月命汪精衛留港勷助。四月間精衛奉召赴越南河內，胡漢民旋來代之。迨八月汕尾運械之役失敗，漢民亦於九月十六日奉召繼往。又是歲春夏間，劉思復赴粵謀炸李準之前，亦假中國報四樓為銀炸藥及水銀炸藥之製煉所。是中國報之社長室不獨為革命軍之總樞紐，亦且為革命軍之兵工廠矣。

（6）戊申年之黨務報務

　　戊申（民國前四年）正月同盟會改選幹事，馮自由仍任會長，黃世仲庶務，謝心準書記，乃添設招待所於皇后大道馬伯良四樓，以容納各方來港同志。是年新會員加盟者，有黃伯淑、謝英伯、馬達臣、譚民三、盧岳生、呂傑、易俠、黃軒冑、倪端（映典）、黎萼、嚴國豐、羅澍滄、錢占榮、姚碧樓、羅貫之等數百人。各地同志蒞港登記者，有呂志伊、關人甫、黃隆生、楊燾彭、甄吉庭、甄璧、張翼樞、盧仲琳、李應生、梁恩、高德亮、麥香泉、饒章甫、陳義華、陳發初、劉梅卿、陳璧君、徐宗漢、李渭川、李曉生、謝儀仲、李煜瀛、陶成章、劉輝廷、劉岐山、高劍父、梁秋、關唐、劉易初諸人。自丁未九月汕尾接械一役失敗之後，香港機關部對於粵桂滇各地軍事祇任輔助供給職責，而無直接指揮情事。惟是年春尚有劫奪日輪二辰丸運載槍械之計劃，時余據澳門黨員報告，探悉旅澳華商柯某等僱日輪二辰丸由日私運軍械

至澳門附華界圖利。因使陳佐平、溫子純、林瓜五（大盜林
瓜四之弟）等屆期聚眾劫奪，即以所得械藥在香山新安等處
舉事，籌備略竣，繼復探悉二辰丸係預定在澳門葡界灣泊起
卸，而所載之械為村田式槍一千挺，僅輸以彈藥十萬發。余
等均認為在葡界海面不便活動，而彈藥太少，亦不足用，遂
中止進行。是即是年二月中日二國發生大交涉案之二辰丸
也。該輪後果由葡人包運至澳門海面卸械，為清軍艦越界捕
獲，致為日政府提出嚴重抗議，卒由粵督向日領謝罪釋船了
結。事後粵省各界大為憤激，群主抵制日貨以報復之，獨中
國報力排眾議，謂對於日本可以抵制之理由極多，不當借運
械助黨一事為口實。並詳舉國際公法領海權各事例，以相質
證，由是輿論漸為轉移。蓋中國報向認軍械之能否入境為革
命黨人之生死問題，二辰丸載械雖與革命黨無涉，然凡對於
一切足以妨害革命黨進行之事實及言論，皆當悉力以排除之
也。是歲夏秋間，姚雨平、葛謙、李濟民等先後來港報告運
動廣州防營將次成熟，囑代商請同盟會幹部匯款接濟，請示
進行方略。余乃據以電告　總理，時當河口義師敗挫未久，
吾黨正在財源枯竭，故　總理數次覆電，均令勿輕舉妄動，
以待時機。因是對於各地之軍事進行皆暫時停頓，專候總理
之命令為進止。先是駐越南河內海防同志及歷次義軍將士，
經丁未七月防城之役，十月廣西鎮南關之役，及是年二月欽
州馬篤山之役，三月雲南河口之役，多次失敗以後。多由越
南法政府驅逐出境，分別遣送至新加坡或香港等處。其遣送
或逃亡至香港之一部，有黎仲實、高德亮、饒章甫、麥香泉、
陳義華、陳發初、關人甫、黃隆生、楊壽彭、甄吉庭、甄璧、
劉岐山、劉梅卿、李文金、李時乾、劉輝廷、張翼樞、盧仲

琳、田桐、譚人鳳、何克夫、譚劍英、陳湘南諸人，均分駐
報社或各招待所。時香港黨部以支應浩繁，窮於應付，屢電
向新加坡　總理告急，而　總理亦以忙於安插河口敗軍將
士，諸形困難，無法接濟香港之厄，是為香港黨務最吃緊之
時期。余以報社財政受軍事影響，漸呈危象，乃請　總理另
派人主持關涉軍事之招待事務，以免有根本動搖之虞。旋得
總理函電，均令靜候，並囑來港諸同志孫眉、黃隆生、關人
甫、張翼樞、劉梅卿、盧伯琅、陳發初、李文金等數十人赴
南洋聽命。皆由余籌措旅費陸續就道。又是冬十月清帝母子
暴亡，在粵軍事聯絡員湘省同志葛謙與曾傳範、譚馥、羅澍
霖等向日從事聯絡軍隊，漸次得手，至是認為時機不可錯過，
特發放保亞票，以資活動。十一月上旬主持人葛謙親至港報
告運動成績，浼余電請　總理匯款接濟，並促黃克強、譚人
鳳到粵主持。時　總理方由新加坡赴暹羅，電去多日尚無覆
電。至是月十四日，以散放票而失慎事洩，葛謙、譚馥、嚴國
峰三人先後死之。事後港粵二地同志特開會追悼，並募捐千數
百元卹其遺族。事詳後文「保亞票之革命運動」一則。不贅。

(7) 丁戊二年之革命收支賬目

　　香港同盟會於丁未戊申兩年經營軍務之收支賬目，概由
余一手管理，計由丁未一月至戊申九月作一結束。計收入
48,692.17 元，支出 49,234.69 元。茲將丁戊兩年舊存日記所
載收支賬目大要分別開列如下：

　　丁未一月至十二月收高野（即總理別名）先後來款多次
共 34,342.15 元

　　丁未五月十七日收新加坡張永福來協助黃花岡同志余既

成訟費 2,400 元

　　丁未七月十三日收張靜江自上海來款 5,000 元

　　丁未十月二十五日收檀香山希爐埠黎協來 1,150 元

　　丁未十一月十九日收暹羅王杏州來 1,900 元

　　戊申一月至五月收高野四次來款 2,100 元

　　戊申五月二十八日收庚先律師補還余既成案勝訴訟費 1,000 元

　　戊申八月初三日收美國巴士杰埠致公堂捐款 800 元

　　以上共收入 48,692.17 元

　　丁未七月十三日付電匯河內高野 4,300 元

　　丁未三月及七月兩次付許雪秋在潮州、饒平、惠州、汕尾等處起事軍費 7,000 元

　　丁未二月二十一日代高野付陳少白 2,500 元

　　丁未三月代高野付余紹卿起事費 1,500 元

　　丁未三月代高野付黃耀廷起事費 1,200 元

　　丁未三月付鄧子瑜惠州起事費 3,100 元

　　丁未八月付曾捷夫、曾儀卿惠州、平海接械費 600 元

　　丁未五月付長崎萱野長知購械租船等費 12,000 元

　　丁未四月後陸續付余既成被逮案四次律師費及雜費約 6,000 元

　　丁未三月代高野付鄧蔭南 500 元

　　丁未三月代高野電匯黃克強 1,000 元

　　丁未三月代高野匯宮崎寅藏 300 元

　　丁未三月後陸續付池亨吉旅館川資費 950 元

　　丁未十一月付購運海防彈藥及製彈機件 950 元

　　丁戊兩年付諸同志舟車旅館給養撫卹招待及郵電購物

各費共 7,334.69 元

　以上共支出 49,234.69 元

　比對上述收支兩項，不足 542.52 元，係由中國報墊付。此項總賬細目，余以忙於報務，至庚戌（民國前二年）春將遊北美時，始列表向　總理呈報。惟中國報雖號稱革命黨之宣傳機關，而其資本則純出諸同志商人，向未受黨部分文之補助。數年來各地來往同志多奉報社為東道主，招待供應，日形繁劇，縱稍巨之支出由黨部擔負，而直接間接之小費，亦為數不貲。至戊申十二月下旬中國報結賬時，負債纍纍，幾於不支。經余向外舅李煜堂及戚屬等多方挪借，始獲渡過年關。未幾胡漢民奉　總理命返港接管軍事關係之招待事務，余之責任為之稍輕。然中國報以歷史習慣之關係，仍無法避免多少之義務的供應也。

(8) 己酉年之黨務報務

　戊申以前香港同盟會忙於軍事活動，諸事咸守秘密，故不便在港內大張旗鼓，招收會員，以避偵探耳目。自戊申三月河口義師失敗，軍事停頓將及一年，遂得專心黨務，改取開放主義，以廣收同志為務。至己酉（民國前三年）二月乃取消皇后大道馬百良藥店四樓之招待所，而設新會所於上環德輔道先施公司對門。仍因避免港探偵伺起見，榜其名曰民生書報社。會員日常開會討論進行，不復如前之秘密。另在廣州設立通信處曰守真閣，由高劍父、徐忠漢、潘達微、梁煥真、胡少翰、朱述唐等籌備成立，會務亦頗發達。是年粵港兩地新會員有陳逸川、潘達微、梁藻如、何麗臣、朱潤之、陳自覺、馬駿聲、何輯民、劉一偉、關非一、胡津林、蔡忠

信、潘達賢、何劍士、李以衡、李昌漢、梁煥真、羅道膺、
杜藥漢、黎德榮、洪承點、陳俊朋、廖俠、陳哲梅、張志林、
莫俠仁（紀彭）、李光炎（文甫）、林復軒（直勉）、陸覺生、
黃俠毅、容銓、陳恭譜、陳瑞雲、盧博郎、李文啟、陳鐵五、
孫武（堯卿）、陳炯明、黃洪昆、江運春、王占魁、尤龍標、
黃忠漢、甘永宣、古振華、林開盛、王功田、楊欲興、余瑞
麟、林燦輝、梁有成、翁式亮、馮江、車振彪、黃端勝、林
亮勵、李然興、陸志鴻、黃端輝、車伯福、黃榮彪、辛發利、
王興、黃福、張家彬、梁海、王鴻志、曾廣鴻、陳永升、練
致祥、曾煥熊、顏學材、周田福、王汝豐、田能勝、蕭積生、
陳威林、譚瀛、鍾善全、古振華、易培之、麥瑞岐、陳同好、
葉心泉、張孟榮等二千餘人。各地同志蒞港登記者，有陳景
華、黃詠台、陳鐵君、胡少翰、何侶俠、區壽山、張恨民、
張志堅、盧拔讓、陳有全、黃叔允、胡季白、彭瀛漁、衛滄
海、梁俠儂、李一天、吳仁甫、劉漢在、梁煥熙、黃復生、
喻培倫、方君瑛、李書城、程克、張紹軒、胡靈媛、歐聘珍、
李熙斌諸人。新會員中以倪映典所招致廣州新軍兵士居大多
數，因在軍隊中無法保全誓約，乃於是冬除夕兵警交毆時，
全數燬滅，故無冊籍可考。至十一月民生書報社以會所過狹，
遷於中環德輔道捷發四樓，更易名少年書報社。

　　是春暹羅華暹新報記者陳景華由檳角來港，陳為清朝舉
人，曾任廣西貴縣知縣，以剛愎好殺，為粵督岑春萱逮捕，
乘間脫獄走暹，與蕭佛成創設華暹新報於檳角。戊申年加入
同盟會，會暹同志僑商馬興順以事歸潮州，為保皇黨構陷繫
獄。暹同志以陳與粵中官紳多有舊誼，乃請其回港營救。陳
與清大吏江孔殷善，乃浼江向粵吏關說，旋獲開釋。港同盟

會以丁未謀炸清提督李準之同志劉思復久繫香山獄，亦托陳從中設法，陳復為言於江，江向李準說項，遂亦解禁出獄。港同志乃開會歡迎思復於愉園。革命黨在香港公眾地點開會歡迎同志，前此所未聞也。又是年夏秋間汪精衛、黎仲實、陳璧君、黃復生、方吾瑛等自日蒞港，秘密稅屋於黃泥涌道，籌備暗殺團機關，嘗偕李紀堂赴青山農場試驗施放炸藥方法，至十一月始離港北上。

中國報於是年春夏間已呈竭蹶之象，蓋該報自丙午八月由余接辦以來，前後所集資本僅得商股九千餘元。以號稱革命黨機關而不受黨部絲毫津貼，竟能維持三年有餘，殊非易事。時有新會員林直勉者，富家子也，由莫紀彭介紹入黨。因與其叔父爭產興訟得直，獲資二萬餘元，即認中國報新股三千元，而中國報之難關賴以渡過。又廣州時事畫報亦為鼓吹民族主義雜誌之一，創於乙巳年，業已停刊多載。是秋謝英伯、潘達微等以林直勉之助，重組該報於香港，刊至十餘號而止。是冬中國報為節省用費起見，復由德輔道遷至荷理活道231號。

（9）南方支部與庚戌新軍反正

己酉九月，香港同盟會員以各地黨勢日盛，建議於香港分會之外，添設南方支部，以擴大組織。遂推舉胡漢民為支部長，汪精衛書記，林直勉會計，會所設於黃泥涌道。其開辦費初由直勉捐助之，自是南方支部與香港分會劃分權限。分會專任香港以內黨務，西南各省之黨務軍務則由支部統理之。汪精衛僅任書記三月，即離港北上。是冬十月倪映典自廣州來，報告聯絡新軍反正已告成熟，可以約期大舉。時　總

理方遠遊美國，支部乃電告以運動經過，請即籌匯二萬元應急，同時並電邀黃克強、譚人鳳、趙聲來港主持大計。旋得總理自紐約復電，謂二萬元決可籌足，囑令趕緊進行。未幾黃克強、譚人鳳、趙聲相繼抵港，倪映典亦盤馬灣弓以待，而　總理旅行紐約、波士頓、芝加哥三埠向華僑募捐。三次電匯香港中國報，總數值港幣八千元，距二萬之數尚遠。支部諸人以為時已迫，異常焦灼，有同志李海雲者，文咸東街遠同源匯兌業商號之司事也，目覩本黨需款情形，認為機不可失，乃下大決心，盡提該商號存款二萬餘元獻諸南方支部，以充軍費之需。已則穩匿他處，以避股東之追究。支部得此意外之生力軍，遂派海雲駐廣州河南大塘鄉李福林家，專任民軍購械會計事務。十一月鄂人孫武因事過港，訪余於中國報，謂伊與鄂省同志有共進會之組織，如粵有事，鄂必響應。余知孫尚未入同盟會，即請其補行宣誓手續，孫從之。未幾李書城隨龍州道莊蘊寬自桂赴滬，莊與陳少白有舊，過港時同到中國報訪余敘談，李私求見黃克強，謂聞粵中新軍已有動作，現桂省軍界運動亦甚得手，最好兩省同時大舉，以分清軍之勢，可否延緩數月等語。克強托故不見，而使胡漢民代表見之。至十二月下旬，海內外同志麕集香港廣州二地。羊城分設黨人機關十餘處，大有弦滿待發之勢。

先是倪映典於十月間受任後，先在中國報領取「革命先鋒」及「外交問題」、「立憲問題」等小冊子萬數千冊，散佈軍隊中，以廣宣傳。新軍兵士咸通文字，感化最易。一二月間收效至鉅。繼由中國報領取特別印製之同盟會小盟單萬張，攜至省中各機關，令各兵士舉手宣誓。每逢假日，則在白雲山濂泉寺演說革命，新軍三標兵士趨之若鶩。至十二月

下旬，一切籌備俱已就緒，乃與香港黨部約期於庚戌（民國前二年）正月初旬發難。預定先由新軍首先反正，而李福林、陸領等則率四鄉會黨撲城，以相援應。詎兵士中有因殺敵在即，不免志驕氣揚者。三十夜兵士吳元英以購名片細故，與警察爭執，竟致兵警各聚眾互相毆擊，如臨大敵。倪映典深恐所事因之破露，乃匆匆赴港與黃克強、趙聲等重訂發難日期，相約縮短時間，瞬即大舉。而往返間，新軍之敗露已無可彌縫矣。倪於初二日早自港抵省。初擬力勸新軍暫忍耐數日，勿遽暴動償事。及抵燕塘，見新軍與防營已列陣對壘，知大勢無可挽回，遂毅然入砲工輜營主持攻戰大計。新軍見倪入，歡聲雷動。初三晨倪督兵向清軍進攻，以新軍缺乏子彈敗績，倪頭部中彈死之。吳役新軍陣亡者及先後被獲者各百數十人。頭目易培之、王占魁、黃洪昆、江運春、尤龍標、蘇美才、甘永宣等七人被獲後，均直認起兵革命不諱，遭害。此外逃匿香港數百人，多由中國日報及時事畫報臨時供應，事後南方支部特開倪烈士追悼會於會所，以弔英靈。

（10）庚戌年之黨務報務

自庚戌正月新軍反正失敗之後，同盟會在軍界之活動為之一大頓挫。中國報於己酉冬十月遷址荷理活道，原為減政節約，以鞏固基礎起見。及軍事蹉跌亡命同志棲宿報社者大不乏人，因之報社度支大受影響。會加拿大溫哥華洪門致公堂有大漢日報之創設，以余與洪門人士素有淵源，特致函浼余代聘主筆。余以是時報社財政拮據萬分，各股東不能為助，且值吾黨軍事新敗，亦當另闢新財源，以為捲土重來之計。遂自告奮勇，向大漢日報效毛遂之自薦。加拿大之域多利及

溫高華兩埠致公堂均來電歡迎。余遂於是月杪請南方支部接辦中國日報，同時並辭退香港同盟會分會長一職。南方支部乃派李以衡任報社司理，張紹軒、謝英伯等先後充任記者。自後報社股東雖仍屬李煜堂、李紀堂等，而每月經費則由南方支部撥公款維持之。然支部僅接辦數月，即以款絀停止供給。李以衡等遂不得不仍賴於李煜堂之貲助，此余離港後事也。

　　同盟分會以余提出辭職，乃改選謝英伯為會長，潘達賢、陳自覺等為幹事。余於離港前始將歷年所藏入黨書千數百紙繳存南方支部，然已破裂不全。蓋余為避免香港警探搜查，密將各盟書收藏兩睡枕之內。枕為綠豆屑所製，幾經磨擦，遂成片段。此項舊盟書於辛亥革命成功後存貯廣東國民黨支部。至民二年八月龍濟光入粵，始付一炬，今余尚有副本存也。余因向港政府領取加拿大入境護照，延至是年夏始首途渡美。在未離港前，　總理由日本赴南洋，舟過港時，黃克強、趙聲、胡漢民及余等均登輪晉謁。克強等以新軍一役大傷元氣為辭，頗形懊喪，　總理婉言慰之，謂此行至南洋大有籌款把握，囑各同志仍積極進行勿餒。嗣聞余將赴溫高華則大喜慰，謂加拿大從未有革命黨員足跡，得余親往，必較美國已往成績為優云。

　　是春滬同志王金發以槍殺變節黨人汪公權案逃至香港，由余招待之於灣仔東海旁街 76 號馮宅。未幾黎仲實、喻培偷、陳璧君等因與汪精衛、黃復生謀刺清攝政王於北京，失敗來港，在九龍城設置機關，專從事營救精衛之活動。奔走一載，毫無所成。黃克強、趙聲、胡漢民諸人以得　總理電邀，相繼往南洋籌劃進行方法。他如譚人鳳、林時爽等或渡日本，或至上海，多已離港他適。故庚戌一年之香港黨務，

極形不振。新會員僅得莊漢翹、李佩書等百數十人而已。

（11）黃花岡一役策動之經過

　　辛亥一年為同盟會最奮鬥及種族革命收功之時期。先是孫眉、黃克強、趙聲、胡漢民等於庚戌冬十月應總理召赴南洋檳榔嶼，開會商議籌款再舉方法，決定重在廣州發難之議。各埠代表吳世榮、黃金慶、林世安、鄧澤如、李孝章、沈聯芳、陸秋露、鄭螺生、李源水、伍熹石、黃怡益、朱赤霓、黃心持、陳占梅、李月池、郭應章諸人均允盡力募捐，以成義舉。預定募足十萬元，即可著手進行。開會後一月，總理即赴美洲籌餉，克強等守候月餘以英荷各埠所認籌措之額已及半數。遂亦取道返港向粵中軍隊及會黨各方面積極發展。初擬辛亥正月發難，後因各事均未辦理完善，故遲遲未發。至是年十二月運動略具端倪，即函約留東及滬鄂湘皖閩贛蘇浙各地同志齊集港地，候時出發。並派會員多人分赴各地購運槍械彈藥至港備用。至辛亥正二月間，各省及海外同志被邀蒞港者數百人，遂組織革命統籌部為總樞紐。眾舉黃興為部長，趙聲副之，其下分調度交通儲備編制秘書出納總務調查各課。以胡漢民、姚雨平、胡毅生、陳炯明、李海雲、洪承點、羅幟揚等為課長，統籌部設於跑馬地35號。又設實行部於擺花街，專事製造炸彈供衝鋒之用。另在港粵二處設招待所多處，以供來往同志食宿。至三月初旬，海外各埠所籌餉糈已先後匯到十餘萬元，而由各地購置彈械亦陸續運省，一俟動員令下。即可大舉發難。先是黃克強等於正月初旬以時機漸熟，曾分電南洋北美各處催款。余在溫哥華大漢日報得電，即與總理發起洪門籌餉局。首由域多利埠致公

堂以變產所得，於正月底電匯港銀三萬元。溫高華及都度兩致公堂於二月間各匯一萬元，此外加屬各埠同志先後捐約二萬元，總數七萬餘元。統籌部得此巨款，乃大形活動，及二三月間南洋英荷兩屬之款亦次第匯到。至三月下旬，計已收到海外匯來 15 萬餘元。茲將黃克強、趙聲、胡漢民當時收余第一二次電匯四萬元後，於二月十九日復書如下。讀者於此可知當日籌款之不易也。（原書現由余保存）

　　自由我兄大鑒：連讀手書兩通，敬悉。自前次收到域多利致公堂款三萬元後，即具公函作覆，並請轉寄一函向域埠致謝，想俱收覽。昨午得來電，如溫哥華又匯到一萬元。以加拿大一隅，而籌得如許鉅款，微兄贊助之力，必不及此，佩感何似。第二手書云，兄尚可力任籌餉事，為源源之接濟，真是餘勇可賈。即從大局論之，事若發起，幸而有成，內地固不乏資，而外力仍不能無賴。以軍用浩繁，無能預算，且購械購船等類，有不可限之於何方面者。歐美皆須有黨中可恃之人，則前途乃大得力。兄能力任於外，匪細事也。（日本於日俄戰爭時期中，其派任專員於歐美者，其得力不止在外交上，彼為成國且然，何況吾黨。）現在時期已迫，惟款尚不足。除英屬收到四萬餘元（日厘坤甸在內），西貢暹羅不過數千，加屬四萬，美屬僅收過金山五千，視預算總額尚差五萬元左右。（預算額中以購械為最大宗，蓋新軍無子，則必有為之助者，此事兄可推測而知。而其謀已經告知　中山。　中山亦大以為然，惟原擬購械之價，今以因於窘難，每個之價常逾於原擬，乃不得已之故。）至當時所以預算至十四五萬元，第一固由規模不得不大，第二則收入之預算，以為英屬及西貢暹羅可得五萬，（今所得無幾）美洲全境可得六七萬，

荷屬可得六萬。（此為謝良牧、姚雨平、劉子芬數人運動。當港軍事部成立時，據彼處資本家報謂，八打威泗水等已籌定此數也，而豈知其後不然。）今美洲加屬亦已籌到四萬。金山雖則僅五千，然尚曰仍籌。則美洲或亦去原預算無幾。所難堪者，荷屬所匯到者至今不及萬元。此外則以款絀要緩之電相報。於是荷屬之預算收入乃差五萬，於全關係至大。　中山東行，則紐約、波士頓、檀香山等處，必仍有大望。然能使時期展開，以待款來，則不可知。此次籌款以加屬所得為最矩，即兄之能力可知。若於加屬以外，更為　中山之助，使得速舉，亦所望也。尊夫人聞須待日本船，故至速亦須待月底動身。克如作好字，當交帶上。專此即頌

　　　　興

近安　　　　　　　　　　　　　弟聲　　　頓首

　　是役革命軍統籌部於三三月間先後派人至廣州城內外及河南等租屋三十餘處，為招待各省同志及收藏軍械之所。茲錄各機關地點如下：

小東營五號	辦事總機關黃興、林時爽、喻雲紀等寓之
大石街	花縣同志集合所莫紀彭、徐維揚、莊漢翹、宋銘黃等寓之
蓮塘街十二號	同志招待所何克夫、劉梅卿等寓之
二牌樓	趙聲辦事處宋玉琳等寓之
長堤嘉屬會館	姚雨平等寓之
謝恩里	接洽軍隊之所吳雨蒼、饒輔廷、廖叔唐等寓之
司後街陳公館	陳炯明寓所
牛巷	陳鐵崖等寓之

大北直街	軍醫學生寓之
仙湖街始平書院	藏軍械之所鍾秀南等寓之
蓮塘街頭髮店	由香港運械到此貯藏
小北仁安里粵成公司	此乃頭髮店由港運械到此陳鏡波等寓之
粵秀里	藏軍械之所胡寧媛等寓之
西湖街甘家巷八號	李應生與其弟妹寓之
萬福里一七八號	由港運械到此羅鏵及其妻女等寓之
河南溪峽	由港運械藏此徐宗漢莊六等寓之
廠後街十一號	製硫黃硝黃煙彈等處李應生等寓之
大馬站六十五號	同志來往之所
大東門二十二號肉行會館同福堂	招待男女同志之所
小東門海旁西街寶豐米店	為擔保租屋而設黃中理等寓之
育賢坊米店	為擔保租屋而設梁起等寓之
高第街瓷業公司	接洽軍隊機關郭冠三、郭冠雄等寓之
天香街	同志宿所周增輝等寓之
三眼井	同志招待所
容福里五號	廣西同志招待所劉古香等寓之
長興里江家祠	藏械之所亦供同志位宿
十六甫麗真影相店	藏械之所楊光漢等寓之
九眼井	姚雨平機關王興中、華挺芬等寓之
小南門二十四號	姚雨平機關亦同志宿舍
仙羊街祥龍里	旗界放火機關陳達生、郭蓮花寓之
河南但公館	福建黨員宿舍吳適、劉元棟等寓之
泰泉舊里	同志招待所林樹巍等寓之
大塘街	接洽軍隊機關姚右軍等寓之

炸粉街	接洽軍隊機關羅俊等寓之
司後街	接洽軍隊機關邱錦芳等寓之
觀音山腳六十四號	同志招待所
高第街聯勝里	軍械貯藏所

　　黃克強等以各專籌備成就，遂決定於三月二十八日發動，惟軍械大部尚未到齊，仍須設法趕速運省。二十五晚克強至廣州，宣佈發動日期。然是時有一極難問題發生。即發覺承運槍械之同志陳鏡波原屬清提督李準密探一事。彼已將由頭髮船運進之械彈若干報知李準，幸由他路運進之械為渠所不知，故不疑黨人迅速起事。二十六日粵督張鳴岐因聞報大幫黨人抵省，乃派兵駐守觀音山及各要區，嚴密防衛。是時同志中有因此倡議改期者，克強及一部同志堅持不可。謂改期無異解散，一旦前功盡棄，殊無以對海外助款之華僑同志。又有主張趙聲所部同志多外鄉人，是為清吏偵知，不如暫退駐香港，屆時再來。於是趙部返港者三百餘人。二十八日觀察外情，仍決議如期進行，即於下午電港，使趙部再來。是夜商議次日進行方法，克強任由小營出攻督署。姚雨平任攻小北門佔飛來廟槍砲局，並迎防營及新軍進城。陳炯明攻巡警教練所。胡毅生任率同志二十人守大南門截擊清軍，並定期二十九日下午 5 時半一齊發動。至二十九日上午，乃分發槍械於各處。然是晨城門已閉，趙聲所部自港來時已不能入城。及下午 5 時 25 分，克強遂不顧一切，毅然率眾如期出發。惟其他三路到時皆未發動以致孤軍失援，多所傷亡，殊屬憾事。是役攻戰情形及傷亡各同志姓名，有是年四月某一日黃克強、胡漢民二人具名之海外報告書詳細記載，茲不贅述。

（12）辛亥廣東光復前之活動

　　黃花岡一役失敗後出險之各省同志先後離粵。黃克強亦
變裝裹傷繞道澳門，於四月初二日抵港。病中嘗以左手寫一
報告書詳述是役失敗之原因，原書已影印刊載余著開國前革
命史中編。趙聲以憂憤過甚得病，竟於是月十九日逝世。諸
同志咸為悼惜。克強於是役本欲一死報國，至是更決心行險，
擬親至廣州暗殺一二滿清大員。以振作全國之民氣。時　總
理與余均在美洲，聞克強有必死之志，乃與致公堂及同盟會
諸同志再三函電香港，力勸其不可輕生償事，致礙大局。克
強復電要求先籌匯二萬元在廣州設立暗殺機關，始允不親自
出馬。旋得美洲中華革命籌餉局電匯如數。克強得款，即派
人至廣州佈置各事。是年閏六月十七日，遂有陳敬岳、林冠
慈之狙擊李準，及九月四日周之貞、李沛基等謀炸鳳山，即
由此機關指揮發動之也。八月初旬克強得鄂同志居正書，報
告鄂省軍界運動成熟，請即籌集巨款，赳日北行，共圖大舉。
於是急電　總理及余求匯款接濟，並擬借數同志赴滬策劃一
切。詎行旌未動，而武昌發難之電已至，遂即兼程就道轉鄂。

　　南方支部於黃花崗一役後，以失敗同志紛紛抵港。所支
出撫助遣散各費為數至鉅。據統籌部出納課報告，是役前後
收支總數為收到海外各地義捐計共 157,213 元餘。尚有隨後
收到約三萬元未入數內，故總數約為 19 萬元。南洋美洲各埠
同志先後得黃胡二人報告書後，人心愈為振奮，絕不因是役
失利而氣餒。仍陸續匯款於南方支部所指定收款地點文咸東
街金利源藥材行轉李海雲收。海雲即南方支部會計主任，金
利行則同志李煜堂所設數十年之老藥店，迄今仍舊存在也。

支部迻接　總理自美洲函電，謂已組織洪門籌餉局以備再舉，故仍向各方面繼續進行。除粵省以外，滇桂及長江沿岸各省均派人聯絡軍學會黨各界，日見大功效。及八月鄂軍發難，湘贛秦晉滇黔浙蘇各省次第響應。廣東以革命策源地見稱，竟遠落他省之後，粵同志莫不恥之。時胡漢民、朱執信、胡毅生等主持支部事務。對於粵省發難策略，獨注重綠林會黨方面。初令陸領常等在順德樂從起事，粵省張鳴岐派粵紳江孔殷率防營攻之。陸領等竟為所敗，黨軍聲勢因之頓挫。於是全粵同志多不受支部節制，各自為謀，紛紛在廣惠、潮汕、高雷各縣舉義。陳炯明、王和順起於惠州，與清提督秦秉直大戰於飛鵝嶺，苦戰數日，克之。高劍父、莫紀彭、任鶴年、林君復等以駐香山錢山之新軍反正，自稱香軍。黃明堂起於高州，自稱都督。此外陸蘭清、李福林、陳逸川、何克夫、周之貞、王興中、梁金鰲、楊萬夫、石錦泉、劉肇槐等亦揭竿而起，各樹一幟。張鳴岐等大形恐慌。李準自被陳敬岳、林冠慈等刺傷後，知滿清大勢已去。至是乃匯款於本黨，由李紀堂、謝良牧、韋玉等介紹於胡漢民，接洽率領水師投誠方法。九月十八日紳商集諮議局倡議獨立，鳴岐遂率所屬出走，各紳商乃舉胡漢民為都督，即懸青天白日旗於諮議局之上。此旗即江孔殷擊敗陸領軍隊而奪取者云。二十日漢民偕港商李煜堂、林護、容星橋、余斌臣、鄧仲澤、楊西岩、伍子簪、李茂之等十餘人晉省就都督職，全粵由是大定。至十月初旬，　總理自歐洲返國，漢民迎之於香港，即奉命偕行赴滬。及　總理贗選臨時大總統，李海雲遵命即將南方支部存款 30 餘萬元盡匯上海，作大總統就職日賞犒軍士之需。

　　是年同盟分會長仍由謝英伯充任，港人於黃花岡一役後，對於政治問題大感興趣，入會宣誓者異常踴躍，因之中國報之銷場亦大為增加。謝英伯於是夏以就檀香山華文學校教員之職離港，分會長一職，眾舉陳逸川代之。中國報仍由南方支部撥款維持，其司理李以衡於是春辭職。支部乃派由美歸國之同志李其承之。時保皇之商報於三月二十九日之後，復兼勢排斥革命，鼓吹君憲。中國報乃根據法理事實嚴辭闢之，文多出朱執信手筆。是歲五月檀島自由新報主筆盧信自檀歸港，支部以供給中國報財政，諸形困難，乃使盧信集資接辦。盧遂約華僑同志黃時初等將報務重加整理，自任社長，及九月廣州光復，同盟會遷粵，中國報遂亦隨之。至民元八月二十五日，同盟會聯合其他四政團改組為國民黨，中國報因亦成為國民黨之宣傳機關。嗣民二年八月陳炯明以廣東獨立失敗，中國報因而停刊，其印刷機器旋為龍濟光沒收。

（13）香港分會與南方支部成績

　　要之香港同盟會實為清季西南各省革命軍之大本營，其主持黨務軍務報務，可區別為同盟分會及南方支部之二時期，自乙巳年冬至己酉年多之五年間為同盟分會處理時期。所有擴張粵桂閩三省黨務及經營兩粵軍務，如丁未正月潮州府城之役，四月潮州黃岡之役，同月惠州七女湖之役，五月劉思復在廣州炸李準之役，九月惠州、汕尾接械之役，皆由同盟分會發動之。至己酉年冬南方支部成立，始與香港分會劃分權限。故自己酉冬至辛亥秋二年間為南方支部處理時期。所有香港以外之黨務，及經營軍務，如庚戌正月廣州新

軍反正之役，辛亥三月廣州黃花岡之役，閏六月林冠慈、陳敬岳轟炸李準之役，九月周之貞、李沛基轟炸鳳山之役，同月廣州光復之役，皆由南方支部發動之。至於乙巳同盟會成立後革命宣傳機關之中國日報，亦可區別為四個時期：一為陳少白處理時期，自己亥（民國前十三年）冬至丙午秋之秋之七年間屬之；二為自由處理時期，自丙午秋至庚戌春之四年間屬之。此時期純由同志商人措資接辦；三為南方支部處理時期，自庚戌春至辛亥夏之一年有半屬之；四為辛亥夏至民二年秋之二年為盧信處理時期。此時期亦由同志商人集股經營。以上所述關於黨務報務之各項事實，與中華民國之肇造，關係絕巨，凡讀史者宜無不知，固不俟余之喋喋矣。

9.馮自由《香港中國日報》[18]

孫總理於己亥年秋間始派陳少白至香港籌辦進行，所有機器、鉛字概由總理在橫濱購運，至是年十二月下旬乃告出版。其社址設於士丹利街二十四號，少白自任社長；初期助理筆政者，有洪孝衷、陸伯周、楊少歐、陳春生、黃魯逸諸人。

取「中國者中國人之中國」之義，定名《中國日報》。

此報除日刊外，兼出十日刊一種，定名中國旬報，附以鼓吹錄，專以遊戲文章、歌謠譏刺時政，是為吾國報紙設置諧文、歌謠之濫觴。

時革命黨財政並不豐裕，開辦數月已感困難……幸是時富商

---

18 本文原名《中國日報》，載《華僑革命開國史》，頁 8~9，1946 年 10 月重慶初版；1947 年元月上海初版；1953 年 8 月台初版，全文共 1,104 字。；另外，同作者於 1948 年元月由商務印書館於上海初版的《中國革命運動二十六年組織史》，頁 40~43，亦收入此文，但改題名為《香港中國日報》，文中個別用詞略有更改。

李紀堂早由楊衢雲介紹入黨,於接濟軍餉外,尚能擔負報館度支。中國日報賴以維持不墜者,李之力為多焉。

惟報社度支至癸卯年夏竟無法撐持,不得已合併於著名文具印刷店之文裕堂有限公司,得以暫維現狀。新公司設總理三人,少白與李紀堂、容星橋分任之。星橋亦興中會員也。乙巳年(民前七年)秋同盟會成立,總理派馮自由自日回港,佐少白辦理黨務、報務,同盟分會亦附設報館社長室。丙午年(民國前六年)秋,文裕堂營業虧折,淪於破產,中國報以連帶關係,亦遭連同拍賣之厄,幸事前馮自由約同志李紀堂、李煜堂數人,集資預向文裕堂承購報社全部產業,始不致為保皇黨人所攫奪。是歲八月,中國報改組,同時遷至上環德輔道 301 號,眾舉馮自由繼任社長,兼同盟分會會長。

己酉(民國前三年)冬,同盟會南方支部成立,漸與香港分會劃分權限,中國報為減縮計,亦移社址於荷理活道 231 號,未幾遂有庚戌(民國前二年)新正廣州新軍之一役。是役既敗,民黨元氣大傷,中國報原屬商辦性質,馮自由以羅掘俱窮,無力再辦,乃請南方支部特撥公款,維持善後……自癸卯後文裕堂合併時代至丙午後馮自由經理時代之七年間,中國報資本概由同志商人負擔;及庚戌三月以後。始由南方支部派人經理。其後南方支部以支應浩繁,不勝其擾,至辛亥(民國前一年)春,適有留美黨員李其歸國,支部仍以中國報經理一席畀之。是歲五月,檀香山黨員盧信、黃時初等願集僑資負責接辦中國日報,支部許之。及九月粵省光復,報社遷於廣州,至民國二年八月,龍濟光入寇,遂被封禁停版。

中國報歷史可區別為三期:從己亥至乙巳之七年為陳少白處理時期;從丙午至己酉之四年為馮自由處理時期;從庚戌辛亥之

二年為南方支部處理時期。以十三年三期間之大聲疾呼，卒能領導海內外輿論以傾覆清廷，重光漢業，殊非當日參預諸子所及料也。

10.馮自由《西貢堤岸同盟會》[19]

乙巳年冬，　總理偕黎仲實、胡毅生、鄧慕韓等自日本到越南西貢。該地法國銀行正副買辦曾錫周、馬培生及僑商李竹癡等大為歡迎。西貢為法國商行林立之區，而華人商店及各大米絞則在附近之堤岸。故　總理留西貢一二日，即赴堤岸就華僑之歡迎會。該地閩粵商人李曉初、李卓峯、劉易初、黃景南、關唐、李亦愚、顏太恨、潘子東諸人招待優渥，即日成立同盟分會，舉劉易初為會長，李卓峯副之，即以易初所設之美萩街 304 號昌記行為通信機關。自後西貢堤岸兩埠同志對於粵桂滇三省革命軍事，均先後釀助巨款，為他處僑商所不及。就中以曾錫周、馬培生、李卓峯所捐為最巨。　總理到西貢數次，錫周、培生等有求輒應，毫無吝色。黃景南開設賣豆芽小店，市人稱之曰牙菜祥、每日恆以所得投入撲滿中，貯為捐助革命之需，時人聞而義之。丙午年秋香港中國日報改組，李亦愚、潘子東、顏太恨等合認新股三千餘元。中國日報大得其助。

11.馮自由《興中會的機關報 —— 香港中國日報》[20]

---

19 本文原載馮自由著：《華僑革命開國史》，頁 50，1946 年 10 月重慶初版；1947 年 1 月上海初版；1953 年 8 月台灣初版。全文共 452 字。

20 本文原載馮自由著《華僑革命開國史》，頁 8~10，1946 年 10 月重慶初版；1947 年 1 月上海初版；1953 年 8 月台灣版，全文共 1,380 字。本文初名《中國日報》，其後，同作者著《中國革命運動二十六年組織史》，將此文易名〈香港中國日報〉，重刊於頁 40~43，由上海商務印書館出版，1948 年 1 月初版；

　　中國日報為革命黨組織言論機關之元祖，孫總理於己亥年（民國前十三年）秋間始派同志陳少白至香港籌辦進行，所有機器、鉛字概由總理在橫濱購運，至是年十二月下旬乃告出版。其社址設於士丹利街 24 號，少白自任社長；初期助理筆政者，有洪孝充、陸伯周、楊肖歐、陳春生、黃魯逸諸人。初以不審英人對華政策所在，未敢公然大倡革命排滿之說，半載後措辭始漸激烈。從前各地中文報紙排印，俱用長行直行，獨中國日報首仿日本報式，作橫行短行，令讀者耳目為之一新。此報除日刊外，兼出十日刊一種，定名中國旬報，附以鼓吹錄，專以遊戲文章、歌謠譏刺時政，是為吾國報紙設置諧文、歌謠之濫觴。庚子興中會迭謀策動廣州、惠州軍事，其大本營即設於報社三樓，黨人出入，絡繹不絕，及是歲閏八月惠州三洲田一役敗挫，報社財政亦形不支，賴同志富商李紀堂源源供應，得免歇業。辛丑、壬寅、癸卯、甲辰（民國前八年至十一年）之四年，人心漸趨革命，報務日形發達，是時先後主持筆政者，復有鄭貫公、陳詩仲、黃世仲、馮自由、王軍演、盧少岐、丁雨宸、梁襄武、何冰甫、何雅選、盧信、廖平子諸人；國內外各地報館之高談民族主義，與中國報相呼應者，亦繽紛並起。惟報社度支至癸卯年夏竟無法撐持，不得已合併於著名文具印刷店之文裕堂有限公司，得以暫維現狀。新公司設總理三人，少白與李紀堂、容星橋分任之。星橋亦興中會員也。乙

　　又見於革命文獻第六十四輯《興中會史料》，將此文易名〈興中會的機關報——香港中國日報〉，刊於頁 162~164，台北：黨史會編輯印行，1973 年 12 月出版。三個版本基本內容相同，只見有個別字句更動。本人採用黨史會的最新版本與最早之版本互校，發現第一句漏植「民國前十三年」及陳少白之前漏植「同志」兩字；陳少白時代初期助理筆政者，原為「洪孝衷」改為「洪孝衷」；「楊肖歐」改為「楊少歐」；又最後第二句從「庚戌至辛亥」漏植「至辛」二字。

巳年（民前七年）秋同盟會成立，總理派馮自由自日回港，佐少白辦理黨務、報務，同盟分會亦設於報館社長室。丙午年（民國前六年）秋，文裕堂營業虧折，淪於破產，中國報以連帶關係，亦遭連同拍賣之厄，幸事前馮自約同志李紀堂、李煜堂數人，集資預向文裕堂承購報社全部產業，始不致為保皇黨人所攘奪。是歲八月，中國報改組，同時遷至上環德輔道 301 號，眾舉馮自由繼任社長，兼同盟分會會長。自後數年，報務、黨務，均具長足之進步，關於西南各省之軍務，如丁未（民國前五年）四月潮洲黃崗之役，及同月惠州七女湖之役，五月廣州劉思復之謀炸李準，九月惠州汕尾運械之役等等，皆由同盟分會發動之；此外如欽廉、鎮南關、河口諸役，莫不由中國報報道消息，故此報實不啻為全國革命黨人之總樞紐，其銷數之多寡，與人心之趨向革命與否為正比例焉。己酉（民國前三年）冬，同盟會南方支部成立，漸與香港分會劃分權限，中國報為減縮計，亦移社址於荷里活道 231 號，未幾遂有庚戌（民國前二年）新正廣州新軍之一役。是役既敗，民黨元氣大傷，中國報原屬商辦性質，馮自由以羅掘俱窮，無力再辦，乃請南方支部特發公款，維持善後，自赴加拿大就溫哥華大漢日報之聘，南方支部於是改派李以衡為經理，謝英伯、張紹軒等為編輯。自癸卯後文裕堂合併時代至丙午後馮自由經理時代之七年間，中國報資本概由同志商人負擔；及庚戌三月以後，始由南方支部派人經理。其後南方支部以支應浩繁，不勝其擾，至辛亥（民國前一年）春，適有留美黨員李其歸國，支部乃以中國報經理一席畀之。是歲五月，檀香山黨員盧信、黃時初等願集僑資負責接辦中國日報，支部許之。及九月粵省光復，報社遷於廣州，至民國二年八月，龍濟光入寇，遂被封禁停版。要之中國報歷史可區別為三期：從己亥至乙巳之七年為陳少白處理時期；

從丙午至己酉之四年為馮自由處理時期；從庚戌至辛亥之二年為南方支部處理時期。以十三年三期間之大聲疾呼，卒能領導海內外輿論以傾覆清廷，重光漢業，殊非當日參預諸子所及料也。

12.馮自由《目前健在之民國前革命報人》[21]

　　中華民國之肇造，世人多歸功於革命書報文字宣傳之力。溯自　孫總理於己亥年（民國前十三年）首派陳少白至香港開創中國日報，以至辛亥民國成立，凡 13 年，此 13 年間海內外革命志士所發刊日報雜誌等類凡數百種，而參加此項革命雜誌等類之文字工作，或充撰述編輯，或任經營資金，總數何止萬數千人。然自民國成立至民國三十四年，此項參加宣傳工作之革命報人，目前健在者已寥落如晨星之可數，據筆者調查，實數不滿一百人。茲就調查所得，分別記述其姓名、籍貫、報章、年代、地所、經歷及最近職業狀況等類如下：

姓　　名	籍貫	報　　章	地　點	年　代	現　　　　職
陳春生	廣東	中國日報	香港	庚子（民國前十二年）	中央黨史編纂委員會會採訪。經歷及近況：丁未（民前五年）兼辦香港人道新報。筆名春醒。現居廣西武宣縣。
馮自由	廣東	開智錄月刊	日本橫濱	庚子	國民政府顧問、中央黨史會纂修。先後任香港中國日報及辛丑（民前十一年）東京國民報月刊，甲辰（民前八年）美國舊金山大同日

---

21 此文錄自馮自由著《革命逸史》第四集，頁 253~260，1969 年 3 月臺灣商務印書館第一版，1972 年 1 月二版，全文共 2,593 字，表格之框，為重植時所加。又見載於革命文獻第 66 輯《中國同盟會革命史料》（二）頁 173~180，台北：黨史會，1974 年 6 月出版。

					報，庚戌（民前二年）加拿大大漢日報各報筆政。筆名建華。
王寵惠	廣東	國民報月刊	日本東京	辛丑（民前十一年）	最高國防會議秘書長
楊廷棟	江蘇	國民報	東京	辛丑	前交通部秘書長，字翼之，先後任譯書彙編、國民報月刊及上海大陸報編輯。
劉成禺	湖北	湖北學生界月刊	東京	壬寅（民前十一年）	監察院委員，甲辰任舊金山大同日報主筆，筆名漢公或壯夫。
李書城	湖北	湖北學生界月刊	東京	壬寅	不詳
但　燾	湖北	湖北學生界月刊	東京	癸卯（民前九年）	國民政府秘書，丙午任漢風雜誌編輯，乙巳（民前七年）任民報記者。筆名天囚。
陳　冷	上海	新大陸雜誌	上海	辛丑	不詳
李步青	湖北	湖北學生界	東京	壬寅	不詳
張繼煦	湖北	湖北學生界	東京	壬寅	湖北女子師範學校教授
范鴻泰	湖北	湖北學生界	東京	壬寅	不詳
吳敬恆	江蘇	蘇報	上海	癸卯（民前九年）	中央監察委員，丙午（民前六年）任巴黎新世紀報記者。筆名「燃」。
章士釗	湖南	蘇報	上海	癸卯	參政會參政員，同年任上海國民日日報編輯。筆名行嚴。
盧和生	廣東	國民日日報	上海	癸卯	不詳
張　繼	河北	國民日日報	上海	癸卯	中央黨史會主任委員，乙巳任東京民報發行人。筆名自然生。
陳由己	安徽	國民日日報	上海	癸卯	不詳
譚民三	廣東	世界公益報	香港	癸卯	不詳
許直臣	廣東	隆記報	檀香山	癸卯	現居澳門

陸樹人	廣東	廣東日報	香港	甲辰（民前八年）	僑務委員會委員長，迭任香港有所謂報（乙巳）、東方報（丙午）、廣州平民報（辛亥）等報編輯。筆名猛進。
勞緯孟	廣東	廣東日報	香港	甲辰	不詳
王秋湄	廣東	中國日報	香港	甲辰	不詳。迭任香港有所謂報、廣州齊民報（庚戌）編輯，筆名軍演。現居上海。
陳楚楠	福建	圖南日報	新加坡	甲辰	經商。丁未（民前五年）任新加坡中興日報總經理。筆名思明州之少年。現居南洋。
曾長福	廣東	民生日報	檀香山	甲辰	不詳。戊申任檀香山自由新報董事長。現居檀香山。
柳棄疾	江蘇	警鐘日報	上海	甲辰	不詳。丙午後任東京復報記者。筆名亞子。
何雅選	廣東	中國日報	香港	甲辰	香港報人
何德如	廣東	圖南日報	新加坡	甲辰	不詳
黃耀公	廣東	圖南日報	新加坡	甲辰	賦閒，原名伯耀。先後任香港世界公益報、中國日報記者。
李孟哲	廣東	有所謂報	香港	乙巳	不詳。辛亥任廣州人權報記者。筆名哲郎。
汪　東	江蘇	民報	東京	乙巳	國史館編纂
湯增璧	江西	民報	東京	乙巳	中央黨史會纂修
李文範	廣東	民報	東京	乙巳	國民政府委員
鄧慕韓	廣東	民報	東京	乙巳	黨史會纂修。丙午年任新加坡中興日報經理。辛亥任廣州平民日報記者。現在粵。
張人傑	浙江	新世紀報	巴黎	丙午（民前六年）	國民政府委員。筆名靜江。現居美國。
李煜瀛	河北	新世紀報	巴黎	丙午	中央監察委員。筆名真民。現居美國。

李肇甫	四川	鵑聲月刊	東京	丙午	四川省政府秘書長
謝寅杰	湖南	競業旬報	上海	丙午	不詳。筆名誚莊。現居湖南。
高劍父	廣東	時事畫報	廣州	乙巳	不詳
陳　垣	廣東	時事畫報	廣州	乙巳	北平輔仁大學校長
岑學侶	廣東	時事畫報	廣州	乙巳	不詳
胡　適	安徽	競業旬報	上海	丙午	美國大學教授，筆名適之。現居美國。
景定成	山西	漢幟月刊	東京	丙午	不詳。辛亥任北京國風日報記者。現居西安。
于右任	陝西	神州日報	上海	丁未（民前五年）	監察院院長。迭任上海民呼民吁民立三報總編輯。筆名騷心。
吳宗慈	江西	民呼報	上海	己酉	某大學教授
戴傳賢	浙江	民呼報	上海	己酉	考試院院長，後任汕頭中華日報及上海天鐸日報記者。筆名天仇。
邵力子	江蘇	神州日報	上海	丁未	中央監察委員
吳天保	廣東	中國日報	香港	己酉	不詳
梁襄武	廣東	齊民報	廣州	辛亥	不詳
黃霄九	廣東	人權報	廣州	辛亥	不詳
孫　科	廣東	自由新報	檀香山	戊申	立法院院長
黃元白	廣東	大江報月刊	東京	丁未	賦閒在粵
謝心準	廣東	中國日報	香港	丁未	中央黨史會纂修，己酉（民前三年）任新加坡星洲晨報編輯。
居　正	湖北	中興日報	新加坡	丁未	司法院院長，迭任緬甸仰光光華報及進化報編輯。筆名藥石或生公。
張邦翰	雲南	中興日報	新加坡	戊申（民前四年）	雲南省政府委員，庚戌任香港中國日報記者，筆名紹軒。

胡毅生	廣東	華暹新報	暹邏曼谷	戊申	國民政府委員
盧仲琳	四川	華暹新報	暹邏	戊申	立法院委員
周培藝	貴州	黔報	貴陽	戊申	參政會參政員，己酉後任貴陽西南日報主筆。筆名素園。
周之貞	廣東	星洲晨報	新加坡	己酉（民前三年）	在粵不詳
葉楚傖	江蘇	中華新報	汕頭	庚戌	立法院副院長
林百杞	廣東	中華新報	汕頭	庚戌	中央黨史會纂修
黃希純	廣東	大漢日報	加拿大溫哥華	庚戌（民前二年）	在粵賦閒
吳尚鷹	廣東	大漢日報	加拿大	庚戌	立法院秘書長
蔣夢麟	浙江	大同日報	舊金山	庚戌	大學校長，筆名唯心。現在美國。
黃芸蘇	廣東	少年中國晨報	舊金山	庚戌	立法院委員
溫雄飛	廣東	自由新報	檀香山	庚戌	立法院委員
李　旺	廣東	少年中國晨報	舊金山	庚戌	在粵賦閒
黃伯耀	廣東	少年中國晨報	舊金山	庚戌	美國國民黨總支部書記長
衛　漢	廣東	大漢日報	加拿大	庚戌	在粵賦閒
張靄蘊	廣東	少年中國晨報	舊金山	庚戌	在美國不詳
馮百礪	廣東	國民報	廣州	辛亥	現在澳門
盧岳生	廣東	軍國民報	廣州	辛亥	不詳
鄧警亞	廣東	齊民報	廣州	辛亥	在粵
胡祖舜	湖北	大江日報	漢口	辛亥	軍事委員會參議
鄒　魯	廣東	可報	廣州	辛亥	國民政府委員
吳宗明	福建	公理報	菲律濱	辛亥	不詳
李懷霜	廣東	天鐸報	上海	辛亥	在粵

吳榮新	廣東	自由新報	檀香山	辛亥	在粵，筆名永生。現在廣東仁化縣丹霞山別傳寺為僧。法名□永。

統計上列姓名為 61 人，除粵省及海外各埠為筆者所深知外，在民國前曾任各省新聞事業目前健在之革命報人當不止此數。尚望諸老友賜予補充或指正。以匡不逮，幸甚幸甚！

五、謝英伯事蹟

謝英伯自 1910 年 4 月至 1911 年 6 月，出任香港《中國日報》社長兼總編輯，成為該報社的最高領導人。

謝英伯（1882～1939），清光緒八年四月十三日（1882 年 5 月 29 日）生於廣東省城西關寶慶新餘慶堂（其父所建住屋之堂名）。[22]

1891 年，隨父遷居河南福場里。

1899 年，往香港，依母舅溫佐才公。入讀皇仁書院，與孫中山等香港名人為前後期同學。

1901 年，肄業於皇仁書院。由朋友介紹，結識陳少白，開始投稿《中國日報》，署名「大舞台中一少年」

1902 年，回廣州與吳佩華女士結婚。

1903 年，與朋友合辦《新智日報》，任廣州《亞洲日報》總

---

22 謝英伯之履歷，主要引自謝英伯撰：《謝英伯先生自傳 —— 入海航程》，該文原件現藏於台北中國國民黨中央黨部黨史館，編號 230~1851；此文收入秦孝儀主編：《革命人物誌》第十九集，頁 291~368，台北：黨史會，1978 年 12 月出版；另參考秦孝儀總編纂：《中國現代史辭典》（人物部分），頁 574，台北：近代中國出版社印行，1985 年 6 月。

主筆，評議時政，提倡女權。和《嶺海日報》主筆胡漢民結交，一起夾攻保皇派之《羊城日報》。同年，組織南武公學會，任南武學校校長。該校師生多人後曾參與廣州新軍及黃花岡之役。

1904 年 2 月，《新智日報》停版。

1905 年，任廣州《拒約報》總編輯，並與陸俠飛在梧州創辦中華學堂，任校長，結交革命黨人劉思復。下半年，任香港《東方日報》筆政。

1907 年，任香港《小說世界》總編輯。同年，加入中國同盟會香港分會，由馮自由主盟。

1908 年，被舉為中國同盟會香港分會會長。

1909 年，廣州《時事畫報》遷香港出版，謝英伯獲推舉為總編輯。

1910 年 4 月，馮自由去加拿大，改由謝英伯「承其後」，出任香港《中國日報》社長兼總編輯。[23]

1911 年，運動東江會黨參加黃花岡之役。3 月 29 日廣州起事，失敗後逃香港，與劉思復等在香港組織殺團，因有林冠慈炸傷李準事。事後，被港府下令驅逐出境，初至澳門設同盟分會；後亡命檀香山，執教香山華文學堂，並任《自由新報》編輯，與保皇

---

23 馮自由經營《中國日報》4 年期間，包括與文裕堂的分分合合，以及其後與南方支部、謝英伯的交接，在賬目上及經營成果評估方面，仍有一些不同的看法。當時，退居「監督」之位的第一任社長陳少白說：「（中國報）初出時大遭時忌，維持絕難，竭蹶經營五六年後，竟得出入相抵，嗣與文裕堂合併營業，由香山容某管理，予仍專理日報。繼因不善經營，三年後，營業部因而拆閱，日報亦為所累，於是復離文裕堂，重募資本將六七千元，交由馮自由舉辦，予監督之，又告訴虧折，不能支。馮自由不俟交代，赴加拿大，復以謝英伯等承其後。」詳見陳少白：《香港中國報經過略史》，頁 62。謝英伯在其自傳中沒有交代這個重要的經歷，但多位當時指出，他於 1910 年 4 月接替馮自由任《中國日報》的社長兼總編輯。詳見本書第一部份第五節：《「中國報」創辦經過及社址變遷》。

黨《新中國日報》筆戰。同年 11 月 9 日，粵省光復，離檀島返粵。

　　1912 年，任廣州《南華日報》社長、中國同盟會粵支部部長。

　　1913 年，二次革命發生，任廣州《討袁日報》社長，國民黨廣東支部部長。革命失敗後，亡命美國。

　　1914 年，加入中華革命黨，與林森、馮自由、鄧家彥等分赴美加各地宣傳討袁及設立黨支、分部達五、六十處。並任舊金山少年《中國日報》記者、《民口雜誌》撰述員、域多利《新民國日報》總編輯、紐約《民氣週報》總編輯。除從事革命活動外，不忘求學，先後入加州大學、和門大學、哥倫比亞大學及雅倫學校修習法政社會學科，對於社會主義及勞工運動具有心得。

　　1916 年 5 月，返國留滬，教英文資生活，任《民意報》記者，並創辦社會主義研究會。同年 6 月 6 日，袁世凱死。

　　1917 年，由上返廣州，追隨中山先生護法，任大元帥府秘書，主持《南華日報》。

　　1918 年，遞補眾院議員，任廣州《天民日報》記者，時政學會挾桂系軍人勢力，排斥民黨，策動電燈公司及自來水廠工人罷工。

　　1920 年，任澳門《晨報》社長。粵軍回粵後，積極從事勞工運動，組互助社、設醫院、發行互助日報，隱然為粵省勞工領袖。

　　1921 年，運動香港海員罷工。

　　1922 年，陳炯明叛變，揭發陳欲利用海員中客族以為己助之陰謀，因而發生韋德刺殺叛將洪兆麟事。同年，任《北京報》記者。

　　1923 年 1 月，由京返粵，參加籌備國共聯合會議，任候補國民黨中央委員兼籌備處秘書。同年兼任廣州《國民黨週刊》總編輯。

1924 年，任廣州《互助雜誌》總編輯。

1925 年，任大本營參議，代表廣州報界到北平（今北京）參加西山會議，積極反共；兼北京《國民日報》漢文部總編輯。

1926 年，在上海被選任國民黨中央黨部監察委員，兼任上海《民本報》社長。同年返香港，組織建國同盟會，運動清黨。

1927 年，中國國民黨寧、滬、漢三部謀合，組特別委員會，任海員工會清黨委員，將海員總工會由粵遷滬。是年秋，在滬開始執律師業。

1928 年，返粵繼續執行律師業務，兼《民國日報》特約撰稿，創設新聞學校；任博物院籌備委員，並從事考古及儒學研究。

1930 年博物院正式成立，改任保管委員。組織廣東新聞記者聯合會。

1931 年，組織黃花考古學院。1933 年該院改名華國考古學院。

1936 年，就任粵省首席檢查官。

1938 年 10 月 16 日，廣州淪陷之前，移駐廣寧縣。

1939 年 8 月 10 日病逝，享年五十七。

六、盧信事蹟

盧信（又名盧信公）自 1911 年 6 月至 1913 年 8 月，任《中國日報》社長。他的生年及籍貫不詳，但早在香港《中國日報》創辦初期，即為該報的主筆之一[24]；他與陳少白、李紀堂等《中國

---

24 陳少白口述、許師慎筆記：《興中會革命史要》頁 63，中央文物供應社印行，1935 年 1 月出版，1956 年 6 月台版。陳少白說：「中國報創業艱難之時，其敢就主筆之職者，予而外，有楊少歐、陳春生、馮自由、鄭貫一、廖平庵、

日報》的主要創辦人，同為中國同盟會香港分會最早一批加盟者。

　　1905 年 8 月，中國同盟會東京本部成立。9 月 8 日，孫中山特派馮自由、李自重二人至香港，組織香港、廣州、澳門等處同盟分會。馮至港，即與陳少白等籌備成立，雖興中會員亦須一律填寫誓書，眾舉陳少白為會長、鄭貫一為庶務，馮自由為書記。是年先後加盟者有陳少白、李紀堂、容星橋、鄭貫一、李自重、李樹芬、黃世仲、梁擴凡、溫少雄、盧信、廖平庵、陳樹人、李孟哲、鄧警亞、李伯海諸人。[25]

　　1907 年，中國同盟會在東京已成立二年，但檀香山興中會尚未改組為中國同盟會的分會。盧信奉派到當地主持黨務，兼奉開設同盟會分會之使命。由於一部分僑商會員在廣東原籍家產曾被粵督查抄，故有所戒懼，未便大張旗鼓進行。[26]但盧信抵埠後，首先把夏威夷《檀香山新報》改組為《民生日報》，並獲聘請擔任該報主編，直至 1911 年。[27]

　　1908 年，盧信強調辦報自由，再將《民生日報》名為《自由新報》。

　　1910 年 3 月，孫中山自美國抵檀香山，盧信等人親自到碼頭迎接。數日之後，在《自由新報》樓上召開興中會會員大會，改寫盟書，成立同盟會分會，補行入會典禮。第一次加盟者 20 餘人，公推梁海為會長，曾長福為司庫，盧信為書記。繼以部分僑商不

盧信公、陳詩頌、黃世仲、洪考衷、陸伯周等。」

25　馮自由著，《中華民國開國前革命史》（一），頁 175~176，台北：世界書局印行，1984 年 8 月三版。

26　馮自由著：《革命逸史》（第四集），頁 176，台灣商務印書館印行，1969 年 3 月台一版；1972 年 1 月台二版。

27　馬兗生：《孫中山在夏威夷活動和追隨者》，頁 147~148，台北：近代中國出版社，2000 年 8 月 25 日。

方便公開入黨，特設同盟會秘密團，孫中山委任楊廣達爲團長，李烈爲司庫，盧信爲書記。[28]

同年 5 月，盧信回香港，代聘謝英伯爲檀島華文學校校長。該校仍由孫中山倡議而設立，革命黨人聯合當地股商，措資興辦。1928 年改名中山學校。

1911 年 4 月 27 日，廣州發生「黃花岡之役」。檀島接孫中山公函，令募款接濟，該埠共捐款三千港幣。[29]

同年 6 月，盧信與黃時初等人，集僑資負責接辦《中國日報》。[30]盧信自任社長，自此開始了《中國日報》的「盧信時代」。

同年 11 月 8 日廣州光復，其後，《中國日報》隨中國同盟會遷廣州，獲政府資助，規模極大。盧信隨報社遷往廣州。

1912 年 8 月，中國同盟會改組爲國民黨後，《中國日報》轉爲國民黨的機關報。

1913 年 8 月，龍濟光入粵，《中國日報》被封閉停版。據《中國日報》首任社長陳少白說：「逮龍濟光入粵，盧等他去，所有機件帳目至今尚在盧信手上，而中國報之命運，亦以告終。」[31]

1931 年，盧信去世。[32]

七、陳春生著作

28 前揭馮自由著：《革命逸史》（第四集），頁 176~177。

29 前揭馮自由著：《革命逸史》（第四集），頁 177。

30 馮自由著，《中國革命運動二十六年組織史》，頁 42，上海：商務印書館，1948 年 1 月初版。

31 前揭陳少白口述、許師慎筆記：《興中會革命史要》頁 63。但陳少白說：「及光復時，盧信自檀香山回，以接辦自任。」「光復時」應是指「1911 年 11 月」，盧信才自檀香山回。

32 馬兗生：《孫中山在夏威夷活動和追隨者》，頁 148。

陳春生是「中國報」創辦初期的主筆之一[33]，他有三篇記述「中國報」的文章，對於瞭解當時的創辦背景很有幫助。其中有一篇《興中會員李紀堂先生革命事略》，內容多與香港中國日報及陳少白先生有關係，全文共 2,088 字。該文係陳春生以採訪員身份所撰檔案紀錄，在其封面註明此文送中國國民黨中央執行委員會黨史史料編纂委員會鈞覽。現原件現藏於台北中國國民黨中央黨部黨史館，編號 230～1117，本書在李紀堂部分已引錄；另有一篇《革命先進陳少白先生事略》，亦是以採訪員身份所撰檔案紀錄，原件現藏於台北中國國民黨中央黨部黨史館，編號 230～1474，本節介紹陳少白生平時加以參考引用；再有一篇《陳少白先生與香港中國日報及中國日報與中國革命之關係》[34]，全文照錄如下：

> 香港中國日報，創始於清光緒己亥十二月。春生則於庚子八月入該報任主筆，時正有事於廣州，諸同志如史古愚（堅如之兄）、史堅如、楊衢雲、李紀堂、鄭士良、鄧三伯（蔭南）、蘇焯南等，不時聚會於報館，殆一革命之機關也。其時風氣未開，未有革命報紙，外間見該報之言論紀載均發揮排滿革命主義，多斥為大逆不道。其時義和團倡亂京津，大殺洋人各報紀錄，均稱之曰拳匪或團匪，惟中國日報獨稱之曰拳民，或稱義和團黨，此為少白先生所主張，謂拳黨榜扶清滅洋，雖然意識，而具有愛國熱誠，不當以匪自之。港政府深茲不悅，然亦無如何也。

---

33 前揭陳少白口述、許師慎筆記：《興中會革命史要》頁 63。
34 本文是黨史會藏剪報，原刊「三民主義半月刊」4 卷 4 期；轉引自革命文獻第六十四輯《興中會史料》頁 172，台北：黨史會編輯印行，1973 年 12 月出版。全文共 1,791 字。

　　香港大律師何啟，雖為英商人，而原籍廣東南海縣，不忘祖國，熱心贊助革命事業，著有「新政真詮」一書，由中國日報為之刊印。

　　前者各報祇有莊部而無諧部，自中國日報附刊之中國旬報有「鼓吹錄」一欄，其對於滿清官吏，極嬉笑怒罵之能事，閱者多為之解頤。猶憶鼓吹錄中有「特丁誤國，周時賠錢」一段，頗膾炙人口；蓋當時廣東署督為德壽，司道中有丁某某、吳引蓀、國某、周某某，廣州府知府為施典章，南海縣令為裴景福，番禺縣令為錢某某，彙督司道府係之姓氏，以粵音讀之，則為「特丁誤國周時賠錢」。蓋粵語以「有意」為「特丁」，「常時」為「周時」也。自中國旬報為之倡始，以後粵、港及海內外各報均有諧部；非此則不足饜閱者之耳目矣。

　　前者我國各報排版，皆用直行，全版一行到底，閱者頗覺頭目昏眩。中國日報排版，首創為橫行，略仿日本報紙之形式，使閱者之眼神大為舒適。始時同業者紛紛反對，其後漸多仿而行之，今則全國報紙皆屬橫行欲求一直行者作博物院陳列之標本而不可得。是則香港中國日報，不獨為言論革命之元祖，即對於印版形式，亦首先實行革命者矣。

　　將近反正之前數年，中國日報一紙風行，海外僑胞尤歡迎備至。中國日報所發售及代理之革命書籍，如革命軍、猛回頭、警世鐘、揚州十日記、廣州三日記、嘉定屠城記、滿清二百年來失地記（春生著）、徐錫麟鎗殺恩撫全案（春生編）等，各埠紛紛定購，供不給求，亦可見人心之趨向矣。

　　中國日報之宣傳革命主義如此其力，後來之革命成功，中國日報之鑿山開道，亦其一因也。

　　且中國報不特為海外華僑所欽仰，即滿清官吏亦多敬憚，或於此寄耳目焉。清季兩廣總督陶模，為官吏中之頭腦維新者，其子某與日本留學生沈翔雲（字虬齋）善，翔雲喜談革命，嘗寄寓中國日報，故介紹陶模為閱報者，嘗因中國報載某某兩縣令貪墨事，陶模立將兩令調省面質而撤其差焉。

　　清季南海縣令裴景福，酷吏也。粵督岑春煊涖任，思懲治之，而裴遁之澳門，粵吏無如之何。岑之屬員有識少白先生者，乃往香港，問計於先生，先生乃與蘇焯南等偕同岑屬員赴澳，偵得裴之踪跡，報警署將裴捕獲，為粵民除一大害。是清吏當時亦有明目張膽，與革命黨往來者，皆報紙啟導之力也。

　　要之清季有兩大革命報，為宣傳革命之急先鋒，在日報為香港中國日報，在叢報為日本東京民報。而中國日報尤為革命報之鼻祖，若陳少白先生者，則又中國日報之開山祖也。

拾貳、「中國報」研究現狀

一、前　言

　　《中國日報》在香港辦了 11 年餘，其後遷廣州再辦 2 年多。可是，《中國日報》創辦初期的報紙都已失傳，後人不能從該報獲知當時的情況。在原件不足的情況下，對該報進行個案研究，困難重重。因此，至今未有《中國日報》的專書面世。

　　《中國日報》是孫中山領導的革命黨創辦的第一份革命報紙，具有「立黨、宣傳、起義」三大功能。《中國日報》的創辦經過，反映了孫中山與香港的關係，以及革命黨人如何利用報刊，推行各項革命工作。因此，《中國日報》成爲辛亥革命史、中國新聞史以及孫中山研究的熱門話題之一。

　　上一節整理了當事人撰述的回憶文章，可補充第一手資料之不足。本節再選錄現代人二十篇研究論文，和本人的研究成果，這些專論對於系統地研究「中國報」，了解孫中山如何借助報刊鼓吹革命，起著資料索引作用，可供研究者參考，避免重覆。

二、現代人的論著

　　《中國日報》是辛亥革命史、中國新聞史以及孫中山研究的

熱門話題之一，幾乎所有中國新聞史教科書及相關的專著，都會提及這張報紙，甚至列出專門的章節來討論。還有一些研究文章，以它為專題。

1927 年 11 月，戈公振著《中國報學史》，由上海商務印書館出版，這是現代史上第一部系統的中國報學史，書中亦專門論及孫中山戰友陳少白創辦的《中國日報》，並稱它是「鼓吹革命的健者」[1]。由於它是第一份革命報紙，在辛亥革命史、香港報業史上及孫中山研究等方面，都佔有十分重要的地位，所以，其後不少人從不同的角度，研究這份革命報紙。

以下選錄了二十篇，註明其出處，供再研究者參考對照，以免後來的研究者再有重覆。所引之文，一般為獨立的專論，或專書中的一個專門的章節，按作品公開發表的先後順序排列；時間相同者，作適當的調整。這些專論是系統地研究《中國日報》的有益補充。

（一）戈公振：《鼓吹革命之健者》（1927.11）

全文共 265 字。本文節錄自戈公振著：《中國報學史》頁 206，台灣學生書局，1982 年 3 月四版。戈公振《中國報學史》初版於 1927 年 11 月，由上海商務印書館出版。

（二）張其昀：《中國日報的發刊》（1954.11）

全文共 741 字。本文原載張其昀著：《中華民國史綱》（一），頁 92～93，台北：中華文化出版事業委員會出版，1954 年 11 月初版。

（三）袁昶超：《宣傳革命的報紙》（1957.7）

全文共 399 字。本文原載袁昶超著，《中國報業小史》第六章〈宣傳革命報紙〉頁 38 其中一部份，香港：新聞出版社，1957

---

1 戈公振著，《中國報學史》，台灣學生書局，1982 年 3 月四版，頁 206。

年 7 月初版。

（四）譚永年、甄冠南：《中國日報之使命與
　　　　民族革命之重要性》（1958.3）

　　全文共 2,407 字。本文原載譚永年主編、甄冠南編述《辛亥革命回憶錄》第七章《興中會後期之組黨與宣傳工作》第四節，頁 131～135，香港：榮僑書店，1958 年 3 月。

（五）曾虛白：《「中國日報」與「世界公益報」》（1966.4）

　　全文共 1,551 字。本文原載曾虛白主編：《中國新聞史》第五章《政論報紙的興起及其發展》第四節《革命黨的報紙》之一，頁 206～209，台北：三民書局印行，1983 年 9 月第七版。

（六）羅香林：《國父命陳少白創辦中國日報
　　　　之士丹利街二十四號》（1971.1）

　　全文共 1,914 字。本文原載羅香林著：《國父在香港之歷史遺蹟》之九，頁 30～33，香港珠海書院出版委員會，1971 年 1 月。

（七）蔣永敬：《辛亥革命前十次起義經費之研究》（1971.12）

　　全文共約 7,488 字。本文原發表於《新知雜誌》第一年第六期，1971 年 12 月。後收入張玉法主編《中國現代史論集》第三輯〈辛亥革命〉，頁 257～269，台北：聯經出版事業公司，1980 年 7 月初版。

（八）蔣永敬：《辛亥革命與香港》（1981.12）

　　全文共 13,291 字。本文原載民國史研究叢書之六《孫中山先生與辛亥革命》（中冊），頁 505～526，台北：中華民國史料研究中心出版，1981 年 12 月初版。

（九）邵銘煌：《香港中國日報在革命史上的地位》（1978.9）

　　全文共 11,257 字。本文原載《近代中國》月刊第七期，頁 169~178，台北：近代中國雜誌社，1978 年 9 月出版。

（十）方漢奇：《興中會第一個機關報
　　　　〈中國日報〉的創刊》（1981.6）

　　全文共 7,755 字。本文最早見於方漢奇編著：《中國近代報刊史》第四章第二節〈興中會的第一個機關報《中國日報》的創刊和香港地區的其他革命報紙〉，頁 157～171，1981 年 6 月初版。該書其後三年曾三次印刷；1991 年 11 月修訂第 4 版。1987 年起用了四年的時間，由方漢奇主編，內地幾十位新聞史專家分章撰述的三大卷《中國新聞事業通史》，於 1992 年起印出續出版。此套書第一卷第五章《民主革命準備時期的新聞事業》第三節《孫中山等資產階級革命派的早期宣傳活動和〈中國日報〉的誕生》之第二及三，頁 687～699，收入此文，北京：中國人民大學出版社，1997 年 11 月第 2 次印刷。

（十一）陳三井：《香港「中國日報」的革命宣傳》（1981.12）

　　全文共 10,273 字。本文原載民國史研究叢書之六《孫中山先生與辛亥革命》（中冊），頁 527～544，台北：中華民國史料研究中心出版，1981 年 12 月初版。該文又見於《珠海學報》第十三期頁 79～88，香港珠海書院出版委員會，1982 年 11 月出版。

（十二）史宜楨：《馮自由與香港中國日報》（1982.2）

　　全文共 6,428 字。本文原載《近代中國》第二十七期，頁 81～86，台北：近代中國雜誌社，1982 年 2 月出版。

（十三）余偉雄：《孫逸仙博士策進革命運動與香港的
　　　　關係及香港保存的革命史蹟》（1982.12）

　　全文共 17,158 字。本文原載民國史研究叢書之六《孫中山先生與辛亥革命》（中冊），頁 545～573，台北：中華民國史料研究中心出版，1981 年 12 月初版。

（十四）丁守和：《中國日報》（1982）

全文共 25,441 字。本文原載丁守和主編：《辛亥革命時期期刊介紹》第二集，頁 1～33，北京：人民出版社，1982 年。

（十五）陳錫祺、吳倫霓霞、陳勝粦、郭景榮、羅立新：
《孫中山在港澳與海外活動史蹟》（1986）

全文共 2,362 字。本文原載陳錫祺顧問，吳倫霓霞、陳勝粦、郭景榮、羅立新編輯：《孫中山在港澳與海外活動史蹟》第一部港澳之三〈反清革命活動〉，頁 45～49，紀念孫中山先生誕一百二十週年、廣州中山大學創校六十二週年、香港中文大學聯合書院創校三十週年特刊，廣州中山大學中山研究所、香港中文大學聯合書院出版，1986 年。

（十六）賴光臨：《革命報刊元祖中國日報》（1987.10）

全文共 2,036 字。本文原載賴光臨著：《中國近代報人與報業》下冊，第三十章〈革命報刊之發達與演進〉第一節〈香港地區之革命報刊〉第一段，頁 341～343，台灣商務印書館，1987 年 10 月第二版。

（十七）鍾紫：《「中國日報」 —— 香港第一家
革命黨人的報紙》（1991.8）

全文共 2,295 字。本文原載鍾紫主編：《香港報業春秋》頁 14～17，廣州：廣東人民出版社，1991 年 8 月第一版。

（十八）鄧毅、李祖勃：《革命提倡者之元祖
—— 中國日報》（1998.12）

全文共 17,653 字。本文原載鄧毅、李祖勃編：《嶺南近代報刊史》第七章〈辛亥革命時期香港資產階級報刊的新發展〉其中一段，頁 319～326，廣東人民出版社，1998 年 12 月第一版。

（十九）林家有：《孫中山為代表的資產階級革命派的近代化
　　　　模式：社會變革必先變心 —— 轉換思想》（1999.11）

　　全文共 1,032 字。本文原載林家有著：《孫中山與中國近代化道路研究》第三章〈孫中山與中國近代模式〉（其中之一段）頁 337-338，廣州：廣東教育出版社 1999 年 11 月第一版第一次印刷。

（二十）劉家泉：《在香港創辦第一張革命
　　　　報紙 —— 中國日報》（2001.7）

　　全文共 6,464 字。本文原載劉家泉著：《孫中山與香港》第五章，頁 141～154，北京：中央文獻出版社出版，2001 年 7 月。

三、研究《中國旬報》的兩篇文章

　　專門研究《中國旬報》的文章十分稀少，本人所見只有以下兩篇（不含在文中略有提及的論述）。兩篇文章都不太長，但具有代表性，故全文引錄如下，以供參考：

（一）丁守和：《資產階級革命派最早
的報刊之一：中國旬報》 [2]

　　中國旬報是以孫中山為代表的資產階級革命派興中會創辦的最早報刊之一。一八九九年冬創刊於香港。由興中會的著名活動家陳少白主編，楊少歐、黃魯逸實際負責。刊物的內容，二十六期以前有《國事》、《邦交》、《紀亂》、《存疑》、《電音》、《上諭》等欄；二十七期起改為《北省大事記》、《南省大事記》、《清國官

2　本文原載《新聞研究資料》，第 3 輯，頁 127~129，北京：中國社會科學出版社，1980 年 5 月。

文》、《各國時事》，《電音》、《上諭》仍舊。每期卷末附有《鼓吹錄》，專以詩歌、雜文諷刺時政。

中國旬報和香港中國日報是同時創刊的，而以後者為主。馮自由在談到中國日報時曾有這樣的記載：「香港中國日報為革命黨機關報之元祖，自己亥（光緒二十五年，公元一八九九年），以迄辛亥，此十三年中，凡興中會及同盟會所經歷之黨務軍務，皆借此報為唯一之喉舌；中間遭遇之風潮及重大之阻力，均能獨立不撓，奮鬥不懈；清英二國政府終無如之何。考興中會最初宣傳品，只有揚州十日記一種，己亥間嘗用中國合眾政府社會名義，頒發傳單分寄美洲及南洋各屬華僑，請其協助革命，此外見諸文字者，殊不多睹。自乙未廣州一役失敗後，孫總理久在日本規劃粵事，重圖大舉，知創設宣傳機關之必要，始於己亥秋間派陳少白至香港籌辦黨報，兼為一切黨務軍務之進行機關。是年冬，此報遂發刊於香港士丹林街門牌二十七號，即中國日報是也。出版後陳少白任總編輯，楊少歐、洪孝充、陸伯周等輔之，除日刊外，另發行中國旬報，卷末附以諷刺時事之歌謠諧文等類，曰鼓吹錄，其後海內外報章多增設諧部一欄，蓋濫觴於此。」[3]

中國旬報的出版是在己亥、庚子（一九〇〇年）之間，現在能看到的是二十一期、二十二期和二十五至三十七期，最後一期出版時間約在一九〇一年三月。這正是義和團運動蓬勃發展和八國聯軍侵入中國鎮壓義和團的時期。中國旬報對此作了較詳細的記載和報道。

一九〇〇年的義和團運動，是中華民族危機空前嚴重的產物，是甲午中日戰爭後中國人民反侵略反瓜分鬥爭發展的高潮，

---

3 原註：馮自由著《中華民國開國前革命史》，上卷，第 160~161 頁。

也是長期以來不斷發生、遍及全國、以農民為主體的廣大群眾反洋教鬥爭的匯合。義和團對帝國主義侵略進行了勇敢的戰鬥，沉重打擊了列強瓜分中國的陰謀。但在當時，無論是清政府、資產階級改良派還是資產階級革命派，他們都反對義和團運動，誣蔑義和團是所謂「匪徒」，「奸民」等等。這正是資產階級害怕帝國主義、害怕群眾起來進行革命鬥爭的軟弱性表現。

中國旬報反映了資產階級革命派對義和團運動的態度。它報道了義和團的活動和戰鬥，同時更多地報道了帝國主義侵略軍的進攻和清政府對義和團的欺騙、鎮壓及其與帝國主義相勾結的活動。中國旬報在許多報道中都把義和義和團誣蔑為「拳黨」、「拳匪」、「拳亂」；它刊載了一個英國人的談話，說義和團是「北中國土匪搆亂」。[4]它還連篇累牘轉載了清朝大官員袁昶、許景澄、袁世凱等人極力主張「剿辦」義和團的奏疏、告示等，所以它的傾向性是很明顯的。

中國旬報對義和團運動雖然作了許多歪曲報道，但也記載了這次群眾鬥爭的某些實際情況。例如它指出「義和拳之起，本因教民之為仇」。[5]義和團紀律嚴明，鬥爭英勇，「入壇者先向神牌稽首，誓無改悔，老師戒之曰：毋貪財，毋好色，毋違父母命，毋犯朝廷法。滅洋人，殺髒官。」「拳中童子甚多，有年僅八九歲者，皆執刀臨陣」。對於帝國主義侵略者的暴行，也有不少揭露。八國聯軍侵佔天津時，群眾死傷累累，「槍死、炮死、刀死、踐踏而死，……自城內鼓樓迄北門外水閣，積戶數里，高數尺」；「俄人所踞地特甚，搶掠焚殺，繼以奸淫」。[6]

4　原註：〈外交政策〉見《中國旬報》，第二十一期。
5　原註：《中國旬報》第二十六期。
6　原註：以上皆引自〈天津一月記〉，見《中國旬報》，第二十五至二十八期。

　　在鎮壓義和團運動中，沙俄不僅派兵參加八國聯軍進攻天津、北京等地，而且乘機派兵侵佔我國東北廣大地區，肆意屠殺我國人民。中國旬報連續發表了《記營口失陷詳情》、《記俄兵陷海城市》、《東三省失守始末》、《俄兵殘暴確證》等報道和專文，大力揭露俄軍的種種暴行。中國旬報記者曰：「俄人之窺伺東三省久矣。自有東三省南歸者，輒言其地土脈膏腴，擅畜牧之利，其穀食之堅好逾於內地，收數亦每倍之。地又多產金，俄雖有金礦。不之逮也。……故其欲得東三省之意，雖三尺童子，亦自知之，不自今日始也。今歲乃乘北省黨團之亂，借保護鐵路為名，遣重兵入內地。」[7]中國旬報還詳細報道了俄軍血洗我國江東六十四屯，把成千上萬的海蘭泡中國居民驅趕淹死在黑龍江中的殘暴情景。列寧當時就對這種暴行進行嚴厲的譴責，指出：「沙皇政府在中國的政策是一種犯罪的政策」，「它們殺人放火，把村莊燒光，把老百姓驅入黑龍江中活活淹死，槍殺和刺死手無寸鐵的居民和他們的妻子兒女」。[8]

　　轟轟烈烈的義和團運動最後被鎮壓下去了。但是，廣大群眾反對帝國主義侵略、不怕犧牲、不畏強暴的英勇鬥爭精神，給了侵略者以很大的教訓，粉碎了他們妄圖瓜分中國的夢想。對於這一點，中國旬報發表了一個法國人的言論，他不得不承認：「將中國地段分為屬地，此系各國鑄成大錯。彼以中國可以作為藩屬，其實不然。照實計之，中國斷不能為各國藩屬。……竊嘗熟計，凡其國民本性懶弱，抑無實心愛國，不相聯合，方可被人取為藩屬耳。然此非可以論華人，緣華人心力最堅，極能任事，與印度人夢夢者不同。人言曰，歷來只有一中國，不可以為數中國，非

---

7 原註：〈東三省失守始末〉，見《中國旬報》，第三十期。
8 原註：《列寧選集》，第一卷，第 215~217 頁。

虛言也。……故欲分割中國為屬土，乃是至愚之事。以余觀之，中國必不能為屬土，且永遠不能為屬土，中國者將復為中國而已。」[9]

此外，中國旬報對其他地方的群眾起義或反抗活動，也有不少報道：如蘇州機匠的罷工，福建邵武船夫因米糧昂貴，「揭竿倡亂」；梧州藤縣太平墟附近農民「鬧事」；廣州城廂市民罷市；浙江衢州和寧海會黨起義等等。

中國旬報以報道當時政局時事為主，同時也發表一些議論文章。該報第二十二期陳春生寫的《原中原》，是現在所能看到的一篇重要論文。它把中國和英國作了比較，提出中國應向美國學習，指出「赤縣神州中國十八省內地，以東半球華夏人之所謂中原也；美利堅合眾國二十六郡，以西半球美利堅人所謂中原也。」美國人「合眾自立公舉制治，脫歐人之約束，馳五洲而雄顧」；而中國則「寂然其莫所施」、「頹然其莫敢發」，無以「當列強之鋒」。這是甚麼原因？作者認為，這是由於美國「謙卑公和」，中國「驕傲偏私」、「頑固守舊」。「欲興中國」，必須去「閉關鎖港」的偏私概念和視四周為「戎狄」、「蠻貊」的高傲態度；必須「放開眼孔」看世界，努力研求「西方文明進步之事」。作者還認為，中國雖微弱已甚，將來或能冠冕五洲，亦未可知，但要做到這一點「必得華盛頓其人而後可也。華盛頓提三尺劍，開萬里疆，乃與世共之，不家天下。創推舉之公法，

開未有之奇局，唐虞揖讓之風不及其無弊，歐洲民主之政不足擬其寬仁，誠足為長治久安之道也。苟能以華盛頓之心，行華盛頓之事，又安見西半球共盛之象不見於東半球之中原也」。這就是說，要學美國，要把中國變成美國那樣的合眾國，還要有華盛

---

9 原註：〈法人論中〉，見《中國旬報》第二十五期。

頓那樣的領導人貫徹實行。而在作者看來，中國的華盛頓就是孫中山。這些觀點和興中會當時的宣傳方針是一致的。興中會就是以美國為榜樣，提出要在中國「創立合眾政府」，而孫中山有時也以華盛頓自詡的。當然，作者對於美國的上述看法，並不都是符合實際的。但在當時，這種宣傳顯然是有進步作用的。

中國旬報附有《鼓吹錄》，內容生動，別具一格。可惜現在只看到一期，而且也不全 （目錄八篇，僅存四篇）。其中《責某公文》顯示諷喻李鴻章。文曰：「古人有言，死或重於泰山，或輕於鴻毛，生死之際大矣哉。公之勛業，巍巍乎高寰宇矣。公之聲名，赫赫乎震全球矣。朝廷以公老成碩望，倚為左右手。凡定大疑、決大議，皆於公乎是賴。近數十年來，天禍我中國，內憂方亟，外患又乘。今日割五城，明日割十城，公實主持之。此國償百萬，彼國償千萬，公實居間之，公之謀國也，不可謂不忠矣。然吾所為公惜者，獨不能一死耳！」其他幾篇，有的諷刺守舊；有的諷刺當道捕拿維新黨；有的借妓女之口：「妾祖歷任顯官，妾聞祖訓曰：欲作顯官，先學逢迎，上司所好者好之，所惡者惡之，則所為必合」，「無往不利」，以此諷喻官場之醜惡。這實際是一些犀利的雜文，頗能切中時弊。

（二）李默《中國旬報》[10]

公元一九○○年一月二十五日（清光緒二十五年十二月二十五日）創刊。館設香港中環士丹利街第二十四號。承刊者為陳少南。中國旬報之創設，其序言已說明，是在日報的基礎上匯編旬報。

---

10 該文原載《新聞研究資料》，第三輯，頁 166，北京：中國社科院新聞研究所編輯，1980 年 5 月出版。

內容分論說、譯論、中外時事、中外電音、上諭、奏疏。

中國旬報創刊初期的論說，其政治主張正如其序言所說：「使中國維新之機勃然以興。」在宣傳民主革命的同時，同樣宣傳改良主義的維新思想。如其論說《英雄與時說》：「近代歐美各英雄憤君權之橫，憫民生之困，起而去其暴政，別立新法，使千秋世己國鄰邦咸食其德者乎？無有也。然則曾、左等，直滿洲之鷹犬而已，英雄乎哉？余意中有二人為堪入英雄之列者，一則太平王洪秀全：二則南海康有為也。」

一九○○年以後，資產階級民主革命派極積宣傳民主革命思想，展開了推翻封建王朝的鬥爭。故此，中國旬報的論說，起了深刻的變化，拋棄了康、梁維新改良主義的影響。

中國旬報極積宣傳資產階級民主革命思想，展開了推翻清王朝的鬥爭。言論激烈是自第十九期（庚子七月初四）開始。該刊登載了《章炳麟之來書》及章著《解辮髮》等文。

四、本人的研究成果

本人研究香港報業史及中國新聞史二十餘年，博士學位論文以新聞史為專題，出版過幾冊與新聞史相關的專書，發表與孫中山及香港報業相關之論文數十篇，已出版的有三十多篇，詳見本人著作年表。

伍、參考文獻及書目

　　研究「中國報」之資料，除了第十節專門列出的孫中山研究及「中國報」當事人相關著作之外，還有以下四類資料也或多或少提及某些相關的背景，可供參考：一、報刊雜誌（包括《中國日報》和《中國旬報》原件）；二、檔案、年鑑、辭典、資料集等；三、「中國報」當事人的其他著作；四、現代人之專書專論。現順序列下，所有資料均註明作者、出版時間、地點、出版者、版次等基本資料，方便有興趣者進一步查閱。

（一）報刊雜誌（按報刊名稱第一個字的筆劃次序排列）

1、《中國日報》（報頭上的英文名為 "Chine"，漢字拼音譯名 Zhongguo Ri Bao。原件多有佚失，特別是早期之報紙。黃季陸根據台北黨史會珍藏品，於 1969 年 6 月 1 日彙編為四冊精裝本，主編影印出版。初版的版權頁印有每冊定價新台幣 3000 元，或美金 80 元。香港大學及不少大圖書館都有購藏。不過，此珍本也只收入以下時段的《中國日報》，且其中有不少缺頁、損頁，現列如下：第一冊，民前八年（1904）3 月 5 日至 5 月 14 日；第二冊，民前五年（1907）2 月 16 日至 4 月 11 日；第三冊，民前五年（1907）9 月 9 日至 11 月 15 日；第四冊，民前五年（1907）11 月 16 日至民前四年（1908）1 月 25 日。

2、《中國旬報》，與《中國日報》同時出版之十日刊，本人於內地某大學影印 1～36 期相當完整之資料。另外，羅家倫主編

之《中國旬報》特刊，共收入原刊第 21～22 及 25～37 期（內有缺頁），於 1986 年 9 月 1 日影印出版，硬皮壹冊精裝，標明定價台幣 300 元，或美金 8 元，由台北黨史會發行。

3、《民報》（東京）。

4、《申報》（上海），香港大學圖書館藏有 1872.4～1949.5 之間的 103 捲縮微膠捲，編號為 CMF1467～1569。

5、《申報》廣東資料選輯，第一輯 1872.4～1881.6；第二輯 1881.7～1886.6；第三輯 1886.7～1890.6；第四輯 1890.7～1894.12；第五輯 1895.1～1901.12；第六輯 1902.1～1907.6；第七輯 1907.7～1910.3；第八輯 1901.4～1913.12，廣東省檔案館《申報》廣東資料選輯編輯組 1995.8～1995.11 每個月出版兩輯。

6、《唯一趣味有所謂》報（香港）。

7、《知新報》，澳門基金會與上海社科院聯合影印重版本。

8、《時務報》（上海）。

9、《強學報》（上海）。

10、《循環日報》原件散存於世界各地，香港大學馮平山圖書館館藏以下時段的縮微膠捲：1874,2～8；1880,2～7；1883.8～1886，共分九捲，它們的捲次、編號及收錄的時段和分捲編號如下：

第一捲：CMF3650, 1874.2.5-1874.7.4, Reel 1。

第二捲：CMF3651, 1874.2.5-1874.7.4, Reel 2。

第三捲：CMF3652, 1874.5-8，1880.2-7,1883.8-1886.1，Reel 1。

第四捲：CMF3653, 1874.5-8，1880.2-7，1883.8-1886.1, Reel 2。

第五捲：CMF3654, 1874.5-8，1880.2-7，1883.8-1886.1，Reel 3。

第六捲：CMF3655, 1874.5-8，1880.2-7，1883.8-1886.1，Reel 4。

第七捲：CMF3656, 1874.5-8，1880.2-7，1883.8-1886.1，Reel 5。

　　　第八捲：CMF3657, 1874.5-8，1880.2-7，1883.8-1886.1，Reel 6。

　　　第九捲：CMF3658, 1874.5-8，1880.2-7，1883.8-1886.1，Reel 7。

11、《萬國公報》（北京）。

12、《遐邇貫珍》，松浦章等人編著，上海辭書出版社，2005 年 12
　　月。

13、《遐邇貫珍》縮微膠卷，見藏於香港大學圖書館二樓，縮微膠
　　卷室，編號 CMF5245。

14、《近代中國》雜誌（季刊、月刊），台北：近代中國出版社，
　　1977 年初創刊。

（二）檔案、年鑑、辭典、資料集等

　　（包括歷史檔案，以及後人集體編撰的年鑑、辭典、資
　　料集等，按主編者姓氏筆劃順序排列；如無作者名，以
　　資料名稱第一個字的筆劃順序排列。）

1、《中山大學圖書館館藏建國前中文報紙目錄》，廣州：中山大學
　　圖書館期刊部出版，1985 年 6 月。

2、《中國現代史辭典》（共三冊），秦孝儀總編纂，台北：近代中
　　國出版社印行，第一冊「人物部分」1985 年 6 月出版；第二、
　　三冊「史事部分」1987 年 6 月出版。

3、《革命人物誌》，秦孝儀主編，台北：黨史會，多集本。

4、《中國現代出版史料》，張靜廬輯註，上海群聯出版社。初編及
　　二編為近代部份（1862～1918），1953 年 10 月初版；現代部
　　份甲編（1919～1927）1954 年 12 月上海初版；現代部份乙編
　　（1927.8.1～1937.7.7），1955 年 5 月上海第一版第一次印刷；
　　現代部份丙編（1937～1949.9），共分四卷；丁編（即全書的
　　補編，1919 年 5 月 4 日至 1969 年補充資料，共分二冊），1959

年 11 月上海第一版。

5、《辛亥革命時期期刊介紹》（多集本），北京：人民出版社出版。

6、《辛亥革命論文集》，中山大學學報論叢，廣州：中山大學學報編輯部編輯出版，1981 年 9 月。

　7、香港政府田土廳註冊檔案：香港政府土地註冊處（The Land Registry Hong Kong Government），俗稱「田土廳」。其隸屬關係及辦事處多次變更，現辦公地址在香港金鐘道政府合署高座 13～15 樓以及 19、29 樓，所有香港、九龍、新界向政府註冊的土地，都有紀錄，可以讓公眾查閱，但要收費及排期等候。

8、《香港歷史圖片》，香港市政局編印出版，1982 年。

9、《香港掌故》，香港：廣角鏡出版社，套書。

10、《香港與中國 —— 歷史文獻資料彙編》，香港：廣角鏡出版社。

11、《香港年鑑》，香港《華僑日報》出版，1995 年終刊。

12、《新聞研究資料》叢刊（1979 年 8 月出版第一輯），北京：中國社會科學院新聞研究所新聞研究資料編輯室編輯，北京：中國社會科學出版社出版發行。

（三）「中國報」當事人其他著作

（「中國報」幾位主要當事人與本直接相關的著作，絕大部分已列入本書第十一節；在此之外，「中國報」當事人還有其他可參考之著作，按作者姓氏筆劃順序排列如下，同類作品或一作者之作品，排在一起。）

1、陳少白口述、許師慎筆記：《興中會革命史要》，中央文物供應社印行，1935 年 1 月出版，1956 年 6 月台版。

2、張鏡影《陳少白傳》，台北：中國國民黨中央黨部黨史館檔案

紀錄，編號 230～22156。

3、鍾榮光《陳少白先生傳》，台北：中國國民黨中央黨部黨史館
　　檔案紀錄，編號 230～2156。

4、陳春生撰：《革命先進陳少白先生事略》，該文係陳春生以採
　　訪員身份所撰檔案紀錄，在其封面註明此文送中國國民黨中
　　央執行委員會黨史史料編纂委員會鈞覽。現原件現藏於台北
　　中國國民黨中央黨部黨史館，編號 230～1474。

5、陸丹林《四大寇中之陳少白》，台北：中國國民黨中央黨部黨
　　史館檔案紀錄，編號 230～2156。

6、馮自由著：《中華民國開國前革命史》上中編，上海革命史編
　　輯社印行，分別於 1928 與 1930 年初版；1944 年春，分為三
　　冊交重慶中國文化服務社再版；同時，將原上中二篇之補充
　　資料及未發表之下編原稿，另撰為續編上下二卷，上卷於 1946
　　年 8 月出版。上述新舊兩版，甚至在台灣亦難買到，因此，
　　馮自由仍將 1928 及 1930 年初版交給台灣世界書局，於 1954
　　年 2 月影印再版。影印出版時，將原上中二編改稱第一二冊；
　　而續編上下卷，則改稱為第三四冊相繼出版。

7、馮自由：《革命逸史》（初集），商務印書館印行，1939 年 6
　　月長沙初版；1945 年 2 月重慶第二版；1945 年 12 月上海初
　　版；1946 年 5 月上海再版。商務印書館遷台後，重印馮自由
　　《革命逸史》，初集改名第一集，於 1969 年 3 月印第一版，
　　1975 年印第二版，篇幅由原 80 篇增加了 1 篇〈梁任公之情
　　史〉，載頁 117～121。

8、馮自由：《革命逸史》（第一集），商務印書館遷台後，重印馮
　　自由《革命逸史》，初集改名第一集，於 1969 年 3 月印第一
　　版，1975 年印第二版，篇幅由原 80 篇增加了 1 篇〈梁任公

之情史〉，載頁 117～121。

9、馮自由著：《革命逸史》（第二集），商務印書館印行，1943
年 2 月重慶初版；1945 年 12 月上海初版；1946 年 5 月上海
再版；1968 年台二版。

10、馮自由著：《革命逸史》（第三集），商務印書館印行，1943
年 2 月重慶初版；1945 年 12 月上海初版，1946 年 5 月上海
再版；1969 年 3 月台一版；1972 年 1 月台二版。

11、馮自由著：《革命逸史》（第四集），商務印書館印行，1969
年 3 月台一版；1972 年 1 月台二版；此外，北京：新華書局，
於 1981 年 7 月以簡體字重印第一版第一次印刷。

12、馮自由著：《革命逸史》（第五集），商務印書館印行，1969
年 3 月台一版；1972 年 1 月台二版；此外，北京：新華書局，
於 1981 年 7 月以簡體字重印第一版第一次印刷。

13、馮自由著：《華僑革命開國史》，商務印書館印行，1946 年 10
月重慶初版；1947 年 1 月上海初版；1953 年 8 月台初版。

14、馮自由：《中國革命運動二十六組織史》，商務印書館印行，
1948 年 1 月上海初版。

15、《胡翼南先生全集》，文海出版社有限公司印行。

16、《新政真詮 —— 何啓、胡禮垣集》，鄭大華點校，瀋陽：遼寧
人民出版社，1994 年。

17、謝英伯撰：《謝英伯先生自傳 —— 入海航程》，該文原件現藏
於台北中國國民黨中央黨部黨史館，編號 230～1851

18、Tse Tsan Tai （謝纘泰），"*The Chinese Republic Secret History
of the Revolution*"（《中華民國革命秘史》），printed and
published by the South China Morning Post, Limited, Hong
Kong, 1924.

（四）現代人之專書專論

（以作者姓氏筆劃順序排列。此部份資料甚多，為方便
檢索，在每個筆劃分段之前，加上提示。）

＊二劃 ——

1、丁守和主編：《辛亥革命時期期刊介紹》，北京：人民出版社，
第一集，1982 年 7 月第一版；第二集，1982 年 10 月第一版；
第三集，1983 年 11 月第一版；第四集，1986 年 10 月第一版；
第五集，1987 年 11 月第一版。

2、丁淦林等著：《中國新聞事業史新編》，成都：四川人民出版社，
1998 年 2 月第一版第一次印刷。

3、丁新豹、蕭麗娟編：《香港歷史資料文集》，香港市政局出版，
1990 年。

＊三劃 ——

1、小系忠吾著：《ニユ —— スの源流：中國の新聞千二百年》，東
京；教育社，1985 年 10 月 30 日第一刷。

2、小野秀雄著，陳固亭譯：《各國報業簡史》，台北：正中書局，
1980 年 10 月第六版。

＊四劃 ——

1、王賡武主編：《香港史新論》（上、下冊），香港：三聯書店，
1980 年 5 月香港第一版第一次印刷。

2、王洪祥主編、十四所高等院校合編：《中國新聞史》（古近代部
份），北京：中央民族學院出版社，1988 年 12 月第一版。

3、王洪鈞主編：《新聞理論的中國歷史觀》，台北：遠流出版事業
股份有限公司，1998 年 3 月 16 日初版一刷。

4、王爾敏：《中國近代思想史論》，台灣商務印書館出版發行，1995
年 2 月初版第一次印刷。

5、方漢奇、張之華主編《中國新聞事業簡史》，北京：中國人民大學出版社，1996 年 2 月第二版第二次印刷。

6、方漢奇：《中國近代報刊史》，太原：山西教育出版社，1991年 11 月第一版第四次印刷。

7、方漢奇主編：《中國新聞事業通史》（共三卷），北京：北京人民大學出版社，第一卷 1997 年 11 月第一版第二次印刷；第二卷 1996 年 5 月第一版第一次印刷。

8、方漢奇著：《報史與報人》，北京：新華出版社，1991 年 12 月第一版。

9、方漢奇：〈中國封建社會言論出版禁令考〉，中國人民大學新聞系編：《新聞學論集》第一輯，頁 170～183，1980 年 9 月第二版第一次印刷。

10、方積根、王光明編著：《港澳新聞事業概況》，北京：新華出版社，1992 年 7 月第一版。

11、方積根、胡文英著：《海外華文報刊的歷史與現狀》，北京：新華出版社，1988 年 11 月第一版。

12、戈公振：《中國報學史》，台灣學生書局印行，1982 年 3 月第四版。

＊六劃 ──

1、朱傳譽著：《報人．報史．報學》，台灣商務印書館，1985 年 10 月第五版。

2、朱傳譽編著：《中國新聞事業研究論集》，台灣商務印書館，1989年 3 月初版。

3、朱傳譽著：《中國民意與新聞自由發展史》，台北：正中書局，1974 年 7 月第一版第二次印刷。

＊七劃 ―

1、李　瞻著：《世界新聞史》，台北：三民書局，1993 年 2 月增訂十三版。

2、李少南：〈香港的中西報業〉，載王賡武主編：《香港史新論》（下冊），頁 493～533，香港：三聯書店，1980 年 5 月香港第一版第一次印刷。

3、李志剛：《基督教早期在華傳教史》，台灣商務印書館，1985 年 6 月初版。

4、李宏編著:《香港大事記》，北京：人民日報出版社，1988 年。

5、李金強著：《書生報國 ―― 中國近代變革思想之源起》，福州：福建教育出版社，2001 年 10 月。

6、李谷城著：《香港報業百年滄桑》，香港：明報出版社，2000 年 9 月。

7、李谷城著：《香港中文報業發展史》，上海：古籍出版社，2005 年 10 月。

8、李家園著：《香港報業雜談》，香港：三聯書店，1991 年 11 月香港第一版第二次印刷。

9、余繩武、劉存寬主編：《十九世紀的香港》，香港：麒麟書業有限公司，1994 年。

＊八劃 ―

1、周佳榮著：《蘇報與清末政治思潮》，香港：昭明出版社有限公司，1979 年 10 月初版。

2、周佳榮編著：《近代日人在華報業活動》，香港：三聯書店，2007 年 12 月。

3、卓南生著：《中國近代報業發展史（1815～1874）》，台北：正中書局，1998 年 4 月初版。

4、卓南生著：《中國近代新聞成立史（1815～1874）》（日文），東京ぺりかん社，1992 年 12 月 31 日出版。

5、卓南生著：《香港〈華字日報〉創刊日期考訂》，原載東京：《綜合新聞事業研究》，1985 年秋季號。

6、林友蘭著：《香港報業發展史》，台北：世界書局印行，1977 年 7 月初版。

7、來新夏等著：《中國古代圖書事業史》，上海人民出版社，1991 年 7 月第一版第二次印刷。

＊九劃 ──

1、胡太春著：《中國近代新聞思想史》，太原：山西教育出版社，1994 年 7 月山西第一版第二次印刷。

2、洪仁玕自述、韓山文著、簡又文譯：《太平天國起義記》，載鄧之誠、謝興堯等編：《太平天國資料》之六，文海出版社有限公司印行。該書原名《洪秀全之異夢及廣西亂事之始原》（*The Vissions of Hung-Siu-Tsuen and Origin of the Kwang-Si Insurrection*）。

＊十劃 ──

1、桑兵著：《清末新知識界的社團與活動》，北京：三聯書店，1995 年 4 月第一版第一次印刷。

2、袁昶超著：《中國報業小史》，香港：新聞天地社，1957 年 7 月。

3、徐培汀、裘正義著：《中國新聞傳播學術史》，重慶出版社，1998 年 3 月第一版第二次印刷。

4、高添強編著：《香港今昔》，香港:三聯書店，1995 年 11 月，香港第二版第一次印刷。

＊十一劃 ──

1、張玉法：《中國現代史》，台北：東華書局，1990 年 10 月九版三刷。

2、張玉法：《清季革命團體》，台北：中央研究院近代史研究所，1975 年。

3、張繼撰：〈興中會之政綱〉，載《革命文獻》第六十四輯《興中會革命史料》，台北：黨史會，1973 年 12 月出版

4、張其昀著：《中華民國史綱》（一），台北：中華文化出版事業委員會出版，1954 年 11 月初版。

5、陳三井：〈香港「中國日報」的革命宣傳〉，民國史料研究叢書《孫中山先生與辛亥革命》（中冊）頁 527～544，中華民國史料研究中心出版，1981 年 12 月初版。

6、陳孟堅著：《民報與辛亥革命》（上、下），台北：正中書局印行，1986 年元月初版。

7、陳錫祺、吳倫霓霞、陳勝粦、郭景榮、羅立新：《孫中山在港澳與海外活動史蹟》，紀念孫中山，紀念孫中山先生誕 120 週年、廣州中山大學創校 62 週年、香港中文大學聯合書院創校 30 週年特刊，廣州中山大學中山研究所、香港中文大學聯合書院出版，1986 年。

8、陳錫祺：〈林則徐與中國近代史的開端（代序）〉，載陳勝粦：《林則徐與鴉片戰爭論稿》（增訂本），廣州：中山大學出版社，1990 年 11 月第一版第一次印刷。

9、陳勝粦著：《林則徐與鴉片戰爭論稿》（增訂本），廣州：中山大學出版社，1990 年 11 月第 1 版第 1 次印刷。

10、陳昭南：《雍正乾隆年間的銀錢比價變動（1723～1795）》，中國學術著作獎助委員會，1966 年 6 月。

11、章開沅著：〈辛亥革命時期的社會動員 —— 以「排滿」宣傳為

例〉，載中華炎黃文化研究會、上海炎黃文化研究會編：《孫中山與現代文明》學術討論會文集，蘇州大學出版社，1997年10月第一版。

＊十二劃 ―

1、曾虛白主編：《中國新聞史》，台北：三民書局，1993年9月第七版。

2、馮健總主編：《中國實用新聞大辭典》，北京：新華出版社，1996年3月第一版。

3、馮愛群：《華僑報業史》，台灣學生書局，1967年3月初版。

4、程之行著：《新聞傳播史》，台北：亞太圖書出版社，1995年3月初版。

5、《黃克強先生全集》，台北：黨史會，1968年。

＊十五劃 ―

1、蔣永敬：《民國胡展堂先生漢民年譜》，台北：台灣商務印書館出版，1981年。

2、蔣永敬《辛亥革命與香港》，原載民國史研究叢書之六《孫中山先生與辛亥革命》（中冊），頁505～526，台北：中華民國史料研究中心出版，1981年12月初版。

3、蔣永敬：《辛亥革命前十次起義經費之研究》，載張玉法主編《中國現代史論集》第三輯「辛亥革命」，頁257～269，台北：聯經出版事業公司，1980年7月初版。

4、劉家泉著：《孫中山與香港》，北京：中央文獻出版社出版，2001年7月。

5、劉家林編著：《中國新聞通史》（上、下冊），武漢大學出版社，1996年5月第一版第二次印刷。

6、鄧毅、李祖勃編：《嶺南近代報刊史》，廣東人民出版社，1998

年 12 月第一版第一次印刷。

＊十六劃 ——

1、賴光臨著：《中國新聞傳播史》，台北：三民書局，1990 年 12 月第五版。

2、賴光臨著：《中國近代報人與報業》（上、下冊），台灣商務印書館，1980 年 2 月初版，1987 年 10 月 2 版。

3、霍啓昌著：《香港與近代中國》，香港：商務印書館，1992 年 11 月。

＊十七劃 ——

1、鍾紫主編：《香港報業春秋》，廣州：廣東人民出版社，1991 年 8 月第一版。

2、簡麗冰（ Kan Lai-bing ）、朱陳慶蓮（ Grace H.L. Chu ）*"Newspapers of Hong Kong（ 1841～1979 ）"*（《香港之報紙（ 1841～1979)》），*University Library System The Chinese University of Hong Kong* 1981，香港中文大學總圖書館書志叢刊，1981 年出版。

＊十九劃 ——

1、羅香林：《香港與中西文化之交流》，香港：中國學社出版，1961 年 2 月初版。

2、譚永年主編、甄冠南編述：《辛亥革命回憶錄》，香港：榮僑書店，1958 年 3 月。

3、CHAU CHO KWAI　主編：《香港文化歷史名人傳略》，香港：名流出版社，1999 年 6 月。

✡中 篇✡

《中國旬報》創刊號
原文註釋

壹、創刊號原封面、目錄及扉頁註釋[1]

一、封　面

己亥年十二月廿五日
太陽歷正月二十五日[2]

本期旬報原擬於十

二月廿五日送閱嗣

因新張諸務紛繁致

遷延多日希爲見諒[3]

　《中國旬報》第一期[4]

二、目　錄

目錄[5]

1　本文所列《中國旬報》創刊號原封面、目錄及扉頁，原均無頁碼及標點。以
　　下順序加上標點符號及調整分段，並加上適當的註解，以方便閱讀。

2　《中國旬報》創刊號封面右側，與刊名齊頭的兩行直排字爲「己亥年十二月
　　廿五日太陽歷正月二十五日」，註明出版的日期，亦應是一號宋體（約 8mm
　　正方）。「太陽歷」（原文作「歷」，而非「曆」）即「西曆」，或稱「西元」、「公
　　元」。中國甲子紀年之中的「己亥年陰曆十二月」，折算爲陽曆公元 1900 年 1
　　月，且兩種紀年之陰、陽曆月份的日序相同。因此，「太陽歷正月二十五日」，
　　即公元 1900 年 1 月 25 日。

3　《中國旬報》創刊號封面正中，爲了整齊，分四行排列的四號宋體小字（約
　　5mm 正方，與內文字相同），可加標點爲：「本期旬報，原擬於十二月廿五日
　　送閱，嗣因新張諸務紛繁，致遷延多日，希爲見諒。」由此可見，封面上所
　　列的出版日期，與實際的出版日期不同，而是比十二月二十五日「遷延多日」。

4　《中國旬報》創刊號封面左側，直排手寫仿楷體「中國旬報」四個特大號字
　　（約 15mm 正方），其下方直排三個字「第一期」，應是一號宋體。這成爲該
　　刊特有的刊名字體及標註刊期格式，其後各期都一樣，只是改變了期數。

《**中國報序**》韜晦子

《**中國報宗旨**》本　館

《**民權論**》　憤時子

《**新政變通**》南海何啓沃生、三水胡禮垣翼南

《**二十世紀政治問題**》日本浮田和民撰、中國抱器舊主譯

中外時事

中外電音

奏疏

上諭

旬報價目

　　　每年三圓

　　　每月三毫

　　　每冊一毫

告白[6]**價目**

　　　全版價六圓

　　　半版價四圓

　　　四分一價二圓

香港中環士丹利街第二十四

號門牌中國報館陳少南承刊[7]

5　在封面背後的裏頁，中間有一條橫線，上半部刊登該期目錄，包括篇名及作
　　者名；其下半部，則刊登旬報價目和告白價目，以及社址、東主姓名。

6　告白，即廣告。用一號宋體；告白內容，則用四號宋體，大小與內文相同。

7　此處所列報社地址及報主人（東主）之姓名，十分重要。詳細討論見另文。
　　此兩行亦用一號宋體。

三、扉　頁

在封面之內，有一個全版扉頁，其中，最右側是一篇告白「新輯精確鐵路十八省全圖」[8]；左側是「零沽」價目。現分別加上標點、分段及加註釋如下：

新輯精確鐵路十八省全圖

本館未開辦以前，用全力搜購近日各國最新之中國圖說，及歐美國家之中國遊記，不限時日，不惜工本，輯成此以前未曾有之十八省全圖，降價發賣，務祈流通，以益世之關心此數千年富庶文物之國者。

紙身堅白、設色鮮潔；至其雕刻之精、步位之准，更非從前之木版、石印，祗圖混利者所夢見。此圖最善最要之點，在各國所據之鐵路、將來中國之完缺興亡，胥在此著。

故本主人不避艱苦，購求中西文字之國家條約、商家章程，按地繪出，別以顏色，以便記認；而本主人亦參以己意，自擬一路，以爲將來大勢上，不可少之幹路。

非謂歐美人之見識未見及此；亦以各人紛紛攘奪，各據一方，未能計及大局耳！盱衡[9]時事者，當不謬余言，而賞識此圖之不置也。

零　沽

未裱每張二員二毛半，己裱每張叁員五毫。有欲躉買代售者，請至本館面議可也。

---

8 此篇告白，其後多期都有刊載，內容相同。
9 盱衡：即舉目揚眉，縱觀大局。

　庚　子　年　　正　月　　　　　　　報主人[10]告白

10　報主人，即該報的承印人、東主陳少南。陳少南是具體創辦者陳少白的化名，
　　詳見另文。

參、本館《中國報宗旨》註釋[1]

本　館

今以盱衡[2]時局之徒，懦者握腕唏噓，向隅而泣；激者書空咄咄，斫[3]地而歌。蓋謂中國之將亡，在於且夕也。吾為之大聲疾呼而告之曰：「中國之亡，固已久矣！顧[4]子不知也耶？！」將謂：「中國亡於周之狄，秦之戎，漢之匈奴，晉之劉石，唐之突厥，宋之遼、金、蒙古，明之韃靼、滿珠[5]歟！」

不然也！歷朝邊患，小者不過乘隙入寇，或縻之以和親，或事之以金繒[6]；大者不過盤據大位，百十年間，旋起旋滅。即如滿洲入關，斬明嗣、襲大統，戮[7]開國之三王，窘[8]勤王之義士，奄[9]有中土二百餘年，亦不過攜滿、蒙之屬，隸之中國。其條教律令、

---

1 本文原載《中國旬報》，第壹期，頁 3~7，標題是《中國報宗旨》。原文無作者署名，但在目錄註明作者為「本館」，即是報館的代表。該期封面註明是「己亥年十二月二十五日、太陽曆正月二十五日」出版，即 1900 年 1 月 25 日出版。原文無標點、少分段，本文重植，加上現行標點符號並按文意多分段落；對一些現代已經很少用的異體字、難僻詞語，多加註釋，以方便閱讀理解。
2 盱：張開眼睛向上。衡：眉之上。盱衡：舉目揚眉而向上。
3 斫：用刀斧砍。
4 顧：同故，此處為連接詞用虛詞，意為「但是」。下句「將謂」中的「將」，亦為連接詞用的虛詞，意為「又、且」。
5 珠與豬同音，「滿珠」應是以諧音辱罵滿清為「滿豬」的隱語。
6 縻：拴，捆，轉意為籠絡。繒：紡織品之總稱。
7 戮：殺。
8 窘：困迫。
9 奄：統括。

目無餘子，如怡堂之燕雀[8]，而不知中國之淪胥[9]以亡也；或則失其本真，昧厥[10]源流，昏昏然甘居奴隸，聽人驅策，受人牢籠，數典而忘其祖，而不知中國之當思復興也。是以泯泯昧昧[11]，幾不知尚有中國。此無他，泥於舊習，逐於流俗，而不自覺耳。

報主人見眾人之皆醉而欲醒之，俾四萬萬眾，無老幼、無男女，心懷中時刻不忘乎中國，群策群力，維持而振興之，使茫然墜緒得以復存，挺立五洲，不爲萬國所齒冷。無如草茅[12]伏處，莫假斧柯[13]，悵望龜山[14]，奈何徒喚。因思風行朝野，感格人心，莫如報紙。故欲借此一報，大聲疾呼，發聾振瞶，俾中國之人，盡知中國之可興，而聞雞起舞，奮發有爲也。遂以之名其報。

然而，報紙之體裁亦不一矣。閒考外洋各報，有按日刊派者，風聞紀事，不暇辨乎僞真；採錄市情，藉以便於商賈；即街談巷議，俚語鄙言[15]，亦皆隨聞備錄。雖則清晨昏暮，派報之時刻或有不同，而其逐日紀言，本無二致。又有五日而派報，七日而派報，旬日而派報，或半月一報、一月一報，甚或按季始出一報者。時候之久暫，雖各不同，而其要旨，大都紀事務求的確、立論貴乎崇偉、瑣言須從刪減、要事概輯齊全；有益時務之書，不妨附

8　怡：安適愉快、無憂無慮；怡堂：安適愉快的廳堂；怡堂之燕雀：意指棲息於安適愉快的廳堂上的無憂無慮燕雀。

9　淪胥：完全淪亡、淪喪。此處「胥」作副詞用，意爲全、都。

10　昧：愚昧無知；厥，在此處相當於文言虛詞「其」。昧厥源流，即愚昧不知其源流。

11　泯：消滅、喪失；昧：愚昧無知。泯泯昧昧，意指無知禿喪之狀。

12　草茅：雜草，比喻在野未出仕之人。

13　斧柯：斧把，比喻政權。

14　龜山，地名，又名大別山，在湖北漢陽縣東北；福建省長樂縣東北亦有龜山。龜山學派，是宋朝楊時創立的學派，主張人生目的在成爲聖人，而格物致知是致力之方。

15　俚語：俗語或諺語，常帶有地方性；鄙言：庸俗粗陋的語言。

刊；旁觀問答之信，亦可節登；或且編輯專門，藉長見識學問，故其體裁分道揚鑣，各行其是。

　　報主人知其所以然，思擇善而從，俾[16]我中國人閱此報而得其益。因見三十年來，中國沿江濱海，通商各口，日報、旬報之設，雖已數十家，要皆分門別戶，不能兼二者而有之，致體制各殊，閱者未能並蓄兼收而窺全豹，不無餘憾。於是，既逐日刊派一紙，復旬日刊派一帙。舉凡道路之傳言、朝野之瑣事、各行之貨價、進出之船期，分刊大小二紙，每晨送閱。其中外之要信[17]，名人之議論，政治、格致[18]、農圃、工藝、商務、方技之學，則採譯群書，搜羅新法，彙爲旬報，每月逢五兼派。而又欲通中外之情誼也，復倩[19]熟識時務之英友[20]，日撰英文論說一通，附錄報紙，俾供洋人快覩。又慮議論見識囿於主筆數人，未能恢宏也，復懸潤格[21]，徵求通人之雄文鉅筆，錄於旬報，以廣閱者目力。且凡以尺書[22]加遺，苟無干於律例者，皆附錄帙中。而時人之箸述[23]，果有益於世道者，亦按帙分錄，庶幾[24]閱者積篇成書，閒資考証。

　　至本報之宗旨，大抵以開中國人之風氣識力，祛中國人之委靡[25]頹庸，增中國人奮興之熱心，破中國人拘泥之舊習，而欲使

---

16 俾：使。
17 信：此處解作「信息」。
18 格致：格物致和之簡稱，意爲通過實踐，窮究事物的原理而獲得知識。
19 倩：同請，即請求，央求。下句之「覩」同「睹」，意爲眼睛所見。
20 英友：英國藉朋友，可見《中國旬報》的譯稿不僅出自日本人，也有英國人。
21 潤格：原指賣字畫所定的價目單，此處引伸爲筆潤，即稿酬。
22 尺書：信札或簡冊。
23 「箸」通「著」；「箸述」即「著述」。
24 庶幾：希望。
25 「委靡」通「萎靡」。

中國維新之機勃然以興，莫之能禦也。

　　然則，斯報也，將使中國之人明外交之道，不爲鄰邦所撓，致淪於危亡；將使中國之人，識內治之理，不爲舊制所牽致，即於貧弱；將使中國之人，知農工商礦之利弊，有所師承而底於興旺。中國人心已携貳[26]也，而欲有以合之；中國積習已痼閉也，而欲有以破之；舉凡中國舊染污俗，又將一洗而新之。則其以「中國」名報，匪特如輶軒[27]之探，藉以問俗；且將如木鐸之徇[28]，以警斯世也。其命意不亦深且遠乎？

　　僕[29]爲中國人，心本不忘中國，而目覩時事多艱，痛中國人心之將死，神州之將及於陸沉也，時握腕以興嗟，無如襪線短材，萍羈海外，唾壺擊破，何補時艱！今聞報主人存此心、立此志，以創此報也，深望我中國人覩此「中國報」，顧名思義而不忘乎中國。喜不自勝，忘其固陋，爰爲之序。

---

26 携貳：有異心。携爲攜的簡體字。
27 輶軒：中國古代使臣所乘的輕車，引伸爲出使、外訪。
28 鐸：中國古代司敎令的大鈴；徇：徇私。木鐸之徇：意爲執法不徇私。
29 僕：我、本人的謙稱；在日文中至今還廣泛應用，但多爲男子不客氣的自稱。

貳、敦煌韜晦子《中國報序》註釋[1]

敦煌韜晦子稿

　　報胡爲[2]以「中國」名也？蓋報主人[3]生長中華，心懷君國；幼從師而肄業，既熟知中國古今；壯游學於外洋，復稔識中國利病。目擊自中外通商以來，交際之道，中國固懵然無知也；公法之理，中國亦茫然罔覺[4]也。立和約，則中國盡失自主之權；爭均利，則中國盡喪自有之益。疆土日從剖削，屏藩亦盡叛離，遇事掣肘，積弱難振。而舉凡圓顱方趾[5]，烏髮白眼，本爲中國人者，或則趾高氣揚，心迷目眩，詡詡然[6]自稱爲「天朝」。睥睨[7]當世，

---

1 本文原載《中國旬報》，第壹期，頁 1~2，標題是「中國報序」；作者署名「敦煌韜晦子稿」。該期封面註明是「已亥年十二月二十五日、太陽歷正月二十五日」出版，即 1900 年 1 月 25 日出版。原文無標點、少分段，本文重植，加上現行標點符號並按文意多分段落；對一些現代已經很少用的異體字、難僻詞語、多加註釋，以方便閱讀理解。

2 胡：何；胡爲：何爲，爲何。

3 「報主人」即「中國報」的「主人」。根據香港現行法例第 268 章《本地報刊註冊條例》（Registration of Local Newspaper Ordinance）的規定：是指擁有此份報刊業權的東主（Proprietor），必須是具體的法人。但是，當時的法例規定未必與現在相同。根據文中對「報主人」身份的描述，應是泛指革命黨人；但以主要籌款者並指派陳少白到香港辦報的孫中山、或具體的操辦者陳少白的經歷爲藍本。詳見另文。

4 罔：無、沒有；罔覺：沒有知覺。

5 圓顱方趾：又作方趾圓顱，原意爲方腳圓頭，泛指人類。

6 詡：自己誇耀；詡詡然：自己誇耀，自鳴得意的樣子。

7 睥睨，亦作「俾倪」、「僻倪」、「辟倪」，形容傲慢、厭惡、斜視之狀。

文字俗尙，雖有增損，而依然中國也。

即推求其極謂：竭漢人之脂膏，供滿人之糈餉[10]；薙[11]漢人之束髮，使爲半僧；混漢人之冠裳，不分男女。滿人之官額過多，滿人之陞遷較易，亦不過皮毛更換，小有不平。而天下祇知有中國，言滿洲省，謂中國之一行省耳！彼得其名，此得其實，是中國仍無恙也。

將謂：中國亡於粵城之敗、閩江之燼[12]、天津之納欵、馬關之乞和歟！不然也，中國素以文明自詡，夷視外洋。天或不忍，坐使此老國之亡，默假外人之手，爲彼當頭之棒；澆背之水，使之知所變計，未可知也。

日本長門之敗，攘夷之論，一變爲開禁之風，三十年遂領袖亞東，抗衡歐美，是其左證矣！故數十年來，中國雖屢盟城下，計其所失，中國之大，直區區耳！何亡乎哉？將謂：中國之亡於九龍、威海之租；旅順、大連之借；膠州灣之據；廣州灣之奪；黑龍江之賺[13]；大小台灣[14]之割；高麗之畔離[15]；安南、暹羅[16]、緬甸之蠶食歟！

不然也，中國疆土之廣，蒙古一朝不計，漢而外，以今爲最。歷來安南、暹羅、緬甸、高麗等國，畔服無常。即歲一來貢，而中國得不償失。台灣一島，康熙朝以往，圖籍未載其名也。沿岸軍港，入於敵手者雖多，而敵之所以佔此區區，實爲中國全局計，

---

10 糈：食糧，音同「水」；餉：政府發放的俸給，如差餉、軍餉。糈餉：食糧及俸給。
11 薙：「剃」的異體字，音同「替」。
12 燼，音同「尖」，原意爲火熄滅；此處引伸爲戰火。
13 賺，原意爲誑騙，如賺人，即騙人。此處指黑龍江一帶被沙俄霸佔。
14 大小台灣，指台灣與澎湖群島。
15 高麗，即今之朝鮮半島上的南北韓。畔通叛；畔離即叛離。
16 安南，即今之越南；暹羅，即今之泰國。

非甘願縻此鉅款，以築砲壘、養海軍於亙古不相通、日月不同照之地也。如中國內地永能自全，各人既染指無方，亦即所以插腳無所，雖能暫有彈丸黑子之地，終亦何所用之。故失地亦非所以亡中國也。[17]

　　將謂：中國之亡於滿洲政府之腐敗歟？官方之腥穢[18]歟？不然也，滿洲生於苦寒之地，長於游牧之塲[19]，行不離鞍、居不離帳、獷悍飄忽之氣，震壟鄒魯[20]勝國。晚年乘中國之疲弊，襲而有之。握宇內之要隘，設駐防於行省，以備漢人之反覆。當時，民思休息，亦稱苟安。及閱時既久，淫逸日甚，暫有漢人柔馴靡曼之風，而無中國四千載之文明，古聖賢之教澤，是以驕戾頹靡之毒，比漢人且有過焉。

　　太平[21]禍起，不戰而陷金陵，驅數萬之旗人而焚之，壯夫亦無一免者。

　　英人犯廣東，旗人有守城之責，軍令一下，強者隕涕[22]；前敵尙遙，登陴[23]者已無踪影矣！數十年內，外侮尋釁，內訌紛乘，無漢人中興，諸臣覺羅之鬼，不已久餒乎！

　　自古福善禍淫、悲生樂極，取亡之道，容有其理。惟屬當全局糜爛之際，漢人能死而生之、危而安之、斷而續之、無而有之，

17　認為「失地亦非所以亡中國也」，是本文的重要觀點之一，與中國歷代視失地為賣國，有原則性的不同。

18　腥：血腥；穢：骯髒、淫亂。

19　塲，場字的俗寫。

20　孟軻生於鄒國；孔子生於魯國，所以，古時候用「鄒魯」作為文教興盛之地的代稱。壟，原意指田埂、常與「斷」連用作「壟斷」，意為高而不相連的土墩子，引伸意為把持、獨佔。

21　太平：指太平天國運動。

22　隕：墜落；涕：眼淚。隕涕，即痛哭流涕。

23　陴：城牆上的矮牆，又作「女牆」或「女垣」；音同「皮」。

是滿政府雖有可亡之道；而亡者滿洲，非中國也。

中國習氣之惡、怨毒之深、人物之猥鄙，莫如官場，固中外之所共知、共聞而不容。或掩者也，以其位爲威福之具，以其地爲買賣之場，下諂上驕，甚於主僕；苞苴[24]賄賂，甚於攘竊郡國。利弊而不知，盜賊猖獗而坐視；夤緣[25]請托，則奴顏婢膝而不以爲恥；鑽營陞調，則典妻鬻子而久視爲常矣！遑問其何以戡定大難、折衝外侮、安社稷、甦民困、變通損益、取捨長短，以成維新之盛，治擠歐美，駕而上之者哉！

夫官所以代萬民而治，凡有關於公益之事者，興而行之；其有公害者，鋤而去之。今中國有官如此，言者唾焉，書者黯然，而擲其筆焉！國欲不亡，誰與共治？

然而，造物之公理，人之智識，與年共進。世界之進步，民之責任，亦因時而重。故民智未開之世，君若相一二人，得以壟斷萬人之權利；而一國之責任，亦責在一二人。民智既開，則君若相，不得不還其權利於萬人。而國之興亡，匹夫匹婦與有其責矣！

由是觀之，今日之官，其力量可以亡往日之中國；而不足以亡今日之中國也！然則，中國固不能亡也。曰：「何爲其然也？」中國之亡，固已久矣！顧子未知也耶！

從來中國之民，概分四等，曰士、曰農、曰工、曰商。中國民俗，農惟耕植，以供養天下，課[26]晴問雨，而外無所知也；工惟製作，以便利天下，墨守繩尺，而外無所聞也；商則惟酌[27]，

---

24 苞苴：饋贈的禮物。

25 夤緣：行賄、攀附權貴，以求仕進。原文誤植爲「夤緣」；「夤」字音同「人」。

26 課：占卜的一種，如起課、金錢課。

27 酌：酌酌，考量。

劑[28]盈虛，貿遷[29]有無，持籌握算，而外亦無所解識也。何也？皆以吾儕[30]小人等，居四民[31]之末，贍[32]我身家，盡我事畜[33]，而外則出賦稅，以養君子而已。

　　經國大事，有士人在也。而士人亦居之不疑，務求其學貫天人[34]，功參造化[35]，經緯天地，調燮[36]陰陽之鴻圖偉業，奢然以民首自待。行則無敢與之並肩；坐則無敢奪其首席。及其登仕，版膺[37]民社，則又衣文繡、饜膏梁[38]；前者呼、後者擁；堂皇高坐，氣體皆移。

　　古往今來[39]，名臣良輔，出於寒氈皋比[40]之中；而能功業在人，勳勞垂後，攀龍附鳳，佐開國之元勳；頌德歌功，珥形廷之大筆者[41]，時有其人。

　　而中興之主，命世之英，得而犬馬之、奴隸之、臣妾之；甚則唾之[42]、溺之[43]、菹之[44]、鹽[45]之。或以柔順爲恭；或以抗節爲忠。

---

28 劑：調節。
29 貿遷：販運買賣。
30 儕：輩、類。
31 四民：如文前所述，是指士、農、工、商。
32 贍：贍養供養、充裕。
33 畜：通蓄，意爲養育。
34 天人：上天與人間。
35 造化：運氣、福份。
36 調燮：調和。燮：意同「洩」，意爲諧和、調和。
37 版膺：服膺，身心歸向於某一事物。類似佛教所說的皈依。
38 膏粱：精美的食品。
39 原文「古今來」，應是漏了一個「往」字。
40 皋比：虎皮。宋代張載坐虎皮講易，因此，後以其爲講座之代稱。
41 珥：插，一般指插在帽上，音同「耳」。珥筆：古時史官、諫官入朝，或近臣侍從，把筆插在帽子上，以便隨時使用。
42 唾：口水、唾液；唾之：用力吐口水，表示鄙視。
43 溺之：沉迷、沉沒。
44 菹：醃菜、肉醬、多水草的沼澤地，音同「追」。古代將人剁成肉醬的酷刑稱爲「菹醢」，故「菹之」意爲殘酷辱待。

而論者亦以其爲殺身所以成仁、捨生所以取義，舉以爲世之爲士者，勸此其上焉者也。

又有著空論，以驚愚蒙；持偏說，以炫學問；聚徒樹黨相標榜，以高聲價。達則睚眦[46]必復，如當道之狼；窮則昏暮乞憐，如喪家之狗，此其次也。

又有風流自命、佻達[47]城隅、清貴自豪、武斷鄉曲[48]、出入人罪、窩藏賊臟、吞沒蒸嘗[49]、凌逼孤寡。求之於通都大邑，固不乏其人；即僻壤遐陬[50]，當亦不少，概見此，又其次也。

總之，朝廷自立科取士之後，士之精神氣節，從此已蕩然靡存[51]。以字徵[52]，則應之者以字，而小學[53]因以興焉；以詩徵，則應之者以詩，而韻語因而盛焉；以制義[54]徵，則應之者以制義，而空論遍[55]於天下焉；以詞曲徵，則應之者以詞曲，而新劇盛於一時焉；以八股[56]小楷徵，則割裂臭腐之文，柔媚嬌怯之字，充

---

45 此字筆劃太多看不清楚，似「鹽」字，但左上角爲「酉」，右上角爲「鹽」字右上角之簡筆，在現代多本字典中都找不到完全相同的字。

46 睚眦：發怒時瞪眼，怒目而視，引申爲小怨小忿。「睚」，音同「涯」；「眦」：眼眶，音同「字」，其異體字爲「眥」。

47 佻達：輕薄、戲謔。

48 鄉曲：遠離城市的偏僻地方。

49 蒸嘗：祭祀。冬祭叫蒸；秋祭叫嘗。

50 遐：遠、長久；陬：隅、角落，音同「周」。

51 靡：在此處意同「非」；靡存：非存，不存在。

52 字：文字；以字徵：以對文字的應用，來考試取錄人才。

53 小學：古時候將文字學、音韻學、訓詁學總稱爲小學。

54 義，此處指義理，即講求經義、探究名理的學問。

55 原文寫作雙人傍「偏」字，它是「遍」的異體字，電腦打不出來，故改爲「遍」字。

56 明清兩代科舉考試的主要文體。源於宋元的經義，明代成化年間以後漸成定式，清代光緒末年廢止。八股文以四書的內容命題，文章的發端爲破題、承題，後爲起講。起講後分爲起股、中股、後股和末段四個段落發議論，每個段落都有兩段相比偶的文字，合共八股，故稱爲八股文。

塞宇內，牢據人心。一若非此，不足以博功名富貴；非此，不足以進德修業也者？士之品詣至於此！

然則朝廷以優伶[57]徵，則士當攜粉黛巾幗[58]以進矣！如朝廷以龜鼈徵，則士亦當效元緒公[59]，縮頭曳尾以進乎！

有辦之者謂：世之咿唔咕嗶，堆砌剿襲之徒，未得稱之為士。不知中國之民，明分四等，若必出類拔萃，間世而出者，始足配此，則直稱之曰：聖賢神聖可也，何必別創一等，使居民之上乎？

尤可哀者，有深知舉業[60]為世上可無之物，詆之為娼妓，比之為鴉片、纏足，而於槐杏燦爛之際，偏見其倚裝。勾勾問其故，則曰：朝廷重典，父母嚴命不得已也，嗟乎！覺者如此，夢者可知夫？士以脩齊治平[61]之事，自任固已；而農工商[62]亦信其為然，盡舉天下事而委托之。耕織貿易而外，不知尚有何事。及人民凋弊，邦國危仄[63]，則惟有相對太息[64]，謂平日之言節義、談經濟之士，亦且束手無策，其天也乎！其命也乎！

是以野蠻之農工商自待，而不以文明之農工商自待也；是以中國之農工商自待[65]，而不以歐美之農工商自待也。其志可哀，其愚可哂[66]，士固可恃也乎？！

57　優伶：戲劇演員。
58　粉黛：搽臉的白粉和畫眉的黛墨，借指美女；巾幗：婦女的頭巾和髮飾，借指婦女。
59　元緒公：烏龜的別名。
60　舉業：對科舉取士的蔑稱。
61　脩齊治平：修身、齊家、治國、平天下之簡稱，儒家對一個人成長過程的規範。脩為修的古字。
62　農工商，指與士並列的其他三種國民。
63　仄：傾斜。
64　太息：嘆息。
65　原文寫作「農工自商待」，應是插錯字序。
66　哂：譏笑。音同「診」。

　　士之事君也，廣其聲色、縱其屠殺、重其禮儀、隆其稱道，與以無限之權，推之無上之尊。其尊君所以自尊也，屈於一人之下，伸於萬人之上，蓋有利而爲之也。其居官也，奢然自大、蔑視小民，問以外交內治、刑名錢穀，皆未學也。或有鑽研故紙，得古人一二糟粕，而以爲獨有心得，遂大言壯論。及見其行事，不日而蹶[67]，徒貽天下以笑柄，此中國之士之伎倆也。一國之存亡，萬民之命脈，委之此等闒茸[68]、汙[69]賤、驕蹇[70]、無恥之士之手，國欲不亡，其可得乎？

　　自古以來，印纍綬若[71]之徒，皆士爲之也。中國之民，害於若輩之手，非自今始矣！大抵承平過久，則百事廢弛；民不聊生，則群雄並起，而天下亂兵燹[72]之餘，則屠戮必慘；民厭喪亂，則勉就範圍，而天下治。

　　中國治亂之機，皆純任自然。以士之愚闇謬戾[73]，悞[74]蒼生則有餘；以之挽危局，則千古不一見。士之爲士如是，如是而乃數十代之朝廷、數萬萬之民庶，殷然待治者，惟士是賴，是中國久已失保存之理。

　　吾所以謂，中國之亡固已久也。昔遼、金、韃靼之滅中國也，以野人而據文物之地，其衰滅可立；而待今則海疆已開，歐美陵

---

67 蹶：跌倒、失敗。
68 闒茸：指地位卑微或品格卑鄙的人。闒，音同「榻」，原指小戶。
69 汙：污的異體字。
70 蹇：跛足。
71 印綬：印和繫印的絲組；指官吏的印章。纍：累的異體字，指繩索；作動詞用意爲「纏繞」。印纍綬若：比喻身纏許多官職。
72 兵燹：兵火。燹：音同「冼」，意爲「火」；多用於兵火。
73 闇，同「暗」，黑暗謊謬。戾：音同「淚」；意指暴戾、乖張。
74 悞：同「誤」。

轢[75]，以其人民之學問，製造之精良；且深知中國之民，所賴以存者惟士，而士亦必無保民救國之道，故敢托「文明」二字，欲瓜中國而分治之，其禍較遼、金、韃靼為烈十倍。

中國人為奴隸也必矣！然則中國之亡，蓋亡於士，即今之所稱讀書人也。雖然，吾猶有說，四民之內為士者，百不居一；亡國之罪，責歸一人，士肯盡任其咎乎？如知士之不足恃，猶坐視同類之喪亡，山河之崩裂，祇流涕歎曰：「天也，命也！」吾則惟恨中國之地，不解其何以獨生亡國之民而已。後之聞麥秀之歌[76]者，其亦有憶及「中國」二字否耶？吾之以「中國」名吾報，蓋取餼羊告朔[77]之微意也。

---

75 陵：同凌；轢：音同「礫」，原指車輪輾過，轉意為欺凌。
76 麥秀：即麥穗。麥秀之歌：意指循吏善政而取得的祥瑞景象。
77 餼：音同「氣」，意為贈送，多用於贈送糧食、飼料或活的牲口。餼羊：贈送活羊。朔：陰曆每月初一日，轉意為元始，宗旨。餼羊告朔：意指在正月初一奉上活牲口，拜祭祖宗。

肆、憤時子《民權論》註釋[1]

憤時子稿

柳子厚[2]謂：「封建非聖人之意，乃聖人不得已而爲之。」愚謂：「君主亦非聖人之意，亦聖人不得已而仍之者也。」

民之初生，獉獉狉狉[3]，未沐教化。文明之治，野蠻之性，強弱相凌，而強者遂爲弱者之長。其尤強者，則又爲諸強者之長。而君權起焉，大者帝王，小者諸侯，皆君權也。

禹[4]會塗山[5]，執[6]玉帛者，萬國天下之操君權者。如此其眾也，雖有聖人，亦安能遽[7]執[8]萬國之君而廢之哉？

---

1 本文原載《中國旬報》，第壹期，頁8，標題是《民權論》。標題之下署有「憤時子稿」，可見作者應爲「憤時子」。該期封面註明是「已亥年十二月二十五日、太陽歷正月二十五日」出版，即1900年1月25日出版。原文無標點、無分段，本文重植，加上現行標點符號並按文意多分段落；對一些現代已經很少用的異體字、難僻詞語、多加註釋，以方便閱讀理解。

2 柳子厚，即柳宗元（773~819），唐代中期文學家、哲學家。字子厚，河東解縣（今屬山西省運城）人，具有樸素唯物主義思想，曾參與王叔文派的政治革新活動，遭到頑固派的迫害，被貶爲永新州司馬，後任柳州刺史。

3 獉：音同「津」；狉，音同「丕」。狉獉：形容草木茂盛，荊棘叢生，野獸出沒，指遠古時代文化未開化的景象。獉獉狉狉，重疊復字，加強其意。

4 禹，即夏禹，夏朝開國帝王，公元前2205~2198年在位。治洪水有大功，故史著盛載「夏禹治水」的故事。夏禹的子孫相襲十三代，共十六人繼承帝位，前後共達472年。

5 塗山：地名，在今安徽省懷遠縣東南八里。

6 原文作「埶」，應是「執」之誤，故改之。

7 遽：音同「巨」，急、惶恐之意。

8 同註6。

　　沿夏及商[9]，互相吞併，諸侯漸少。然孟津[10]觀兵，來會之君，千八百國。徒黨尙盛，又新有佐命之勳，非武王周公[11]所敢搖動也。奄，小國之君耳！成王[12]伐奄尙[13]三年，然三年而後踐之[14]，況千八國之君耶。

　　武王周公大封同姓，非不知君權之弊，乃迫於勢，不能革，不得已而封同姓，以相爲鉗制也。

　　刪書[15]首《堯典》[16]，明示揖讓，以著[17]家天下之非。又謂《韶》[18]盡善美，而《武》[19]未盡善。孔子周人，蓋隱語也[20]。至蠟賓之遊，則以天下之公爲大同[21]，而慨然歎其未見文、武、成、康之治[22]，千

　9　商：即商朝。夏桀無道，成湯興兵伐之，放桀於南巢，遂有天下，取國號爲商，存在於公元前 1766~1121 年，前後共 644 年，有二十八主。
　10　孟津：縣名，在今河南省。
　11　武王周公：即周朝之武王姬發，后稷十五代世孫文王之子。公元前 103 年文王死，太子姬發繼位，即爲武王。周武王十一年（公元前 1027 年），周武王繼父志，聯合西南方八個部落，東向伐紂。紂王兵敗自焚，周亡。周武王建立西周王朝，定都鎬京（今陝西省西安市西部），因功論賞，分封諸侯。文前提及的「佐命之勳」，即指西南方八個部落幫助他伐紂而得天下者。
　12　成王，武王之子，武王立國兩年後卒，由其繼位。
　13　尙：尙且、還要。
　14　踐之：踐踏、踐諾。
　15　刪：刪改；刪書：指刪改已有定論並提出新觀點的書。
　16　《堯典》：孔子所作《書經》的第一篇，記載唐堯的故事。
　17　著：原意爲著述，此處引伸爲評論。
　18　《韶》：古代樂曲之名，相傳是舜時代的樂舞。
　19　《武》：周代貴族用於祭祀的「六舞」之一，它是表現周武王戰勝商紂王的樂舞。
　20　孔子周人，蓋隱語也：孔子是周天子時代的人，故只能使用隱語，以褒舜時代的樂舞；貶周武王戰勝商紂王的樂舞，來表達對時局的看法。
　21　大同：儒家理想中的盛世。孔子：《禮記・禮運》曰：「大道之行也，天下爲公，選賢與能，講信修睦，故人不獨親其親，不獨子其子。使老有所終，壯有所用，幼有所長，矜寡孤獨，廢疾者皆有所養，男有分，女有歸。貨惡其棄於地也，不必藏於己；力惡其不出於身也，不必爲己。是故謀閉而不興，盜竊亂賊而不作，故外戶而不閉，是謂大同。」
　22　文武成康：指西周最早的四個君王：文王、武王、成王和康王。文武成康之治：形容在這四代君王統治下出現的盛世。

古所稱美也。而仲尼[23]僅謂之小康[24]，蓋深慨夫，大人世及爲禮之非；而以禮義之紀，正君臣、親父子，爲不得已之下策也。

　　孟子[25]最傳孔子之統，而一則曰：「民爲貴，君爲輕。」[26]再則曰：「得爲邱民[27]，爲天子發揮民權之義。」可謂透闢矣！

　　三代[28]而下，爲秦、漢、唐、宋。諸帝王之說所菶菶[29]，君尊民卑之論[30]，言之數千年。自始祖至數百代之孫，自始生迄終死之日，積久而飫聞[31]之，蓋積久而不知其非矣！於是忘其人人自主之權，甘爲奴隸而不悔，甘受暴虐而不悔，豈不哀哉！豈不哀哉！

23　仲尼：孔子（前 551~前 479），名丘，字仲尼。魯國昌平鄉陬（今山東曲阜）人，儒家學派的創始人。

24　小康：儒家理想中達到「大同」之前的低一級社會。孔子：《禮記・禮運》描繪「小康」景象如下：「今大道既隱，天下爲家。各親其親，各子其子，貨力爲己；大人世及以爲禮，城郭溝池以爲固，禮義以爲紀，以正君臣，以篤父子，以睦兄弟，以和夫婦，以設制度，以立田里，以賢勇智，以功爲己，故謀用是作，而兵由此起。禹、湯、文、武、成王、周公，由此其選也。」其後的今文《公羊學》將「小康」與「三世說」連在一起，認爲「小康」是進入「大同」的前期階段。

25　孟子：（前 372~前 289）名軻，字子輿。鄒（今山東鄒縣東南）人。爲十三經中《孟子》的作者。主張仁政，實行王道，提出「民爲貴，社稷次之，君爲輕」，強調民本思想，繼承和發揮了孔子的思想，是孔子之後儒家學派的主要代表，後被尊稱爲「亞聖」。

26　「民爲貴，君爲輕。」簡稱「民貴君輕」，它是孟子「民權思想」最重要的表述，其後至今，廣獲引用。

27　邱：同丘；邱民：孔丘的信徒，即儒家思想的信仰者。

28　三代：指夏、商、周三代。

29　菶：蕪菁之古稱，即「蔓菁」，一種荒蕪野草，音同「封」。菶：遮蔽，音同「步」。菶菶：形容原始狀態。

30　「君尊民卑」之論，亦是孟子「民權思想」最重要的表述。

31　飫聞：猶言飽聞、所聞已多。

伍、南海何啓沃生、三水胡禮垣 翼南《新政變通》註釋[1]

南海何啓沃生、三水胡禮垣翼南

曩[2]所著《曾論書後》、《新政論議》、《新政始基》、《康説書後》、《新政安行》以及《勸學篇書後》[3]，前後凡六種，謬為同人所許，擬彙印為一部，而名之曰《新政真詮》。緣字粒略小，欲別購大者故，刊印之工，仍有所待。因以其間，復為此篇附之於後，以明新政之終於必行，而勿慮其不行；使閱之者得以興起，為之者毋託空言，則中國之幸乎！然非徒中國之幸也。時光緒二十五年己

---

1 本文原載《中國旬報》第壹期，頁 9~16，標題是《新政變通》。標題之下署有作者是「南海何啓沃生」與「三水胡禮垣翼南」，前者即孫中山的老師何啓，廣東南海人，字沃生；後者即何啓的好友胡禮垣，廣東三水人，字翼南。兩人之生平，另文詳介。該期封面註明是「已亥年十二月二十五日、太陽歷正月二十五日」出版，即 1900 年 1 月 25 日出版。原文無標點、少分段，本文重植，加上現行標點符號並按文意多分段落；對一些現代已經很少用的異體字、難僻詞語、多加註釋，以方便閱讀理解。

2 曩：往昔；從前。《列子·黃帝》：「曩吾以汝為達，今汝之鄙至此乎？」

3 何啓與胡禮垣合撰六篇文章的寫作時間，順序如下：《曾論書後》，1887 年；《新政論議》，1895 年；《新政始基》，1898 年；《康説書後》，1898 年；《新政安行》，1898 年；《勸學篇書後》，1899 年，六篇都在《中國旬報》創刊之前發表。1900 年 1 月《中國旬報》創刊時，再發表本文《新政變通》，約六千餘字；但因全文共約 23,000 字，只好安排在《中國旬報》第一至九期連載。《新政變通》全文可參閱鄭大華校註：《新政真詮 —— 何啓、胡禮垣》，頁 428~516，潘陽：遼寧人民出版社，1994 年。何啓與胡禮垣在六篇論文之後，加上《前總序》、《後總序》及本文，共九篇政論，結集出版，定名《新政真詮》。

亥孟冬之月。[4]

　　撥亂反治之計、起衰振敝之謀、扶中拒外之方、濟世安民之法，皆所謂新政也。而凡善知識、工心計、具血性愛國者，莫不心知其意，而欲見之於行。然一為推其所欲為之，心行其所欲為之事，充義至盡，如願相償，而以平理近情，順道公量而觀，猶復竊竊然[5]憂之，以謂似此之為，不惟不能以撥亂反治，而轉足以興亂累治；不惟不能以起衰振敝，而轉足以重衰加敝；不惟不能扶中拒外，而轉足以軋中招外；不惟不能以濟世安民，而轉足以誤世危民者，無他焉，謂其處心積慮、是己非人者。不以公而以私，見地所周、襟期[6]所到者，不以神而以跡耳。

　　新政之於中國也，如濟川之舟楫，如大旱之雲霓，如飢渴之壺飧，如倒懸之解結，固人人所共期，而必欲得之者也。

　　然而，今之朝廷，欲撥亂反治而無自；欲起衰振敝而無從；欲扶中拒外而無由；欲濟世安民而不可。豈袞袞諸公[7]、紛紛甲第[8]者，竟無有善知識、工心計、具血性、愛國家之人，入乎其中，居乎其列哉？耳目鼻口未之[9]或異，心思智慮，莫不同然。

　　以出作入息之儔[10]，猶知盜賊公行之非政，則身膺民社者可

4　光緒二十五年己亥，可折算為公元 1899 年，但月序相差一個月，所以該年「孟冬」，並不是 1899 年的 12 月，而是 1900 年的 1 月。詳見另文分析。

5　竊竊然：形容私語的樣子。

6　襟期：抱負；志願。

7　袞：古代帝王的禮服，音同「滾」；袞袞：連續不斷、眾多；袞袞諸公：指那些居高位而無所作為的官僚。杜甫《醉時歌》：「諸公袞袞登台省，廣文先生官獨冷。」

8　甲第：原指封侯者的住宅；後泛指貴顯的宅弟。在此作動詞用，指參加科舉而得到功名。

9　未之：即未知，不知道。

10　儔：音同「酬」，意指伴侶或同輩。《三國志·魏志·高柔傳》：「蕭曹之儔，並以元勛，代作心膂。」蕭，蕭何；曹，曹參。

知矣！踐土食毛之族[11]，猶知屎王頓國[12]之爲羞，則職掌鈞衡[13]者可知矣！隱居疏逖[14]之士，猶知姚石亂華之爲恥，則股肱[15]心腹之臣可知矣！井閭世守之夫，[16]猶知田園不保之爲辱，則玉璽金甌之主[17]可知矣！

然其欲之而不能，非能之而不欲也。則微特身入局中，經歷其苦者信其爲然；即身處局外，徒作旁觀者，亦信其然；微特躁釋、矜平、寬柔以教者，確見其爲然，即激昂慷慨奮不顧身者，亦見其然。蓋其處無能爲之地，遇無能爲之人，值無能爲之時，當無能爲之勢，則雖有至能之人，而其不能也。

正如計數之有比例焉，一反一正，必不能混反以爲正。如行船之有方針焉，一南一北，必不能向北以求南。是非不解，計數不識。行船也，機杼[18]一錯，經緯全非；斗柄既移，程途盡失。顧乃謂：彼所不能者，此必能之；人所不能者，己獨能之。則是以私，而非以公也，捨公言私，蔑以濟矣！故必視己猶人，物我無間，設身處境，易地而觀，以察其是非，以斷其可否，然後，足以言新政。

且新之云者，非徒變之謂，乃變而之於善之謂也；非徒變而

---

11 踐土食毛之族：對文化落後的北方遊牧民族的貶稱。

12 屎：音同「潺」，意爲懦弱；頓：爲「軟」的異體字。屎王訓國：指懦弱的國王、軟弱無能的國家。

13 鈞衡：原指量物的器具；引喻爲評量人材。

14 逖：音同「惕」，意爲遠。疏逖：即疏遠。

15 股肱：比喻在皇帝左右輔助的得力臣子；泛指輔助之意。

16 井：周朝實行井田制度，把一方土地劃成井字形的九塊，中心一塊爲公田，由四周的八家協同代耕，以代租稅。閭：里巷的大門。古代二十五家爲一閭。世守：世襲。井閭世守之夫：指世襲高官厚祿者。

17 玉璽：皇帝的玉印。甌：音同「歐」，指盆盂一類的瓦器。玉璽金甌之主：指擁有玉璽和金甌者，即皇帝。

18 杼，織布機上司緯線的梭子。機杼：原指織布機上的梭子；此處引伸爲行船的指南。

之於善之謂，乃變於善而求其更善之謂也。善之事，無窮期，而新即與之爲無窮期；善之量無止境，而新即與之爲無止境。本自強不息之心，爲日進無疆之益夫！然後能自立不敗，並駕齊驅。

乃今之欲行新政者，祇知逐末，未解探源夫？

僅以外國之內政爲法，迨吾既得真法焉？而外國之內政又變矣、新矣，吾則瞠乎其後，而吾之內政，猶然其舊矣！

僅以外國之外交爲法，迨吾既得其法焉？而外國之外交又變矣、新矣，吾又瞠乎其後，而吾外交之法，猶然其舊矣！

鑄炮造艦、兵法陣圖、格物製械、興農通商，無一不然。蓋吾之志，僅期其至於是；而人之志，必不止於是。則吾縱北面以師，傾心嚮往，終不能不俯首帖耳，仰其鼻息焉！

俯首貼耳，以仰鼻息，則所存乎我之爲獨立者，鮮矣！獨立既鮮，其具而欲與六七國，出其不意，攻其無備。寧我薄人，無人薄我。而狁然思啓，環伺而來者，爭勝於無勢可乘之中；乞憐於爐火沸湯之下，不戞戞[19]乎其難哉！摹其迹，而略其神，其效必至於此。故必體認入微，思及究竟。不惟其法，惟其意；不惟其意，惟其心；不惟其心，惟其性；不惟其性，惟其量。有越王嘗蓼[20]之志，而其志祇思伸之於己，不思伸之於人也；有衛文興國[21]之願，而其願但求愜洽[22]於中，不求表暴於外也。窺其爲，則

---

19 戞：音同「夾」。戞戞：象聲詞，物體互動碰擊發出的聲音，形容困難而費力。

20 蓼：音同「了」，蓼科中部分植物的泛稱，草本，節常膨大，托葉鞘狀，抱莖，花淡紅色或白色，種類很多，如酸模葉蓼、水蓼等。越王嘗蓼：指越王「臥薪嘗膽」的故事。

21 衛文：指衛青（？——前106年），西漢名將，字仲卿，河東平陽人（今山西臨汾西南）人。衛皇后之弟。武帝劉徹時任大將。他於公元前127年率軍大敗匈奴，控制了河套地區；公元前119年又和霍去病打敗匈奴主力。他先後七打敗匈奴，爲西漢的統一和鞏固作出重大的貢獻。衛文興國：意爲像衛青那樣爲國家的振興作出貢獻。

韜光而養晦；考其實，則堅忍以圖功，凡一切變所應變、新所應新者，不徒視其所當然，而必察其所以然。蓋視所當然者，得當即止；察所以然者，其知無涯也。時時有進取之功，事事有未足之慮，然後，足以行新政。

雖然，今之爲中國策維新者，有數說焉：不窮其說，而指其非；人或未知乎，歧途之不可走。惟明其非而樹之的人，乃曉然於正道之本易行。窮則變，變則通。仲尼[23]之所以繫《易》[24]，孟子之所以觀時也！夫數說者，何謂哉：

一則曰：今天下，蓋列國爭衡之世也。自輪船鐵路之製興，五洲雖遙，月日可至，無異合宇內數十邦，爲春秋之十五國焉！而強者崛起，智者驟興，更無異於戰國之七雄焉！

夫其崛起驟興者，彼固自謂文明之邦也。然而，強陵弱[25]、眾暴寡、勇威怯、智欺愚；或逆取而順守；或遠交而近攻；或聲東而擊西；或欲擒而先縱；或預謀於二、三十年之前；或決計於事機偶值之日；或欲戰而先作弭兵之說；或要索而猶爲勿奪之名，迹其所爲，仍不外於爭地、爭城、殘民，以逞者耳。

中國積弱之稱，已成痼疾；委靡[26]之習未易驅除。一交涉，而百釁叢生；一辯難，而口衆我寡；一行政，而有名無實；一號令，而陽奉陰違。誅之，則不可勝誅；欲罷，又不能竟罷。即鹿無虞，前禽已失；亡羊之牧，顧犬無蹤。訟則終兇，無動爲大，此其時乎！

---

22 愜：快意、滿足；洽：融洽。
23 仲尼：孔子（前551~前479），名丘，字仲尼。
24 《易》：即《易經》。孔子晚年讀《易》，序《象》、《說卦》、《文言》，抒發許多新見解。
25 陵：即凌。強凌弱：強者欺凌弱者
26 委靡，即萎靡。

　　夫利在者，眾必趨；德齊者，事必類。故外人之攘奪我地，其揆原有同情中國。若與之戰，雖曰主客位異，眾寡形殊，實無異於以一敵八。且器之堅瑕、兵之整散、人心之向背、軍費之絀贏，度其德、量其力、按其勢、切其情，在我則勝少而敗多，在敵裡則勝多而敗少。烏[27]可以戰？惟有練吾甲兵，添吾拱衛，以防家賊，以靖內亂而已。

　　至於外人割地之事，則其可者與之、其不可者拒之。紆徐而與之，委蛇[28]款曲[29]，善其調處。勿輕絕，亦勿輕許；毋過舉，亦毋過情。不卑不抗[30]，惟蔓惟支，務在耽[31]延其歲月，消息其雄心，待其事過情遷，索地之國或內有非常，或外遇轇轕，則所索之地，其事必乖，其謀或阻，而吾得乘其間而保全之。否則，即以地價贖還，或僅作為收租賃出，如澳門、上海，以及各通商口岸。故事是吾仍不失守土之利，不受剖地之名也！此一說也，而凡托於坐鎮雅俗者，無不取此。

　　二則曰：外國之所以強者，由於富；外國之所以富者，由於商。葡萄牙、西班牙是二國者，昔以興商聞，國勢頗振；既而失其繼，國勢漸衰。荷蘭國、瑞典國、那威[32]國、瑞士國，雖亦興商，然其強不足數者。則以國小民寡，其出商於外者，非避碩鼠[33]之貪，即懷蟋蟀之儉，鮮卓犖大志、超群絕倫之才出於其間，能顯作長城，隱若敵國，如百年前之印度公司者，以故商旅雖頗可，

---

27 烏，此處作感嘆詞用，相當於「嗚呼」。
28 委蛇：曲折前行，委婉應付，如「虛以委蛇」；通「逶迤」。
29 款曲：周旋殷勤。款字原文用異體字歀。
30 不卑不抗：即不卑不亢。
31 耽：「耽」的異體字，意為：耽延、耽擱。
32 那威：今常見譯作「挪威」，音同；皆音譯自英文 Norway，北歐國家。
33 碩：巨大無比；碩鼠：巨大的老鼠，引喻大貪官。

而國勢不能勃然。若夫，貿遷之宏、貨殖之廣、括六合、併吞八荒，統古及今，無與爲匹者，惟英國矣！

美以英人立國，土地新闢，厥[34]富自饒。若法、若日、若德、若俄、若意，皆有慕於英之阜[35]物豐財，思爲後起之傑者也。

故瓜分中國之謀，不行則已，行則此數國者，必與於其間。以中國十八省之民，爲天下之至庶；而十八省之地，亦舟車之易通；富媼[36]之域，捆載之鄉，用物之多，生財之衆，宜在於是也。

雖然，商務之行，水曰輪船，陸曰鐵路；商務之實，生物者農，製物者工。農無所生，足以困工；工無所作，亦以困農；農工不講，此外國之商所以興，中國之商所以廢耳。

吾欲興商，捨農工其奚[37]事？吾但聚精會神於農工可矣！官祿不稱，非所慮也；理財非法，非所慮也；體制乖力，非所慮也；用人失實，非所慮也；訟獄不平，非所慮也；捕務廢弛，非所慮也；即使賄賂、乾沒[38]、陋規三者並行，仍非所慮，則以似此之弊，中國行之，蓋千百年矣！

習與性成，牢不可破；一旦除之，反以招怨。惟與時俯仰，從俗浮沉，但使吾民於農工之餘，衛社稷而執干戈，黜異端以崇正學。由是外人之商於中國者，不過以其所有，易其所無；以其所長，易其所短而已。

而吾嚴分畛域[39]，俗限華洋。則中國之民，仍爲吾之民；即中國之土，仍爲吾之土。通商之事，既不能大逐其願；則瓜分之

---

34 厥，相當於文言虛字「其」。
35 阜：大、多、茂盛；音同「埠」。
36 媼：音同「襖」；老婦人，或統稱婦女。
37 奚，古疑問詞「何」、「甚麼」。
38 乾沒：佔有他人的財物。
39 畛域：範圍、界限。

說，或不至於終底於成。周末以文勝，延其祚者二百餘年；東漢，以德稱，綿其世者百數十載；趙宋之季，積弱極矣，能理學昌明，而南渡以還，猶歷九世一百五十餘歲，而國運始移。彼其兵甲不修，武備不設，以愛克厥威[40]者，尚能如是。況吾日簡軍實、訓師旅、尚韜略、非弭兵，以威克厥愛者，使遲以日月，謂能無振興之機哉？此一說也，而凡托於變不離宗者，莫不取此。[41]

三則曰：中國之不能自致維新，而其勢岌岌於群雄簪峙之間者，由居高位握權要之人，頑固鮮恥，老髦無能。視其民，如己之家奴；視其國，如己之私業。欺君罔[42]上，乘便營私，以至君民相違，上下隔絕也。故中國之執政，一日不變其人，則中國之新機，一日不可得而冀！[43]

夫在昔英國君，聽於民之約法，國民自立主之條。一德既通，屯蒙頓闢，遂以開世界光明之局者。其始，皆藉國內士大夫之志，劫奪其君，平反其政，壓力盡去，厥功乃成。

然今我中國，情事不同。蓋主上英明，實邁前古。無如庸臣巨蠹[44]，充斥朝端，盤踞津要；馮道胡廣，比比皆然。一陽居上，群陰翳之[45]；雖有智者，無能為力。故欲撥雲霧而睹青天；戢[46]貪狼而除陰霾，必須汰除老物，引用新人。

至於凡諸改革，實在無難。蓋治國之經，不外乎內政、外交、

40　克：制勝、克服；厥：其。愛克厥威：意為以關愛融化武力；相反的，下面有「威克厥愛」句，是指以武力制服關愛。
41　當時，身居香港的知識份子，對中國幾千年來的排外思想，提出中肯的批評。
42　罔：欺誣。
43　冀，在此作感嘆詞用，同「唉」。
44　蠹：侵蝕衣物書籍的蛀蟲，音同「到」；比喻貪官污吏。
45　翳：用羽毛做的華蓋，音同「縊」。翳之：意為遮蔽。
46　戢：收斂、制止，音同「集」。

理財、經武、格致[47]、考工各節而已。內政，則方輿險要等事是也；外交，則條約公法等事是也；理財，則稅則礦產等事是也；經武，則佈陣管駕等事是也；格致，則聲光化電等事物是也；考工，則名物象數等事是也。指事圖功殊異乎，中華之古法。然英文則有譯本，法文、德文亦有譯本。日本之文，實出中國，譯本尤多。窺其文，則得其意；得其意，則能其事。化裁盡善，存乎其人，一覽而知，可勿深究。但使諭旨風馳，詔書雨下。則一日而弛張百度；一時而批發萬幾。新法之行沛然，可知其莫禦。夫，上致君，下澤民，吾儒之責也。

　　讀聖賢書，所學何事？今甲乙兩榜，以及膠庠[48]子衿[49]，類多洽聞[50]。西法，昭晰外情，誰無膽肝？蓋扶宗社，誰無敵愾？蓋計勸王，誰無慈懷？蓋思救世，誰無忠義？蓋念安民？嗚呼！我士我大夫，濟濟有眾，既為民之彥[51]，曷[52]不為邦之光？幸當壯之年，曷不圖名之立。若聯為一氣，鳴鼓而攻，使負乘致寇、折鼎覆餗[53]之人，不得為老馬之戀棧豆則。小人道消，君子道長，否泰易位，世運光昌矣！

　　婦孺有志，尚不奪於三軍，而況一命之士哉！苟能熱血用事，

---

47 格致：「格物、致知」的略稱。格物：通過實踐，窮究事物的原理；致知：獲得知識。清末統稱聲光化電等自然科學為「格致」。

48 膠：周代的大學，音同「交」。庠，古代學校名，音同「詳」。《禮記·學禮》：「黨有庠，術（遂）有序。」後人通釋「庠序」為鄉學，亦以「庠序」概稱學校或教育事業。膠庠：指學府。

49 衿，同襟，古代衣服的交領。《詩·鄭風·子衿》：「青青子衿。」《毛傳》：「青衿，青領也，學子之所服。」故「子衿」，引伸為胸襟。

50 洽聞：多聞博識。

51 彥：古代指有道德的人。

52 曷：文言疑問詞「甚麼」、「怎麼」？

53 餗：鼎中的食品，音同「促」。

不矜[54]小節、不恤[55]艱危、不顧身家、不愛性命，以反正爲己任，以成仁爲己擔。其題，則保國、保教、保種也；其義，則衞民、養民、教民也。所宗則孔子也；所本則六經也。誠如是，則人有同情，事蔑不濟；天地有正氣，雜然賦流形。下則爲河嶽；上則爲日星。其畀[56]於人者，知必有所在矣！外國其如我何哉！洋人其如我何哉！此一說也，而凡托於新進喜功者，無不取此。

四則曰：今中國之不能自振，將不免侵陵[57]於敵國，削奪於鄰邦；而等諸越裳[58]漆齒之倫[59]，斐洲[60]茸髮之族者。此非國民之鄙塞，實由政府之頑嚚耳。一刑罰之施也，洋人則從其輕，華人則從其重，是決獄之不平也。而苛刻慘酷，有非人類之所忍爲者，此非朝廷之缺失而何？一課稅之抽也，入口則從其少，出口又從其多，是困商之拙計也。而弱肉強食，有非禮教之所忍出者，此非官吏之作弊而何？一人才之用也，外國則必取其公，中國則必取其私，是邪正之不分也。而非賄不行，非親不與，有非平情之所忍者，此非國法之委由而何？一政令之立也，外國則聽諸國人，中國則聽諸近習，是好惡之拂[61]人也。而害理害事，病國病民，有非直道所忍容者，此非體制之乖方而何？由是，黃鐘則委棄[62]也，瓦釜則雷鳴[63]也；讒人則高張也，賢士則無名也；忠諫則誹

---

54 矜：顧惜。
55 恤：憂慮
56 畀：給，廣東話，音同「比」。
57 侵陵：侵凌；侵陵於：受侵凌。
58 越裳：古代之國名，在安南（今越南）的南部。
59 倫：類。
60 斐洲，即非洲，英文 Africa 的譯名。
61 拂：違反、違背，音同「忽」。
62 黃鐘：古樂十二律之一。委棄：丟掉。
63 瓦釜雷鳴：比喻小人得志踞高位。釜：一種烹飪的鍋。

謗也，深計則妖言也；通商則漢奸也，睦鄰則賣國也。見善而不肯爲，知惡而不肯法，此皆官府之媚嫉行欺、奸貪保位，志在誣民智、屈民心者也。

　　然設非皇一身之聽不聰，而視不明，亦斷不至此。此不過舉其大略而言，若其顛倒黑白，播弄是非，使民性日漓而日薄，民業日削而日朘[64]，國俗日趨而日靡，國運日漸而日頹，遂令四萬萬黃種之民、神明之胄，爲暫顧一人一姓之朝綱，聽其肆然民上，擅作威福之故，終不免臣僕於強鄰、奴隸於異國也者。則是，視伊古以來，環球萬國，民之愚拙，無過吾人也。

　　雖然，今中國之民，豈果甘爲四千年來之至愚者哉？果甘爲天下各國之至拙者哉？夫不直則道不見。今之欲直之者，折獄必求其允，而刑法從寬也；厘稅必期其平，而商賈必恤也；用人必當其才，而偏私悉化也；聽政必以其理，而措辦咸宜也。凡舉百廢、興百物、和萬彙、決萬幾[65]，皆以今宇內持平之法行之，則無論中國之人心雲合響應，即外邦之公諭，亦鼓舞歡欣。

　　天下非一人之天下；兆民非一家之奴才。湯武[66]革命，順乎天而應乎人，惟以道處之可矣！彼夫，宛[67]虹去而長麗來，望舒淪[68]而曜[69]靈出。日月星辰，尚有代謝，而況拯吾民於水深火烈之中，脫我族於巨軛重繮[70]之下者，能無撫我則后，虐我則讎[71]之別

64　朘：如讀爲「追」，意爲男性的生殖器；如讀爲「專」，意爲削弱、剝削、減少，比如「朘削」。
65　幾：機
66　湯武：商湯王與周武王之合稱。
67　宛：曲折、宛轉。
68　淪：沉淪、淪落、沒落；舒：緩慢、逐漸。舒淪：形容緩緩下墜私落日。
69　曜：日、月、星，都叫曜；日、月和火、水、木、金、土星，合稱七曜。
70　軛：套在馬頸上的人字形馬具；繮：拉馬的繮繩。
71　讎：讐的異體字，同「仇」。

哉！此一說也，而凡托於威武以逞者，無不取此。

　　五則曰：中國之衰頹披靡，斷難望其振興者，非君上之咎，亦非官司之咎，其咎獨在於民耳！咎在於民者何？不明理之故也；不明理者何？不識字之故也；不識字者何？不讀書之故也；不讀書者何？其書難讀之故也。

　　天地玄黃[72]，有三年不能解者矣！粵[73]若稽古，有五年不能辨者矣！鄉曲[74]之子，目不識丁，見有不平之事，心雖不服，然若其事為鄉紳定議者，亦必降心以從。

　　曰：彼讀書識字，猶以為然，吾何敢謂其不然？見有橫逆之舉，心不欲為。然，若其情乃士夫倡首者，亦將奮身直赴。

　　曰：彼進身之士，既以為是，豈猶或慮其不是？由是百人之鄉，識字者一人，則百人聽命於一人矣；千人之鄉，識字者十人，則千人聽命於十人矣；萬人之鄉，識字者百人，則萬人聽命於百人矣！而此一人、十人、百人者，[75]將問以地球之大，則茫然無以對也；問以君民之理，則茫然無以對也；問以經國體野[76]、便程服物之事，則茫然無以對也；下而至於身理、至於物質、至於算數，為人生尋常日用切要之端者，則時文之士，經策之儒，不惟不答，而反詡詡然自命其立志之高，以謂大人不親細事，君子不可小知。及叩以大事何若？大受何若？則彼必將應之曰：為事

72　玄黃：天地的別稱。

73　粵，句首的引語。

74　鄉曲：鄉裡、窮鄉僻壤，因偏處一偶，故名。多用來比喻見識寡陋。

75　這段話 1900 年 1 月首次見報，二十四年後（2004 年），孫中山在廣州演講「民權主義」時，原封不動地引用。由此可見，受到直接的影響，詳見另文。

76　經國體野：比喻經營治理國家。經：丈量；國：都城；體：劃分；野：田野。古時候把都城劃分為若干區域，讓國人分別居住；又把田野劃分為方塊耕地，使鄉民居住耕作；再設官管理，不准隨便遷徙。

必須師古，此說傳之言也；祖法不容易變更，此程朱[77]之論也；說傳爲講學之祖，程朱則談理之宗，其言論必無差謬。

今中國之政令教化，乃則古稱先而來。治國家，在是平天下，在是參天地；贊化育，無不在是。其高也無上；其廣也無涯，所謂大事大受也。康雍乾嘉[78]，累治重熙，靡不由是。是蓋由周而漢，由漢而宋，考據精核，辨晰毫芒。而之無或可非，是之無能更是者也。夫學有高卑上下之不同：德成而高；藝成而卑；道成而上；器成而下，非君子小人，亦因茲而別矣！

然德高者，謗或至；道大者，世難容；體闊者，跡多疏；內詳者，外必略。千里之路，不可扶以繩；億兆之都，不能平以準。日月含蟲鳥之瑕，不妨麗天之景；江海藏魚龍之孽，方成潤物之功。彼區區於一名一物、一富一強者，奚足以語精理之高深，名言之奧妙哉？

然則今茲中國之多故，乃氣運所使然，非法令之不善。氣運非人之所能爲者也。居易[79]以俟，聖人處此，胡寧不然。設有不幸，吾寧爲李廣之安於數奇[80]，不能爲李陵之甘於負漢；吾寧爲文山[81]之致命遂志，不能爲危素之畏死圖存。鬻門[82]酸子之言，得

---

77 程朱：宋代程頤、程顥與朱熹之合稱。

78 康雍乾嘉：清朝康熙、雍正、乾隆，和嘉慶四代皇帝之合稱。

79 居易，指白居易（772~846），唐代中期的詩人。字樂天，號香山居士。他目擊當時日益腐敗的政治，感慨很深，在文學創作上倡導新樂府運動，提出「文章合爲時而著，歌詩合爲事而作」的現實主義主張。

80 李廣（？~約前119）西漢名將，漢武帝時任右北平太守，鎮守北方邊境，與匈奴七十餘戰皆勝，匈奴稱其爲「飛虎將軍」，最後一戰因只餘數騎，得不到救兵，不肯投降而自殺。文中之「奇」同「騎」。

81 文山：即文天祥（1236~1283），宋末元初人，字文山，廬陵（今江西省吉安）人。任南宋右相。京城失守後轉戰江、浙、閩、贛、粵數省，兵敗被俘，押經珠江口伶仃洋時作詩《過伶仃洋》，留下「人仁生自古誰無死，留取丹心照漢青」絕唱。在獄中作《正氣歌》以明志，拒絕明廷利誘而就義。有《文文山集》傳世。

毋類此。而由此觀之，則中國之不能變，由民智之未能開；而民智之不能開，反由所讀之書之誤也。

是故，心乎中國、志在新民者，惟有將外國新理，譯以華文；授徒教誦，以濬[83]民智。民智既濬，則雖欲壓之，亦不能止其變矣！昔周發吊[84]民，晦迹者十三載。范蠡[85]興越，教養者二十年。固無事急速為也。此一說也，而凡托於忍，而後濟德大為容者，無不取此。

82　黌，古代學校。黌門，代指學校。《後漢書·仇覽傳》：「農事即畢，乃令子弟群居，還就黌學。」

83　濬：疏通，音同「俊」。

84　吊：弔的異體字。

85　范蠡（前五世紀）春秋時代楚國人。曾助越王勾踐刻苦圖強，滅亡吳國。其後急流勇退，改名鴟夷子皮，隱居於陶（今山東定陶西北），以經商致富，號陶朱公。

陸、日本浮田和民撰、中國抱器舊主譯《二十世紀政治問題》註釋[1]

日本浮田和民撰、中國抱器舊主譯

「政治」者何？一人或數人之行爲，指揮監督於他之一人或數人者也。天下人皆得治理其身，而政治之必要，則可消滅之。

如一人之男子，指揮監督其妻子眷屬之狀態，其政治於家族，則謂之「家政」。社會多數者之行爲，指揮監督於一人或多人之狀態，其政治於國家，則謂之「國政」。

有時單言「政治」二字，通例以爲「國家之政治」。以一人治理社會之時，君主制之，是謂「獨裁政治」；以數人之團體治理社會之時，貴族制之，是謂「寡頭政治」；以多數之團體治理社會之時，民主制之，是謂「人民政治」。

---

1 本文原載《中國旬報》，第壹期，頁 17~21，標題是《第二十世紀之政治問題》，標題之下署名由「日本浮田和民」撰；而由「中國抱器舊主」譯。該期封面註明是「己亥年十二月二十五日、太陽歷正月二十五日」出版，即 1900 年 1 月 25 日出版。該文分爲譯文及「譯者自贅」（即譯者的話）兩大部份。前半部份的譯文，用四號宋體頂天立地直排，每行 40 個字。譯文只分爲四大段，而且只加「、」「。」兩種標點，本文重植並改用現代標點符號，並適當調整。原文之標點穿插佔半個字位或借用邊角位，與內文加起來算，共有 2,796 個字。譯者的話置後半部份，低二個字編排，不加任何標點，但亦用同樣字體直排。譯者的話共 321 個字，既無標點亦無分段，由本人加上現代標點符號，並分爲三段，又改字體，以方便閱讀。文章的大標題用二號老宋體，作者及譯者用五號字，分兩列排於標題之下。文中之國名、地名與今之通常譯法不同者，以及文中與今不同之用字者，亦照錄以保留原貌，但加上註釋。

古往今來，智者少而愚者多；賢者少而不能者多。是以上下二千年之世，非君主獨裁之制，則政權存於少數貴族之掌裡。當是時，治理人民如小兒，驅使人民如牛馬。

十八世紀之晚年，法國之大革命起，由是歐洲列國之人民，始覺自己之權力，至於要求分割政權與彼等。是故第十九世紀之政治問題，多關政權之分配，卒至人民以憲法，及授之以普通選舉之權，其問題而後解釋。拿破崙第一[2]不外乘此氣運，以大成其偉業。彼革命之子，實革命之代表也。

彼能自認識此事實，曾言「王黨以攻擊我身，而欲滅革命之事，我可保護之，蓋我即革命也」云。彼編制法國民法，於法律之前，謂人民者平等也，實行法國革命之大宣言；彼兵馬之所蹂躪，封建制度忽消滅，而施行法國民法於其世；彼結合德意志[3]諸小國之結果，及彼於伊大利[4]宣言之聲，遂為德意志及伊大利統一之基礎；彼乃一時伊大利之尼波羅士[5]，德意志之威士多費利亞[6]，及與西班牙人民以憲法政治。由夜羅巳島[7]脫奔，再握法國大權，亦告知與法國人民以自由憲法。

彼存，則歐洲列國之君主，爭約以憲法授其人民；彼仆，則列國之君主翻忘前約。惟人民一知獨立自治之甘味，而不能忘之矣。德意志諸小國先得憲法，能達代議政體之希望。一千八百三

---

2 拿破崙第一，即拿破崙一世，全名拿破崙・波拿巴（Napoleon, 1769~1821），18 世紀歐洲著名的政治家、軍事家。他發動法國大革命，推翻路易（Louis）王朝，於 1804 年建立法蘭西帝國，自稱拿破崙一世皇帝。

3 德意志：今之德國，英文名 Germany。

4 伊大利：Italy 之音譯，今譯作意大利。

5 尼波羅士：Napoli 之音譯，今譯作那不勒斯，或那波利，意大利中部歷史名城。

6 威士多費利亞：Westphalia 之音譯。

7 夜羅巳島：The Island of Elba 之中譯名。

十年及四十八年，法國兩度之革命，震動歐洲列國。一千八百三十二年，英國之議會，通過改革案。一千八百五十年，普國[8]發布憲法，開設議會。一千八百六十一年，奧國[9]亦效此例。憲法政治，一式實行於西歐。同時國民獨立之精神勃興。於新世界，西班牙[10]之殖民地先獨立（由一千八百二十一年至二十九年）；次希臘獨立（一千八百二十二年至二十九年）；白耳義[11]獨立（一千八百三十年至三十一年）；合眾國[12]之南北戰爭（一千八百六十年至六十五年）；伊大利之統一（一千八百五十九年至七十年），及德意志帝國之建設成就（一千八百七十一年），自由憲法之要求，及與國民獨立[13]及統一之要求，表明於第十九世紀爲列國人民之二大要求也。

西歐之氣運，及於希臘以外之立間半島，漸至有獨立於土耳其，生立於憲法政治之下之傾向。羅緬尼亞[14]及些羅比亞[15]之獨立，自一千八百七十八年伯林[16]議會之末承認之矣。又日本孤立於東洋之間二百餘年，絕西洋之交通，明治之維新，漸廢封建之制度，而爲中央集權，遂於明治二十三年（一千八百九十年）設

---

8 普國，Prussia 之音譯，今譯作普魯士。它是舊德國的聯邦之一，位於德國的北部，面積 11 餘萬平方公里。

9 奧國：Austria 之音譯，今譯作奧地利。

10 西班牙，Spain 之音譯，與今之譯名相同。以下，凡與今之譯名相同之地名，不另加註釋。

11 白耳義，應該是 Bavaria 之音譯，在今德國的一個地方邦，現已不是一個獨立的國家。

12 合眾國：The United States of America 之音譯，全稱美利堅合眾國，簡稱美國。

13 原文作「獨巴」，應爲「獨立」之誤。

14 羅緬尼亞：Romania 之音譯，今譯作羅馬尼亞。

15 些羅比亞：Slovenia 之音譯，今譯作斯洛文尼亞。

16 伯林：Berlin 之音譯，今譯作柏林。

立憲政體。[17]正可謂第十九世紀之氣運，告一大完結者也。

概而言之，於十九世紀文明諸國之政治問題，所謂憲法也、參政之自由也、選舉權之擴張也、及統一國民之獨立也，或關於新設政府之組織、政府之構造如何[18]，因而生出主張保守主義及進步主義[19]之二大政黨，一則欲維持從來之政體；一則欲變更從來之政體，各人之主義，無非務以成就國[20]家正當之目的而已。今西歐諸國既達立憲政體之組織，國民統一之目的，此外或因關於政體之問題、憲法之疑義、更有所要求也。

今列國若皆行普通選舉之法，則將來問題之起，必非政體[21]之問題，而專爲關於政府職掌之問題可知也。然則，於二十世紀列國發生之問題，必非憲法之問題[22]，而爲行政之問題可知也。何爲政府之所當爲耶？何所不當爲耶？此殆爲將來之重大問題矣。

至其究竟，則政黨之主義及綱領，或不得不一變，十九世紀之二大政黨，或於二十世紀中易其位置亦未可知。如十九世紀之主張自由主義者，雖不失爲列國之進步黨，而於二十世紀中，其唱自由主義而陷於保守黨之位置未可保也。何則十九世紀之問題，不過在盡力以破壞封建制度之桎梏，使人民於政治上及商業上得有自由。二十世紀之問題，似當專爲工業上之問題，而自由放任之主義，或不適於時矣。其有關於勞工，雖婦人孩子之勞工，

---

17 原文此處遺漏了標點。

18 原文爲「如何政府之構造」。

19 原文中「義」字置於第三段第三行之行首，而「主」字排在下一行（即第四行）之首，因而變成「主」「義」兩字分居兩行，以致詞意不通，相信是字粒跳行而出錯，故改正之。

20 此處原有一個「主」字，乃上一行跳來，詳見上註。

21 原文中「體」字排於第三段第六行之尾，而「問」字則排於下一行（即第七行）之尾，兩個字互爲調位，以致文意不通，故將其校正。

22 見註21。

無論君主制及共和制之國家，所不能袖手旁觀也。

夫[23]關政體之問題，有速欲其變更者，有不欲其變更者；雖樹反對之二大政黨，至於將來關政府職掌之問題，而果能如前樹反對之二大政黨與否，則猶有疑焉。

夫以政府成消極之職掌爲宗旨，而反對保護干涉之政策者；以自由放任爲主義，或謂個人主義是也。不限以政府爲消極之職掌，亦無間言於積極之職掌。因社會之要求，無論何事，皆適用國家之勢力者，以從來保護爲主義，或稱「干涉主義」是也。反對之二大政黨，果能凡事適用其個人主義，或社會主義與否，亦同一疑義。

凡國家之政黨，其實以維持主義政策之故，因而常維持其感情、友誼、傳統[24]、習慣，及接將來社會問題。黨員之投票，其問題或每致分裂而不能投合一致之事，亦不少也。爲斯之故，政黨內閣之制度，或亦於二十世紀之中，不免來一變幻歟。

蓋法國之革命[25]與十六世紀之宗教改革，及十七世紀之英國革命不同，而有近世一種之特質。宗教改革者，即宗教上之革命也。當時宗教與國家之政治大有關係，故其時雖有政治上之革命，而於社會上之組織毫無影響。十七世紀英國之革命，一時弒王廢國[26]，上議院爲一局之議院，遂成哥林威路之武斷政治，其巔末雖與法國之革命相去不遠，而於社會之構造毫無變更。上議院雖廢，而貴族依然保其位置。至法國之革命，則政治上之革命、宗教上之革命、社會上之革命同時並舉，其結果則如今日之所見無

---

23 夫，句首的感嘆詞。
24 此處原文爲「傳說」，本文根據前後詞意，將它改爲「傳統」。
25 此處原多加了一個「。」號。
26 此處原文爲「弒國王廢」。

王室、無僧侶、無諸侯之階級，舉其從前所有之土地財產，散而分諸民間。

且以拿破侖所立「廢長男世襲之封建制度而分割其財產於諸子」之新制，推而行之。是法國人民至今日得有平等之財產，較他國人民爲慶幸者，職是之故也。然法國之革命，專與第三級之市民以利益，市民以下第四級之勞工無甚所與也。歐美諸國既採用普通選舉之制，彼等既於政治上得有投票之利權。法國革命之預言者羅索氏[27]有言曰：「自由者，他時奴隸之制也。」大有罵倒代議政體之概。

第四級之民，心果不滿之，於十九世紀之後半紀，見社會黨之蔓延，是其驗矣。終必於二十世紀內遇社會問題而要求以解釋之。羅索氏曾著《社會契約說》（一千七百六十三年）主張人民主權之說。又於其所著之《人間不平等之源》一書（一千七百五十三年）開社會問題之端緒。法國革命之政治之結果，雖於十九世紀似已達其極點；而法國革命之社會之結果，其存於裡面者，未到十分之發達，不過爲將來之問題露其端緒而已。

故社會之問題（包婦人問題），實地之問題也，於二十世紀要求列國政府之解答[28]，爲必然之結果，不可不知。英國於亞非利加[29]大陸之政策，而不遑他顧。俄國於亞細亞[30]大陸之經營，而目不暇給。列國於互相實行帝國主義之際，歐美列國內部之社會之體態，以案[31]外急激之速力，必至有第二法國之革命，即社會上

---

27 羅索，全稱伯特蘭‧羅索（Bertrand Russell，1872-1970），英國著名的唯心主義哲學家、數學家、邏輯學者、社會改良者。
28 原文寫作「解荅」。
29 亞非利加：Africa 之音譯，今譯作非洲。
30 亞細亞：Asia 之音譯，今譯作亞洲。
31 此處原文多了一個「、」號。

之大革命爆發於其間也。要之狀[32]第二十世紀之問題，比之十九世紀之問題實際者多，其爲社會問題，斷斷然矣。

余之譯此文也，於原文之字句，有萬不能易者，仍之有不必易者，亦仍之。自以爲字字較量，務以不失作者原意，而惟恐讀之者或苦其句語之生澀、字義之矯強，有所不取不知，務得文字之圓熟，則難免意義之乖離，故寧去其皮毛，而存其精髓。

大抵文字語言之作，所以紀事實，非所以娛觀聽。溯自日本維新以前，其文字概濫觴於中國。惟知斟酌字句，經營宗派及接受歐美新學新理之後，始知中國之文字，未足以發揮妙蘊，不得已別樹新格，以適用爲准。漸而此風遍於通國，而成爲習慣。昔之對之欲睡者，今則視爲透闢矣；昔之任意唾棄者，今則奉爲津梁[33]矣！無他，同於己者愛，異於己者惡，亦初見之以爲怪，久習之而爲常，此人之情也。

中國通外洋，在日本數十年之先，而今反以日本爲圭臬，抑亦恥矣！而世之以文字爲生活者，且盡情而醜詆之，尚足與言維新歟！有有大心世道者乎？其勿再蹈日本之覆轍可也。譯者自贅。

---

32 此處「要之狀」，意爲總而言之。
33 津梁：原指橋樑；佛家用來比喻以佛法引渡眾生。

柒、《中外時事》註釋[1]

中　國

◎西鄰責言：日本某報得正月二號北京來電稱：在榮古屬內有一
　地，係經昨年滿洲政府，許與俄人，在彼開辦礦務者。今在該
　處礦山之間，有俄國哥索兵，被華人屠戮，俄公使向中朝索償。

◎教案已平：江西貴谿縣鷹潭鎮教案，前經巡撫札委繆道，及九
　江道明某，馳驛前往，和衷辦理。茲聞，此案現已了結，於臘
　月初九日，回省詣撫署，稟陳一切。至如何了結之處，尚未得
　詳細。

◎河南教案：河南彰德府屬安陽縣境三十餘村，匪徒肇事，名曰
　「連葺會」，專擾教民，當經該管府縣，飛稟撫轅，請撥馬步
　隊，前往彈壓。

◎購地建堂：英國教士某，近日欲在榕垣西關外之都巡鄉地方，
　購地建堂，俾為傳教之所。當經稟請英領事，照會洋務局陳次
　經道台，札飭候補知縣夏廷獻、高慶銓，會同侯官縣劉特舟，
　前往南台會同英教士，齊赴該鄉，勘定地址，以便定價向民收
　買。聞所購地基約十畝大，後又派員覆勘，會同英領事商議清

---

1 本文原載於《中國旬報》創刊號第 22~32 頁，為編輯部輯錄最近要聞而成，
　故無署名。這些新聞，對於瞭解當時國內外形勢，甚有幫助。以下順序加上
　標點符及分段，並加上適當的註解；同時，某些跨越分頁的內容，調整在同
　一頁，以方便閱讀。

楚，定議簽字。

◎會議核辦：上海梵王渡聖約翰書院，各董事又致書與英美工部局，請造一書院，專教中國子弟，中西各學等語。工部局擬於來年春間會議時，呈請各議員，會議後再核。

◎英使作難：山東泰安府信息言：上月某日，在該處有一英國教士，名布魯克斯者，被匪人殺害。現在英國欽差，每日皆在總理衙門商辦此案。

◎大學添額：京師大學堂現又添蓋齋舍，加廣額數。茲於上月二十日出示，傳到學生姚明德等四十二名，限廿三日午刻，取具同鄉京官印結，赴堂報到，聽候示期，入堂肄業，云。

　　──第二十三頁──

◎稟商譯務：東京新創善鄰譯書館，特立分館於滬北河南路，其幹事松本正純、吾妻兵治二君。茲悉松本君已動身赴南京、武昌，謁見劉坤一及張之洞，稟商各事。吾妻君則暫住滬上，擬擇期赴廈門、福州、廣東等處，謁見各當道，會議事宜。

◎伏莽叢誌：四川合江縣令專差，自貴州仁懷縣，探得川黔弁勇，合團攻破馬皮洞。該匪陳玉川，逃至對面大山林內，經黔省勇團搜獲。又由川軍立右字營，擒獲該匪之弟陳玉貴，並獲夥匪八人，搜有僞印軍器等件，至張申一匪，已先由綏陽改竄，尚恐潛回永寧，已飛飭團保，嚴密防拿矣。

◎崖州多港，前有黎匪呂那改，勾結騷擾地方。經鎮道各官調兵圍勦，呂爲槍所傷，旋即斃命。其黨李法、韋榮，仍糾餘黨名，負隅抗拒。各官加意招撫，惟各匪賦性冥頑，執迷不悟。上月，瓊軍復行攻擊，鎗炮鋒利。匪黨知難抗拒，當有黎首洪清、羊金二人到營受降，知州即將其收禁監牢。

◎有某紳士赴臬轅具稟，謂南海縣屬雷公沙河面，有匪攔截勒索，不遂所欲，則必搶掠。臬司批云：「據呈，雷公沙河面，近有匪徒勒索船隻，械搶銀物等情。如果屬實，不法已極。仰廣州府即飭南海縣會營，多撥兵役，馳往圍拿，務將各匪悉獲，訊明按辦。一面，查明被搶各案，分別傳勘。」

◎惠州府屬陸豐縣，前曾有土匪，揭竿倡亂。由碣石鎮就近調兵勦辦，登即蕩平。詎近日死灰復燃，誘聚將及萬人，圍攻縣城，勢甚危急。現已稟由該府發電來省，請派援軍矣。

◎惠州府屬海豐縣，現有三合會匪，私立堂號，拜會聯盟，並揚言不日豎旗起事。該縣聞報，立募士勇數百，握要駐防巡緝。馳稟大吏，請撥營勇會剿。因新任總督尚未接篆，故未知將撥何營也。

◎崖州多港，叛黎五人。瓊軍深入匪巢，已除其三，惟餘李亞法、韋亞榮。茲聞營務處李振唐縣令，冒險直至多港大營，與各管帶邱戀棠、李輝庭、胡養泉，熟商於十一月二十一日四更，出隊往攻。迫至黎寨時甫黎明，黎匪聞知，拼死出寨牴拒。官軍主兵者，揮令各隊分枝直搗，鎗炮震天，自辰至午，連破其木寨、二山寨，三黎匪死，傷約計不下百餘。聞其最悍僞勇目人，已爲鎗斃。且將各黎巢，一律燒燬無存。惟西方尚有賊寨二座，倘日內不求撫定，當再行剿洗瓊軍。惟新中營哨弁一人，足受彈傷，並陣亡一勇。

── 第二十四頁 ──

◎駐京法使署得電，知廣西柳州地面匪徒，揭竿起事。惟詢諸總理衙門，則尚不知其事。

◎陸豐亂匪之餘孽，近又死灰復燃，誘脅至數千人，揚言某日進

犯縣城，焚毀衙署，來省請兵剿辦。現聞省官已檄飭劉永福，酌調所部福軍，馳往捕治。由軍械局撥給軍火等物，載運供應，諒於日間拔隊啓程矣。

◎不堪回首：康有爲於皇太后下諭廢立光緒帝之後二日，束裝趁英國郵船孟米而之星架波[2]。於其行時，港政府恐有意外，因刓印差[3]，押送至船。

日　國[4]

◎台臘市情：台灣所産樟腦樟油甚盛。自台灣府立例，許商承攬，獨擅其利以來，計至西歷上年十一月底，各分局共買得樟腦六十三萬零零二十八担，樟油五十二萬零七百六十担。所買之貨，多付至台北總局，貯於棧中。迨至十一月底，已沽出樟油三十七萬七千五百八十担。

◎擬興商務：日本《太晤士報》[5]云：曾記中國明朝之世，福州與琉球之間，商務甚旺。後來中落，其故不一。琉球無好商港，以資灣泊，是其一端；自歸日人經畫，即將納巴改作通商良港，有意復興福州、琉球二處之商務。兩下官商人等，甚踴躍。近日，琉球縣官往遊福州，多爲此故也。

韓　國

◎高麗帑絀：「孖剌西報」[6]接漢城消息言，高廷決計，明年不復

2　星架波，英文名 Singapore，今譯新加坡。

3　刓，即派；印差，印度藉的警衛。這條消息再次證實：康有爲在戊戌變法失敗後，喬裝乘英輪逃亡到香港，並由港英政府保護。

4　即日本。

5　即英國歷史悠久的英文報紙，"*The Times*"的日本版。

6　「孖剌西報」正式名爲英文《孖剌報》，其英文名爲"*The Hong Kong Daily*

倡作各項事務，盖國庫空乏不敷度支故也。查高麗通國入息，每年祇有五百二十萬圓，而支款則須六百九十萬元，兩數比較，尚欠一百七十萬圓。高廷欲謀彌縫，擬向俄廷貸歎七百萬圓。職是之故，並停各工作，以撙節糜費。

───── 一二十五頁 ─────

◎俄日齟齬：日本報云：近以高麗之事，俄日兩國大有齟齬之意。曾將其事，商諸伊藤，侯請其熟爲審處。

◎國債將清：日本報云：向者高麗，欠日本國債三百萬員。高廷竭力，逐節清還，今不過尚欠五十萬耳。所餘之項，則須待至來年六月，便可了結。云說者謂：此乃英人布郎理財之功。盖高麗之財政，自歸布君料理以來，日見贏餘，廓清積弊。

◎高麗郵政：自本月一號爲始，高麗政府已入萬國郵政公會。爲此一事，西歷上年十二月二十九日，日本與高廷協商一番。高麗官應允，凡有過口岸之書信，及出外之書信，先交駐高麗之日本郵政局，俾日本官員，主理布置。

美　國

◎美策治非：美國總統行文至下議院，論及非律賓[7]之事云：該處土黨，不久可以平服。然後，其諸島之民，享受自由繁榮，爲從來所未知之福。現新開學堂數百間，充滿學童於內，奉教一事，任人自擇，無所拘束。司法官則秉公辦案，無枉無縱。工

Press"，1857年10月1日在香港創辦的第一份英文報紙，因創辦人之一 Yorick Jones Murrow 的中文名爲「孖剌」而得中文報名。香港人習慣稱英文報紙爲「西報」。詳見拙作《香報中文報業發展史》，頁97，上海古籍出版社，2005年10月。

7 非律賓，英文名 Phicippines，今譯菲律賓。

商諸務，亦各就緒。小呂宋埠，數月以前寂寥錯落，今則興盛無匹，忽成商務雲集之區。我國所派委員及海軍提督將軍等官，到非律賓循循善誘其百姓，使知其地欲保久安長治，則非順承美國之官權不可。該處土民百姓，果有感悟，而順我撫恤者。嗣後，非律賓之政府，全憑美國之議院主持。我國所承之大任，未有如此之要者也。倘我能敬事我種族之精神，敬重我上代之遺策，而善承此大任，必有大機會隨之而來。該羣島即受蔭庇於我國旗之下，並其寸土尺地，照例歸我所有，不能棄之。否則，無異拋出金果一枚，而令列強分爭，彼此不讓，便令非律賓之山河，永爲血染之境矣。水師提督习威所倡之議，欲將非律賓交還土黨治理，而以我國保護之，此策實不可行。蓋非律賓之民，殷望美人治理者甚多，而順服亞軍鴉度之土黨甚少。假使依此策而行，是失其兆衆之望，徒令其歸亞軍鴉度黨之治理，則不知何時方臻興盛之日也。若亞黨治理不善，豈非我國之咎耶？及至彼時復行救護，未免時移勢易，有所不能矣。是故，吾必欲彼羣島，全歸美國治理，以我全力爲之，庶能收其大效，實爲非律賓萬民之福也，惟議院列君卓奪焉。至於亞黨，現雖尚存，但無甚勢力，前所派之委員囘國，正在撰述治理非島良策，當有可觀，待其完成之日，自當轉呈議院公閱，或可助列君卓見也。溯自凡我國旗所建之地，從未有不繁榮者，非律賓之民，不久將自悅服我治化之澤，俱爲我議院各君之所賜矣。

—— 第二十六頁 ——

◎美日交誼：美國總統麥堅尼頌諭議院，論及中國之事，畧云：
前因中國北方各省，勢將肇亂，而附近北京尤甚。誠恐波及美

國子民，故去冬由波士頓炮船，遣水軍一隊，入衛駐京美公使署，俟地方平靖，方行撤退。論我美子民，在中華大國所有利權，朝廷未嘗不關心。中國現方講求修理，美商曾集巨本，向中朝承辦大事不少，並開發中原物産之源。可見我美與中國相交商務，有加無已；而所立約章，皆謹守無違。昨年，固已如是，料將來亦必如是。至論去年，在上海增廣洋人租界，及在南京、膠州大連灣諸處，添開通商口岸，俱足令美人之好振作者，加添新謀。溯查一千八百九十八年十二月五號，本總統曾有札諭，發交下議院，着其早日委員，前至中國查察消路，以期增廣我貨市場，並將何爲機會、何者阻抑，詳細情形若覆政府。但當時議員，未以爲可行，今特再陳於列公之前，以定奪施行。事關緊要，日甚一日，幸毋再爲遲疑觀望，至失機宜也。就論日本之事，一千八百九十四年十一月二十二日，美日二國所立《通商航海約》，其第十九條於上年七月十七日始能遵行。同時，各國亦依此新約，辦理交涉。惟法國須待八月四號，始肯依行，以前仍遵照舊約。是時，法民所享利益，日廷並許美民均沾。自頒行此新約後，日本變爲全權獨立之國，與文化諸國並駕齊驅。此後，凡徵收內外稅則，審訟訊事，盡由日本操權，准外人雜居內地，兼辦各項商務。日本已遵各國照會，事事效法泰西，廣設學校，准「丕但」[8]即專利、執照及印書專利，並西國律法。治理旅居洋人，設衛生潔淨諸局，以衛民生。經此改變，未聞有美國子民，有所不悅，而呼籲本國政府。蓋日本之待美國，已一視同仁。前有美國運船摩近舌地，擱淺於神戶，深得日本官員協助，得脫於險。船中所載戰馬，由日本商

8　「丕但」，原文稱「即專利」，它應是英文 Patent 的音譯。

埠登岸，放青草場，皆蒙日廷所許。此等深情，足令我國感佩不已。茲美國太平洋電線公司，擬設海底電線一度，接聯檀香山及非律賓，並添設支線，以通聯日本。日廷聞之，亦極喜悅，願助其成。有此電線，則美國與日本消息靈通。本總統深望，此事有成；並翼列公，不爲阻止，俾克底於成者也。

─ 第二十七頁 ────

◎英雄末路：謠傳小呂宋[9]民主領袖亞軍鴉度，欲逃出小呂宋。美人因泒兵船三艘泊於港內，原非爲入塢而來，實欲偵察小呂宋人，助亞君逃亡之舉動而已。又聞，港中有小輪多隻，爲小呂宋人購去，以爲亞君逃亡之地云。

德　國

◎無稽之言　正月四號，日本太晤士報云：前禮拜三，德國咸北埠，謠傳英國招兵之官，親至該埠，招募德國百姓，以應南非洲之戰務。德國報紙登錄一事，謂有一生面人，不甚曉德語，隨一少年德人至英國，即擢爲將官，厚其俸祿。該少年已娶妻，而供職於德國陸軍處者也。因有此謠傳之後，咸北埠及阿路吞拿埠之警察局，即飭差查探其事，但並無蹤影，大抵好事者爲之耳。

─ 第二十八頁 ────

法　國

◎助杜人衆：法人左治波頓致函，附登益架羅報云：昨因傳聞巴

────────────

9 小呂宋，即今之菲律賓。

黎城士子，擬立值事，專爲遣兵救援波亞人。吾聞之即赴會所，並非報名投軍，蓋欲藉以探訪事情也。該所在一小街，踵門求見蘭地利，蓋彼將陞爲值事書辦者也。詎閽人[10]答，以值事等，已於一點鐘前遷徙，聚會所於茄付普老給。按：茄付普老給，爲三十年前變政黨人，會集謀叛帝國之所不期。若輩今又繼承其志，吾按址往尋，見士子嘩近旁桌而坐，正在檢點文牘。吾坐而問焉，曰：「諸君之會，其欲聚兵乎？抑否耶？」答曰：「然！」蓋倡議者雖士子，而彼所招募者則衆民。此際，彼等方收彙名冊，凡投效之人，不外扣以姓名、住址、年華老壯，然後收錄。吾窺其冊籍甚少，蓋僅開招三日。惟核其人數，已有二百五十餘名，中係法人、比人、鹿閔卜人、丹墨人[11]，諸色不一，但無德人。至如意大利人，雖有投報而不收錄。

　　吾方與縱談，民勇到報冊者，絡繹不絕。未幾，來一英人，乃曾充當隨營工師者，面容清亮，眼露剛斷之神，聲言要往南非洲効力，於敵本國之人，以伸夙忿。詢其故，則曾受害於本國武員，忿恨難消，故爾來此。并次又來一人，眼光溫和，面帶淡黃，曾在比利時陸軍久當閑職，低聲言欲出戰，以試英炮利害。旋復來一少年，身材甚高，虬髯如戟，聲音粗惡，報名姓住址後，問其事業，則曰：「天道學士。」問其緣何仗義？抑爲好戰？則答言：兩無所關，祇緣其父捐軀戰陣，適見此處招兵，即稟命於母，投筆從戎，圖報父仇。填冊後，點首緩步而出。半晌，會首蘭利君步入，與語方知，德、俄、比、荷四國，均同此辦法。德國已有某會黨，招得二萬人。吾曰：「此

10　閽：音「分」，意爲「宮門」；閽人，指守門人。
11　「比人」，即比利時人；鹿閔卜，即盧森保人；丹墨人，即丹麥人，都是音譯之差異。

舉亦甚善，但意將何爲？」答曰：「訓練純熟，遣之至杜，以助波人。」已有某布廠，許供軍衣四千副。而某船主，亦許借一船，速率九英里，以備運兵。吾曰：「亦善」。但誰爲統帥？曰：各方皆有，不患無人。且曾爲將帥，韜畧夙嫻，且即現掌兵權之人，亦有躍躍欲動者。昨日，我輩曾函請將軍加利佛，能否請假數月，出而相助？吾又問曰：「軍餉從何籌出？」答曰：「此則別有值事，料可藉捐簽而致。」

夫法國夙以濟弱扶傾爲主義，不忍見此等強橫，袖手旁觀。故我等深望，國人仍守此主義，俾天下之人知我種族，確勇敢冒險。可博英威之名，亦可以泄公憤矣！吾唯唯而出，爰筆所言，以語同志之士。

──第二十九頁──

◎法人忌英：法字報云：英國陸軍強而水師雄，無論何國，其能制服。英國水陸之師，使其變爲純全商務之國。成功之日，全球之人，無不感戴之也。

◎法電彙錄：巴黎正月六號電云：附近高路士卜埠，曾有一場惡戰。又云：法人紀連，已下獄於茄李亞域士。

◎正月二號，巴些倫拿電云：近傳，英廷向葡萄牙租批爹力哥灣，外人甚爲鼓噪。歐洲列強，出而爭論是非。

◎九號倫敦電云：法國與南美洲山道明哥邦失睦，蓋因該國昔當變政時，國人生亂，害及兩法人物業。法廷索賠，至今尚未首肯。以故，法廷忽以兵戎相恫喝。該民主國，弱小難堪。美廷聞知，急遣戰船一艘，駛至山道明哥港口，觀二國動靜。如法國恃強啓釁，則奉行前總統瞞魯遺囑，不許歐洲強國，任意騷擾美洲諸國和局。

◎再得十號來電稱：法山二國政府，已經開誠調處，和議垂成，不勞美國仗義執言矣。

◎法美二國，欲立通商新約，商議已久。尚待下期議院核定。英國聞之，深以爲患。因此約一成，則英國有數種出口貨，被其侵損利益，故望外部衙門，趁早在華盛頓設法解救。

── 第三十頁 ──

杜　國[12]

◎杜事談餘　英國與南亞非利加洲杜蘭士華路失和，於茲數月。茲將大畧，雜補於下。

◎西九月八號，英國樞密院，聚議定計，要杜國政府回覆，英廷倡詞。並定議添調大軍一萬名，往南非洲前敵。十八號，得接杜政府覆函。直却英廷倡詞。

◎二十一號，柯蘭治總統士天，諭令部民：如杜國遇有外侮，柯國須出死力相協助。

◎二十二號，英樞密院聚議，照會杜國政府，明言嗣後英國自籌計策，以成其志。

◎二十八號，柯蘭治國上下諸人，決計袒助杜國。

◎二十九號，英樞密院聚議，熟審杜國勢位。

◎十月七號，英廷出示，招集第一等後備軍隊。

◎九號，杜廷致哀的美敦書，與英廷要索四款：一、凡百違言，總要憑公調處；二、英兵須即退出邊境；三、所有英國援兵，已在南非洲登岸者，須秉公立限，一律撤退；四、英國調來之

---

12 杜國：原文稱是「南亞非利加洲杜蘭士華路」，即「南部非洲」South Africa 的「杜蘭士華路」，應爲音譯 Terencefal。

兵，已在中途者，不許由非南各港登岸。

◎十號，英廷不允杜人所請，將哀的美敦書各條覆駁。

◎十一號，英國代理官固連，離普列拖利埠，移駐却當。

◎將軍西門身膺重傷，波人死傷及被俘者五六百名。

◎同日，英國第十八號夏沙士軍被俘。

◎二十一號，大戰於伊連士城，英兵傷亡約二百五十人，波兵傷亡約一百名，被俘三百名，失去踪迹不知下落者二百名。

◎二十三號，英軍大將天路，棄忌嗹哥城，南向厘地士蔑而行，期與威將軍合兵。

◎同日，西門將軍卒於敦地。

◎二十四號，兼罷利城守兵，與波人戰於李話頓路站。波兵敗退，陣亡將官一員，英兵陣亡者亦有二十四人。

◎同日，威將軍破敵於列分田，英兵死一百一十名，波兵死二百八十名。

◎二十六號，英將天路，行抵厘地士蔑，會合威將軍。

◎二十七號，英皇降諭，招集團練及後備軍。

◎三十號，威將軍由厘地士蔑起兵，窺探敵情，戰而大敗，陣亡弁兵三百名。另有一軍失散，爲敵所困，軍火告罄，全軍投降。中有山兵十隊，阿爾士炮手十隊，而波人亦損失弁兵六百名。

◎三十一號，波人攻取美福境，大敗而退。

───── 第三十一頁 ─────

◎西曆正月十一號倫敦電：有葡人欲由葡屬羅連哥墨士，越過邊
　境當兵，以助波人，被葡官飭差禁止。嗣後，非得葡官允許，
　不准過境。又據太晤士報傳聞，有兩家商船，運爹力高灣之商
　務，免爲杜國所用，以攻英人。

◎十二號，波人兵分三路，向納他路城進發，一軍取道梁士匡；
　一軍取道波打怕士；一軍取道域架士林怕士。

◎同日，美福境有英人鐵路，被波人拆毀軌道，並用炮攻擊火車。
　武員尼士必及十五人，身受殊傷，爲波人所俘，且奪去二炮。

◎十三號，英將官威總統大軍，由厘地士蔑，向厄頓堪士進發。
　波人不戰而走，紐卡士路之居民，遷徙一空，以避兵燹。

◎十四號，英參戎拋路，從美福邊境衝突重圍而出，英兵死者十
　七名。聞波兵所失甚重，或謂有三百之眾。

◎同日，兼罷利城及美福境，通連南方之電線，現已被敵人截斷。

◎十五號，紐卡士路爲波人所佔。

◎同日，有英軍護押火車，運載糧械，馳赴前敵。途次士必分田，
　與波人遇，兩軍交綏，波人敗退，死者五人，英兵並無傷損。

◎同日，英人黎僕，爲波兵所擄。

◎十八號，英廷頒示，招集民團及後備軍。

◎十八號，波人在伊蘭士勒，擄捉英營火車一度，內有文武官員
　多名。

◎二十號，二軍戰於敦地，英兵傷亡二百三十九名。

◎十二號倫敦電云：是日將軍補喇，由士比令來電言，英軍佔據
　挑遮喇河之南岸，河水方漲，敵兵距河北四英里半深溝堅守。

◎又云：官文所傳，本月六號厘地士蔑之役，英兵實陣亡一百三
　十五人，傷二百四十四人，亞華伯爵因受傷而卒。

◎十三號電云：士辣乾拿侯，自願報效軍餉，以供加拿大騎兵四百名之需，英廷納之。

◎又云：德廷札飭某炮廠，勿以開花炮賣[13]給英國。蓋此事有損德國，局外中立之主義。

◎十二號勞打[14]電云：據日日新聞報所刊，本月六號，威將軍失之，有將官十四名陣亡，三十四名受傷，又兵士八百名陣亡及受傷。

◎又云：傳聞將軍蔑田因墜馬，被傷致折脊髓。

◎十四號勞打電云：倫敦御勇第一隊，調赴非南。當其首途，城中人聚而觀者，以萬千計，街道為塞。

◎又云：本月初六日，里地士蔑之戰，陣亡副帥一員，當時不知姓名。茲查，係蘇格蘭來福鎗隊大將，名「突」。

◎又云：俄皇頒發御書，與外部大臣苗臘萎護溫，謝其善能體會俄皇心志，求天下萬民永安之益，且與中國調停妥善，並能聯協英日二國。

◎又云：倫敦府尹，率同僚各員，駕蒞修咸頓，送第一隊御勇之行。

◎又云：聞報挑選遮喇河已開仗，三面並攻。惟厘地士蔑，於十二日寂然無聞。

◎又云：現在爹力哥灣，封禁敵船出入。波人爭辨不休，謂倘不開禁，即將所俘英兵，殘忍相待。

---

13 原文作「買」，據文意改為「賣」。
14 英國路透社 Reuters 之音譯。

──── 第三十二頁 ────

◎又云：杜國總統曲碌架，昨當誓師時謂：天心歸於波人，此戰
　定能權操必勝。

◎又云：十一號勞打訪事人，由密打河來音，將軍巴丙頓，帶隊
　前進，計行程每日閱途二十英里，深入柯蘭治地界，向雅角爹
　路進發，途中不遇敵人。

◎又云：十一日普列拖刮來耗[15]，波人所佔勢位，頗合於用。但
　英兵已雲集附近，行將有大戰。

◎南非洲之戰，英國將官隱諱過甚，太晤士報責其不合。蓋因在
　士貪卜之戰，將軍吉惕架所失之六百人，尚未宣示其原委。

◎加拿大西報云：軍中傳來消息，波人甚覺恐懼，咸謂英軍之前
　來。又刦當來音，訴說該處醫院之不得法。又有人核計此次戰
　務，約費八十兆磅。

◎十二月二十三日，納他之打埠來耗[16]云，有人在普列拖利，與
　杜國行政官會談，而悉杜人於開戰之初，尚懷畏懼之心。惟今
　時總統曲碌架能，料知英國不久即俯首言和。並於其內，紛紛
　傳說，英有求和之意願，將波人所佔之土地，盡讓與波人。又
　許杜國全然獨立，云云。

◎普列拖利之波人報云：日前我政府嘗試，列帶開花彈之利害，
　而知其全為無用也。其彈放於三十頭大犬之中，及其爆炸，祇
　見泥土紛飛，而犬俱無恙。

◎巴黎某報云：英倫已遣大兵七萬五千，遠往杜蘭士嘩求財。但
　在今時，英國之命脈，繫諸鄰國手上，其水師已散調四方；其
　預備隊，現在大洋之中。倘若鄰國乘之，則可於二十四點鐘內，

15　耗：音訊。現多指壞的消息，如噩耗、凶耗等等。
16　此處原文為「耗來」，據文意改為「耒耗」。

調大軍二萬五千，直抵倫敦矣。

◎加拿大都城滿地柯羅，人心極其踴躍，恒有多人圍聚各新聞紙館前，大有敵愾同仇之狀。陸軍軍務處，多願投效前敵。加拿大政府決計，再遣兵一千，前往援事。聞諸人皆以為然，即法人及用英語之人，多同懷憤慨，祇有阿爾蘭種裔數輩，獨關切波人云。

◎民勇官報刊[17]有二十二號電云：英將軍保刺，停止傳遞消息，致令人心躁急。蓋保刺不欲將各軍多少，及營中景況，宣佈於外也。

◎二十一日，太晤士報訪事人，由士丕亞文營來耗，言波人結營長四英里，直至土叻察灘之西北，形如半月。

---

17 原文此處作「報利」，據文意改為「報刊」。

捌、《香港潔淨局新定章程》註釋[1]

─第三十三頁─────

茲將一千八百九十九年第三十四條，為再設章程，整潔闔港[2]則例，及刪定一千八百九十四年有等封禁屋宇，及不潔淨住居條例內章程，開列於後。

香港總督部堂[3]會同定例局[4]議定如左：

第一款：

此條例稱為一千八百九十九年，辦理不潔淨產業則例，除日後特自推廣外，此例與山邱約，及新界各處，殊無關涉。

辨明條例內所有稱名之義

第二款：

按，例文中，除下文另有指明不同字樣外，凡屬山邱，約即

---

1 本文原載於《中國旬報》創刊號第 33~40 頁，它是香港政府的法例，但無註明出處。以下順序加上標點符及分段，並加上適當的註解；同時，某些跨越分頁的內容，調整在同一頁，以方便閱讀。香港政府早期的文書（包括法例、公文等）都是用英文書寫的。《中國旬報》在創刊號動用大量篇幅，將此英文法例照譯刊載，說明主編者對香港的衛生環境、居所要求，十分重視。這也正好印證了孫中山先生所說：「我的革命思想，完全得之於香港。」孫中山比較了兩地的衛生及社會環境，而萌生了改革中國的革命思想。
2 闔：音「合」；意為全部、總合。闔港，即全港。
3 香港總督，為英女皇派駐香港的最高長官；總督部堂，即總督府。下文亦稱「總督」為「憲督」。
4 「定例局」，為香港政府的立法機構，後改名「立法局」；九七年香港回歸後，改為「立法會」。

指香港島各處，除華人村鄉外，由潮水至低時，自離水面一尺起，量高至六百尺之上。

◎凡屬「新界」，即指一千八百九十八年六月初九日，　大英國與　大清國訂立約章[5]，增廣界址之處。

◎凡屬「街」字，俱包括四方走馬路或甬道[6]、或小徑或通衢[7]、或大道或裏巷，或所有通塞之窄巷，均統稱爲街。

◎凡曰「居住之屋」，即指除二人在該屋晚上看管外，凡有人歇宿在該處者均是。

◎凡曰「業主」，即包括或私家公司、會所不拘。　皇家批受或由　皇家經准給據，或因別樣緣故，而得管業之人；又包括私家公司、會所。當此時，收取該屋租值者，或自己收，或合伴收，或代人收，或不能覓得，以上所指各等業主，便是歸住居該屋之人，且按此例意即「典主」，亦可作「業主」。

房內安置床鋪限制

第三款：

◎凡在房內安置床鋪、床架爲睡臥之用，就不准設過例內，限住人口章程。

──── 第三十四頁 ────

第四款：

◎申明凡造房仔及間隔所，當遵守章程：

（一）凡向街之居住屋，該街闊少過一十五英尺者，除頂樓外

---

5 即光緒二十四年四月二十一日簽訂的中英《展拓香港界址專條》。
6 甬道：正房居中的道路。
7 衢：音「渠」。通衢，指四通八達的大路。

不准做間隔。及房仔或舊已有，亦不准留存。

（二）凡向街之居住屋，該街闊足一十五英尺，或闊過一十五
　　　英尺者，俱皆不准在下層間隔及房仔，獨准用屏風遮障。
　　　在鋪店內，即平常間帳房之花門，倘經間隔及房仔者，
　　　亦不准留存。所用之屏風，在房仔或間隔上，自頂至天
　　　花板或桁底，相離空處不准少過四英尺。該空處只准用
　　　鐵線網、或欖核格、或通花疏板，但均疏密合度，務留
　　　空罅有三分之二。

（三）凡廚房不准有間隔，或房仔舊日已有，亦不准留存。

（四）每間住居屋之房內，無論現有、將有，所做間隔房仔一
　　　間，週圍不得高過八英尺。如現有、將有所做房仔兩間，
　　　則該間隔週圍，不得高過七英尺。若現在或將來做多過
　　　兩房仔，則該間隔週圍不得高過六英尺以上。所定間隔
　　　章程，不拘如何，務要自房仔間隔頂週圍起計，至天花
　　　板或桁底，相離空處不准少過四英尺。該空處只准用鐵
　　　線網、或欖核格、或通花疏板，但均要疏密合度，務留
　　　空罅有三分之二。

（五）凡屋之房內，不准另做房仔。或舊日已有，亦不准留存。
　　　惟該房必須有窗戶，或多或少，總能直透出內氣，其窗
　　　除木架外，闊足房內地台十分之一方可。

（六）凡做房仔之物料，除緊要之四隅枋柱外，其餘均要房仔
　　　離地台板，至少高二寸，房仔內不得有各種木架高過此
　　　款。所定該房仔之間板，至高度數之外，雖亦要拆去。
　　　又不得做蓋密房仔之木架，倘有亦要拆去。

── 第三十五頁 ──────

（七）凡離窗戶四英尺內，不准有間隔，雖有亦不得留存。因
該窗戶，即指此款之第五節內，以丁方英尺計者。

（八）凡房仔用作睡房者，地台不得少過丁方六十四英尺，或
長或闊，不得少過英七尺。因此款乃指明屋內各小分便，
稱爲房仔，除各小分另有通天氣之窗戶，該窗戶不計窗
架，其大小足有該小分地台板，丁方尺十分之一外，其
餘均算作房仔。

第五款：

◎申明各種假樓及大小閣仔

（一）但凡居住之屋，凡房內違例所做之大小假樓及閣仔，不
拘舊有或新造，均不准行。除清淨衙門所擬，又經　督
憲會同議政局批准，及頒示憲報章程，及清淨衙門所擬，
又經　督憲會同議政局，有全權刪改，曾經所定之章
程，或以新章程替代者方可。

（二）每層內間於中間之樓，或平臺或駐足之所，凡長過六英
尺、闊過二英尺，若無上下，俱有至少九英尺之露天地
位，及另設窗，直透外氣。除窗架外，至少有地台之十
分一疏通地位者，則作閣仔或假樓而論。

第六款：

◎申明屋宇起高之數

◎自立此例之後，凡由　皇家所領得之地建造屋宇者，該屋向街
不得高過街之闊數一倍半。

◎該街之闊數，由工務司所定。建屋宇之兩邊界線，直角爲准。

◎如未領潔淨衙門人情者，凡建造屋宇，不得高過七十六英尺。
倘有格外事情，必由潔淨衙門擬定，無碍人生，方批准過額建

造。

論屋之高數，照屋前後外牆直線，自前門本街平水起，量至此款所定至高之處，由平線起三十度斜線爲額，除煙通及眾牆外，倘有高過定額，即爲違例。

◎倘建造屋宇，該屋所向之街，不是平坦之路，抑所向非獨一街，則所向之街有闊窄平斜之別。若遇此等，潔淨衙門，須照上文章程，指定從下至上，以某處爲起點。

── 第三十六頁 ──

第七款：

◎露天之地方章程

（一）凡現在之居住屋，必須在屋後開設露天之地方，每層須要在大房及屋後大牆之中，開通一半，連瓦面俱要拆開。除該屋經有絕無攔阻之天井外，至少有五十方英尺之地方。及每層須要有窗戶，至少有十方英尺闊地位，透入該露天處。而該窗戶，並不計入一千八百九十四年第十五條則例第八欵第一節，所要開窗門之地位，例內而論。

（二）按此款之意，凡居住屋宇，非轉角之屋，如有兩便大門，向不同之街者，可作爲兩間之居住，須要由此前門至彼前門，總須有過五十英尺深方可。

（三）潔淨衙門經　督憲會同議政局批准，可有權於額外情由應要更改者，則須更改，不必照此上兩節章程而造。

（四）總不得在露天之地位，建造及安放阻攔之物，除在每層建橋或遮蓋之路，不過英三尺六寸闊，惟須因該屋住居之人，必要用此爲通連之路方可。

第八款：

（一）自後凡建住居屋於本港者，除照一千八百八十七年衛生
　　　則例第六十六款所定章程，或歸入一千八百八十九年填
　　　海則例合約章程外，須要在屋後，照下列格式開一露天
　　　地方。

◎凡屋宇深不過四十英尺者，須按屋闊每尺留餘地，至少八丁方
　英尺；深過四十英尺，未過五十英尺者，按屋闊每英尺，留餘
　地至少十丁方英尺；深過五十英尺，未過六十英尺者，按屋闊
　每英尺，留餘地至少十二丁方英尺者；若過六十英尺者，按屋
　每闊一英尺，留餘地至少十四丁方英尺。

──── 第三十七頁 ────

◎凡所有露天地方，總不得建造、安放及一切攔阻等物，除在每
　層建橋或遮蓋之路，闊不過三英尺六寸，而該橋為住居屋宇之
　人通連，而用者又須每層建有窗門至少有十丁方英尺闊，地位
　透露天之處，而該窗門並不計入一千八百九十四年第十五條則
　例第八款第一節，所要開窗之地位，例內而論。

　倘一薑屋宇[8]之業主，允造又開造一巷兩邊透入通衢大路者，無
　論由高低橫直，不得有物阻塞者，則可更改上列章程，照下列
　之章程而造。

◎凡屋宇深不過四十英尺者，可建一巷，不得少過六英尺闊；深
　過四十英尺惟不過五十英尺者，可建一巷，不得少過八英尺
　闊；深過五十英尺惟不過六十英尺者，可建一巷，不得少過十
　一英尺闊；深過六十英尺者可建一巷，不得少過十三英尺闊。
　以上俱每層須建有窗門，至少丁方十英尺度闊，地位透入露天

────────

8 薑：音「敦」，意為整數。一薑屋宇：即一整幢屋宇。

之處，而該窗門並不計入一千八百九十四年第十五條則例第八欵第一節，所要開窗之地位，例內而論。

（二）按此款意計，居住屋之深，並其廚房之深，亦包括在內，除該廚房有天井隔開該屋之大房，該天井至少六英尺深，至該屋後一統闊，並無阻塞，除每層可造一橋，不過三英尺六寸闊方可。

第九款：

◎整理私家後街及燈光器具章程

　　各私家街道，在居住屋之後，由　國家填鋪街地，並通明渠暗渠。及工務司要在安置燈光之器具，使費均照貼連該街各地之業主，須按所貼連街地之大小，照計以上各項工程輸納。如不遵納，由　國家令工務司出名，將該業主在錢債衙門控告，究追應納之費，照繳並計以利息。自工務司催該業主繳費之日起，每年以八釐年息算。至該街所點燈光之費，則由　國家自理。

◎各該街之屋宇攙攙，　國家自有一定時候遷清。

第十款：

◎整理私家前街及燈光器具章程

───　第三十八頁　───

　　各私家街道居住屋之前，若非照此例第九款內之章程者，均由　國家鋪填街地，並通明渠暗渠。及工務司，要安置燈光之器具，其使費俱照貼連該街各地之業主，須按所貼連街地之大小，照計以上各項工程輸納。如不遵納，由　國家令工務司出名，將該業主在錢債衙門控告，究追應納之費，照繳並計以利息，自工務司催該業主繳費之日起，每年以八厘年息算。至該街所點燈光

之費，則由　國家自理。

第十一款：

◎更改所限時候章程

（一）凡現有屋宇要更改，至合此例之第七款內章程者，該業
　　　主、或該屋有數業主者，須要自此例頒行六個月內，要
　　　更改工程，一律造起。倘六個月內，未將更改工程，十
　　　足做到妥當，則無論該屋有業主一人或多人，每業主由
　　　巡理府，可擬罰歟。每過六個月期後，每二十四點鐘，
　　　罰銀不過十員，因未盡遵依該例第七款內章程，或未做
　　　到完全之故。

（二）至若屋宇要遵此例內章程，無論更改，與及除去已有之
　　　房仔或間隔，自此例頒行後限三個月內，該業主或該屋
　　　有數業主，於更改與及除去房仔或間隔。如果該三個月
　　　內，未更改妥當及除去妥當，則業主或該屋有數業主者，
　　　每業主由巡理府可擬定罰歟。每過三個月期後，每二十
　　　四點鐘罰銀不過五員，因未盡遵依此例內章程所指，更
　　　改與及除去房仔與及間隔，或未做或未做到完全之故。

有權封禁屋宇

（三）至若滿此款內第一節第二節所限之六個月，及限三個月
　　　等期，又該兩節所指明更改，或除去等事，未經遵此兩
　　　節所示而行，除按兩節所定罰業主之款外，巡理府可任
　　　意按律斷，將該屋宇或房室，凡有閣仔及間隔在內，可
　　　以封禁不拘，全間屋宇及房室，抑或屋宇房室內多少地
　　　方，歸巡捕管理封禁。一經封禁，須聽潔淨衙門有憑據
　　　紙，指明該處已經更改，或除去各項均已妥善，合潔淨

衙門主意，方止封禁。至被封禁之屋或房，或屋內之一處，或房內之一處，倘查有人在該處住宿，俱作此例論，按律可以懲辦。

──── 第三十九頁 ────

第十二款：

◎有權吩咐除去不合例之整造章程

　　凡巡理府按律得有確據，或有假樓閣仔、房仔間隔、或屏風，不合此例內章程者，由巡理府，委潔淨衙門差弁，飭令即行搬去，或除拆或毀爛該假樓閣仔、房仔，或間隔或屏風，無論全處、或其中之一處，即照此例內擬罰、或不用擬罰均可。如因搬去除拆毀爛假樓等處之時，致有傷壞假樓等物者，概不賠補。

第十三款：

◎違犯科條章程

　　凡所行有一不合之事，或失誤或忽畧或遺漏，凡所行不遵此例內條欵者，或此例內所設之章程，如有人本當守此例，而不肯遵依例章，及此例應行之事，定作犯此例；及凡各屋宇如有犯此款內上列所指違犯各情節，該業主亦作犯此例，均照此例科罪公司司理、書記責任是問。　凡公司或會所違犯此例，可票傳該當時公司、會所之司理及書記人，惟其責任是問。

第十四款：

◎擬定罰欵章程

　　凡人及公司，或會所之司理、或書記人，犯此例者，於此例內未有詳載所應如何懲罰，明文可定罰銀不過五十員。無銀繳納，則擬監禁不過一個月，有無苦工不等。倘巡理府，以該所犯之事，大概仍然未改，則巡理府可令該犯事人，或司理及

書記人，限期某時內遵依此例而行。若再過所限之期，仍未遵
行，則每一日再罰銀不過五員。凡按此例所罰之款，須按照一
千八百九十年巡理府則例章程追繳。

── 第四十頁 ────

第十五款：

◎刪除則例

　　凡下列則例所刪訂者，即將一千八百九十四年第十五條內
封禁屋宇，及不潔淨住居等則例之第七款，及第八款之第二節
全行刪去。

　　一千八百九十九年　十一月　二十三日經定例局立

　　一千八百九十九年　十一月　三十日經憲督批准施行

玖、《中外電音》註釋[1]

◎正月十六日　孖刺報言：倫敦特電言，南亞非利加洲英軍總統包拿，目下無甚舉動，是以英京言官，亦未生物議，蓋俟各兵調動已妥，然後議論是非。

◎湯士華勞國官場接有消息，巴架兵於十二號，將麻密京炮臺毀拆；並據巴兵報稱，當時有英軍一小隊，爲巴將棣拿理擊退。

◎英將富連芝，進攻柯利士栢處之巴兵。

◎英將美倫，前雖受傷，現仍督隊，以攻敵營。

◎有大隊巴架兵，由麻嘉士芬田城，拔隊啓程，分往謙巴厘城、柯利士栢城。

◎駐絜連士栢之巴架兵，禮拜二日欲奪某山。英軍俟其逼近，持鎗尾刀與戰。巴兵死廿一名，傷五十名，即行敗退。

◎英國簡調水師弁兵七百二十名，於來月攜帶大炮八門，快炮廿四門，十二磅藥，機器炮十門，開赴南非洲前敵，以備調遣。

◎英將富連芝部兵，前攻柯利士栢之巴架營，毀其橋樑而回，弁兵無有受傷者。

◎英軍於十四日，派隊往柯利士栢哨探，與敵兵遇，當即交綏，

---

1 本文原載於《中國旬報》創刊號第 41-48 頁，爲編輯部輯錄最近要聞而成，故無署名。該文對了解當時的國際形勢，甚有幫助。以下順序加上標點符及分段，並加上適當的註解；同時，某些跨越分頁的內容，調整在同一頁，以方便閱讀。

　英軍有千總、馬兵各一名，受傷不起，爲敵所俘。

◎勞打電報言：十二日巴架人復用開花炮，轟擊麻非京城。

◎勞打電報云：本月十二日，在南非洲美福境內，復行開仗。

───── 第四十二頁 ─────

◎英將軍卡靈頓，現在刼黨埠，握大兵權。

◎本月十三日，波人由里地士蔑城外，傳報消息言，該處及刁芝
　喇河一帶，極其寂靜。是故，英人乘此機會，極其閒暇。

◎有英兵三大營，在刁芝刺之南，人數有加無已。紐修威路之全
　權大臣，電達該處水師提督，謂雪梨人心，欲其保護，各免運
　船，受波人強截。

◎英軍之駐絮刁枝拿河者，目下未有消息。

◎勞打駐刼當埠採訪電稱：前傳有英兵一萬一千名，取道東方，
　向威廉城進發，茲查係確信。

◎十七日孖剌西報接到倫敦特電云：包喇將軍報達英廷，謂禮拜
　一日刁芝喇河之戰，衹傷人一。

◎將軍法蘭治部下之紐絲綸軍，禮拜一日之戰，勇敢絕倫。即迭
　次所遇戰事，該軍亦勇冠三軍，是以特加獎勵。

◎法國外務大臣爹路卡士聲言，中朝已經賠補八千磅，以償在廣
　州灣法巡船，將官被戮之兩命。

◎葡萄牙國外務大臣聲明，葡廷不肯將葡國屬地，不拘多少或賣
　或讓，或批與外國。

◎倫敦來電云：禮拜二日，英將軍蔑田，以大隊兵用炮攻擊敵人
　左營，但甚鞏固，全然不動，亦不還炮。英軍遂自行退去，兩
　無所傷。

◎十一日《太晤士報》探訪，在羅連梳墨機城來信，美福境內尙

能自守有餘，料不至被迫降敵。營中所存牛羊及罐頭肉食，現尚充足，不致有絕食之歎。

◎勞打電報云：男爵美路拿，經出軍法告示，張掛於斐獵黨及合黨等處。

◎禮拜一日，在士丙令斐地方，頻聞大炮之聲。

─── 第四十三頁 ───

◎有數處傳報，柯蘭治[2]國人，欲罷戰務，其官紳近在布林芬田聚議，聲明若英人不行攻擊柯兵，即於十七日散回家鄉。

◎德國輪船名賓打辣，前被英人拘留，現已得釋。惟因此事太拂德人之心，故須重與賠償。雪梨之第二枝軍，已開隊赴前敵，沿途見者，概懷同袍同澤之志。

◎本月十五日，連士卜之戰，英兵陣亡七人，傷六人，都司柯亞受傷，極為危險。

◎十八日，德臣西報刊上有上海電音言，刻接確信，高麗因國用支絀需款孔殷，向俄國告貸。俄政府現已允借一千二百萬元，俾應急需，週息以五釐算。

◎勞打電云：太晤士報訪事人，昨日由士丕亞文士花奄電稱，本月初十日，有受參戎敦頓奴統制之兵，向西而行，突佔匹折打灘上首群山，波人見之大驚。同晚，步兵隨進，而將軍列度路頓之兵，於昨日渡過刀芝剌河。又將軍窩連之部兵，以全色軍器，衝開一路。而過刀芝剌河之威近水灘左右，敵人炮火甚猛，而卒能入。再進二英里，向士普倫及而行。

◎又云：將軍窩連，謀攻動在英兵營前右便之敵營。該營相距約

─────────

2 柯蘭治，Holland 之音譯，今譯作荷蘭。

五英里，深溝堅守。

◎又將軍保喇已出電示：鼓勵眾軍士，謂諸兵須往解救里地士蔑之圍，宜奮勇向前，有進無退。兵士俱平康，而信服主將之妙謀。

◎又云：將軍麥端奴，已到刦當。

◎倫敦義勇軍電云：將軍吉愓來耗，有兵將三百，已由補士文索，而進至帕卜埠。及第七十四號之臨陣炮兵，偕同馬兵，由士愓林進至補士文索。

─第四十四頁─

◎又云：勞打訪事人，由匹折打水灘上之軍營來信言，禮拜一日已有進兵之事；而於禮拜三日，參將敦頓奴之騎兵，偕同其第五隊兵，隨將軍乞某，由士丙令斐路而進，已預先四面偵探，凡有可疑之處，審察精詳，然後徐徐而進。直至雅麗氏山，與敵營相對。敵營建於刁芝刺山，於是，即令土人鳧水過河，奪其一艦。敵人見之大驚，擊其營帳。

◎特電云：有私家信息言，叅將敦頓奴之騎兵隊，於禮拜四日，攻破士丙令斐路橋，即以士窩及，鎮守匹折打之水灘，波人大驚。

◎又云：將軍列爹路頓之部兵，奉命往士窩，及留兵一大隊，鎮守哥連梳。

◎又云：將軍希路雅之兵，已據士丙令斐路。然後，大軍進行四日，至刁芝喇河之南。

◎又云：本月十六號，將軍列爹路頓之軍，亦乘夜渡河，而據其右地。至叉路窩連之一軍，亦橫過河而即攻波人之左營。其餘諸軍，則於昨日渡河。

◎又云：將軍補喇來耗，言刁芝剌河已全渡。窩連男爵要擾動敵營。

◎北京特電云：日廷已經允代中國訓練將官。中朝似必首肯，且延日本將官督理通國陸軍學堂，又擬添設陸軍學堂數處。

◎《德臣報》[3]錄卻當來電云：現有波人或英屬之荷人，聯成小隊，潛在北邊界上，欲阻抑火車來往，但爲英兵所覺，嚴密巡視，幸而免禍。但有額兵，猝與巡兵相遇。額兵誤放炮轟擊，蓋巡兵所帶之帽甚爲闊大，致額兵誤認爲波人。幸所擊不中，故無傷損。統領查知，逐令各兵嗣後一律帶盔，俾易辨認。

◎十九日，德臣西報錄倫敦特電云：副將男爵包喇之部兵，已從匹決打而過刁芝喇河，直至夫利及哥連梳之西。又副將鍋連，亦得逼過刁芝喇河，距將軍包喇營五英里，兩軍皆不甚遇敵，顯見波人有所驚訝，但無真確消息。由鰲地士蔑來波人，仍在其附近深溝。而守鰲地士蔑之圍未解以前，當有一場惡戰。

──第四十五頁───

◎聞說有新海軍七百二十人，大炮八門，麥蟾炮二十四門，十二磅炮十門，下月將整備，以接濟大軍。

◎勞打訪事人，十四日由普列多利亞來音言：波人自稱，已於禮拜五日，攻破馬飛京之一炮臺，而兵總爹喇利，逐英之突圍兵而東。

◎勞打訪事人言，在毛打河，英水師炮，每晨轟發，無還炮者，兵士俱平康。

---

3 英文"The China Mail"，1845 年 2 月 20 日創辦於香港，因創辦人之一 Andrew Dixson 的中文名爲安德烈‧德臣，而將該報的中文稱爲「德臣報」。詳見拙作《香港中文報業發展史》，頁 96，上海古籍出版社，2005 年 10 月。

◎將軍法蘭治，禮拜六日遞來官信言：曾遣軍用炮，攻擊哥路士卜路及橋而還，無甚損傷。惟十四日，哥路士卜之戰，副帥譚臣及兵卒一名，因受傷被俘。

◎英人在溫士巴厘處，費三禮拜之功，造成一橋，將於禮拜六日，付往打班埠，以資應用。

◎「孖剌西報」錄倫頓[4]特電云：官場接到信息，參戎頓奴昨在厄頓堪士城之西，與波人鏖戰。傍晚，添兵相助，奪踞敵營。波人喪失旗頭一名，死傷二十人，被俘十五人。英兵死者四人，總統保剌，激勵眾軍，聲言須同心戮力，有進無退，以救理地士蔑城。

◎昨日，武員列度路頓，以炮轟擊波人。

◎統領法蘭治十二日來耗言：紐修威路兵，有一小隊囘至途間，住足飲馬，忽被波人所攻，致死二兵，並迷失兵士十四名。

◎據波亞降兵言，十五日波兵攻武員法蘭治外營之役，波兵受害殊甚，有七十人不知下落。

◎是日，德國議院，開門聚議。外部大臣保勞述及德船被拘，致人心鼓噪。德國已極力爭辯，索取賠償。英廷經已應允，然二國交好，仍無所損，深望日後永無間言。盖德船被執者，現已釋放矣。

◎倫敦勞打電報云：有炮兵十二隊，並弁兵三千一百一十人，預於七日內航赴刧埠。

―第四十六頁―――――

◎十七日，英統領馬田，配足軍器前進，所部奚蘭兵沿河而上，

4　即倫敦，英文 Condon，英國首都。

趕逐敵人至小叢林之內，並用所帶[5]炸藥大炮，**轟擊**敵軍。

◎禮拜三日，枲戎敦頓奴，在厄頓堪士城，藉統帶窩連，援助已攻敗敵人。波軍有馬隊，未弁一名兵士，二十人亡於陣上。又有十五人被俘，英兵死傷各二人。波人之營向西，連接駐枲，計長六英里，與匹折達灘相對。後建溝壘，亦長數英里。

◎二十日孖剌西報，錄倫頓特電云：官信言，將軍法蘭治，已率其兵向東而行，將有**斷截**敵人電線之勢。

◎又云，有私電言：將軍保喇，此次進兵，極其謹慎，以圖成功。今日聞大炮聲，料必係將軍窩連，攻擊敵營。查敵營連結三十英里，由厄頓堪士，通至哥連梳。

◎又云：枲將敦頓奴所俘之敵人中，有一人係總統曲碌架之親屋。

◎又云：柯士文的拿敵營已破，約翰囀士企已死。

◎倫敦勞打電報云：該報在連士卜城之訪事人報稱，有人清查，自開仗以來，波亞兵共喪失六千六百二十五人。

◎《日日郵報》訪事人，由里地士蔑來信言：該城現尚寂然，無甚變異。敵人間或用炮相攻，亦無大碍。該報又有一訪事人，因患熱病，亡於里地士蔑。

◎英兵船丕羅喇士，在爹力哥海灣，拿獲德國帆船一艘，滿載麵粉往供杜國，現已扣留在打班埠。

◎英國第八部軍馬，現奉將令，整備行裝，刻即馳赴柯路打賓城。

◎德國外部大臣補勞，在議院宣言，謂英國已允重賠所拘輪船。又嗣後，凡德國郵船，迹涉可疑者，槪不扣留。保勞君又言，深願以後不再有此等事，以免有傷邦交云。

5　原文作「列帶」，據文意改。

─ 第四十七頁 ───────

◎倫頓勞打電音云：甘美倫奚蘭軍，已奉將令，由埃及往刧當，
　而以團練補其缺。又倫敦城之御用軍，其第二隊兵，前赴刧當。
　第二隊紐絲倫軍，已離威靈頓赴刧當。瀕行之際，絲倫之全權
　大臣，宣言於眾謂：倘使勢不獲已，則凡紐絲倫之民，有能負
　戈以從者，皆獻身報效。

◎二十一日電音云：將軍茄李利，偕同將軍窩連部兵之一份，昨
　日自晨至暮，與波人戰，得寸入尺，佔奪敵人之地步，約至三
　英里之遙。其所佔之地，即建駐營守。但大營仍在前，所傷人
　多少，未得確知。

◎又將軍保喇來電言：二十日在彫芝剌，及厄頓堪士之間，一小
　溪邊交戰，英兵傷二百七十九名，將官傷十一人。

◎又禮拜日，朝在士丕亞文之營中，勞打訪事人來電謂：將軍窩
　連之戰仍不息，已將敵軍迫退三舍。[6]

◎「德臣西報」錄星架波[7]特電云：參將勞蘭臣所統帶之第一隊軍，
　奉到軍務衙門將令，準備離辣埠而赴英倫，或謂調印度土軍一
　營，以繼其缺。

◎二十一日，「德臣西報」錄哥林布特電云：現住札錫蘭第二隊奚
　蘭兵，接奉將令，準備前赴英倫。所遺之缺，將以現在卑剌利
　之第九號步兵填駐。又有御用大兵，準備西曆二月初二日，由
　哥林布前往南非洲。

◎民勇官電云：禮拜早，英兵總統保剌電稱，為解將軍窩連之困，
　特派將軍列度頓督隊，將敵人截回。原寨所損兵丁無幾，惟第
　三隊來福兵陣亡二人，傷四百一十二人，迷失二人。

─────────

6　據創刊號第六十頁「更正」第一條，將第九行與第十行相連。
7　即 Singapore，今譯作新加坡

◎二十號勞打訪事人，在里地士蔑城函稱：敵人已添置新炮，攻擊該城。但此炮雖覺大力，而多不能命中城內。諸兵聞總統保刺炮聲，並望見炸彈轟裂，大爲歡悅。

─── 第四十八頁 ───

◎又錄特電云，官信言：昨日，將軍茄李利，偕同將軍窩連部兵之一份，與敵軍鏖戰至三十點鐘之久。又善用其炮隊，遂得寸入尺，直進三英里之遙。其所奪得之地，已建營而守矣。但波人之營，尚在前面，英兵所損不重。

◎二十二日，倫敦勞打電報云：頃接二十一日本報訪事人，由士丕亞曼田莊來電，得悉昨夜敵人開炮，攻擊英軍，或作輟徹夕不休，迨至黎明，復發烈炮一回。英人炮軍旁炮而睡，應聲回炮還攻，漸至兩軍對壘鏖戰，竟日奪獲營盤兩處。

◎倫敦特電云：頃接納他電，得悉前二日，刁芝刺河之北，連日大戰，副將窩連督兵，偕同茄李利及列度路二武員，各率所部前進，以救里地士蔑城，奮力攻擊，波軍遂將敵人逐退，奪其堅固營盤三處。但波人大營尚未能攻奪。

◎孖刺西報錄倫敦特電云：官場接到消息，得悉將軍列度路頓，於禮拜六日，在匹折達處與敵人交綏，奮勇異常，波人不敵，收隊而回。西路軍之圍，遂得解釋。又將軍窩連，昨日自晨至暮，與敵人大戰。左翼奮戰二英里，攀登極難之山。由此觀之，英兵已漸進佳境。查禮拜六日之戰，陣亡二百九十人，將官受傷者十一員。

◎廿三日[8]，德臣西報錄上海特電云：由大官處訪得確耗，李鴻章

---

8 本輯外電收錄時段爲太陽曆（公元）1900 年正月十六日至廿三日，正好佐證該刊出版日期爲隔一天的正月二十五日，即 1900 年 1 月 25 日。旬報乃將此

之所以授任兩廣之故，有三步：武剛毅之所為，聚斂民財，一也；設法固守兩廣，而拒法人，二也；逋臣康有為，匿跡香港，試拿獲之，三也。

◎又云，西后已降旨，令湖南巡撫，立刻釋放周漢。此人曾因作書，謗謗耶穌教獲罪，被禁於湖南省城。

前十天的重要新聞再次輯錄，並加上幾篇論文而成。

拾、《奏疏》註釋[1]

───第四十九頁───

光祿寺卿袁敬籌整頓厘金辦法摺

二品銜光祿寺卿臣昶敬跪奏：

為遵旨預議敬籌整頓厘金[2]辦法六條，以維國計。並稽核歷年比較大數，恭摺[3]，仰祈聖鑒：

事四月二十八日，內閣奉上諭，近日朝廷整頓庶務[4]，於籌餉一事，尤在所當急。各省關稅、厘金、鹽課[5]，取之於民者，歲有常經。但使各督撫認真整頓，裁汰陋規，剔除中飽，事事涓滴歸公，何患餉源不濟。無如封疆大吏，瞻徇情面，不能力祛，因循積習，以致委員司巡人等，窟[6]穴其間，種種侵欺，難以枚舉。若不認真革除，日復一日，何所底止？

著大學士、軍機大臣、六部九卿，詳加查核，各攄所見，用備採擇等因，欽此。

---

1 本文原載於《中國旬報》創刊號第49~60頁，無署名或註明出處，相信是抄錄當時《京報》透露的一些官方文書、奏摺，讓革命黨人知道清廷的財經政策。以下順序加上標點符及分段，並加上適當的註解；同時，某些跨越分頁的內容，調整在同一頁，以方便閱讀。
2 厘金，清政府為鎮壓太平軍，在水陸關卡徵收的貨物通過稅。又作釐金。
3 摺：大臣直接呈給皇帝的奏章，又稱為「奏摺」。
4 庶務，指機關團體內部的雜項事務。
5 課：政府徵收的稅收。鹽課：即政府徵收的鹽業稅收。
6 「窟」字原缺，其後有人用手寫填上去。詳見本期最後《更正》第二條。

　　欽遵會議，臣伏思，常關稅積弊已久，且半為新關稅。所奪鹽課釐，屢經加價，不能減價敵私，以致私販充斥，鹽綱滯銷，其弊細如牛毛。且各省情形互異，其利病非一端所能盡。謹止就釐金一事，罄抒管見，為皇太后、皇上敬陳之。

　　伏查釐金，本非國家歲入之款，軍興[7]時不得已而用之。咸豐三四年[8]，署漕督雷以咸，防堵維揚，創此法以贍軍。後疆臣胡林翼、曾國藩，逐漸推廣其法，於湘、鄂、豫、皖等，酌劑戶部稅則，取之甚輕，立法較密，稽查不啻。牛毛繭絲，設卡多在縮轂[9]水口。當時，養勇平賊之根基，全恃此以為餉源。勾稽牙帖，行僧入手，平準百貨之輕重，物產之貴賤，而抽收其盈息。嚴於巨賈，罄於小販，故多取而民不擾，名曰「牙釐」。

　　其初，奏明賊[10]平即止，蓋曾、胡諸臣，深知治國之體，民氣為本。仰維我朝，列聖相承，深仁厚澤。無論有大軍徭役[11]，從不肯加賦[12]病民。故康熙[13]以來，三藩軍務平後，國用不足；河工復興，不得已即開捐例，以為取資於編氓，不若取資於富戶。

─第五十頁 ───

　　咸豐[14]後，停河工，事軍務，不得已而徵「牙釐」，以為取財

7　軍興：指與太平軍激戰之時。

8　清太宗咸豐年間，由 1851~1861；咸豐三四年，即 1853~54 年之間。

9　轂：音「穀」，指車輪中心的圓木。縮：指交聯、控扼之處。縮轂：比譬控制四方的中樞地帶。

10　賊：指太平軍。

11　徭：辛苦勞役；徭役：民眾無償為朝廷所服的苦役。

12　賦：國家的租稅。譬如，田賦，指向政府租用官田所交的稅；兵賦，指向政府繳交的養兵之稅。賦稅，是政府所有捐稅之總稱。

13　康熙，清聖祖玄燁的年號，由 1662~1722 年。

14　咸豐，清文宗年號，由 1851~i861 年。

於疲農，易致怨讟[15]繁興；不如收財於良賈，藉可裨補軍實，其意一也；第法行之太久，則百貨昂貴，物重銀輕，商力疲困，民生彫敝，以致海內騷然。蓋藏虛耗，蓋厘金之法，明病商、暗病民。南宋陳遘，括諸路經總，製錢以養兵，即是此術。非國家藏富於民之道，大易損上益下之義。故曾國藩、胡林翼，奏諸事平即刪除。此政乃老成謀國之忠言也。

伏查我朝國初賦稅，部庫所入，歲不足三千萬。其時，物力尚儉，無論已即。乾隆[16]極盛，地丁[17]、額賦、常關稅、鹽課，取民有常經，國用有定額，部庫歲入止三千六百餘萬，出亦三千六百萬。此據乾隆十年，部臣請定會計疏[18]，大約歲出之款，軍需二千四五百萬為大宗。此外，內務府經費、宗祿官俸、武職養廉、河工經費，歲有定數。其時，湛恩汪濊[19]特旨，普免天下錢漕[20]。至五次遇有災荒，隨時蠲[21]振，史不絕書。

而乾隆四十六年，部庫存銀乃至七千餘萬，謹按御製，重華宮賜宴詩。及四十六年，大學士阿桂疏則，以列祖列宗恭儉撙節、休養生息之所貽，故得封樁大庫，銀幣充牣[22]；太倉天庾[23]、粟紅山積至此也。

伏查光緒[24]七年戶部會計冊，是年常用徵收各直省地丁、耗

15　讟，音同讀，意為誹謗、怨言。
16　乾隆：清高宗弘曆年號，由 1736~1795 年。
17　丁：壯年男子。地丁：地方政府抽調壯丁服徭役。
18　疏：疏通、解釋。奏疏：大臣向皇帝上奏的解釋某件事的文件；又稱為「條陳」。
19　湛，水深的樣子，湛恩：深厚的恩典。汪，水勢深廣，汪濊：深廣之意。
20　漕：從水道運輸。錢漕，水路運輸費用。
21　蠲：音「損」。原指一種多足蟲；轉意為除去、減免。
22　牣：同韌。充牣，即充促。
23　太倉：國家之糧倉。庾，音「雨」；天庾：露天的積穀之處。
24　光緒：清德宗載湉的年號，由 1875-1908 年。

羡、漕折、清項、雜賦、常關稅、鹽課、地租、生息，凡此九款，計收銀四千二百四十八萬六千二十八兩有奇，皆列朝部庫，歲入常例，所有經制之款也。其七年分所收厘金一千八百五十八萬四千四十四兩有奇。有補收上年尾數在內，非截然一年實收之數。又洋稅一千四百九十九萬二百七十六兩。又光緒十三年以後，新增洋藥並徵稅厘一款，歲入六百餘萬，則皆列朝部庫所昔，無而今有之款，非常例經制應入之款也。

故知今日民力之竭，杼柚[25]之空，度支歲出數增於前，物價騰貴，絕非其舊。購買外洋艦械，各省防營養勇，皆取財積，錙銖[26]用財等泥沙，生計蕭然，四民重困。北五省並計，歲收釐金尚少，不抵江蘇、松滬一局。其最重最困，莫如江、浙、鄂、粵、閩、豫為甚。故東南各省，物力積疲，較同治及光緒初年，盈虛消息，絕不相同。此謀國者，最不可不知也。

洪維我皇太后、皇上，恩周草屋、澤浹寰區、發帑振荒、憫農蠲賦，歲不絕書。與黎元休息，為足國之根本。隆恩光被，薄海欽仰，恭繹煌煌，諭旨總期，朝廷不加取於民，而國用藉資挹注，以維大局，而濟時艱等因，欽此盛名。愷念民依不得已，而通籌國計之苦衷，昭然揭日月而行。凡在臣工民庶，宜如何抑副聖訓，矢綜核以紓籌效，輸將以敵愾。惟是，立法貴乎因時濟時，存乎變通。近來議者，迫於各國加稅，去厘之議，謂洋貨滯銷。由於內地厘金阻力甚大，圖銷暢洋貨，非去厘金阻力不可。

25　杼柚，織具名，又作「杼軸」。杼用以持緯線；柚用以受經線。杼柚之空，比喻民力衰竭。

26　錙，兩的四份之一；銖，錙的六份之一，都是古代使用的細小單位。錙銖：轉意形容斤斤計較。

─ **第五十一頁** ───────

夫釐金非仁政，然腹地稽徵，自我爲政，可以隨時取益防損，濟各省籌餉之窮。若議加洋稅，縱改值百抽五，爲值百抽十，商請強鄰助我，彼必索償他益，事多牽掣，流弊太多。且新関洋稅司，利權積重。西員薪水經費，前已加至通年准支三百萬，苟多抽十之稅，又將藉口議加，恐成尾大不掉之勢。故釐金雖病民之政，孰若利權外持之，爲害尤甚。兩害取輕，不得已，惟有籌備整頓釐金之一法，謹條其便宜如左：

一曰[27]，請飭慎用賢員，以袪積弊也。

咸同之間[28]，大軍與賊相拒，水陸勇營所在，蜂屯軍市之饒，湘鄂上下游皆然。故其時，常關盡廢，厘收最旺。及事平勇撤，新關旺收，常關漸復，洋貨暢銷，土貨屯滯。彼盛此絀，銀錢漏卮於外洋，物力日形其彫敝。故釐收年減一年，此消息盈虛，一大關鍵也。

惟自古理財之術，常以用人爲本。胡林翼任，嚴樹森、閻敬銘治鄂釐，而軍用饒。曾國藩、任黃冕主東征局。胡大任主江西牙釐，而士馬騰飽。左宗棠、任周開錫治閩厘，而庫藏充裕。

光緒五六年，粵督張樹聲，奏調編修李用清，興粵厘，成效頗著。光緒十一二年，粵督張之洞，調用賢員治厘，收數最旺，海防經費，賴此挹注[29]。

光緒二十二年，署江督張之洞奏請，以候補道程儀洛，督辦江皖厘金，惜事格不行。

─────────────

27 此處原文漏「曰」字，據以下文意加上。
28 咸同，指咸豐與同治；咸同之間，分別指 1851~1861 年與 1962~1874 年之間。
29 挹，音「邑」，意指牽引、抑制。挹注：原意爲，把某些液體從一個盛器中取出，再注入另一個盛器。挹注，引申爲，以有餘補不足。

前賢謂，任法不如任人。任人之效，十倍於立法，洵至言也。現各省釐務，均責成藩司總核。藩司苟廉明公正，下知畏法。黜陟[30]明，而情意通。分任潔已奉公之員，則商怨紓、而國課仍裕。又參用公正紳士，設商務局，查知物產之衰旺，各業之盈絀，有能包辦一方之釐者，照牧令一體委任。蓋胡林翼最善治釐，其法以通商情為第一要義。嘗曰：「用官不如用紳。」唐劉晏用土人佐榷之良法，不先胡林翼而言之乎。

──第五十二頁──

一曰，總核比較，以重榷課也。

關稅有定額，而釐金無定額。然現在各省辦法，有逐月比較，有通年比較，儼然與額徵之數無異。觀後所開行省，歷年比較，數有前後，大相懸殊者。部臣亦可奏請，飭疆吏確查，以杜欺飾。至遇水旱偏災，收數短絀，則如米穀食物，抽厘之類盡蠲之，以廣皇仁。須奏明辦理釐金，有淡旺月之不同。如今年冬臘旺收，或開春雨水減色；來年春夏減色，而秋成豐收較旺。是在各藩司，責成總分局員，通一年比較，以盈絀之分數，分記功保獎，調差記過，撤委參劾，以明賞罰，而資鼓勵。

一曰，各省物產衰旺不同，當因地制宜也。

如皖南茶釐，嘉湖絲厘，昔旺而今衰。以印度大吉嶺茶葉日盛，外洋亦講求種桑育蠶；而湖繭往往有椒米瘟之病故也。潯皖江寧[31]木釐日減，以回空鹽船，在漢關競買半稅單，裝載木植之故也。江西景鎮瓷釐，亦今不如昔。惟漢口俄商買甎[32]茶，行銷

30　黜陟，又作絀陟，指官吏的進退升降。
31　潯：江西省九江市的別稱；皖：安徽省的簡稱；江寧：南京之舊稱。
32　甎，同「磚」。

北路，則今盛於昔。因洋貨鴉片煙，浸銷內地，銀根漏出外洋，歲數千萬，致華民風俗日奢、習氣日惰、生計日微。而粵、湖、漳、廈出洋商民，分佈傭工於新舊金山、小呂宋、秘魯、巴西、南洋、星嘉坡各處，操其奇盈，多攜資回內地，轉相灌輸，歲踰千萬。賴此有以，稍晚漏卮。所以，粵閩厘收，尚可整頓暢旺，職是故也。他若出洋，華傭以糖治吐瀉，故台閩糖利廣銷。洋人暑帽，多取輕適，故山東草帽辮暢售，類皆宜參究。新關貿易冊，務使興工商、植物產，使製法精良，土貨暢旺，可以敵洋貨之奇盈。商務局官紳，爲之保護維持，考察物產，盈絀之故，而隨時制爲輕徵重徵之宜，則釐務當有起色。

一曰，外銷款項，不妨臚款報部，仍請飭部臣，勿掣疆臣之肘也。

查各省，困於京協各餉，及奉省軍需，及洋備、丁漕，所入不給解撥，至全恃釐金挹注。撫藩大吏，受恩深重。地方時有水旱災歉、紅白卹賞、緝捕保甲、清糧丈田、軍需善後、洋務交涉、營局各差，以至於巡船杜漏、塘壩堤工、善堂書院，在在需費。故外銷名目所不能免，非必侵漁入己也。第外銷，既係爲地方之用，不妨作正開銷，似宜明諭，飭其臚列款項，和盤托出，開單請銷，仍准其立外銷名目。部臣當如雍正中，耗羨歸公一案，仍存留各省藩庫，備水旱軍需動用。但報知部臣，部臣勿掣其肘，不列入春秋撥冊之內，是則可行也。

又查常關積弊，胥役[33]猥多。外銷正用之外，弊孔視釐局尤甚，亦可照此辦理。蓋以釐局辦法簡易，訪有員胥劣跡，隨時撤懲，可以除弊。至鈔關稅，辦法繁曲，名目太多。關胥常與院胥、

---

33 胥：古代掌文書的小官吏，又稱爲「胥役」。

部胥鈎結，聯絡深根蒂固，牢不可破。故從前疆臣，深知治體者，若馬新貽、沈葆楨，常常力持，以爲常關，可遽複其正額，盈餘應解之數，應取償於釐金，代徵解部，蓋以鈔關之積弊，什倍於釐局故也。

── 第五十三頁 ──

一曰，酌復坐賈落地捐，以抵制漏卮也。

查近年鈔關常稅，及釐金二者皆短收，日甚一日。皆以華洋商半稅單盛行，勾通影射之故。關局苛徵，爲叢驅爵，奸商多倚洋旗洋票爲逋藪[34]，畏釐局林立之繁苛。就洋票一徵，無人再問之簡易。故新關洋稅日增，而常關釐局，兩受其病。前曾國藩、左宗棠，講求治釐養勇之法。今長江水師，年餉九十餘萬，均指定沿江釐卡八處養之。儻[35]仍前法，自於各鄉鎭，內地河、湖、港汊[36]、市集處所，分設釐卡，辦坐賈落地捐之法。此法誠屬病民之政，然現在奸商，齎[37]洋票入不通商之內地，採買土貨。牙行市儈，往往藉口，指爲洋商買定之貨，抗不完釐。洋人又出頭扛幫，唆領事動索賠償，大爲釐金之害。近年，又准內河非通商口岸之處，駛行華小輪，釐金大爲減色，無已止有。酌複前法，各鎭市擇其繁富之區，每縣或一二處或三四處，其瘠苦之縣蠲免，由省城牙釐局札委，或公正紳士，或殷實巨賈，每月包繳坐賈落地捐。坐賈者，就各鎭市百貨大宗各業巨商，每月盈餘幾何，視其簿二十抽一。其零星小販，免徵落地捐。

34　逋：逃亡；藪：大的湖澤。逋藪，比喻逃避之所。
35　儻，同「倘」，意爲倘使、如果。
36　港汊，又稱汊港，指港口附近分叉的水道。
37　齎：音「基」，意爲：送東西給人。

─第五十四頁─

今定粵東局卡，尚行之貨到地頭，即加捐抽。凡稅有稅則，釐有釐章。釐章量百貨之貴賤，以定抽收多寡，應照曾、左諸臣，報部核准之章爲定。或令各省立一簡明之章，懸貼通衢，使人人易於通曉。毋使姦胥蠹役，上下其手。又各省官輪兵輪，漏釐不少。從前北洋大臣李鴻章用西例，兵輪不得藉留，不准查驗反駁。南洋大臣，查驗有無夾帶爲非，遂致一律偷漏，應請飭上下各省禁止，無論兵輪官輪，不許夾帶貨物。且平時須逢關納稅，遇卡抽釐。違者治罪，如此不但釐金可旺，抑且關稅多收。現在，各省牙釐收數日減，辦法似宜變通，須減輕行商完釐，以示寬予招徠。討論坐賈章程，以杜洋票之害。至辦理坐賈落地捐，各員紳有無成效，應歸藩司，以時獎勵，申明賞罰，則釐金收數必增，庶可杜洋票之漏巵。

一曰，定劣員、司事、巡丁之罰，使嚴明約束也。

恭讀上年九月二十二日，奉皇太后懿旨，徵收釐金，首在剔除中飽，以期涓滴歸公。其有不肖官吏，種種營私，務即破除情面，嚴行參劾，毋稍姑容等因，欽此。伏查各省，藩司簿領較冗，往往以候選道府，充省城牙釐局，會辦提調。外郡釐卡，則分委同通州縣佐貳司之默，察查釐金中飽之故。由於候補人員太多，鑽謀釐差，委剳一下，儼同得缺司事，薦條盈寸。官親家丁，巡役包攬，以爲利藪[38]，蟻附蠅營類，皆助朘商、脂商[39]。膏局員雖賢者，亦多受此累。其劣者更上下朋分，以致商農兩困，積怨已深。勾結侵漁，百弊交作，比及撤委，而釐課已大虧矣。

---

38 藪，湖澤的通稱。利藪，引伸意爲利益。

39 朘，音「追」，原指男子的生殖器。朘商：咒罵牟暴利的奸商。脂商：指搜刮民脂民膏的奸商。

　　前大學士閻敬銘嘗語臣：以前山西知縣馬丕瑤，司運城釐，日所用司事巡丁，不擾商，而聽商自納，隨徵隨解，月計歲計，常有盈餘。使天下釐員，盡知如此理財之道得矣。近年鄂省，開以實任牧令，兼辦小縣釐卡，以歸簡易。如再參用本地正紳，則事省而費廉，權收必大有起色。各省宜定以專章，申明約束，使局員、司巡，層層鈐制，如有朋比、乾沒入己，照州縣虧空正款例追繳，仍視情罪重輕，予以參劾，或永停差委。故治釐之政，在寬商去苛，以鼓勵其樂輸之情。尤在省官益糈[40]，而參劾議罰繩其後。

　　以上六條管見，所及是否有當，伏候聖明採擇。至各省辦釐，或過於繁苛斂怨，已為竭澤而漁；或失之寬弛市恩，徒飽員胥之蠹[41]，情形互有不同。謹將歷年收數比較，開摺恭呈御覽：

　　大約以江浙、鄂、粵，收數最饒為上等；江右、湘閩為上次；甘、蜀、皖、廣西為中等；惟蜀省，光緒七年收數獨旺，至一百八十餘萬，而前後報部皆大減，顯有不符。陝西、雲南、奉天為中、次等；餘皆下等。綜計戶部冊年收一千四五百萬左右，各直省釐，收盈虛消息，大略可睹矣。

　　微臣自恨，從政寡術，管榷不效，深憂至慮，無補時艱。苟有一孔之愚，不敢不殫竭微忱，敬陳於君父之前。所有遵旨預議，默籌整頓釐金積弊，詳列比較，大數緣由，謹恭摺具陳，伏乞皇太后、皇上聖鑒，謹奏。

一第五十五頁 ————

軍機大臣等遵旨會議覆奏摺一段附左：

40　糈，音「水」。意原指糧食；又指祭神的精米。
41　蠹，音「到」；原意為一種蛀蟲

　　光祿寺卿袁昶，專論整頓釐金，臚舉辦法六條，並稽核歷年釐金鹽釐，比較大數，羅羅清疏，所請慎用賢員，綜核比較，並斟酌各省物產衰旺，嚴定劣員，司巡參罰，均屬扼要之論。其外銷款項，請准列款報部，則不獨釐金一項宜然，各省自督撫提鎮以下，文武各員，無非為民而設。地方應辦之事，無一不責之官，即無一不取之民。特是，國家定制稽徵，既有常經開支，必循成例。儻與例不合，即不能報部。雖報部，亦必不准銷此；外銷名目所由來，非盡侵漁入己也。

　　揆之情理，既係地方之用，自應作正開銷，應懇特恩准，其臚列款項，和託盤出，開單請銷，部臣不得掣肘。如是，則疆臣得以實用實銷，有可信之簿書，始有可稽之數目。如事理不合，仍可詳加駁詰，酌予刪除，但不必拘泥例章，削趾適履耳。其酌設坐賈落地捐一條，與貽穀所陳包辦之法，互有出入。遵查坐賈落地捐，歸商按月包繳，各省閒有行之者。至水陸衝途，分設局卡，抽收出境入境釐金，此則斷非商力所能及。或仿胡林翼治鄂，成法理財，參用士人，凡有水陸總卡，官紳並委，尚屬可行，應請飭下戶部，將該京卿等原奏，摘鈔咨行。各省將軍督撫，體察地方情形，酌量辦理。該京卿保薦程儀洛等九員，據稱以治稅釐，必有起色，應准該督撫等，各就所知，分別委任奏調，畀以事權，用徵實效。

──第五十六頁──

　　按，袁京卿奏保人才片[42]云：江蘇候補道程儀洛、廣東候補道王秉恩，任勞任怨，清操自勵；記名道府樊增祥，廉明有威，

---

42 片：上奏皇帝的小張卡片。

通達治理；前雷瓊道朱采，樸毅有爲，辦事忠實；直隸吳橋縣知縣勞乃宣、前安徽青陽縣知縣湯壽潛，才長守潔，講求利病；江蘇候補道朱之榛，精明幹練，於蘇滬釐金積弊最悉；河南府知府文悌，堅苦立志，見義勇爲；安徽候補道童祥熊，恪慎廉公，治皖北釐金有效。以上九員，實爲良吏之選，使之權道府一路，兼治稅釐，必有成效可觀。如臣所保不實，願請從重治罪，以爲濫保非人，妄言國事者戒。

拾壹、《上諭》註釋[1]

◎十二月十三日上諭，近來各省盜風日熾，教案疊出，言者多指
為會匪，請嚴拿懲辦。

因念會亦有別彼不逞之徒，結黨聯盟，恃眾滋事，固屬法
所難宥[2]。若安分良民，或習技藝以自衛身家，或自聯村以互保
閭里[3]，是乃守望相助之美。地方官遇有案件，不加分別，誤聽
謠言，概目為會匪，株連濫殺，以致良莠不分，民心惶惑，是
直添薪止沸，為淵驅魚，非民氣之不靖，官辦理之不善也。

本朝深仁厚澤，涵濡二百餘年，百姓食毛踐土，具有天良，
何致甘心弄盜，自取罪戾？在各省督撫，慎擇賢吏，整飭地方，
與民休息。遇有民教詞訟，持平辦理，不稍偏重。平日足以孚
民望，遇事自足以服眾心，化大為小，化有為無，固根本者在
此；聯邦交者，亦在此。各省督撫，受恩深重，共濟時艱，必
能仰體朝廷，子惠元元，一視同仁。至意嚴飭地方官，辦理此
等案件，祇問其為匪與否？肇釁與否？不論其會不會、教不教

---

1 本文「上諭」及其後的「要緊上諭」、「上海電」、「更正」，原載於《中國旬報》
創刊號第 57~60 頁，均無署名或註明出處。在第一份革命刊物抄錄這些宮廷
文書，目的是要讓革命黨人，知道清廷的政策。以下順序加上標點符及分段，
並加上適當的註解；同時，某些跨越分頁的內容，調整在同一頁，以方便閱
讀。
2 宥：原諒、寬赦。
3 閭里：鄉里。

也，吾民亦當以保衛桑梓身家爲念，勿被煽惑，以構禍興戎；勿挾勢力，以欺淩鄰、里庶閭閻[4]，安堵藉釋；宵旰[5]憂勤，是所至望。將此通諭知之，欽此。

◎十七日上諭，總管內務府大臣，著繼錄補授，欽此。

◎同日上諭，前內閣學士兼禮部侍郎銜陸寶忠，著仍在南書房行走，欽此。

◎同日上諭，載漪等奏，遵保虎神營，出力員弁，開單呈覽各摺片。虎神營自成軍以來，經該大臣督率，兩營翼長，認真訓練，頗著成效。所有出力各員弁，不無微勞。足錄內閣學士兼禮部侍郎銜溥興，著交部從優，議敍候補道，有泰加恩，著以五品京堂候補翼長。萬福茂等，暨單開之侍衛溥敦，所請獎勵，均著該部議奏，欽此。

────　第五十八頁　────

◎同日上諭，會典館總裁崑岡等，奏恭修會典，全書告成，請將出力人員獎勵一摺。此次續修會典事例，於上年三月間。據該總裁奏稱：成書過半，當將出力人員分別獎敍。現在甫經年餘，全書均已一律蕆事[6]，該總裁等督同在館各員，檢查編纂辦理，尚爲迅速，不無微勞，足錄所有：滿提調官、內閣學士兼禮部侍郎銜那桐幫；提調官兼滿總校官、詹事府詹事儒林現充；清文總校官、刑部左侍郎崇光幫；總校官、內閣學士兼禮部侍郎溥興；神機營漢纂修官、理藩院侍郎景灃，均著交部，從優議敍。離館之漢提調官、戶部右侍郎劉恩溥；順天府府尹何乃瑩；

───────────

4 里：鄉里；庶，百姓；閭，鄉里；閻，里巷、巷門。里庶閭閻，即百姓鄉里。
5 旰，音「幹」；意爲「晚」。宵旰，即早晚。
6 蕆：音「產」；蕆事、畢事，辦理完畢。

漢文總校官、戶部左侍郎吳樹梅；西寧辦事大臣闊普；通武清文總校官、盛京戶部侍郎清銳，均著交部議敘。

　　另片奏，保之滿漢提調官貴秀、劉永亭等，並單開列，入一等議敘之滿漢總校官，及謄錄供事等，均著吏部議奏。

　　又片奏，前保之河南候補、直隸州知州劉人熙等，另核請獎等語，著該部一併議奏。片九件，單六件併發，欽此。

◎十八日上諭，奉宸苑[7]卿、著文廉補授，欽此。

◎同日上諭，巡視中城卸史文栗等，奏五城練勇局武職保案，遵駁改獎開單呈覽一摺，著兵部議奏單併發，欽此。

◎同日上諭，奎俊奏，特叅[8]庸劣不職各員，請分別懲處一摺。四川劍州知州趙仁治，年老昏瞶，縱子爲非；試用通判徐彥，志趣卑鄙，專事鑽營；蒼溪縣知縣沈澄，縱容家丁，罔恤民隱；青神縣知縣任鶴齡，年老嗜利，不恤人言；前署大竹縣候補知縣定培，心地糊塗，聲名甚劣；蓬溪縣康家渡鹽大使沈賢修，行止不端；試用縣丞龔恩華，招搖撞騙，均著即行革職。綿竹縣知縣李蓮生，性情乖謬，不洽輿情，著勒令休致；平武縣知縣陳兆豐，性情疲緩，辦事竭蹶，著以府經歷縣丞降補；廣元縣知縣宋萬選，措置失宜，雖勝繁劇，著開缺另補。

　　另片奏，茂州都司平川，嗜好甚深，操守難信；松潘營守備李浣華，任性妄爲，幾釀事端，均著一併革職，以示懲儆。餘著照所議辦理，該部知道，欽此。

◎同日硃筆，臺布補授內閣侍讀學士，欽此。

◎同日硃筆，稽查廂黃旗蒙古事務，着攀桂去，欽此。

◎同日硃筆，著秀林賡颺，連陞恩綸，專司稽查一年旗務，欽此。

---

7 宸：深奧的房屋。宸苑：指帝王的居所。
8 叅，參之古字。

◎二十日上諭，崇綺着管理禮部事務，欽此。

◎同日奉旨，廂藍漢軍旗務，着貴恆署理，欽此。

◎同日，奉上諭，張之洞奏革員，交代未清，潛回原籍，據實叅追一摺。湖北已革知縣高震榮，前在通山縣任內，欠虧丁漕錢價平餘等款，屢經嚴催，未繳，潛回浙江山陰縣原籍貫，實屬膽玩。著劉樹堂，飭傳該革員到案，按數追繳。如仍延宕，即行查抄家產備抵，以重庫款。該部知道，欽此。

拾貳、《要緊上諭》註釋

── 第五十九頁 ──

◎廿四日旨，著王公大臣等，於二十六日均穿蟒袍補服，兼遞如意二柄，欽此。

◎同日旨[1]，明年正月初一日，大高殿、奉先殿、壽皇殿三處，著派大阿哥溥儁恭，代行禮，欽此。

◎同日上諭，大阿哥正當典學之年，嗣後大內，著在宏德殿讀書，駐蹕[2]西苑，著在萬善殿讀書。派崇綺爲師傅授讀，並派徐桐常川照料，欽此。

◎同日硃諭：朕自四齡入承大統，仰承皇太后垂簾聽政，殷勤教誨，鉅細無遺。迨親政後，復際時艱，亟思振奮圖治，敬報慈恩，即以仰副穆宗毅皇帝，附託之重。乃自上年以來，氣體違和，庶政殷煩，時虞叢脞[3]，惟念宗社至重，是以籲懇皇太后，訓政一年有餘。朕躬總未康復，郊壇、宗社諸大祀，不克親行。值茲時事艱難，仰見深宮宵旰憂勞，不遑暇逸，撫躬循省，寢食難安。敬念祖宗締造之艱深，恐弗克負荷。且追維入繼之初，恭奉皇太后懿旨，俟朕生有皇子，即承繼穆宗毅皇帝爲嗣，所關至爲重大。憂思及此，無地自容，諸病何能望愈，用是，叩懇聖慈，於近支宗室中，慎簡賢良，爲穆宗毅皇帝立嗣，以爲

---

1 「同日旨」三個字原在上一段，根據文意改於此。
2 蹕，音「逼」，意爲帝王出巡，禁止其他人經過之道路；引伸爲帝王的車駕。
3 脞，音「小」；叢脞，意爲細碎、煩瑣。

將來大統之歸。再四懇求，始蒙俯允，以多羅端郡王載漪之子溥儁，承爲穆宗毅皇帝之子，欽承懿旨，感幸莫名。謹當仰遵慈訓，封載漪之子溥儁爲皇嗣，以綿統緒。將此通諭知之，欽此。

◎廿六日，慈禧端佑康頤昭豫莊誠壽，恭欽獻崇熙皇太后懿旨，禮部奏元旦令節，恭行禮儀各摺片。明年元旦，皇帝在甯壽宮行禮後，仍卸皇極殿受賀，大阿哥溥儁，及王貝勒等，在皇極門內行禮。二品以上文武大員，在皇極門外行禮，欽此。

◎同日旨，廂藍旗漢軍副都統，著溥頲補授，欽此。

◎同日旨，藍旗護軍統領，著載瀛調補；正黃旗護軍統領，著粹吉補授，欽此。

◎皇太后諭：明年皇帝三旬壽辰，應行典禮，著各該衙門，查例具奏。

───　第六十頁　───

◎廿九日上諭：明年朕三旬壽辰，著毋庸舉行祈祭禮。所有升殿禮儀，著停止，欽此。

◎同日上諭：明年朕三旬壽辰，允宜特開恩榜，嘉惠士林。著以明年庚子科，爲恩科鄉試。次年辛丑，爲恩科會試。其正科鄉試會試，著遞推辛丑壬寅年舉行，用示行慶，作人有嘉，無已至意，欽此。

◎又上諭：明年朕三旬壽辰，王公百官，仍著穿蟒袍補服七日，欽此。

◎又上諭：明年朕三旬壽辰，各省督撫及將軍、提鎮等，俱不准奏請來京祝嘏[4]，欽此。

---

[4] 嘏，音古，意爲福、**壽**。**祝嘏**，即賀壽。

拾叁、《上海電謠》註釋[1]

◎流寓滬上之各省鉅商士人，及奉耶教人，公擬一稟，寄至北京，力爭光緒帝被廢之事，曾經派送該稟原稿，數兆萬張，遍於中國云。

◎又，兩江總督劉坤一，擬即日入都，以爭廢立之非。

◎又，滿洲朝廷，命剛毅探察外人之動靜；及將其情形報告北京。

◎皇太后傳諭：於明年正月初一日，命光緒帝，接見各國公使。

---

1 《旬報》輯錄十天來重要新聞，從其內容及日期，可核對一些歷史事件，對研究報刊的出版日期甚有幫助。

拾肆、《更正》註釋[1]

　　本館創辦伊始，未能駕輕就熟，故訛舛不一。茲將有關文義者，特標出之餘外，讀者自明不贅。

◎第四十七版第九行與第十行相連。[2]

◎第四十九版第四行第二十九字係窟字所誤[3]

◎第五十四版第十三行第五字係榷字所誤。

◎第五十五版第二行第二十一字係榷字所誤。

1　此處四項更正，在正文中已加以訂正。

2　　此處斷行，意爲排版之錯。中篇《中外電音》註釋，將其連接。

3　　第二至四項更正，應是缺少鉛字「窟」，及「榷」而致　　，其後己見用手寫字塡補，詳見原件。

✡下　篇✡

《中國旬報》創刊號
原件重印

本研究論著為西式左翻閱，《中國旬報》原
為中式右翻閱，故自頁 480 往頁少閱讀。
（476→475→474……→413 頁。）

（原件高約 21cm，寬約 14cm；內文頁兩側用
細線框住；線框高約 18cm，寬約 10.5cm。本
書重印時全版約縮小 6%。）

更　正

第十篇前十一行第十三字蓋該字之誤　全行第二十由衍文

新輯精確鐵路十八省全圖

本館未開辦以前用全力搜購近日各國最新之中國圖說及歐亞家之中國遊記不限時日不惜工本輯成此以前未嘗有之十八省全圖降價發賣務祈流通以便之利心此數千年富庶文物之國者紙身堅白設色鮮潔至其雕刻之精步位之准更非從前之木版石印祗圖混利者所能夢見此圖最善要之點在各國所據之鐵路將來中國之完缺與亡胥在此著放本人不避艱苦購求中西文字之國家條約商家章程按地繪出別以顏色以便記認而本人亦參以己意自擬一路以為將來大勢上不可少之幹路非謂歐美人之見識未見及此亦以各人紛紛攘奪各誤一方未能計及大局耳時衡時事者常不謬余菩而資識此圖之不置也

零　沽

未裱每張二員二毛半
已裱每張叁員□□

有欲買代售者請至本舘面議可也

庚子年正月

報主人告白

中國旬報

第貳期

太陽歷貳月拾肆號

庚子年正月十五日

電話　　　　　　　　六十

○廿九日上諭明年朕三旬壽辰著冊届舉行新祭禮所有升殿禮儀著停止欽此○同日上諭明年朕

三旬壽辰允宜特開恩榜嘉惠士林著以明年庚子科爲恩科鄉試本年正科鄉試其正科鄉試

會試著酌推至丑壬寅年與行川示行慶作人有嘉無已至意欽此○又上諭明年朕三旬壽辰王公百

官仍著穿蟒袍補服七日欽此○又上諭明年朕三旬壽辰各省督撫及將軍提鎮等俱不准奏請來京

祝嘏欽此

上海電諦

流萬滬上之各省鉅商士人及奉耶教人公擬一禀寄至北京力爭光緒帝被廢之事曾經派送該真原

稿數煖萬張遍於中國云○又兩江總督劉坤一擬即日入都以爭廢立之非○又滿洲朝廷命剛毅探

察外人之動靜及將其情形報告北京○皇太后傳諭於明年正月初一日命光緒帝接見各國公使

更正

本館創辦伊始未能駕輕就熟故訛舛不一茲將有關文義者特標出之餘外讀者自明不贅

○第四十七版第九行與第十行相連　○第四十九版第四行第二十九字係窩字所誤

○第五十四版第十三行第五字係權字所誤　○第五十五版第二行第二十一字係權字所誤

著劉樹堂飭傳該革員到案按數追繳如仍延宕即行查抄家產備抵以重庫欵該部知道欽此

要緊上諭

○廿四日旨著王公大臣等於二十六日均穿蟒袍補服兼遞如慈二柄欽此同日旨○明年正月初一日大高殿奉先殿壽皇殿三處著派大阿哥溥儁恭代行禮欽此○同日上諭大阿哥溥儁著在宏德殿讀書駐蹕西苑著在萬善殿讀書派徐桐常川照料欽此○

初恭奉皇太后懿旨朕生有皇子即承繼穆宗毅皇帝為嗣所關至為重大憂思及此無地自容諸病奮圖治教報慈恩朗以仰副穆宗毅皇帝付託之重乃自上年以來氣體違和政殷煩時處叢脞惟念宗社至重是以籲懇皇太后訓政一年有餘朕躬總未康復郊壇宗社諸大祀行禮値茲時事艱難仰見深宮宵旰憂勞不遑暇逸撫躬循省寢食難安敬念祖宗締造之艱深恐弗克負荷且追維入繼之始蒙俯允以多羅端郡王載漪之子溥儁承繼穆宗毅皇帝之子欽承懿旨感幸莫名謹當遵慈訓何能望愈用是即懇聖慈於近支宗室中慎簡賢良為穆宗毅皇帝立嗣以為將來大統之歸再四懇求封載漪之子溥儁為皇嗣以綿統緒將此通諭知之欽此○廿六日慈禧端佑康頤昭豫莊誠壽恭欽獻崇熙皇太后懿旨禮部奏元旦令節恭行禮儀各摺片明年元旦皇帝在宮行禮後仍御皇極殿受賀大阿哥溥儁及王貝勒等在皇極門內行禮二品以上文武大員在皇極門外行禮欽此○同日旨廂藍旗漢軍副都統著溥頲補授欽此○同日旨藍旗護軍統領著戴瀛調補正黃旗護軍統領著緒吉補授欽此○皇太后諭明年皇帝三旬壽辰應行典禮著各該衙門查例具奏

滿提調官內閣學士兼禮部侍郎銜那桐幫提調官兼總校官詹事府詹事儒林現充清文總校官刑

部左侍郎崇光幫總校官內閣學士兼禮部侍郎溥與神機營漢纂修官理藩院侍郎景灃均著交部從

優議叙離館之漢提調官戶部右侍郎劉恩溥順天府府尹何乃瑩漢文總校官戶部左侍郎吳樹梅西

甯辦事大臣闊普通武清文總校官盛京戶部侍郎清銳均著交部議叙另片奏保之滿漢提調官貴秀

劉永亨等等拜單開列入一等議叙獎等語著該部一併議奏片等均著吏部議奏又片奏前保之河南候

補直隸州知州劉人熙等另核請獎等語著該部一併議奏片九件單六件拜發欽此○十八日上諭奉

宸苑卿著文廉補授欽此○同日上諭巡視中城御史文粟等奏五城練勇局武職保案遵駁改獎開單

呈覽一摺著兵部議奏單併發欽此○同日上諭奎俊奏特參庸劣不職各員請分別懲處一摺四川劍

州知州趙仁治年老昏瞶縱子為非試用通判徐彥志趣卑鄙專事鑽營蒼溪縣知縣沈澄縱容家丁罔

恤民隱耆神縣知縣任鶴齡年老嗜利不恤人言前署大竹縣候補知縣定培心地糊塗聲名甚劣蓬溪

縣康家渡鹽大使沈賢修行止不端試用縣丞龔恩華招搖撞騙均著即行革職綿竹縣知縣李蓮生性

情乖謬不洽輿情著勒令休致平武縣知縣陳兆豐性情疲緩難著以府經歷縣丞降補廣元縣

知縣宋萬選措置失宜難勝繁劇著開缺另補另片奏茂州都司平川嗜好甚深操守難信松潘營守備

李浣華任性妄為幾釀事端均著一併革職以示懲徵餘著照所議辦理該部知道欽此○同日碌筆著秀林廣颺連

補授內閣侍讀學士欽此同日碌筆稽查一年旗務欽此○二十日上諭崇綺若管理禮部事務欽此○同日奉旨廂藍旗漢軍

旗務若貴恒署理欽此○同日奉上諭張之洞奏革員交代未清潛回原籍據實參追一摺湖北已革知

縣高震榮前在通山縣任內欠虧丁漕錢價平餘等欵屢經嚴催未繳潛回浙江山陰縣原籍實屬胆玩

五十八

上諭

○十二月十三日上諭近來各省盜風日熾教案聲出告者多指為會匪請拿懲辦因念會亦有別彼不逞之徒結黨聯盟恃衆滋事周屬法所難宥若安分良民或習技藝以自衛身家或自聯村以互保閭里是乃守望相助之美地方官遇有案件不加分別誤聽謠言概目為會匪株連濫殺以致良蓁不分民心惶惑是直添薪止沸為淵驅魚非民之不靖官辦理之不善也本朝深仁厚澤淪濡二百餘年百姓食毛踐土其有天良何致甘心弄盜自取罪戾在各省督撫懍擇賢吏整飭地方與民休息遇有民教詞訟持平辦理不稍偏重平日足以孚民望遇事自足以服衆心化大為小化有為無固根本著在此嚴飭交者亦在此各省督撫受恩深重共濟時艱必能仰體朝廷子憲元一視同仁主意嚴飭地方官勿被煽惑以攜禍與戎勿挾勢力以欺凌鄰里庶閭閻安堵藉釋宵旰憂勤是所至望將此通諭知之欽此○十七日上諭總管內務府大臣著繼祿補授欽此○同日上諭前內閣學士兼禮部侍郎陸寶忠著仍在南書房行走欽此○同日上諭載漪等奏遵保虎神營出力員弁開單呈覽各摺片虎神營自成軍以來經該大臣督率兩營翼長認員訓練頗著成效所有出力各員弁不無微勞足錄內閣學士兼禮部侍郎銜溥興著交部從優議叙候補道有泰加恩著以五品京堂候補翼長萬福茂等暨單開之侍衛溥敦所請獎勵均著該部議奏欽此○同日上諭會典館總裁崑岡等奏恭修會典全書告成請將出力人員獎叙一摺此次續修會典事例於上年三月間據該總裁奏稱成書過半當將出力人員分別獎叙現在甫經年餘全書均已一律藏事該總裁等督同在館各員檢查編纂辦理尚為迅速不無微勞足錄所有

增祥廉明有威通達治理前雷瓊道朱采樸毅有為辦事忠實直隸吳橋縣知縣勞乃宣前安徽青陽

縣知縣湯壽潛才長守潔講求利病江蘇候補道朱之榛精明幹練於蘇澦釐金積弊最悉河南府知

府文惕堅苦立志見義勇為安徽候補道童祥熊恪慎廉公治皖北釐金有效以上九員實為良吏之

選使之權道府一路兼治稅釐必有成效可觀如臣所保不實願請從重治罪以為濫保非人妄言國

事者戒

部皆大減顯有不符竇西雲南奉天為中次等餘皆下等綜計戶部冊年收一千四五百萬左右各直省

釐收盈虛消息大略可睹矣微臣自恨從政寡術管(榷)不效深憂至慮無補時艱苟有一孔之愚不敢不

殫竭微忱敬陳於君父之前所有遵旨預議默籌整頓釐金積弊詳列比較大數緣由謹恭摺具陳伏乞

皇太后皇上聖鑒謹奏

軍機大臣等遵旨會議覆奏摺一段附左

光祿寺卿袁軹專論整頓釐金臚舉辦法六條並稽核歷年釐金鹽釐比較大數羅羅清疏所請慎用賢

員綜核比較並斟酌各省物產衰旺嚴定劣員司巡參罰均屬扼要之論其外銷欵項請准列欵報部則

不獨釐金一項宜然各省自督撫提鎮以下文武各員無非為民而設地方廳辦之事無一不責之官即

無一不取之民特是國家定制稽徵既有常經開支必循成例儻有例不合即不能報部雖報部亦必不

准銷此外銷名目所由來非盡漁入已也撥之情理既係地方之川自應作正開銷懇特恩准其臚

列欵項和托盤出開單請銷部臣不得輒刑如是則疆臣得以實用實銷有可信之簿書始有可稽之數

日如辦理不合仍可詳加駁詰酌予刪除但不必拘泥例革削趾滴屢此其酌設坐賣落地捐一條與貼

穀所陳包辦之法五有出入遵查坐賣落地捐歸商按月包繳各省間有行之者至水陸衝途分設局卡

抽收出境入境釐金此則斷非商力所能及或仿胡林翼治鄂成法理財參用士人凡有水陸總卡官紳

並委尚屬可行應請飭下戶部將該京卿等原奏摘鈔容行各省由各將軍督撫察地方情形酌量以

理該京卿保薦程儀洛等九員據稱以治稅釐必有起色應准該督撫等各就所知分別委任奏調另以

事權用徵實效

按袁京卿奏保人才片云江蘇候補道程儀洛廣東候補道王秉恩任勞任怨清操自勵記名道府樊

查驗反駁南洋大臣查驗有無夾帶爲非遂致一律偷漏應請飭下各省禁止無論兵輪官輪不許夾帶

貨物且平時須逢關納稅遇卡抽釐運者治罪如此不但釐金可旺抑且關稅多收現在各省牙釐收數

日減辦法似宜變通須減輕行商完釐以示寬予招徠討論坐買章程以杜洋票之害至辦理坐買落地

捐各員紳有無成效應歸藩司以時獎勵申明賞罰則釐金收數必增庶可杜洋票之漏巵

一日定劣員司非巡丁之罰使嚴明約束也恭讀上年九月二十二日奉皇太后懿旨徵收釐金首在剔

除中飽以期涓滴歸公其有不肖官吏種種營私務即破除情面嚴行參劾毋稍姑容等因欽此伏查各

省藩司簿領較冗往往以候選道府充省城牙釐同會辦提調外郡釐卡則分委同通州縣佐貳司之默

察釐金中飽之故由於候補人員太多鑽謀釐差委劄一下儼同得缺司事廁條盈寸官親家丁巡役包

攬以爲利藪蟻附蠅營類皆助腹商胥局員雖賢者亦多受此累其劣者更上下朋分以致商農兩

困積怨已深勾結漁百弊交作比及撤委商課已大虧矣前大學士閻敬銘嘗語臣以前山西知縣

馬丕瑤司迤城釐日所川司非巡丁不擾商而聽商自納隨徵隨解月計歲計常有盈餘使天下釐員盡

知如此則理財之道得矣近年鄂省開以實任牧令兼辦小縣釐卡以歸簡易如再參用本地紳則事

省而費廉⑰收必大有起色各省宜定以專章中明約束使局員司巡府廳銓制如有朋比乾沒入己照

州縣虧空正欵例追繳仍視情罪重輕予以參劾或永停差委故治釐之政在寬商去苛以鼓勵其樂輸

之情尤在省官益精而參劾議罰緬其後

以上六條管見所及是否有當伏候聖明采擇至各省辦釐或過於繁苛歛怨已爲竭澤而漁或失之寬

弛市恩徒飽員得之囊情形五有不同謹將歷年收數比較開摺恭呈御覽大約以江浙鄂粵收數最饒

爲上等江右湘閩爲上次甘蜀皖廣西爲中等惟蜀省光緒七年收數獨旺至一百八十餘萬而前後報

出開單請銷仍准其立外銷名目部臣當如雍正中耗羨歸公一案仍存留各省藩庫備水旱軍需動用

但報知部臣部臣勿掣其肘不列入春秋撥册之內是則可行也又查常積弊胥役猥多外銷正用之

外弊孔視釐局尤甚亦可照此辦理蓋以釐局辦法簡易訪有員胥劣跡隨時撤懲可以除弊至鈔關稅

辦法繁曲名目太多關胥常與院胥鈎結聯絡根固蒂牢不可破故從前疆臣深知治體者若馬

新貽沈葆楨常常力持以為常關可遞復其正額盈餘應解之數應取償於釐金代徵解部蓋以鈔關之

積弊什倍於釐局故也

一曰酌復坐買落地捐以抵制漏卮也查近年鈔關常稅及釐金二者皆短收日甚一日皆以華洋商牙

稅單盛行勾通影射之故關局苛徵為叢驅爵奸商多倚洋旗洋票為逋藪畏釐局之繁苛就洋票

一徵無人再問之簡易故新關洋稅日增而常關釐兩受其病前曾國藩左宗棠講求治釐養勇之法

今長江水師年餉九十餘萬均指定沿江釐卡八處養之儻仍前法自於各鄉鎮內地河湖港汊市集處

所分設釐卡辦坐買落地捐之法此法誠屬病民之政然現在奸商齎洋票入不通商之內地采買土貨

牙行市儈往往藉口指為洋商買定之貨抗不完稅洋人又出頭扛幫唆領事動索賠償大為釐金之害

近年又准內河非通商口岸之處駛行華小輪釐金大為減色無已止有酌復前法各鎮市擇其繁富之

區每縣或一二處或三四處其痞苦之縣錙免由省城牙釐局札委或公正紳士或殷實巨商每月包繳之

坐買落地捐就各鎮市百貨大宗各業巨商每月盈餘幾何視其簿二十抽一其零星小販每月包繳

落地捐今定粵東局卡尚行之之貨到地頭即加捐抽几稅有稅則釐有釐章釐章量百貨之貴賤以定抽毋

收多寡應照督左諸臣報部核准之章為定或令各省各立一簡明之章懸貼通衢使人人易於通曉毋

使姦胥蠹役上下其手又各省官輪兵輪漏釐不少從前北洋大臣李鴻章川西例兵輪不得藉留不准

一曰總核比較以重權謀也關稅有定額而釐金無定額然現在各省辦法有逐月比較有通年比較儻

然與額徵之數無異觀後所開行省歷年比較數有前後大相懸殊者部臣亦可奏請飭疆吏稽查以杜

欺飾至遇水旱偏災收數短絀則如米穀食物抽釐之類皇仁須奏明辦理釐金有淡旺月

之不同如今年冬臘旺收或開春雨水減色來年春夏減色而秋成豐收較旺是在各藩司責成總分局

員通一年比較以盈絀之分數分記功保獎調差記過撤委參劾以明賞罰而資鼓勵

一曰各省物產衰旺不同當因地制宜也如皖南茶釐嘉湖絲釐昔旺而今衰以印度大吉嶺茶葉日盛

外洋亦講求種桑育蠶而湖繭往往有椒米瘟之病故出海皖江需木釐空□船在漢關競買

半稅單裝載木植之故也江西景鎮瓷釐亦今不如昔惟漢口俄商買瓶茶行銷北路則今盛於昔因洋

貨鴉片煙浸銷內地銀根漏卮所以粵閩厘收尚可整頓暢售華民風俗日奢習氣日微而粵漳廈出洋

商民分布儲工於新舊金山小呂宋西南洋星嘉坡各處操其奇盈多攜貲回內地轉相灌瀹故臺

蹟千萬賴此有以稍挽漏卮所以粵圖厘多取輕遍故山東章幅辦暢售宜參究新關貿易冊務使與工商植物產使

製糖利廣銷洋人晷幅多取輕遍可以敵洋貨之奇盈商務局官紳為之保護維持考察物產盈絀之故而隨時制為

輕徵重徵之宜則釐務當有起色

一曰外銷項不妨爐欵報部仍請飭部臣勿掣疆臣之肘也查各省困於京協各餉及泰省軍需及洋

償丁漕所入不給解撥至全恃釐金把注撫藩大吏受恩深重地方時有水旱災歉紅口郵質緝捕保甲

清糧丈田軍需善後洋務交涉營局各差以至於巡船杜漏塘堰工善堂書院在在需費故外銷名目

所不能免非必侵諸入已也第外銷既係為地方之用不妨作正開銷似宜明諭飭其釐列欵項和盤托

昭然揭日月而行凡在臣工民庶宜如何仰副聖訓矢綜核以紓籌效輸以敵愾將是立法貴乎因時

濟時存乎變通近來議者迫於各國加稅去厘之議謂洋貨滯銷由於內地厘金阻力甚大圖銷暢洋貨

非去厘金非仁政然腹地稽徵自我為政可以隨時取益防損濟各省籌餉之窮若議

加洋稅縱改值百抽五為值百抽十商請強隣助我彼必索償他益事多牽掣流幣太多且新關洋稅司

利權積重西員薪水經費前已加至通年准支三百萬苟多抽十之稅又將藉口議加恐成尾大不掉之

勢故釐金雖病民之政執若利權外持之為害尤甚兩害取輕不得已惟有籌整頓釐金之一法謹條其

便宜如左

一請飭慎用賢員以祛積弊也咸同之間大軍與賊相拒水陸勇營所在蜂屯軍市之饒湘鄂上下游皆

然故其時常關盡廢厘收最旺及事平勇撤新關旺收常關漸復洋貨暢銷土貨屯滯彼盛此絀銀錢漏

卮於外洋物力日形其彫敝故釐收年減一年此消息盈虛一大關鍵也惟自古理財之術常以用人為

本胡林翼任嚴樹森閻敬銘治鄂釐而軍用饒曾國藩任黃冕王東征局胡大任主江西釐而士馬騰

飽左宗棠任周開錫治閩厘而庫藏充裕光緒五六年粵督張樹聲奏調編修李用清與粵厘成效頗著

光緒十一二年粵督張之洞調用賢員治厘收數最旺海防經費賴此挹注光緒二十二年署汀督張之

洞奏請以候補道程儀洛督辦汀皖厘金惜事格不行前賢謂任法不如任人任人之效十倍於立法洵

至言也現今各省釐務均責成藩司總核藩司苟廉明公正下知畏法黜陟剛明而情意通分任各方之

員則商怨紓而國課仍裕又參用公正紳士設商務局查知物產之衰旺各業之盈絀有能包辦一方之

釐者照牧令一體委任蓋胡林翼最善治厘其法以通商情為第一要義當日用官不如用紳唐劉晏用

土人佐權之良法不先胡林翼而言之乎

彫敝以致海內騷然蓋藏虛耗蓋厘金之法明病商暗病民南宋陳遘括諸路經總制錢以養兵即是此

術非國家藏富於民之道大易損上益下之義故曾國藩胡林翼奏請平平即刪除此政乃老成謀國之

忠言也伏查我朝國初賦稅部庫所入歲不足三千萬其時物力尚儉無論已即乾隆極盛地丁額賦常

關稅鹽課取民有常經國用有定額部庫歲入止三千六百餘萬出亦三千六百萬此據乾隆十年部臣

請定會計疏大約歲出之歟軍需二千四五百萬為大宗此外內務府經費宗祿官俸武職養廉河工經

費歲有定數其時湛恩汪濊特旨普免天下錢漕至五次遇有災荒隨時蠲振史不絕書而乾隆四十六

年部庫存銀乃至七千餘萬謹按御製重華宮賜宴詩及四十六年大學士阿桂疏則以列祖列宗恭儉

撙節休養生息之所貽故得封椿大庫銀幣充牣太倉紅山積至此也伏查光緒七年戶部會計

冊是年常川徵收各直省地丁耗羡漕折清項雜賦常稅鹽課地租生息凡此九歟計收銀四千二百

四十八萬六千三十八兩有奇皆列朝部庫歲入常例所有經制之歟也其七年分所收厘金一千四百九

五十八萬四千四十四兩有奇有補收上年尾數在內非截然一年實收之數又洋稅一千四百九十九

萬二百七十六兩又光緒十三年以後新增洋藥拼徵稅厘一歟歲入六百餘萬則皆列朝部庫所昔無

而今有之歟非常例經制應入之歟也故知今日民力之竭矣度支歲出數增於前物價騰貴絕

非其舊購買外洋艦械各省防營養勇皆取財積鎦鉄用財等泥沙生計蕭然四民重困北五省并計蔵

收犛金尙少不抵江蘇松滬一局其最最困莫如江浙鄂粵閩豫為甚故東南各省物力積疲較同治

及光緒初年盈虛消息絕不相同此謀國者不可不知也洪維我皇太后皇上恩周草屋澤浹寰區發帑

振荒惻憫農鑛賦歲不絕普與黎元休息為足國之根本隆恩光被薄海欽仰恭繹煌煌諭旨總期朝廷不

加取於民而國用藉資挹注以維大局而濟時艱等因欽此聖明懲念民依不得已而通籌國計之苦衷

奏疏

光祿寺卿袁敬籌整頓厘金辦法摺

二品銜光祿寺卿臣袁昶跪奏為遵旨議敬籌整頓厘金辦法六條以維國計并釋核歷年比較大數

恭摺仰祈聖鑒事四月二十八日內閣奉上諭近日朝廷以整頓厘務於籌餉一事尤在所當急各省關稅

厘金鹽課取之於民者歲有常經但使各督撫認眞整頓裁汰闰規剔除中飽事事涓滴歸公何患餉源

不濟無如封疆大吏瞻徇情面不能力祛因循積習以致委員司道人等□穴其間種種侵欺等因

若不認眞革除日復一日何所底止著大學士軍機大臣六部九卿詳加查核各據所見川儲柴欺以敕舉

欽此欽遵會議臣伏思當關稅積弊所奉鹽課厘務經加價不能減領敝私以致私

販充斥鹽綱滯銷其弊細如牛毛且半為新關稅所能盡詳謹止就厘金一事抒管見

為皇太后皇上敬陳之伏查厘金本非國家歲入之欵軍與賜不得已而川之咸豐三四年軍潰督雷以

咸防堵維揚創為此法以贍軍後歷臣胡林翼曾國藩逐漸推廣其法於湖鄂豫皖等酌捐戶部稅則垠

之甚輕立法較密數卡多在繅穀水口當時養勇平賊之根其全恃此以為餉源勾

稽牙帖行偌入于平準百貨之輕重物產之貴賤而抽收其盈息嚴於巨商異於小販故多取而民不撓

名曰牙釐其初泰明賊平即止蓋曾胡諸臣深知治國之體民氣為本得維我朝列聖相承深仁厚澤無

論有大軍徭役從不肯加賦病民咸康熙以來三藩軍務平後國用不足河工復與不得已即閧捐例以

為取資於編氓不若取資於富戶咸豐後停河工軍需不得已而徵牙釐以為取財於疲農易致怨讟

繁與不如收財於良賈藉可稗補軍實其意一以節法行之太久則百貨昂其物重銀輕商力疲國民生

電音　　　　　　　　　　四十八

命中城內諸兵聞總統保剌炮聲並望見炸彈轟裂大為歡悅

○又錄特電云官信言昨日將軍茄李利偕同將軍窩連部兵之一份與敵軍鏖戰至三十點鐘之久又莽川其炮隊遂得寸入尺直進三英里之遙其所奪得之地已建營而守矣但波人之營尚在前面英兵所損不重

（三）二十二日　倫敦勞打電報云頃接二十一日本報訪事人由士丕亞曼田庄來電得悉昨夜敵人開炮攻擊英軍或作或輟微夕不休迨至黎明復發烈炮一回英人炮軍旁炮而睡應聲回砲還攻漸車兩軍對壘鏖戰竟日奪獲營盤兩處

（三）倫頓特電云頃接納他電得悉前二日刁芝剌河之北連日大戰副將窩連督兵偕同茄李利及列度路二武員各率所部前進以救里地士蔑城奮力攻擊波軍遂將敵人逐退奪其堅固營盤三處但波人大營尚未能攻奪

○莠訓西報錄倫敦特電云頃接到消息得悉將軍列度路頓於禮拜六日在西折達處與敵人交綏奮勇異常波人不敵收隊而回西路軍之圍遂得解釋又將軍窩連昨日自晨至暮與敵人大戰左翼奮戰二英里攀登極難之山由此觀之英兵已漸進佳境查禮拜六日之戰陣亡二百九十人

○廿三日　德臣西報錄上海特電云由大官處訪得確耗李鴻章之所以授任兩廣之故有三步武剛毅之所為聚歛民財一也設法固守兩廣而拒法人二也遣臣康有為匿跡香港試拿獲之三也

○又云西后已降旨令湖南巡撫立刻釋放周漢此人曾因作書毀謗耶穌教獲罪被禁於湖南省城長沙府監者

電　音

不扣留保勞君又言深願以後不再有此等事以免有傷邦交云

○倫頓勞打電音云甘美倫奚蘭軍已奉將令由埃及往劫當而以團練補其缺又倫敦城之御川軍

其第二隊兵前赴劫當又第二隊紐絲倫軍已離威靈頓赴劫當瀕行之際絲倫之全權大臣宣言

於衆謂倫使勢不獲已則凡紐絲倫之民有能貢戈以從者皆獻身報效

○二十一日電音云將軍茄利偕同將軍窩連部兵之一份昨日自晨至暮與波人戰得寸入尺佔

奪敵人之地步約至三英里之遙其所占之地即建駐營守但大營仍在前所傷人多少未得確知

○又將軍保喇來電云三十日在彫芝剌及厄頓堪士之間一小溪邊交戰英兵傷二百七十九名將

官傷十一人

○又禮拜日朝在士不亞文之營中

○勞打訪事人來電謂將軍窩連之戰仍不息已將敵軍迫退三舍

○德臣西報錄星架波特電云蔘將勞蘭臣所統帶之第一隊軍奉到軍務衙門將令准備離辣埠而

赴英倫或謂調即度士軍一營以繼其缺

二十一日　德臣西報錄哥林布特電云現佳札錫蘭第二隊奚蘭兵接奉將令准備前赴英倫所遣

之缺將以現在卑剌利之第九號步兵壇駐又有御川大兵准備西歷二月初二日由哥林布前往

南非洲

○民勇勇官電云禮拜早英兵總統保剌電稱爲解將軍窩連之困特派將軍列度頓督隊將敵人截回

原寨所損兵丁無幾惟第三隊來福兵陣亡二人傷四百二十二人迷失二人

○二十號勞打訪事人在里地士薨城函稱敵人已添置新炮攻擊該城但此炮雖覺大力而多不能

電音　　　　　　　　四十六

○十七日英統領馬田配足軍需前進所部奚蘭兵沿河而上趕逐敵人至小叢林之內並川列帶炸藥大炮轟擊敵軍

○禮拜三日奚戎敦頓奴在厄頓堪士城藉統帶窩連援助已攻敗敵人波軍有馬隊末弁一名兵士二十人亡於陣上又有十五人被俘英兵死傷各二人波人之營向西連接駐紮計長六英里與四折達灘相對後迄溝壘亦長數英里

●二十日　孖剌西報錄倫頓特電云官信言將軍法蘭治已率其兵向東而行將有斷截敵人電線之勢

○又云有私電言將軍保喇喇此次進兵極其謹慎以圖成功今日出大炮聲料必係將軍窩連攻擊敵營查敵營連結三十英里由厄頓堪士通至哥連梳

○又云奚敦頓奴所俘之敵人中有一人係總統曲碌架之親屬

○又云柯士文的拿敵營已破約翰嶧士企已死

○倫敦勞打電報云該報在連士卜城之訪事人報稱有人清查自開伏以來波亞兵共喪失六千六百二十五人

○日日郵報訪事人由里地士蔑來信言該城現尚寂然無甚變異敵人間或川炮相攻亦無大碍該報又有一訪事人因患熱病亡於里地士蔑

○英兵船丟羅喇士在爹力哥海灣拿獲德國帆船一艘滿載麵粉往供杜國現已扣留在打班埠

○英國第八部軍馬現奉將令整備行裝刻即馳赴柯路打賓城

○德國外部大臣補勞在議院宣言謂英國已允重賠所拘輪船又嗣後凡德國郵船迹涉可疑者概

有一場惡戰

電音

○聞說有新海軍七百二十八大炮八門麥蠔炮二十四門十二磅炮十門下月將整備以接濟大軍

○勞打訪事人十四日由普列多利亞來音言波人自稱已於禮拜五日攻破馬飛京之一炮台而兵

總爹喇利逐英之突圍兵而東

○勞打訪事人言在毛打河英水師炮每晨轟發無還炮者兵士俱平康

○將軍法蘭治禮拜六日遞來官信言曾遣軍川炮攻哥路士卜路及橋而還無甚損傷惟十四日哥

路士卜之戰副帥譚臣及兵卒一名因受傷被俘

○英人在溫士巴利處費三禮拜之功造成一橋將於禮拜六日付往打班埠以資應川

○孖剌西報錄倫頓特電云官埸接到信息參戎敦頓奴昨在厄頓堪士城之西與波人鏖戰傍晚添

兵相助奪踞敵營波人喪失旗頭一名死傷二十人被俘十五人英兵死者四人總統保刺激勵衆

軍聲言須力有進無退以救理地士蔑城

○昨日武員列度路頓以炮轟擊波人

○統領法蘭治十二日來耗言紐修威路兵有一小隊囘至途間住足飲馬忽被波人所攻致死二兵

並迷失兵士十四名

○據波亞降兵言十五日波兵攻武員法蘭治外營之役波兵受害殊甚有七十人不知下落

○是日德國議院開門聚議外部大臣保勞述及德船被拘致人心鼓噪德國已極力爭辦索取賠償

英廷經已應允然二國交好仍無所損深望日後永無間言蓋德船被執者現已釋放矣

○倫敦勞打電報云有炮兵十二隊並弁兵三千一百一十八預於七日內航赴刧埠

電音

電音　　　　　　　　　四十四

敦頓奴之騎兵偕同其第五隊兵隨將軍乞某由士內令斐路士而進已預先四面偵探凡有可疑之
處審察精詳然後徐徐而進直至雅麗氏山與敵營相對敵營建於刃芝剌山於是即令士人鳬水
過河奪其一艇敵人見之大驚擊其營帳

○　特電云有私家信息諸將敦頓奴之騎兵隊於禮拜四日攻破士內令斐路橋即以士窩及鎮守
匹折打之水灘波人大驚

○　又云將軍列爹路頓之部兵奉命往士窩及留兵一大隊鎮守哥連梳

○　又云將軍希路滿之兵已據士丙令斐路然後大軍進行四日至刃芝剌河之南

○　又云本月十六號將軍列爹路頓之軍亦乘夜渡河而據其右地至叉路窩連之一軍亦橫過河而
即攻波人之左營其餘諸軍則於昨日渡河

○　又云將軍補喇來耗言刃芝剌河已全渡窩連男傌要擾動敵營

○　北京特電云日廷已經九代中國訓練將官中朝似必首肯且延日本將官督理通國陸軍學堂又
擬添設陸軍學堂數處

○　德臣報錄卻當來電云現有波人或英屬之荷人聯成小隊潛在北邊界上欲阻押火車來往但為
英兵所覺嚴密巡視幸而免禍但有額兵猝與巡兵相遇額兵誤放炮轟擊蓋巡兵所帶之幅甚為
闊大致額兵誤認為波人幸所擊不中故無傷統領查知逐令各兵嗣後一律帶盔俾易辨認

●　十九日　德臣西報錄倫敦特電云副將男傌包喇之部兵已從四決打而過刃芝剌河直至夫利及
哥連梳之西又副將鍋連亦得逼過刃芝喇河將軍包喇營五英里兩軍皆不甚遇敵顯見波人及
有所驚訝但無真確消息由聲地士蔑來波人仍在其附近深溝而守聲地士蔑之圍未解以前當

〇有數處傳報柯蘭冶國人欲罷戰務其官紳近在布林芬田聚議聲明若英人不行攻擊柯兵即於

十七日散回家鄉

〇德國輪船名賓打辣前被英人拘留現已得釋惟因此事太拂德人之心故須重與賠償霎梨之第

二枝軍已開隊赴前敵沿途見者概懷同袍同澤之志

〇本月十五日連士卜之戰英兵陣亡七人傷六人都司柯亞受傷極爲危險

〇十八日　德臣西報刊有上海電音刻接確信高麗因國川支絀需欵孔殷向俄國告貸俄政府現

已允借一千二百萬元俾應急需週息以五釐算

〇勞打電云太晤士報訪事人昨日由士丕亞文土花㘃電稱本月初十日有受參戎敦頓奴統制之

兵向西而行突占四折打灘上首群山波人見之大驚同晚步兵隨進而將軍列度路頓之兵於昨

日渡過刀芝剌河又將軍窩連之部兵以全色軍器衝開一路而過刀芝剌河之威近水灘左右敵

人炮火甚猛而卒能入再進二英里向士普倫及而行

〇又云將軍窩連謀攻動在英兵營前右便之敵營諸營相距約五英里深溝堅守

〇又將軍保喇已出電示鼓勵衆軍士謂諸兵須往解救里地士薿之圍宜奮勇向前有進無退兵士

俱平康而信服主將之妙謀

〇又云將軍麥端奴已到刼當

〇倫敦義勇軍電云將軍吉惕來耗有兵將三百已由補士惕林進至帕卜埠及其第七十四號之

臨陣炮兵偕同馬兵由士惕林進至補士文索

〇又云勞打訪事人由四折打水灘上之軍營來信言禮拜一日已有進兵之事而於禮拜三日參將

電音

電音

○英將軍卡靈頓現在刦黨埠握大兵權

○本月十三日波人出里地士蔑城外傳報消息言該處及刁芝喇河一帶極其寂靜是故英人乘此機會極其開暇

○有英兵三大營在刁芝喇之南人數有加無已紐修威路士之全權大臣電達該處水師提督謂梨人心欲其保護各兌運船受波人強截

○英軍之駐紮刁枝拿河者目下未有消息

○勞打勵當埠採訪電稱前傳有英兵一萬一千名取道東方向維廉城進發茲係確信

⊙十七日

○將軍法蘭治部下之紐絲綸軍禮拜一日之戰勇敢絕倫即迭次所遇戰事該軍亦勇冠三軍是以特加獎勵

○法國外務大臣麥路卡士聲言中朝已經賠補八千磅以償在廣州灣法巡船將官被戮之兩命

○葡萄牙國外務大臣聲明葡廷不肯將葡國屬地不拘多少或賣或讓或批與外國

○倫敦來電云禮拜二日英將蔑田以大隊兵用炮攻擊敵人左營但甚營固全然不動亦不還炮

○英軍遂自行退去兩無所傷

○十一日太晤士報探訪在羅連梳墨城來信美福境內尚能自守有餘料不至被迫降敵營中所存牛羊及罐頭肉食現尚充足不致有絕食之虞

○勞打電報云男儒美路拿經出軍法告示張掛於斐獵黨及合黨等處

○禮拜一日在士內令斐地方頻聞大炮之聲

四十二

中外電音

◎正月十六日　孖剌報言倫敦特電言南盟非利加洲英軍總統包拿日下無甚舉動是以英京軍官

亦未生物議蓋候各兵調動已妥然後議論是非

○湯士華勞國官場接有消息巴架兵於十二號將麻密京炮台毀拆並據巴兵報稱當時有英軍一

小隊爲巴將棣拿理擊退

○英將富連芝進攻柯利士栢處之巴兵、

○英將美倫前雖受傷現仍督隊以攻敵營

○有大隊巴架兵由麻嘉士芬田城拔隊啟程分往謙巴利城柯利士栢城

○駐紮連士栢之巴架兵禮拜二日欲奪某山英軍俟其逼近持鎗尾刀與戰巴兵死廿一名傷五十
名即行敗退

○英國簡調炮師弁兵七百三十名於來月携帶大炮八門快炮廿四門十二磅藥機器炮十門開赴
南非洲前敵以備調遣

○英將富連芝部兵前攻柯利士栢之巴架營毀其橋梁而囘弁兵無有受傷者

○英軍於十四日派隊往柯利士栢哨探與敵兵遇當即變綏英軍有千總馬兵各一名受傷不起爲
敵所俘

○勞打電報言十二日巴架人復川開花炮轟擊麻非京城

○勞打電報言云本月十二在南非洲美福境內復行開仗

潔淨新例　　四十

行則每一日再罰銀不過五員，凡按此例所罰之欵須按照一千八百九十年巡理府則例章程追

繳

第十五欵○刪除則例

凡下列則例所刪訂者即將一千八百九十四年第十五條內封禁屋宇及不潔淨住居等則例之第

七欵及第八欵之第二節全行刪去

一千八百九十九年　　十一月　　二十三日經定例局立

一千八百九十九年　　十一月　　三十日經督憲批准施行

潔淨新例

室凡有閣仔及間隔在內可以封禁不拘全間屋宇及房室抑或屋宇房室內多少地方歸巡捕管

理封禁一經封禁須聽潔淨衙門有憑據紙指則該處已經更改或除去各項均已妥善合潔淨衙

門主意方止封禁至被封禁之屋或房或屋內之一處或房內之一處倘查有人在該處住宿俱作

此例論按律可以懲辦

第十二欵○有權吩咐除去不合例之整造章程，

凡巡理府按律程有確據或有假樓閣仔房仔間隔或屏風不合此例內章程者由巡理府委潔淨衙

門差弁飭令即行搬去或除拆或毀爛該假樓閣仔房仔或間隔或屏風無論全處或其中之一處即

照此例內擬罰或不用擬罰均可如因搬去除拆毀爛假樓等處之時致有傷壞假樓等物者概不賠

補

第十三欵○違犯科條章程

凡所行行一不合之非或失誤或忽畧或遺漏凡所行不遵此例內條欵者或此例內所設之章程如

有人本當守此例而不肯遵依例章及此例應行之事定作為犯此例及凡各屋宇如有犯此欵內上

列所指違犯各情節該業主亦作違犯此例均照此例科罪　公司司理書記責任是問　凡公司或

會所違犯此例可票傳該當時公司會所之司理及書記人惟其責任是問

第十四欵○擬定罰欵章程

凡人及公司或會所之司理或書記人犯此例內未有詳載所應如何懲罰明文可定罰銀

不過五十員無銀繳納則擬監禁不過一個月有無苦工不等倘巡理府以該所犯之事大概仍然未

改則巡理府可令該犯事人或司理及書記人限期某時內遵依此例而行若再過所限之期仍未遵

潔淨新例

三十八

各私家街道居住屋之前若非照此例第九欵內之章程者均由　國家鋪墈街道地並通明渠暗渠及工務司要安置燈光之器具其使費俱照貼連該街各地之業主須按所貼連街地之大小照計以上各項工程輸納如不遵納由　國家令工務司出名將該業主在錢債衙門控告究追應納之費照繳拜計以利息自工務司催該業主繳費之日起每年以八厘年息算至該街所點燈光之費則由　國家自理

第十二欵○更改所限候章程

一凡現有屋宇要更改至合此例之第七欵內章程者該業主或該屋有數業主者須自此例頒行六個月內要更改工程一律造起倘六個月內未將更改工程十足做到妥當則無論該屋有業主一人或多人每業主由巡理府可擬罰欵每過六個月期後每二十四點鐘罰銀不過十員因未盡遵依該例第七欵內章程或未做到完全之故

二至若屋宇要遵此例內章程無論更改與及除去已有之房仔或間隔自此例頒行後限三個月內該業主或該屋有數業主於更改與及除去房仔或間隔如果該三個月內未更改妥當及除去妥當則業主或該屋有數業主者每業主由巡理府可擬定罰欵每過三個月期後每二十四點鐘罰銀不過五員因未盡遵依此例內章程所指更改與及間隔或未做到完全之故

有權封禁屋宇

三至若滿此欵內第一節第二節所限之六個月及限三個月等期又該兩節所指明更改或除去等非未經遵此兩節所示而行除按兩節所定罰業主之欵外巡理府可任意按律斷將該屋宇或房

不得建造安放及一切攔阻等物除在每層建橋或遮蓋之路闊不過三英尺六寸而該橋爲住居
屋宇之人通連而川者又須每層建有窗門至少有十丁方英尺度闊地位透露天之處而該窗門
並不計入一千八百九十四年第十五條則例第八欵第一節所要開窗之地位例內而論

倘一藝屋宇之業主允造又開造一巷兩邊透入通衢大路者無論由高低橫直不得有物阻塞者則
可更改上列之章程照下列之章程而造○凡屋宇深不過四十英尺者可建一巷不得少過六英尺
闊深過四十英尺惟不過五十英尺者可建一巷不得少過八英尺闊深過五十英尺惟不過六十英尺者可建一巷不得少過十三英尺闊以上
但每層須建有窗門至少丁方十英尺度闊地位透入露天之處而該窗門並不計入一千八百九
十四年第十五條則例第八欵第一節所要開窗之地位例內而論

二按此欵意計居住屋之深幷其廚房之深亦包括在內除該廚房有天井隔開該屋之大房該天井
至少六英尺深至該屋後一統闊並無阻塞除每層可造一橋不過三英尺六寸闊方可

第九欵○整理私家後街及燈光器具章程

各私家街道在居住屋之後出　國家墳鋪街地並通明渠暗渠及工務司要安置燈光之器具使費
均照貼連該街各地之大小照計以上各項工程輪納如不遵納由　國家
令工務司出名將該業主在錢債衙門控告究追應納之費照繳幷計以利息自工務司催該業主繳
費之日起每年以八釐年息算主該街所點燈光之費則由　國家自理○各該街之屋宇攤撥　國
家自有一定時候遷清

第十欵○整理私家前街巷及燈光器具章程

潔淨新例

潔淨新例　　　　　　　　　　　　　　　　　　三十六

所問非獨一街則所向之街有闌窣平斜之別若遇此等潔淨衛門須照上文章程指定從下至上以

某處為起點

第七欵○露天之地方章程

一凡現在之居住屋必須在屋後開設露天之地方每層須要在大房及屋後大牆之中開通一半連

瓦面但要拆開除該屋經有絕無攔阻之天井外至少有五十方英尺之地方及每層須要有窗戶

至少有十方英尺度關地位透入該露天處而該窗戶並不計入一千八百九十四年第十五條則

例第八欵第一節所要開設窗門之地位例內而論

二按此欵之意凡居住屋宇非轉角之屋如有兩便大門向不同之街者可作為兩間之居住須要由

此前門至彼前門總須有過五十英尺深方可

三潔淨衛門經　督憲會同議政局批准可有權於額外情由應要更改者則須更改不必照此上兩

節章程而造

四總不得在露天之地位建造及安放阻攔之物除在每層建橋或遮蓋之路不過英三尺六寸闊惟

須因該屋住居之人必要用此為通連之路者方可

第八欵○一自後凡建住店屋於本港者除照一千八百八十七年衛生則例第六十六欵所定章程或

歸入一千八百八十九年填海則例合約章程外須要在屋後照下列格式開一露天地方○凡屋宇

深不過四十英尺者須按屋關每尺留餘地至少八丁方英尺深過四十英尺未過五十英尺者按屋

關每英尺留餘地至少十丁方英尺深過五十英尺未過六十英尺者按屋關每英尺留餘地至少十

二丁方英尺若過六十英尺者按屋每關一英尺留餘地至少十四丁方英尺○凡所有露天地方總

七凡離窗戶四英尺內不准有間隔雖有亦不得留存因該窗戶即指此欵之第五節內以丁方英尺計者

八凡房仔川作睡房者地台不得少過丁方六十四英尺或長或闊不得少過英尺、因此欵乃指明屋內各小分便稱爲房仔除各小分另有通天氣之窗戶該窗戶不計窗架其大小足有該小分地台板丁方尺十分之一外其餘均算作房仔

第五欵○申明各種假樓及大小閣仔

一但凡居住之屋凡房內違例所做之大小假樓及閣仔不拘舊有或新造均不准行除潔淨衙門所擬又經　督憲會同議政局批准及頒示憲報章程及潔淨衙門所擬又經　督憲會同議政局有全權刪删改皆經所定之章程或以新章程替代者方可

二每層內間於中間之樓或平台或駐足之所凡長過六英尺闊過二英尺若無上下俱有至少九英尺之露天地位及另設窗直透外氣除窗架外至少有地台之十分一疏通地位者則作閣仔或假樓而論

第六欵申明屋宇起高之數○自立此例之後凡由　皇家所領得之地建造屋宇者該屋向街不得高

二過街之闊數十倍半○該街之闊數由工務司所定建屋宇之兩邊界線直角爲准○如未領潔淨衙門人情者凡建造屋宇不得高過七十六英尺倘有格外非情必由潔淨衙門擬定無碍人生方批准

過額建造

論屋之高數照屋前後外牆直線自前門本街平水起量至此欵所定至高之處由平線起三十度斜線爲額除烟通及衆牆外倘有高過定額即爲違例○倘建造屋宇該屋所向之街不是平坦之路抑

潔淨新例

潔淨新例

第四欵〇申明凡造房仔及間隔所當遵守章程

一凡向街之居住屋該街闊少過二十五英尺者除頂樓外不准做間隔及房仔或舊已有亦不准留存

二凡向街之居住屋該街闊足二十五英尺或闊過二十五英尺者俱皆不准在下屑間隔及房仔獨準用屏風遮障在舖店內即平常間帳房之花門偷經間隔及房仔者亦不准留存所用之屏風在房仔或間隔上自頂至天花板或桁底相離空處不准少過四英尺該空處只准用鐵線網或欖核格或通花疏板但均疏密合度務留空罅有

三凡廚房不准有間隔或房仔舊日已有亦不準留存

四每間住居屋之房內無論現有將有所做間隔房仔一間週圍不得高過八英尺如現有將有所做房仔兩間則該間隔週圍不得高過七英尺若現在或將來做多過兩房仔則該間隔週圍不得高過六英尺以上所定間隔章程不拘如何務要自房仔間隔頂週圍起計至天花板或桁底相離空處不准少過四英尺該空處只准用鐵線網或欖核格或通花疏板但均要疏密合度務留空罅有三分之二

五凡屋之房內不准另做房仔或舊日已有亦不准留存惟該房必須有窓戶或多或少總能直透出內氣其窓除木架外闊足房內地台十分之一方可

六凡做房仔之物料除緊要之四隅枋柱外其餘均要房仔離地台至少高二寸房仔內不得有各種木架高過此欵所定該房仔之間板至高度數之外雖有亦要拆去又不得做蓋密房仔之木架倘有亦要拆去

香港潔淨局新定章程

茲將一千八百九十九年第三十四條爲再設章程整潔圍港則例及刪定一千八百九十四年有等封禁屋宇及不潔淨住居條例內章程開列於後

香港總督部堂會同定例局議定如左

第一欵此條例稱爲一千八百九十九年辦理不潔淨產業則例除日後特自推廣外此例與山邱約及新界各處殊無關涉

辨明條例內所有稱名之義

第二欵按例文中除下文另有指明不同字樣外凡屬山邱約即指香港島各處除華人村鄉外由潮水至低時自離水面一尺起量高至六百尺之上〇凡屬新界即指一千八百九十八年六月初九日大英國與大淸國訂立約章增廣界址之處〇凡屬街字俱包括四方走馬路或甬道或小徑或通衢或大道或里巷或所有通塞之窄巷統稱爲街〇凡日居住之屋即指除二人在該屋晚上看管外凡有人歇宿在該處者均是〇凡曰業主即包括或私家公司會所不拘　皇家批受或由　皇家經准給據或因別樣故而得管業之人又包括私家公司會所當此時收取該屋租値者或自己收或令伴收或代人收或不能覓得以上所指各等業主便是歸住居該屋之人且按此例意卽典主亦可作業主

房內安置床鋪限制

第三欵〇凡在房內安置床鋪床架爲睡臥之用就不准設過例內限住人口章程

中外時事

又云杜國總統曲碌架昨當誓師時謂天心歸於波人此戰定能權操必勝△又云十一號勞打訪事人由密打河來音將軍巴內頓帶隊前進計行程每日關途計二十英里深入柯蘭治地界向雅角爹路進發△中不遇敵人△又云十一日普列拖刮來耗波人所佔勢必頗合於用但英兵已雲集附近行將有大戰

南非洲之戰英國將官隱諱過甚太晤士報責其不合蓋因在士貪下之戰得軍告揚架所失之六百人倘未宣示其原委△加拿大西報云軍中傳來消息波人甚覺恐懼咸畏英軍之前來人却當來音

三十二

新說該處醫院之不得法又有人核計此次戰務約費八十兆磅△十二月二十三日納他之打埠耗來

云杜人在普列拖利與杜國行政官會談而悉杜人於開戰之初尚懷畏懼之心惟今時總統曲碌架能

軍知英國不久即俯首言和並於其內紛紛傳說英有求和之意願波人所占之土地盡讓與波人又

料知杜國全然獨立云云△普列拖利之波人報云日前我政府嘗試列帶開花彈之利害而知其全為無

用也其彈放於三十頭大犬之中及其爆炸祇見泥土紛飛而犬俱無恙△巴黎某報云英倫已遣大兵

七萬五千遠往杜蘭士嘩求財但在今時英國之命脈繫諸鄰國手上其水師已散調四方其預備隊現

在大洋之中倘若鄰人乘之則可於二十四點鐘內調大軍二萬五千直抵倫敦云△加拿大都城滿地

柯羅人心極其踴躍恒有多人圍聚各新聞紙舘前大有敵愾同仇之狀陸軍軍務處多願投效前敵加

拿大政府決計再遣兵一千往援事聞諸人皆以為然即法人及用英語之人多同懷憤慨祇有阿爾蘭

種裔數輩獨關切波人云△民勇官報利有二十二號電云英將軍保剌停止傳遞消息致令人心躁急

蓋保剌不欲將各軍多少及營中景況宣布於外也△二十一日太晤士報訪事人由士丕亞文營來耗

言波人結營長四英里直至土吻蔡灘之西北形如半月

擊火車武員尼士必及十五人身受殊傷爲波人所停且奪去二炮△十三號英將官威總統大軍由厘

地士蔑向厄頓堪士進發波人不戰而走紐卡士路之居民遷徙一空以避兵燹△十四號英參戎拋路

從美福境衝突重圍而出英兵死者十七名聞波兵所失甚重或謂有三百之衆△同日兼罷利城及美

福境通蓮南方之電線現已被敵人斷截△十五號紐卡士路爲波人所佔△同日有英軍護押火車運

載糧械馳赴前敵途次士必分田與波人遇兩軍變綏波人敗退死者五人英兵並無傷損△同日英人

黎僕爲波兵所擄△十八號英廷頒示招集民團及後備軍△十八號波人在伊蘭士勒擄捉英礮火車

一度内有文武官員多名△二十號二軍戰於敦地英兵傷亡二百三十九名△十二號倫敦電云是日

將軍補喇由士比令來電言英兵占據挑遮喇河之南岸河水方漲敵兵距河北四英里半深溝堅守△

又云官文所傳本月六號厘地士蔑之役英兵實陣亡一百三十五人傷二百四十四人亞華伯偉因受

傷而卒△十三號電云士辣干拿侯自願報効軍餉以供加拿大騎兵四百名之需英廷納之△又云德

廷札餙某礮廠勿以開花礮買給英國蓋此事有損德國局外中立之主義△十二號勞打電云日日

新聞報所刊本月六號威將軍失之有將官十四名陣亡三十四名受傷又兵士八百名陣亡及受傷△

又云傳聞將軍蔑田因隆馬被傷致折脊髓△十四號勞打電云倫敦御勇第一隊調赴非南當其途

城中人衆而觀者以萬千計街道爲塞△又云本月初六日里地士蔑之戰陣亡副帥一員當時不知姓

名玆係蘇格蘭來福鎗隊大將名突△又云俄皇頒發御書與外部大臣苗臘萎護溫謝其善能體會

員駕滋修威頓送第一隊御勇之行△又云聞報挑遮喇河已開仗三面並攻惟厘地士蔑於十二日寂

俄皇心志求天下萬民永安之益且與中國調停妥善並能聯協英日二國△又云倫敦府尹率同僚各

然無聞△又云現在竭力哥灣封禁敵船出入波人爭辦不休謂倘不開禁即將所停英兵殘忍相待△

中夕眼馬

接杜政府覆函直却英廷倡詞△二十一號柯蘭治總統士大論令部民如杜國遇有外侮柯國須出死力以相協助△二十二號英樞密院聚議照會杜國政府明言嗣後英國自籌計策以成其志△二十八號柯蘭治國上下諸人決計祖助杜國△二十九號英樞密院聚議熟審杜國勢位△十月七號英廷出示招集第一等後備軍隊△九號杜廷致哀的美敦書與英廷要索四欵一凡百違言總要憑公調處二英兵須即退出邊境三所有英國援兵已在南非洲登岸者須秉公立限一律撤退四英國調來之兵已在中途者不許由非南各港登岸△十號英廷不允杜人所請將將去的美敦書破敵的美敦書被俘者五六百名△十一號英國代理官固連普列拖利埠移駐刼當△將軍西門身膺重傷波人死傷及被俘者五六百名△同日英國第十八號夏沙士軍被俘二十一號大戰於伊連士城英兵傷亡約二百五十八波兵傷亡約一百名被俘三百名失去踪迹不知下落者二百名△二十三號英軍大將天路棄忌嗹哥城南向厘地士蔑而行期與威將軍合兵△同日西門將軍卒於敦地△二十四號威將軍破敵於列分田英兵死一百一十名波兵死二百八十名△二十六號英將天路行抵厘地士蔑會合威將軍△二十七號英皇降諭招集團練及後備軍△三十號威將軍由厘地士蔑起兵窺探敵情戰而大敗陣亡弁兵三百名另有一軍失散爲敵所困軍火告罄全軍投降中有山兵十隊阿爾士炮手十隊而波人亦損失弁兵六百名△三十一號波人攻取美福境大敗而退△西歷正月十一號倫敦電有荷人欲由葡屬羅連哥壘士越過邊境當兵以助波人被葡官飭差禁止嗣後非得葡官允許不准過境又據太晤士報傳聞有兩家商船運爹力高灣之商務免爲杜國所用以攻英人△十二號波人兵分三路向納他路城進發一軍取道士匿一軍取道波打怕士一軍取道域架士林怕士△同日美福境有英人鐵路被波人拆毀軌道並川炮攻

方背有不患無人且皆曾爲將帥諳熟夙嫻且即現掌兵權之人亦有躍躍欲動者昨日我輩曾函請將

軍加利佛能否請假數月出而相助吾又開日軍餉從何籌出答曰此則別有値事料可藉招簽而致夫

法國夙以濟弱扶傾爲主義不忍見此等強橫袖手旁觀故我等深望國人仍守此主義俾天下之人知

我種族確勇敢冒險可博英威之名亦可以洩公憤矣吾唯唯而出爰筆所言以語同志之士

○法人忌英　法字報云英國陸軍強而水師雄無論何國其能制服英國水陸之師使其變爲純全商

務之國成功之日全球之人無不愛戴之也

○法電棄錄　巴黎正月六號電云附近高路士卜埠曾有一塲惡戰又云法人紀連已下獄於茄李亞

英士○正月二號巴些倫拿電云近傳英廷向葡萄牙租批爹力哥灣外人甚爲鼓噪歐洲列強出而爭

論是非○九號倫敦電云法國與南美洲山道明哥邦失睦蓋因該國昔當變政時國人生亂苦及兩法

人物業法廷索賠至今尙未肯以故法廷忽以兵戎相恫喝該民主國弱小難堪美廷聞知急遣戰船

一䚢駛至山道明哥港口觀二國動靜如法國特強驚戀則奉行前總統嚙魯遺囑不許歐洲強國任意

搂槍美洲諸國和局○再得十號來電稱法山二國政府已經開誠調處利議垂成不勞美國仗義執言

抗○法美二國欲立通商新約商議已久尙待下期議院核定英國出之深以爲患因此約一成則英國

有數種出口貨被其侵損利益故望外部衙門趁早在華盛頓設法解救

杜國

○紀事談餘　英國與南亞非利加洲杜蘭士華路失和於茲數月茲將大畧雜補於下○西九月八號

黄囯樞密院聚議定計要杜囯政府囘覆英廷倡調並定議添調大軍一萬名往南非洲前敵十八號得

中外時事

拿埠之警察局即飭差查探其事但並無踪影大抵好事者為之耳。

中外時事　　二十八

法國

○助杜人衆　法人左治波頓致南附登益架羅報云昨因傳聞巴黎城士子擬立偵事專爲遣兵救援

波亞人吾聞之卽赴會所並非報名投軍蓋欲藉以探訪事情也該所在一小街踵門求見蘭地利蓋彼

將陞爲偵事書辦者也詎闇人答以偵事等已於一點鐘前遷徙衆會所於茄付普老給按茄付普老給

爲三十年前變政黨人會集謀叛帝國之所不期若輩今又繼承其志吾按址往尋見士子嘩近旁桌而

坐正在檢點文牘吾坐而問爲日諸君之會其欲聚兵乎抑否耶荅日然蓋倡議者雖士子而彼所招募

者則衆民此際彼等方收彙名册凡投効之人不外扣以姓名住址年華老壯然後收錄吾窺其册籍甚

少蓋僅開招三日惟核其人數已有二百五十餘名中係法人比人鹿閃卜人丹墨人諸色不一但無德

人至如意大利人雖有投報而不收錄吾方與縱談民勇到報册者絡繹不絕未幾來一英人乃曾充當

隨營工師者面容淸亮眼露剛斷之神聲言要往南非洲効力於本國之人以伸夙恣詢其故則曾受

害於本國武員忿恨難消故爾此次又來一少年身材甚高虬髯如戟聲音粗惡報名姓住址後問其事業則日

言欲出戰以試英炮利害旋復來一少年一人眼光溫和面帶淡黃會在比利時陸軍久當開職受

天道學士問其緣何仗義抑爲好戰則荅言兩無所關祇緣其父捐軀戰陣適見此處招兵卽稟命於母

投誰從戎圖報父仇壙後點首緩步而出半晌會首蘭利弁步入與語方知德俄比荷四國均同此辦

法德國已有某會黨招得二萬人吾日此舉亦甚善但意將何爲荅日訓練純熟遣之至杜以助波人已

有某布厰許供軍衣四千副而某船主亦許借一船速率九英里以備運兵吾日亦善但誰爲統帥日各

航海約其第十九條於上年七月十七日始能遵行同時各國亦依此新約辦理變涉惟法國須待八月

四號始依行以前仍遵照舊約是時法民所享利益日廷並許美民均沾自頒行此新約後日本變為

全權獨立之國與文化諸國並駕齊驅此後凡征收內外稅則審訟訊事盡由日本操權准外人雜居內

地兼辦各項商務日本已遵各國照會事宜效法泰西廣設學校准至但即專利執照及印書專利並西

國律法治理旅居洋人設衛生潔淨諸局以衛民生經此改變未聞有美國子民有所不悅而呼籲於本

國政府蓋日本之待美國已一視同仁前有美國運船屢次近岸擱淺於神戶深得日本官員協助得脫

於險船中所載戰馬由日本商埠登岸放毒草場皆蒙日廷所許此等深情足令我國感佩不已茲美國

太平洋電線公司擬設海底電線一度接聯檀香山及非律賓並添設支線以通聯日本日廷間之亦極

願悅願助其成有此電線則美國與日本消息靈通本總統深望此事有成並冀列公不為阻止俾克底

於成者也

○英雄末路　謠傳小呂宋民主領袖亞軍鴉度欲逃出小呂宋美人因孤兵船三艘泊於港內原非為

入為而來實欲偵察小呂宋人助亞君逃亡之舉動而已又聞港中有小輪多隻為小呂宋人購去以為

亞君逃亡之地云

德國

○無稽之言　正月四號日本太唔士報云前禮拜三德國威北埠謠傳英國招兵之官親至該埠招募

德國百姓以應南非洲之戰務德國報紙登錄一事謂有一生面人不甚曉德語隨一少年德人至英國

即擢為將官厚其俸祿該少年已娶妻而供職於德國陸軍處者也因有此謠傳之後威北埠及阿路喬

中外時事

二十七

中外時事

二十六

遺策而善承此大任必有大機會隨之而來該臺島即受陰庇於我國旗之下並其寸土尺地照例歸我

所有不能奪之否則無異拋出金果一枚而令列強分爭彼此不讓便令非律賓之山河永爲血染之境

矣水師提督刁威所倡之議欲將非律賓交還土黨治理而以我國保護之此策實不可行蓋非律賓之

民殷望美人治理者甚多而順服亞軍鴉度之黨甚少假使依此策而行是失其兆衆之望徒令其歸亞

軍鴉度黨之治理則不知何時方臻興盛之日也若亞黨治理不善豈非我國之咎耶及至彼時復行救

護未免時移勢易有所不能矣是故吾必欲彼羣島全歸美國治理以我全力爲之庶能收其大效實爲

崇律賓萬民之福也惟議院列君卓奪爲至於亞黨現雖尚存但無甚勢力前所派之委員回國正在撰

述治理非律島良策當有可觀待其完成之日自當轉呈議院公閱或可助列君卓兒也溯自凡我國旗所

建之地從未有不繁榮者非律賓之民不久將自悅服我治化之澤俱爲我議院各君之所賜矣

○美日交誼　美國總統麥堅尼頒諭議院論及中國之非容云前因中國北方各省勢將騷亂而附近

北京尤甚誠恐波及美國子民故去冬由波士頓炮船遣水軍一隊入衛駐京美公使署俟集地方平靖方

行撤退論我美子民在中華大國所有利權朝廷未嘗不關心中國現方講求修理美商貿集巨本的中

朝承辦大事不少並開發中原物產之源可見我美與中國相交商務有加無已而所立約章皆謹守無

違昨年固已如是料將來亦必如是至論去年在上海增廣洋人租界及在南京膠州大連灣諸處添開

通商口岸俱足令美人之好振作者加添新謀溯查一千八百九十八年十二月五號本總統曾有札論

發交下議院若其早日委員前至中國查察消路以期增廣我貨市場並將何爲機會可者阻抑詳細情

形若覆政府但當時議員未以爲可行令特再陳於列公之前以定奪施行蓋事關緊要日甚一日幸毋

再爲遲疑觀望至失機宜也就論日本之事一千八百九十四年十一月二十二日美日二國所立通商

中外時事

二十五

也查高麗通國入息每年祇有五百二十萬圓而支欵則須六百九十萬元兩數比較尚欠一百七十萬

圓高廷欲謀彌縫擬向俄廷貸欵七百萬圓職是之故並停各工作以撙節糜費

○俄日齟齬　日本報云近以高麗之事俄日二國大有齟齬之意仲將其事商諸伊藤侯請其熟為審

處

○國債將清　日本報云向者高麗欠日本國債三百萬員高廷竭力逐節清還今不過尚欠五十萬耳

所餘之項則須待至來年六月便可了結云說者謂此乃英人布郎理財之功蓋高麗之財政自歸布君

料理以來日見贏餘廓清積弊

○高麗郵政　自本月一號為始高麗政府已入萬國郵政公會為此一事西歷上年十二月二十九日

日本與高廷協商一番高麗官應凡有過口岸之書信及出外之書信先交駐高麗之日本郵政局俾

日本官員主理布置

美國

○英策治非　美國總統行文至下議院論及非律賓之事云該處土黨不久可以平服然後其諸島之

民享受自由繁榮為從來所未知之福現新開學堂數百間充滿學童於內奉教一事任人自擇無所拘

束司法官則秉公辦案無枉無縱工商諸務亦各就緒小呂宋埠數月以前寂寥錯落今則與盛無匹忽

成商務雲集之區我國所派委員及海軍提督將軍等官到非律賓循循善誘其百姓使知其地欲保久

安長治則非順承美國之官權不可該處土民百姓果有感悟而順我撫恤者嗣後非律賓之政府全憑

美國之議院主持我國所承之大任未有如此次之要者也倘我能敬事我種族之精神敬重我上代之

中外時事　二十四

百餘卽其最悍爲勇且人已爲鎗斃且將各黎巢一律燒燬無存惟西方尚有賊塞二座倘日內不求撫定當再行剿洗璜軍惟新中營哨弁一入足受彈傷並陣亡一勇得電知廣西柳州地面匪徒揭竿起事惟詢諸總理衙門則尚不知其事○陸豐匪之餘孽近又死灰復燃誘啓至數千人揚言某日進犯縣城焚毀衙署來省請兵剿辦現卽出省官已檄飭劉永福酌調所部福軍馳往捕治由軍械局發給軍火等物載運供應諒於日間拔隊啓程矣

○不堪回首　康有爲於皇太后下諭殿立光緒帝之後二日束裝趁英國郵船孟米而之呈架波於其行時港政府恐有意外因派印差押送至船

日國

○台膃市情　台灣所產樟腦樟油甚盛自台灣府立例許商承攬獨擅其利以來計至西歷上年十一月底各分局共買得樟腦六十三萬零零二十八担樟油五十二萬零七百六十担所買之貨多付至台北總局貯於棧中迨至十一月底已沽出樟油三十七萬七千五百八十担

○擬興商務　日本太唔士報云曾記中國明朝之世福州與琉球之間商務甚旺後來中落其故不一琉球無好商港是其一端自歸日人經畫卽將納巴改作通商良港有意復與福州琉球二處之商務兩下官商人等甚形踴躍近日琉球縣官往遊福州多爲此故也

韓國

○高麗怒綳　孖剌西報接漢城消息言高廷決計明年不復倡作各項事務蓋國庫空乏不敷度支故

○稟商譯務　東京新創善鄰譯書館特立分館於滬北河南路其幹事松本正純吾妻兵治二君茲悉

松本君已動身赴南京武昌謁見劉坤一及張之洞稟商各事吾妻君則暫住滬上擬擇期赴廈門福州

廣東等處請見各當道會議事宜

○伏莽叢誌　四川合江縣令專差自貴州仁懷縣探得川黔弁勇合團攻破馬皮洞該匪陳玉川逃至

對面大山林內經黔省勇團搜獲又由川軍立右字營擒獲該匪之弟陳玉貫并獲夥匪八人搜有僞印

軍器等件至張申一匪已先由綏陽改嶺尚恐潛回永甯已飛飭團保嚴密防拿矣○崖州多港前有黎

匪呂那改勾結騷擾地方經鎮道各官調兵圍勦呂為鎗所傷旋即斃命其黨李法韋榮仍糾餘黨名頁

隔抗拒各官加意招撫惟各匪賦性冥頑執迷不悟上月瓊軍復行攻擊鎗炮鋒利匪黨知難抗拒當有

黎首洪清羊金二人到營受降知州即將其收禁監牢○有某紳士赴枭轅其謂南海縣屬雷公沙河

面有匪匭截勒索不遂所欲則必搶掠枭司批云據呈雷公沙河近有匪徒勒索船隻搶銀物等情

如果屬實不法已極仰廣州府即飭南海縣會營多撥兵役馳往圍務將各匪悉獲訊明按辦一面查

明被搶各案分別傳勘○惠州府屬陸豐縣前曾有土匪揭竿倡亂由碢石鎮就近調兵勦辦登即蕩平

詎近日死灰復燃聚將及萬人圍攻城勢甚危急現已稟由該縣發電來省請派援軍矣○惠州府

屬海豐縣現有三合會匪私立堂號拜會聯盟並揚言不日豎旗起事該縣聞報立募士勇數百握要駐

防巡緝馳稟大吏請撥營勇會勦因新任總督尚未接篆故未知將撥何營也○崖州多港叛黎五人瓊

軍深入匪巢已除其三惟餘李亞韋亞榮茲聞營務處李振唐縣令冒險直至多港大營與各管帶邱

懋棠李輝庭胡養泉熟商於十一月二十一日四更出隊往攻迨至黎寨時市黎明黎匪聞知挤死出寨

牴拒官軍主兵者揮令各隊分枝直搗鎗炮震天自辰至午連破其本寨二山寨三黎匪死傷約計不下

中外時事

二十三

中外時事　　五十二

中國

○西鄉貴言　日本某報得正月二號北京來電稱在榮吉屬內有一地係經昨年滿洲政府許與俄人在彼開辦礦務者今在該處礦山之間有俄國哥索兵被華人屠斃俄公使向中朝索償

○教案已平　江西貴谿縣應潭鎮教案前經巡撫札委繆道及九江道明某馳驛前往和衷辦理茲聞此案現已了結於臘月初九日回省詣撫署稟陳一切至如何了結之處尚未得詳細

○河南教案　河南彰德府屬安陽縣境三十餘村匪徒肇事名曰連莊會專擾教民當經該管府縣飭真撫轅請撥馬步隊前往彈壓

◎購地建堂　英國教士某近日欲在榕垣西關外之都巡鄉地方購地建堂俾爲傳教之所當經真請英領事照會務局陳次經道台札飭候補知縣夏廷獻高慶銓會同侯官縣劉特舟前往南台會同英教士齊赴該鄉勘定地址以便定價向民收買聞所購地基約十畝大後又派員覆勘會同英領事商議清楚定議簽字

○會議核辦　上海梵王渡聖約翰書院各董事又致書與英美工部局請造一書院專教中國子弟中西各學等語工部局擬於來年春間會議時呈請各議員會議後再核

○英使作難　山東泰安府信息言上月某日在該處有一英國教士名布魯克斯者被匪人殺害現在英國欽差每日皆在總理衙門商辦此案

○大學添額　京師大學堂現又添蓋齋舍加廣額數茲於上月二十日出示傳到學生姚明德等四十二名限廿三日午刻取具同鄉京官印結赴堂報到聽候示期入堂肄業云

難免意義之乖離故寧去其皮毛而存其精髓大抵文字語言之作所以紀事實非所以娛觀聽溯

白日本維新以前其文字概濫觴於中國惟知斟酌字句經營宗派及接受歐美新學新理之後始

知中國之文字未足以發揮妙蘊不得已別樹新格以適用為准漸而此風遍於通國而成為習慣

昔之對之欲睡者今則視為透闢矣昔之任意唾棄者今則奉為津梁矣無他同於己者愛異於己

者惡亦初見之以為怪久習之而為常此人之情也中國通外洋在日本數十年之先而今反以日

本為圭臬抑亦恥矣而世之以文字為生活者且盡情而醜詆之尚足與言維新歟有有心世道者

乎其勿再蹈日本之覆轍可也譯者白贄

譯論

二十

而貴族依然保其位置。至法國之革命、則政治上之革命、宗敎上之革命、社會上之革命、同時並舉、其結果則如今日之所見無王室、無僧侶、無諸候之階級、舉其從前所有之土地財產、散而分諸民間。且以拿波侖所立「廢長男世襲之封建制度而分割其財產於諸子」之新制、推而行之。是法國人民至今日得有平等之財產、較他國人民爲慶幸者、職是之故也。然法國之革命、專與第三級之市民以利益、市民以下第四級之勞工無其所與也、歐美諸國既採用普通選舉之制、彼等既於政治上得有投票之利權、法國革命之預言者羅索氏有言曰、自由者、他時奴隷之制也、大有罵倒代議政體之槪。第四級之民、心果不滿之、於十九世紀之後半紀、見社會黨之蔓延、是其驗矣。終必於二十世紀內遇社會問題、而要求以解釋之、羅索氏嘗著「社會契約說」(一千七百六十三年)主張人民主權之說、又於其所著之「人間不平等之原」二書、(一千七百五十三年)開社會問題之端緒、法國革命之政治之結果、雖於十九世紀似已達其極點、而法國革命之社會之結果其存於裏面者、未到十分之發達、不過爲將來之問題露其端緒而已。故社會之問題、(包婦人問題)實地之問題也、於二十世紀要求列國政府之解答、爲必然之結果、不可不知。英國於亞非利加大陸之政策、而不遑他顧、俄國於亞細亞大陸之經營、而且不暇給、列國於互相實行帝國主義之際、歐美列國內部之社會之體態、以案、外急激之速力、必至有第二十世紀之革命、即社會上之大革命、爆發於其間也。要之狀第二十世紀之問題、比之十九世紀之問題、實際者多、其爲社會問題、斷斷然矣。

余之譯此文也於原文之字句有萬不能易者仍之有不必易者亦仍之自以爲字字較量務以不失作者原意而惟恐讀之者或苦其句語之生澀字義之矯強有所不取不知務得文字之間熟則

題、而為行政之問題可知也。何為政府之所當為耶、何所不當為耶、此殆為將來之重大問題矣。

至其究竟、則政黨之主義及綱領、或不得不一變、十九世紀之二大政黨、或於二十世紀中易其位置亦未可知。如十九世紀之主張自由主義者、雖不失為列國之進步黨、而於二十世紀中、其唱自由主義而陷於保守黨之位置未可保也。何則、十九世紀之問題、不過在盡力以破壞封建制度之桎梏、使人民於政治上及商業上得有自由。二十世紀之問題、似當專為工業上之問題、而自由放任之主義、或不適於時矣。其有關於勞工、雖婦人孩子之勞工、無論君主制及共和制之國家所不能神予勞觀者也。夫關政體之問題、有速欲其變更者、有不欲其變更者、雖樹反對之二大政黨、至於將來關政府職掌之問題、而果能如前樹反對之二大政黨與否、則猶有疑焉。夫以政府成消極之職掌為宗旨、而反對保護干涉主義、或謂個人主義是也。不限以政府為消極之職掌、亦無間言於積極之職掌、因社會之要求、無論何事、皆適用國家之勢力者、以從來保護為主義、或稱干涉主義是也。反對之二大政黨、果能凡事適用其個人主義、或社會主義與否、亦同一疑義。凡國家之政黨、其實以維持主義政策之故、因而常維持其感情、友誼、傳說、習慣、及後將來開會問題、黨員之投票、其問題或每致分裂而不能投合一致之事、亦不少也。為斯之故政黨內閣之制度。或亦於二十世紀之中、不免來一大變幻歟。

基法國之革命、與十六世紀之宗教改革、及十七世紀之英國革命不同、而有近世一種之特質、宗教政革者、即宗教上之革命也、當時宗教與國家之政治有大關係、故其時雖有政治上之革命、而於社會上之組織毫無影響。十七世紀英國之革命、一時弒國王廢、上議院為一局之議院、遂成哥林威路之武斷政治、其嶺末雖與法國之革命相去不遠、而於社會之構造毫無變更、上議院雖廢、

譯　論

十八

自治之甘味、而不能忘之矣。德意志諸小國先得憲法、能達代議政體之希望、一千八百三十年及四十八年、法國兩度之革命、震動歐洲列國。一千八百三十二年、英國之議會、通過改革案。一千八百五十年、普國發布憲法、開設議會。一千八百六十一年、奧國亦效此例、憲法政治、一式實行於西歐、同時國民獨立之精神勃興。於新世界、西班牙之殖民地先獨立(由一千八百二十一年至二千八百二十九年)、次希臘獨立、(二千八百二十二年至二十九年)、伯爾義獨立、(二千八百三十年至三十一年)、合衆國之南北爭戰、(二千八百六十年至六十五年)、伊大利之統一、(一千八百五十九年至七十年)、及德意志帝國之建設成就、(二千八百七十一年)、自由憲法之要求、及與國民獨立之要求、表明於第十九世紀為列國人民之二大要求也。西歐之氣運、及於希臘以外之巴及統一之要求、漸至有獨立於土耳其、生立於憲法政治之下之傾向、羅縛尼亞及些羅比亞之獨立、自一千八百七十八年伯林議會之承認之矣。又日本孤立於東洋之間、二百餘年、絶西洋之交通、明治之維新、漸廢封建之制度、而為中央集權、遂於明治二十三年(二千八百九十年)設立憲政立、可謂第十九世紀之氣運、告一大完結者也。

概而言之、於十九世紀文明諸國之政治問題、所謂憲法之問題也、參政之自由也、選舉權之擴張也、及統一國民之獨立也、或關於新設政府之組織、如何政體之構造、因而生出主張保守主義及進步義之二大政黨、一則欲維持從來之政體、一則欲變更從來之政體、各人之主義、無非務以成就國主家正當之目的而已。今西歐諸國既達立憲政體之組織、國民統一之目的、此外或因關於政體之問題、憲法之疑義、更有所要求也。今列國若皆行普通選舉之法、則將來問題之起、必非政問之問題、而專為關於政府職掌之問題可知也。然則於二十世紀、列國發生之問題、必非憲法之體

第二十世紀之政治問題

日本浮田和民撰
中國抱器舊主譯

政治者何？一人或數人之行為、指揮監督於他之一人或數人者也。天下人皆得治理其身、而政治之必要、則可消滅之。如一人之男子、指揮監督其妻子眷屬之狀態、其政治於家族、則謂之家政。社會多數者之行為、指揮監督於一人或多人之狀態、其政治於國家、則謂之政治。以一人治理社會之時、君主制之、是謂獨裁政治。以數人之團體治二字、通例以為國家之政治。以一人治理社會之時、君主制之、是謂獨裁政治。以數人之團體治理社會之時、貴族制之、是謂寡頭政治。以多數之團體治理社會、是謂人民政治。古往今來、智者少而愚者多、賢者少而不能者多、是以上下二千年之世、非君主獨裁之制、則政權存於少數貴族之掌裡。當是時治理人民如小兒、驅使人民如牛馬。十八世紀之晚年、法國之大革命起、由是歐洲列國之人民、始覺自己之權力、至於要求分割政權與彼等、是故第十九世紀之政治問題、多關政權之分配、卒至與人民以憲法、及授之以普通選舉之權、其問題而後解釋。拿波侖第一不外乘此氣運、以大成其偉業、彼革命之子、實革命之代表者也。

彼能自認識此事實、嘗言「王黨以攻擊我身、而欲滅革命之事、我可保護之、蓋我即革命也」云。

彼編制法國民法、於法律之前、謂人民者平等也、實行法國革命之大宣言。彼兵馬之所蹂躪、封建制度忽消滅、而施行法國民法於其世、彼結合德意志諸小國之結果、及彼於伊大利統一之基礎。彼乃一時伊大利之尼波羅士、德意志之威士多費利亞、及彼於伊大利統一之基礎。彼乃一時伊大利之尼波羅士、德意志之威士多費利亞、及與西班牙人民以憲法政治。由夜羅巴島脫奔、再握法國大權、亦告知與法國人民以自由憲法。彼遂為德意志及伊大利統一之基礎。

存、則歐洲列國之君主、爭約以憲法授其人民、彼仆、則列國之君主翻忘前約。惟人民一知獨立

新政變通

十六

不可扶以繩億兆之都不能平以準日月含蟲烏之瑕不妨麗天之景江海藏魚龍之墊方成潤物之功

彼區區於一名一物一富一強者奚足以語精理之高深名言之奧妙哉然則今茲中國之多故乃氣運

所使然非法令之不善氣運非人之所能為者也居易以俟聖人處此胡寧不然設有不幸吾寧為李廣

之安於數奇不能為李陵之甘於貳漢吾寧為文山之致命遂志不能為危素之畏死圖存釁門酸子之

菁得毋類此而由此觀之則中國之不能變由民智之未能開而民智之不能開反由所讀之書之誤也

是故心乎中國志在新民者惟有將外國新理譯以華文授徒教習以瀹民智民智既瀹則雖欲壓之亦

不能止其變矣昔周發吊民晦迹者十三載范蠡典越敎養者二十年固無事急速為也此一說也而凡

托於忍而後濟德大為容者無不取此

順乎天而應乎人惟以道處之可矣彼夫宛虹去而長麗來聖舒淪而曜靈出日月星辰尚有代謝而況
拯吾民於水深火烈之中脫我族於巨軛重繮之下者能無撫我則后慮我則讐之別哉此一說也而凡
托於威武以逞者無不取此

五則曰中國之衰頹披靡斷難望其振典者非君上之咎亦非官司之咎其咎獨在於民耳咎在於民者
何不明理之故也不明理者何不識字者何不讀書者何其書難讀之故
也天地玄黃有三年不能解者矣嚘若檢古有五年不能辨者矣鄉曲之子曰不識丁兄有不平之事心
雖不慇然若其事爲鄉紳定義者亦必降心以從曰彼讀書識字猶以爲吾何致謂其不然見有橫逆
之舉心不欲爲然若其情乃士夫倡首者亦將奮身直赴曰彼識字者猶以爲是豈貌或慮其不是由
是百人之綱識字者一人則百人聽命於一人矣千人之綱識字者十人則千人聽命於十人矣萬人之
鄉識字者百人則萬人聽命於百人矣而此一人十人百人者問以地球之大則茫然無以對也問以
君民之理則茫然無以對也問以經國體野便程服物之事則茫然無以對也而至於身理至於物質
至於算數爲人生尋常日用切要之端者則時文之士經策之儒不惟不答而反謝謝然自命其立惠之
高以罰大人不親綱罪君子不可小知及即以大事何若大受必將應之曰爲事必須師古此
戲傳之言也祖法不容變更此傳說爲講學之祖程朱則談理之宗其言論必無羞謬令中
國之政令教化乃則古稱先而來治國家在是平天下在是參天地贊化育無不在是其高也無上其廣
也無涯所謂大事大受也夫學有高卑上下之不同德成而高藝成而卑道成而上器成而下
而之無或可非是之無能更是者也夫是由周而漢由漢而宋考據精核辨晰毫芒
非君子小人亦因兹而別矣然德高者謗或至道大者世難容體闊者跡多疏內詳者外必畧千里之路

勸武變通

其異於人者知必有所在矣外國其如我何哉洋人其如我何哉」一說也而凡托於新進喜功者無不
取此

四則曰今中國之不能自振將不免侵陵於敵國削奪於鄰邦而等諸越裳漆齒之倫斐洲茸髮之族者
此非國民之鄙塞實由政府之頑囂耳一刑罰之施也洋人則從其輕華人則從其重足決獄之不平也
而苛刻慘酷有非人類之所忍為者此非朝廷之欲夾而何一課稅之抽也入口則從其少出口反從其
多是困商之擺計也而弱肉強食有非禮教之所忍出者此非官吏之作弊而何一人才之用也外國則
必收其公中國則必收其私是邪正之不分也而非平情之所忍知者此非國法
之委曲而何一政令之立也外國則聽諸國人中國則聽諸近習足好惡之拂人也而告理害事病國病
民有非直道所忍容者此非體制之乖方而何由是賈鐘則委巽也瓦釜則雷鳴非讒人則高張也賢士
則無名也忠諫則誹謗也通商則漢奸也匪類則實國也見善而不肯為知惡而不肯去
此皆官府之娼嫉行欺貪保位志在誣民智民心者也然設非皇一身之聽不聽而覩不明亦斷不
至此此不過舉其大器而言若其顚倒黑白播弄是非使民性日漓而日削而日膌國俗日龉
而日靡國運日漸而日頹遂令四萬萬黃種之民神明之胄為晉顧一人一姓之朝綱聽其肆然民上擅
作威福之故終不免臣僕於強鄰奴隸於異國也者則是視伊古以來環球萬國民之愚拙無過吾人也
雖然今中國之民豈果甘為四千年來之至愚者哉夫不直則道不見今
之欲直之者折獄必求其允而刑法從寬也厘稅必期其平而商買必恤也川人必當其才而偏私悉化
也聽政必以其理而措籌咸宜也凡舉百廢與百物利萬彙決萬幾皆以今宇內持平之法行之則無論
中國之人心雲合響應即外邦之公論亦鼓舞歡欣天下非一人之天下兆民非一家之奴才湯武革命

三則曰中國之不能自致維新而其勢岌岌於羣雄鱗峙之間者由居高位握權要之人頑固鮮恥老髦

無能視其民如已之家奴視其國如已之私業欺君罔上乘便營私以至君民相違上下隔絕也故中國

之執政一日不變其人則中國之新機一日不可得而冀夫在昔英國君聽於民之約法國民自主之

條一德既通屯蒙頓逐以開世界光明之局者其始皆藉國內士夫之志刻奪其君平反其政歷力盡

去厥功乃成然今我中國情事不同蓋主上英明實邁前古無如庸臣巨蠹充斥朝端盤踞津要馮道胡

廣比比皆然一陽居上羣陰翳之雖有智者無能為力故撥雲霧而睹青天戰貪狠而除陰霾必須汰

除老物引川新人主於凡諸改革事是也外交則條約公法等事是也考工則名物象數等事是也

已內政則方輿險要等事是也化電等事是也內政則財則礦產等事是也經武則伽管

營等事是也格致則聲光化電等事是也外交則條約公法等事是也指事圖功殊異乎中華之古法然

英文則有譯本法文德文亦有譯本日本之文實出中國譯本尤多窺其文則得其意則能其事

化裁盡善存乎其人一覽而可勿深究但使論旨風馳詔書雨下則一日而馳張百度一時而批發萬

幾新法之行沛然可知其莫禦夫上澤民吾儒之責也讀聖賢書所學何事今甲乙兩榜以及膠

庠子衿頗多淹閒西法昭晰外情誰無肝膽扶宗社誰無敵懷盡計勤王誰無慈懷盡救世誰無忠

義盡忠念安民鳴呼我上我大夫濟濟有衆既為民之彥曷不為邦之光幸當壯之年竭不圖名之立若位

為一氣鳴鼓而攻使員乘致寇折鼎覆之人不得為老馬之戀棧豆則小人道消君子道長否泰易位

世運光昌炎婦孺有志尚不奪於三軍而況一命之士哉苟能熱血川事不矜小節不恤艱危不顧身家

不愛性命以反正為已任以成仁為已擔其題則保國保教保種也其義則衛民養民教民也所宗則孔

子也所本則六經也誠如是則人有同情事蔑不濟天地有正氣雜然賦流形下則為河嶽上則為日星

報政勢道

二則曰外國之所以強者由於富外國之所以富者由於商葡牙西班牙是二國者昔以與商聞國勢

顧振既而失其繼國勢漸衰荷蘭國瑞典國那威國瑞士國雖亦與商然其強不足數者則以國小民寡

其出商於外者非避碩鼠之貪即懷蟋蟀之儉鮮卓犖大志超羣絕倫之才出於其間能顯作長城隱若

敵國如百年前之印度公司者以故商旅雖頗可而國勢不能勃然若夫貿遷之宏貨殖之廣橫括六合

併吞八荒統古及今無與為四者惟英國矣美以英人立國土地新闢厥富自饒若法若德若俄若

慈皆有慕於英之卓物豐財思為後起之傑者也故瓜分中國之謀不行則已行則此數國者必與於其

間以中國十八省之民為天下之至庶而十八省之地亦舟車之易通富媼之域揥載之鄉用物之多生

財之衆宜在於是也雖然商務之行水曰輪船陸曰鐵路商務之實生物者農製物者工農無所生足以

困工工無所作亦以困農農工不講此外國之商所以與中國之商所以廢耳吾欲與商捨農工其奚事

吾但聚精會神於農工可矣官祿不稱非所慮也理財非法非所慮也體制乖方非所慮也用人失實非

所慮也訟獄不平非所慮也即使賄賂沒沒兩規三者並行仍非所慮則以似此之

弊中國行之蓋千百年矣習與性成率不可破一旦除之反以招怨惟與時俯仰從俗浮沉世使吾民於

農工之餘衛社稷而執干戈黜異端以崇正學由是外人之商於中國者不過以其所有易其所無以其

所長易其所短則瓜分之說或不至終底於成周末以文勝延其祚者二百餘年東漢以德稱綿

之事既不能大遂其願則吾嚴分畛域限華洋則中國之民仍為吾之民即中國之土仍為吾之土通商

其世者百數十載趙宋之季積弱極矣能理學昌明而南渡以還猶歷九世一百五十餘歲而國運始移

彼其兵甲不修武備不設以愛克厥威者尚能如是況日簡軍實訓師旅尚韜嬰非强兵以威克厥愛

者使遲以日月謂能無振興之機哉此一說也而凡托於變不離宗者莫不取此

其知無涯也時時有進取之功事事有未足之處然後足以行新政雖然今之爲中國策維新者有數說

焉不窮其說而指其非人或未知乎歧途之不可走惟明其非而樹之的人乃曉然於正道之本易行窮

則變變則通仲尼之所以繫易孟子之所以觀時也夫數說者何謂哉

一則曰今天下蓋列國爭衡之世也自輪船鐵路之製與五洲雖遙月日可至無異合宇內之數十邦爲

春秋之十五國焉而強者崛起驟興更無異於戰國之七雄焉夫其崛起驟興者彼固自謂文明之

邦也然而強陵弱衆暴寡勇威怯智欺愚或逆取而順守或遠交而近攻或聲東而擊西或欲擒而先縱

或預謀於二三十年之前或決計於事機偶值之日或戰而先作弭兵之說或要索而猶爲勿奪之名

迹其所爲仍不外於爭地爭城殘民以逞者耳中國積弱之稱已成痼疾委靡之習未易驅除一交涉而

竟罷即鹿無虞前禽已失亡羊之牧顧犬無蹤訟則終凶無動爲大此其時乎夫利在著衆必趨德齊者

百孽叢生一辯難而口衆我寡一行政而有名無實一號令而陽奉陰違誅之則不可勝誅欲罷又不能

事必類故外人之攘奪我地其揆原有同情中國若與之戰雖曰主客位無衆寡形殊實無異於以一敵

八且器之堅瑕兵之整散人心之向背吾甲兵添吾拱衛以防家賊以靖內亂而已至於外人割地之事

在敵則勝多而敗少惟有練軍費之細贏度其德量其力按其勢切其情在我則勝少而敗多

則其可者與之其不可者拒之紆徐而與之委蛇歇曲善其調處勿輕許過舉亦勿過情毋過情不

卑不抗惟支務在虢延其歲月消息其雄心待其事過情遷索地之國或內有非常或外遇輕轕則

所索之地其非必乖其謀或阻而吾得乘其間而保全之否則即以地價贖還或僅作爲收租賃出如澳

門上海以及各通商口岸故事是吾仍不失守土之利不受割地之名也此一說也而凡托於坐鎮雅俗

者無不取此

新政變通

新政變通

作旁觀者亦信其然微特躁釋矜平寬柔以致者確見其爲然即激昂慷慨奮不顧身者亦見其然蓋

其處無能爲之地遇無能爲之人值無能爲之時當無能爲之勢則雖有至能之人而其不能也正如計

數之有此例焉一反一正必不能混反以爲正如行船之有方針焉一南一北必不能向北以求南是非

不解計數不識行船也機柙一錯經緯全非斗柄既移程途盡失顧乃謂彼所不能者此必能之人所不

能者已獨能之則是以私而非以公也捨公言私以濟矣故必視已猶人物我無間設身處境易地而

觀以察其是非以斷其可否然後足以言新政且新之云者非徒變之謂之謂也非徒變

而之於善之謂乃變於善而求其更善之謂也善之事無窮期而新即與之爲無窮期乃今之欲行新

新即與之爲無止境本自強不息之心爲日進無疆之益夫然後能自立不敗並駕齊驅矣新矣新則

政者祇知逐末未解探源夫惟以外國之內政爲法迨吾既得其法焉而外國之內政又變矣吾則

瞠乎其後而吾之內政猶然其舊矣惟以外國之外交爲法迨吾既得其法焉而外國之外交又變矣吾

矣吾又瞠乎其後而吾外交之法猶然其舊矣鑄炮造艦兵法陣圖格物製械與農通商無一不容於

之志僅期其至於是而人之志必不止於是則吾繼北面以師傾心嚮往終不能不俯首帖耳仰其鼻息

焉俯首帖耳以仰鼻息則所存乎我之爲獨立者鮮矣既鮮其具而欲與六七國出其不意攻其無

備寧我薄人無人薄我而狡然思啓覦伺而來者爭勝於無勢可乘之中乞憐於爐火沸湯之下不憂憂

乎其難哉舉其迹而容其神其效必至於此故必體認入微思及究竟不惟其意不惟其意

心不惟其心性不惟其性性不惟其量有越王嘗蓼之志祇思伸之於已不思伸之於人也有衛

文與國之願而其願但求愜洽於中不求表暴於外也窺其爲則韜光而養晦考其實則堅忍以圖功凡

一切變所應變新所應新者不徒視其所當然而必察其所以然蓋視所當然者得當即止察所以然者

十

新政變通

南海何啟滄生
三水胡禮垣翼南

嘗所著皆論書後新政論議新政始基康說書後新政安行以及勸學篇書後前後凡六種謬爲同人
所許擬棄印爲一部而名之曰新政眞詮緣字粒器小欲別購大者故刊印之工仍有所待因以其間
復爲此篇附之於後以明新政之終於必行而勿慮其不行使閱之者得以與起爲之者毋託空言則
中國之幸乎然非徒中國之幸也時光緒二十五年己亥孟冬之月

撥亂反治之計起衰振敝之謀扶中拒外之方濟世安民之法皆所謂新政也而凡善知識工心計其血
性愛國家者莫不心知其意而欲見之於行然一爲推其所欲爲之心行其所欲爲之事充義至盡如願
相償而以平理近情順道公量而觀猶復縷縷然憂之以謂似此之爲不惟不能以撥亂反治而轉足以
興亂累治不惟不能以起衰振敝而轉足以重衰加敝不惟不能以扶中招外而轉足以
不能以濟世安民而轉足以誤世危民者無他爲謂其處心積慮是已非人者不以公而以私見地所周
襟期所到者不以神而以迹耳新政之於中國也如濟川之舟楫如大旱之雲霓殷殷如倒懸
之解結固人人所共期而必欲得之者也然而今之朝廷欲擾亂反治而無從欲扶
中拒外而無由欲濟世安民而不可豈豪豪諸公紛紛甲第者竟無有善知識工心計其血性愛國家之
人人乎其中居乎其列哉耳目昂口未之或與心思智慮莫不然以此作人息之壽猶知盜賊公行之
非政則身膺民社者可知矣踐土食毛之族猶知屋子頓國之爲羞則職掌鈞衡者可知矣隱居疎逖之
士猶知姚石亂華之爲恥則股肱心腹之臣可知矣井閭世守之夫猶知田園不保之爲辱則玉饌金甌
之主可知矣然其欲之而不能非能之而不欲也則微特身入局中經歷其苦者信其爲然即身處局外

論　說

民權論

慎時子稿

八

柳子厚謂封建非聖人之意乃聖人之不得已而為之意謂君主亦非聖人之意亦聖人不得已而仍之者

也民之**初**生獉獉狉狉沐未沐敎化文明之**治**野蠻之世強弱相凌而強者之長尤強者則又

為諸強者之長而君權起焉大者帝王小者諸侯皆君權也禹會塗山執玉帛者萬國天下之操君權者

如此其衆也雖有聖人亦安能遽執萬國之君而廢之哉沿夏及商互相吞併諸侯漸少然孟津觀兵來

會之君千八百國徒黨尚盛又新有佐命之勳非武王周公所敢搖動也亦小國之君斗成王伐紂尚三

年然後踐之況千八百國之君耶武王周公大封同姓非不知君權之弊乃迫於勢不能革不得

已而封同姓以相為鉗制也删書首堯典明示揖讓以著家天下之非又謂詔盡善美而武未盡善孔子

周人蓋隱語也至蠻賓之遊則以天下之公為大同而慨然歎其未見文武成康之治千古所稱美也而

仲尼僅謂之小康盖深慨夫大人世及為禮義之紀正君臣親父子為不得已之下策也盂

子最傳孔子之統而一則曰民為貴君為輕再則曰民得為邱民為天子發揮民權之義可謂透闢矣三代

而下為秦漢唐宋諸帝王之說所蓺蓺君尊民卑之論言之數千年自始祖至數百代之孫自始生迄終

死之日積久而飫聞之盖積久而不知其非矣於是忘其人人自主之權甘為奴隸而不悔甘受暴虐而

不悔豈不哀哉豈不哀哉

論　說

七

何以獨生亡國之民而已後之聞麥秀之歌者其亦有憶及中國二字否耶吾之以中國名吾報蓋取

羊告朔之微意也

論說

穨足而於槐杏爛之際偏見其倚裝匆匆問其故則曰朝廷重典父母嚴命不得已也嗟乎覺者如此

夢者可知夫士以修齊治平之事自任固已而農工商亦信其為然盡舉天下事而委托之耕織貿易而

外不知尚有何事及人民凋弊邦國危仄則惟有相對太息謂平日之言節義談經濟之士亦且束手無

策其天也乎是以野蠻之農工商自待而不以文明之農工商自待也是以中國之農工商

待而不以歐美之農工商自待也其志可哀其愚可哂士固可恃也可恃也乎士之事君也廣其聲色縱其屠殺

重其禮儀隆其稱道與以無限之權推之無上之尊君所以自尊也屈於一人之下伸於萬人之上

蓋有利而為之也其居官也奢然自大蔑視小民問以外交內治刑名錢穀皆未學也或有鑽研故紙得

古人一二糟粕而以為獨有心得逞大言壯論及見其行事不日而蹶徒貽天下以笑柄此中國之士之

伎倆也一國之存亡萬民之命脈委之此等闒茸汙賤蠢無恥之士予國欲不亡其可得乎自古以

來印蠻綬若之徒皆士為之也中國之民害於若輩之手非自今始矣大抵承平過久則百事廢弛民不

聊生則羣雄并起而天下亂兵燹之餘則屠戮必慘民厭喪亂則勉強治之而中國常亂之機若

純任自然以士之愚闇謬戾悚蒼生則有餘以之挽危局則千古一局而如是如是而數千

代之朝廷數萬萬之民庶殷然待治者惟士是賴是中國久已失保存之理吾所以謂中國之亡則數千

也荅遂金韃靼之滅中國也以野人而據文物之地其衰滅可立而待今則海疆已開歐美陵轢以其人

民之學問製造之精良且深知中國之民所賴以存者惟士而士亦必無保民救國之道故敢托文明二

字欲瓜分治之其禍較金韃靼為烈十倍中國人為奴隸也必矣然則中國之亡盖亡於士即

今之所稱讀書人也雖然吾猶有說四民之內為士者百不居一亡國之罪責一人士肯盡任其咎乎

如知士之不足恃猶坐視同類之喪亡山河之崩裂祗流涕歎曰天也命也吾則惟恨中國之地不解其

六

農惟耕植以供養天下課晴問雨而外無所知也工惟製作以便利天下舉守繩尺而外無所聞也商則
惟酌劑盈虛握貿遷有無持握算而外亦無所解識也何也皆以吾儕小人等居四民之末賭我身家盡
我軍畜而外則出賦稅以養君子而已經國大事有士人在也而士人亦居之不疑務求其學貫天人功
參造化經緯天地調變陰陽之鴻圖偉業奢然以民首自待行則無致與之并肩坐則無致奪其首席及
其仕版膺民社則又衣文繡饗膏粱前者呼後者擁堂皇高坐氣體移古今來名臣良輔出於寒畯及
皋比之中而能功業在人勤勞垂後攀龍附鳳開國之元勳頌德歌功珥形廷之大筆著有其人而
中興之主命世之英得而犬馬之奴隸之臣妾之甚則唾之溺之菹之醢之或以柔順為恭或以抗節為
忠而論者亦以其為殺身所以成仁捨生所以取義舉以為世之為士者勸此其上焉者也又有著空論
以驚愚眾持偏說以炫學問聚徒樹黨相標榜以高聲價達則睥睨當道之狼窮則昏暮乞憐如
要家之狗此其次也又有風流自命佻達城隅清貴自豪武斷鄉曲出入人罪窩藏賊贓吞沒蒸嘗凌逼
孤寡求之於通都大邑固不乏其人即僻壤遐陬當亦不少概見此又其次也總之朝廷自立科取士之
後士之精神氣節從此已蕩然靡存以字徵則應之者以字而徵則應之者以詩徵則應之者以詩而
韻語因之而盛為以制義徵則應之者以制義而空論偏於天下焉為以詞曲徵則應之者以詞曲而新劇
盛於一時焉以八股小楷徵則割裂臭腐之文柔媚恃之字元塞宇內牢據人心一若非此則不足以博
功名富貴非此不足以進德修業也者士之品詣至於此然則朝廷以優倖徵則士當携粉墨巾幗以進
夫如朝廷以龜鼈徵則士不知中國之民明分四等若必出類拔萃問世而出者始足配此則直稱之曰聖賢神聖之徒
未得稱之為士不知中國之民明分四等若必出類拔萃問世而出者始足配此則直稱之曰聖賢神聖
可也何必別創一等使居民之上乎尤可哀者有深知舉業為世上可無之物誚之為娼妓比之為鴉片

論說　　四

以掃蕩無所雖能暫有彈九黑子之地終亦何所用之故失地亦非所以亡中國也將謂中國之亡於滿

洲政府之腐敗歟官方之腥穢歟不然也滿洲生於苦寒之地長於游牧之場行不離鞍居不離幬獷悍

飄忽之氣龍能鄰魯勝國晚年乘中國之疲弊襲而有之握宇內之要隘設駐防於行省以備漢人之反

覆當時民思休息亦稍苟安及閱時既久淫逸日甚暫有漢人柔馴靡曼之風而中國四千載之文明

古聖賢之教澤是以驕戾頹塵之毒比漢人且有過焉太平禍起不戰而陷金陵驅數萬之旗人而炎之

批夫亦亦無一免者英人犯廣東旗人有守城之臺軍令一下強者隕涕前敵尚遙登陴者已無蹤影矣數

十年內外侮尋釁內訌紛乘無漢人中興諸臣覺羅之惡已久餒乎自古福善禍淫生樂極取亡之

道容有其理惟屢當全局糜爛之際漢人能死而生之斷而續之無而有之是滿政府雖有可

而不容或掩者也以其位為威福之具以其地為買賣之場下諂上驕甚於主僕苞苴賄賂甚於攘竊郡

亡之道而亡者滿洲非中國也中國習氣之惡怨毒之深人物之猥鄙莫如官場固中外之所共知共聞

國利弊而不知盜賊猖獗而坐視貪綠請托則奴顏婢膝而不以為耻鑽營賄調則典妻鬻子而久視為

常矣遍問其何以戡定大難折衝外侮安社稷難民變通損益取長以成維新之盛治擠美駕

而上之者哉夫官所以代萬民而治凡有關於公益之事者與而行之其有公害者鋤而去之今中國有

官如此善者睡者黯然而擲其筆焉國欲不亡誰與共治然而造物之公理人之智識與年共進世

界之進步民之責任亦因時而重故民智未開之世君若相一二人得以壟斷萬人之權利而一國之責

任亦責在一二人民智既開則君若相不得不還其權利於萬人而國之與亡四夫四婦與有其責也由

足觀之今日之官其力量可以亡往日之中國而不足以亡今日之中國也然則中國固不能亡也曰何

為其然也中國之亡固已久矣顧子未知也耶從來中國之民概分四等曰士曰農曰工曰商中國民俗

中國報宗旨

論說

今以玗衡時局之徒憮者握腕唏噓向隅而泣激者書空咄咄研地而歌蓋謂中國之將亡在於旦夕也

吾為之大聲疾呼而告之曰中國之亡固已久矣顧子不知也耶將謂中國亡於周之狄秦之戎漢之匈

奴晉之劉石唐之突厥宋之遼金蒙古明之韃靼滿珠歟不然也歷朝邊患小者不過乘隙入寇或糜之

以和親或事之以金繒大者不過盤據大位百十年間旋起旋滅即如滿洲入關斬明嗣襲大統開國

之三王奢勤王之義士尚有中士二百餘年亦不過攜滿蒙之屬隸之中國其條教律令文字俗尚雖有

增損而依然中國也即推求其極謂竭漢人之脂膏供滿人之精餉薙漢人之束髮使為半僧温漢人之

冠裳不分男女滿人之官額過多滿人之陞遷較易小有不平而天下祗知有中國言

滿洲者謂中國之一行省曰彼得其名此得其實是中國仍無恙也將謂中國亡於粵城之敗閩江之糜

天津之納馬關之乞利歟不然也中國素以文明自詡夷視外洋天或不忍坐使此老國之亡默假外

人之手為彼當頭之棒澆背之水使之知所變計未可知也日本長門之敗擾夷之論一變為開禁之風

三十年遂領袖亞東抗衡歐美是其左證矣故數十年來中國雖屢盟城下計其所失中國之大直區區

耳何亡乎哉謂中國之亡於九龍威海之租旅順大連之借膠州灣之據廣州灣之奪黑龍江之賺大

小臺灣之割高麗之畔離安南暹羅緬甸之蠶食歟不然也中國疆土之廣蒙古一朝不計漢而外以今

為最歷來安南暹羅緬甸高麗等國服無常即歲一來貢而中國得不償失臺灣一島康熙朝以往圖

籍未載其名也沿岸軍港入於敵手者雖多而敵之所以佔此區區實為中國全局計非甘顧麋此鉅欵

以築砲臺養海軍於亘古不相通日月不同照之地也如中國內地永能自全各人既染指無方亦即所

三

序

二

報主人知其所以然思擇善而從俾我中國人閱此報紙而得其益因見三十年來中國沿江濱海通商

各口日報旬報之設雖已數十家要皆分門別戶不能兼二者而有之致體制各殊閱者未能並蓄兼收

而窺全豹不無憾於是既逐日刊派一紙復旬日刊派一帙舉凡道路之傳言朝野之瑣事各行之貨

價進出之船期分刊大小二紙每晨送閱其中外之要信名人之議論政治格致農圃工藝商務方技之

學則採譯羣書搜羅新法彙爲旬報每月逢五兼派而又欲通中外之情誼也復倩熟識時務之英友日

撰英文論說一通附錄報紙俾供洋人快覩又慮議論見識困於主筆數人未能恢宏也復懸格徵求

通人之雄文鉅筆錄於旬報以廣閱者目力且凡以尺書片牘無干於律例者皆附錄帙中而時人之

篆述果有益於世道者亦按帙分錄庶幾閱者積篇成書閱資考証全本報之宗旨大抵以開中國人之

風氣識力祛中國人之委靡頹庸增中國人奮興之熱心破中國人拘泥之舊習而欲使中國維新之機

勃然以興莫之能禦也

然則斯報也將使中國之人明外交之道不爲鄰邦所撓致淪於危亡將使中國之人識內治之理不爲

舊制所牽致卽於貧弱將使中國之人知農工商礦之利弊有所師承而底於興旺中國人心已攜貳也

而欲有以合之中國積習已痼閉也而欲有以破之舉凡中國舊染汚俗又將一洗而新之則其以中國

名報匪特如輶軒之採藉以問俗且將如木鐸之徇以警斯世也其命意不亦深且遠乎

僕爲中國人心本不忘中國而目覩時事多艱痛中國人心之將死神州之將及於陸沉也時握腕以興

嗟無如褵線短材萍羈海外唾壺擊破何補時艱今聞報主人存此心立此志以創此報也深望我中國

人覩此中國報顧名思義而不忘乎中國喜不自勝忘其固陋爰爲之序

是

中國報序

敦煌籍晦子稿

報胡為以中國名也蓋報主人生長中華心懷君國幼從師而肄業既熟知中國古今壯遊學於外洋復

稔識中國利病日擊白中外通商以來交際之道中國固懵然無知也公法之理中國亦茫然罔覺也立

利約則中國盡失自主之權爭均利則中國盡喪自有之益疆土日從剖割屏藩亦盡叛離遇事聖肘積

弱難振而舉凡間顧方趾鳥髮本為中國人者或則趾高氣揚心迷日眩詡詡然自稱為天朝睥睨

當世曰無餘子如怡堂之燕雀而不知中國之淪骨以亡也或則失其本真昧厭源流昏然甘居奴隸

聽人驅策受人牢籠數典而忘其祖而不知中國之當思復興也是以泯泯昧昧幾不知尚有中國此無

他泥於舊習逐於流俗而不自覺耳

報主人見眾人之皆醉而欲醒之俾四萬萬眾無老幼無男女心懷中時刻不忘乎中國群策群力維持

而振興之使茫然隆緒得以復存挺立五洲不為萬國所齒冷無如草茅伏處莫假斧柯悵望徊山奈何

徒喚因思風行朝野感格人心莫如報紙故欲藉此一報大聲疾呼發聲振瞶俾中國之人盡知中國之

可與而間雞起舞奮發有為也遂以之名其報

然而報紙之體裁亦不一炙間考外洋各報有按日刊派者風聞紀事不暇辨乎偽真採錄市情籍以便

於商買即街談巷議俚語鄙言亦皆隨間備錄雖則清晨昏暮派報之時刻或有不同而其逐日紀言未

無二致又有五日而派報七日而派報旬日而派報或半月一報一月一報甚或接季始出一報者時候

之久暫雖各不同而其要旨大都紀事務求的確立論貴乎崇偉瑣言須從刪減要事概編輯辦全有益時

務之舉雖不妨附刊旁觀間荅之信亦可節登或且編輯專門藉長見識學問故其體裁分道揚鑣各行其

序

序

一

旬報價目

每年三圓

每月三毫

每册一毫

告白價目

全版價六圓

半版價四圓

四分一價二圓

香港中環士丹利街第二十四

號門牌中國報舘陳少南承刊

中國旬報

第壹期

太陽歷正月二十五日

己亥年十二月廿五日

本期旬報原擬於十
二月廿五日送閱嗣
因新張諸務紛繁致
遷延多日希爲見諒

附錄：李谷城教授簡歷及著作年表

李谷城博士，原名李國成，英文名 Li kwok sing。現為香港中文大學中國研究服務中心榮譽研究員、北京大學孫中山思想國際研究中心客座研究員、南京大學中華民國史研究中心客座研究員、廣州中山大學近現代研究中心客座研究員、香港珠海學院亞洲研究中心研究員、香港作家協會理事、香港多家報刊的專欄及特約作家等。

李氏擁有雙博士學位：香港珠海書院（大學、學院）中國文史研究所博士（1989.9～1993.12），以及廣州中山大學中國近現代史專業博士（1996.9～1999.12）。

李氏自二十世紀七十年代中期至九〇年代中期，在香港《明報》等報刊連續工作 20 多年，從事中國新聞的資料收集整理、採訪、編輯、撰論等工作，新聞作品散見於香港多家報刊，由香港中文大學出版社、明報出版社等出版社出版了十餘冊中國問題專書；80 年代初期曾研究日本問題，並兼職從事筆譯及口譯工作，譯稿散見於香港多家報刊，結集出版了多冊專書；1990 年起開始至今，先後在香港浸會大學、樹仁大學、珠海書院（大學、學院）及能仁書院兼課，教授過的科目有：新聞寫作、新聞編輯學、新聞學概論、新聞史、中國通史、中國史學史、中國現代史等；1995年起至今，全職在香港的大專院校從事教學及研究工作；同時，繼續為報刊撰稿。李氏擅長收集、整理及分析資料，並以豐富的

資料和敏銳的新聞觸角，憑著一股對國家、民族的滿腔熱情，以政論家的生花妙筆，撰寫大量時事評論，30多年如一日，作品常見於香港主要報刊的專欄及評論版。

　　李氏將長期在新聞媒體工作的經驗，與高等院校的教學理論相結合，近年來專注研究當代中國及香港新聞史。李氏經常出席國際性學術研討會並發表論文，已經修定出版之學術論文有 30 餘篇，已出版的專書有 21 冊。現按出版時間順序列下，尚有二十多篇未出版，從略：

一、學位論文（PhD & MA Thesis）

1、《香港近代報業與晚清先進人物 —— 以四個時期四位先進人物的新聞思想為中心》 *"The Development of the Newspaper in Hong Kong's Recent History and the Journalistic Thinking of Progressive Personalities Related to Hong Kong in the late Qing Period"*，廣州中山大學中國近現代史專業博士論文，指導老師陳勝粦教授、林家有教授、桑兵教授、邱捷教授、吳義雄教授等。

2、《中共建政前領導核心之研究》*"An Analysis of the Top CCP Leader Before 1949"*，香港珠海書院（大學）中國文史研究所博士論文，指導老師陳存恭教授。

3、《遼南京留守研究》（*A Study on the Mayor of the Southern Capital of Liao*），香港珠海書院（大學）中國文史研究所碩士學位論文，指導老師梁天錫教授。

二、已出版之專書（Published：Books）

1、《中國大陸改革開放新詞語》（*Dictionary of Current Terms of*

China's Reform & Opening Period），55 萬字，香港中文大學出版社，2006 年。

2、《香港中文報業發展史》（*The Development of the chinese Press in Hong kong*），28 萬字，上海古籍出版社，2005 年 10 月。

3、《日本－東方太陽島的神話》（*Understanding Japan*），約 15 萬字，香港城市大學出版社，2004 年。

4、《香港報業百年滄桑》（*A Comment on the Press of Hong Kong*），21 萬字，香港：明報出版社，2000 年 9 月。

5、《香港調景嶺營的誕生與消失 —— 張寒松等先生訪錄記》（*The Reminicences of the Chinese at Rennie's Mill Camp, Hong Kong 1949～1997*）：（與胡春惠、陳慧麗合著）台北：國史館口述歷史叢書，約 25 萬字，1997 年 12 月初版。

6、《中國大陸領導人詞典》，（*Who's Who is Senior Leadership of the Mainland China*）：約 40 萬字，香港：明報出版社，1997 年 8 月。

7、《認識中國政權結構》（*Understanding the Political Structure of People's Republic of China*）：約 5 萬字，香港：明報出版社，1997 年 3 月。

8、《認識中國共產黨》（*Understanding CCP*）：約 5 萬字，香港：明報出版社，1997 年 3 月。

9、《認識中國共產黨政治領袖》（*Understanding of CCP Political Leaders*）：約 5 萬字，香港：明報出版社，1997 年 1 月。

10、《中共爭天下核心人物評介》（*An Analysis of the Top CCP*

Leader Before 1949, part 1）：約 25 萬字，香港：明報出版社，1996 年 3 月。

11、《中共爭天下領導群剖析》（*An Analysis of the Top CCP Leader Before 1949, part 2*）：20 餘萬字，香港：明報出版社，1996 年 3 月。

12、*"A Glossary of Political Terms of the People's Republic of China"*, Compiled by Kwok-Sing Li, Translated by Mary Lok ,The Chinese University of Hong Kong Press, 1995.

13、《中國大陸政治術語》（*A Glossary of Political Terms of the People's Republic of China*）約 42 萬字，香港中文大學出版社，1992 年。

14、《前哨面譜 —— 中共管理香港高幹評介》（*The Masks the Vanguards —— Top CCP Leader in Hong Kong*）：約 20 萬字，香港：繁榮出版社，1991 年 12 月初版。

15、《中國的瘡疤》（*The Scar on the People's Republic of China*）：約 20 萬字，香港：繁榮出版社，1991 年 8 月初版。

16、《中共焦點問題》（*Central Problems in the Chinese Communist Party*）：約 22 萬字，香港：明報出版社，1990 年 6 月初版。

17、《中共黨政軍結構》（*The Structure of Party Government and Army in Communist China*）：約 40 餘萬字，香港：明報出版社，1989、1990、1992 年版。

18、《中共最高領導層》（*The Senior Leadership of the Chinese Communist Party*）：香港：明報出版社，1988 年版（約 20 萬字）、1989 年版（約 25 萬字）、1990 年版（約 30

萬字）、1992 年版（約 40 萬字）。

19、《七彩日本》（*Colourful Japan*）日文翻譯文集，15 萬字，明窗出版社，1987 初版及 1989 年再版。

20.《癌症自我檢查法》（*Self Examination of Cancers*）（日文翻譯作品，以筆名：李添壽發表；原著：市川平三郎），11 萬字，香港大道文化有限公司，1985 年 7 月第 1 版。

21、《世界戰艦》（World Warships）：（日文翻譯作品），約 6 萬字，香港：大方圖書公司，1984 年 8 月第 1 版。

三、己出版之學術論文（Published：Thesis）

1、〈孫中山、康有為論香港社會〉，載楊允中主編，《孫中山思想與華人世界》大型學術研討會論文集，頁 314～322，澳門：澳門學者同盟出版，2008 年 5 月。

2、〈從《中國大陸改革開放新詞語》探討「三農問題」〉（*Analysis of Three problems in agriculture using A Glossary of New Political Terms of the People's of China in the Post-Reform Era*），13,600 字，《亞洲研究》第 56 期，（頁 75～104）香港珠海書院亞洲研究中心出版，2008 年 4 月 1 日。

3、〈同盟會香港分會機關報的政治理念 —— 以「中國旬報」論說「新政變通」為中心〉，《孫中山與同盟會 —— 紀念同盟會成立 100 周年國際學術研討會論文選集》，頁 540～556，北京：中共中央黨校出版社出版，2007 年 10 月。

4、〈香港當代媒體的幾項特色〉，香港珠海書院新聞與傳播學系與上海復旦大學、台灣輔仁大學聯合主辦的《當代媒體生態問題探討》學術研討會論文選集，香港珠海書院出版，2007 年 7 月。

5、〈同盟會香港分會機關報「中國報」的經費來源〉（*The Financial Sources of the China Post, the Newspaper Published By the Chinese United league Hong Kong Branch*），《民國研究》，總第 10 輯（2006 年秋季號），頁 69～78，南京大學學報編輯部、南京大學中華民國史研究中心出版，2006 年 12 月 30 日。

6、〈香港對辛亥革命的義捐〉，上海中山學社編《近代中國》第十六輯，頁 141～154，上海社會科學院出版社，2006 年 10 月第 1 版。

7、〈香港「中國日報」的社址變遷〉，林啓彥、李金強、鮑紹霖主編《有志竟成 —— 孫中山、辛亥革命與近代中國》國際學術研討會論文選集，下冊，頁 661～682，香港浸會大學人文中國學報編輯委員會系、香港中國近代史學會出版，2005 年 12 月初版。

8、〈康有爲詠香港〉，《作家》月刊，頁 90～99，2005 年 9 月號，總第 39 期，香港作家協會出版，2005 年 9 月 1 日。

9、〈孫中山的民權思想與「中國旬報」的「民權論」〉，林家有、李明主編《孫中山與世界》國際學術研討會論文選集，頁 182~195，天津古籍出版社，2005 年 8 月第一版。

10、〈杜潤生與中央農村政策的演變〉，《亞洲研究》第 50 期，頁 20～47，香港珠海書院亞洲研究中心出版，2004 年 12 月 18 日。

11、〈中國大陸報業改革之研究〉，《亞洲研究》第 48 期，頁 55～121，香港珠海書院亞洲研究中心出版，2003 年 12 月 18 日。

12、〈港澳一家　各揚其長　共同發展〉，李蒲彌主編《回歸後的澳門發展與粵澳關係研究》，頁 9～22，香港漢典文化出版公司，2003 年 10 月。

13、〈鄭觀應新聞觀初探〉，王傑、鄧開頌主編《紀念鄭觀應誕辰 160 周年》學術研討會論文集，頁 274～279，澳門歷史文物關注協會、澳門歷史學會出版，2003 年 9 月。

14、〈鴉片戰爭前後的澳穗港報刊〉（*Journalism in Macao, Guangzhou and Hong Kong in the Years around the Opium War*），（《林則徐、鴉片戰爭和香港》國際研討會提出之論文），《鴉片戰爭的再認識》，頁 207～220，香港中文大學出版社，2003 年 5 月。

15、〈王韜與《循環日報》的創辦經緯〉，《珠海學報》總第 18 期，頁 25～45，珠海書院出版，2002 年 10 月。

16、〈中國大陸互聯網開放前景研究〉，《亞洲研究》第 44 期，頁 69～122，香港珠海書院亞洲研究中心出版，2002 年 9 月 18 日。

17、〈孫中山思想與世界性之政治問題 ── 從《中國旬報》創刊號一篇罕見的譯論談起〉，《理想、道德、大同 ── 孫中山與世界和平》國際學術研討會論文集，頁 179～197，廣州：中山大學出版社，2001 年 10 月。

18、〈西方近代報刊傳入中國的時代背景分析〉，《珠海學報》總第 17 期，頁 69～86，珠海書院出版，2001 年 8 月。

19、〈香港「新移民」政策的回顧與展望〉，《五十年來的中國與亞洲》國際學術研討會論文集，頁 411～432，香港珠海書院亞洲研究中心出版，2001 年 5 月。

20、〈中國旬報的創刊與孫中山改造中國之思想〉，《近代中國》

月刊，頁 49～68，台北：近代中國雜誌社，2001 年 2月。

21、〈香港居留權爭議與「新移民」政策研究〉，《亞洲研究》第 35 期，頁 49～145，香港：珠海書院亞洲研究中心出版，2000 年 6 月 18 日。

22、〈洪仁玕、王韜、康有爲的香港經歷與近代報業理念〉（*The Hong Kong Experiences of Hong Rengan, Wong Tao, Kang You Wei and Modern Newspaper Thinking*），《港澳與近代中國》國際學術研討會論文集，頁 89-118，台北：國史館印行，2000 年 5 月。

23、〈解決「新移民」問題的另類思考〉，《亞洲研究》第 34 期，頁 140～163，香港：珠海書院亞洲研究中心出版，2000 年 3 月 28 日。

24、〈王韜與香港近代報業〉（*Wong Tao and the Recent Hong Kong's Journalism*），《王韜與近代世界》論文集，頁 337～353，香港教育圖書公司出版，2000 年。

25、〈中國大陸新聞宣傳體制改革研析〉：（*A Study on the Current Situation of the Press & Publication in Mainland China*）：《亞洲研究》第 33 期，頁 115～187，珠海書院亞洲研究中心出版，1999 年 12 月 28 日。

26、〈香港報刊政論的過去、現在與未來〉（*The Past, Present and Future of Newspaper of Hong Kong Journalism from Journals Commentaries*），《亞洲研究》第 30 期，頁 84～137，香港珠海書院亞洲研究中心出版，1999 年 4 月 18 日。

27、〈「戊戌變法」與報業新政〉（*The One-Hundred-Day Reform*

and New Practices in the Press）（《戊戌維新運動史》國際學術研討會提出之論文），《東方文化》雙月刊，1998年第六期，廣州：廣東中華民族文化促進會主辦，1998年 11 月 10 日，（全文約 1.5 萬字，摘要登載了本文。）

28、〈香港媒體在兩岸關係中的橋樑作用〉（*Media in relations between China the Bridging Funtion of Hong Kong and Mainland Taiwan*），《「九七」後香港在兩岸關係中的地位與作用》學術討論會論文集，頁 64～75，香港珠海書院亞洲研究中心出版，1998 年 8 月。

29、〈香港報業九七前後變化之分析〉（*An Analysis of Hong Kong Journalism before and after 1997*），《亞洲研究》第 26 期，頁 71～101，香港：珠海書院亞洲研究中心出版，1998 年 4 月 28 日。

30、〈中共歷屆中央委員省籍分析〉（*An Analysis of the Native provinces of the CCP Central Committee Members*），約 5 萬字，《亞洲研究》第 22 期，頁 28～101，香港：珠海書院亞洲研究中心出版，1997 年 4 月 28 日。

31、〈遼南京留守任用研究〉，《樹仁文史專刊》（創刊號），頁 173～197，香港樹仁學院出版，1996 年 8 月。

32、〈香港新華社的功能與角色〉（*The Function and Role Hsim Hua News Agency Hong Kong Branch*），《亞洲研究》第 18 期，頁 18～112，香港：珠海書院亞洲研中心出版，1996 年 6 月 10 日。

33、〈中共對香港政策的過去、現在與未來〉（*The Past, Present and Future of CCP Policies toward Hong Kong*），《亞洲研究》第九期，頁 27～69，香港：珠海書院研究中心出版，

　　　　1994 年 7 月 5 日。

34、〈「六四事件」對中共高層人事變化之影響及其走向〉（*June 4 Incident-influerce and Trend on the Line-up of CCP*），《亞洲研究》第五期，頁 48～91，香港：珠海書院研究中心出版，1993 年 9 月 1 日。

35、〈中日執政黨異同與前瞻〉，蔣永敬、譚汝謙、張玉法、吳天威編，《近百年中日關係》論文集 *"Symposium on Sino-Japanese Relations in the Last Century"*，頁 557～572，台北：中華民國史料研究中心印行，1992 年。